TUIJIN YINGJI GUANLI XIANDAIHUA

推进应急管理现代化

肖文涛◎主编

中共中央党校出版社

图书在版编目（CIP）数据

推进应急管理现代化 / 肖文涛主编. --北京：中共中央党校出版社，2022.11

ISBN 978-7-5035-7416-0

Ⅰ.①推… Ⅱ.①肖… Ⅲ.①危机管理-现代化管理-研究 Ⅳ.①C934

中国版本图书馆 CIP 数据核字（2022）第 186981 号

推进应急管理现代化

策划统筹 冯 研
责任编辑 齐慧超
责任印制 陈梦楠
责任校对 王 微
出版发行 中共中央党校出版社
地　　址 北京市海淀区长春桥路 6 号
电　　话 （010）68922815（总编室）　（010）68922233（发行部）
传　　真 （010）68922814
经　　销 全国新华书店
印　　刷 北京盛通印刷股份有限公司
开　　本 710 毫米×1000 毫米 1/16
字　　数 345 千字
印　　张 26.5
版　　次 2022 年 11 月第 1 版　2022 年 11 月第 1 次印刷
定　　价 68.00 元

微 信 ID：中共中央党校出版社　**邮　箱**：zydxcbs2018@163.com

目　　录

第一篇　新时代应急管理与安全发展

第一章　我国应急管理迈进新时代 ……………………………… （3）

一、我国应急管理的发展与演变……………………………… （3）

二、新时代应急管理面临的基本态势………………………… （11）

三、加强党对新时代应急管理的全面领导…………………… （16）

阅读材料：习近平总书记关于安全发展与应急管理现代化的重要论述（摘编） ………………………………………… （23）

第二章　统筹发展和安全两件大事 ……………………………… （31）

一、统筹发展和安全两件大事的战略考量…………………… （32）

二、统筹发展和安全两件大事的核心要义…………………… （37）

三、统筹发展和安全两件大事的任务要求…………………… （42）

阅读材料：《地方党政领导干部安全生产责任制规定》解读 …… （50）

第二篇　推进应急管理体系现代化的基本理路

第三章　确立人民至上、生命至上的价值理念……………………… （57）

一、人民至上、生命至上价值理念的时代意蕴……………… （57）

二、人民至上、生命至上价值理念的现实意义…………………（63）
三、人民至上、生命至上价值理念的践行路径…………………（65）
阅读材料：伟大抗疫精神的莆田实践…………………………（71）

第四章 构建具有中国特色的应急管理体制 ……………………（80）
一、我国应急管理体制的内涵与构成……………………………（80）
二、我国应急管理体制的特征和具体规定………………………（82）
三、我国应急管理体制面临的机遇与挑战………………………（89）
四、不断推进中国特色应急管理体制改革创新…………………（95）
阅读材料：疫情防控阻击战的“深圳样板”…………………（101）

第五章 健全防控救有机结合的运行机制 ……………………（112）
一、应急管理运行机制贯穿于全周期管理过程………………（112）
二、全周期应急管理前端的执行困境…………………………（116）
三、应急管理运行机制建设的指导原则………………………（118）
四、应急管理运行机制建设的主要内容………………………（120）
阅读材料：小隐患酿成大灾难…………………………………（136）

第六章 完善全面实现依法应急的法治体系 …………………（140）
一、法治化是推进应急管理现代化的重要保障………………（140）
二、我国应急管理法治化的历程、成就与问题………………（143）
三、着力提升应急管理法治化规范化水平……………………（150）
阅读材料：大理应急征用口罩事件……………………………（155）

第七章 搭建共建共治共享的应急治理共同体 ………………（165）
一、应急治理共同体的基本含义………………………………（165）

二、应急治理共同体中各主体的应急管理职责…………………（168）
三、搭建共建共治共享的应急治理共同体的路径………………（176）
阅读材料：江苏盐城“6·23”龙卷风冰雹特大灾害中的
协同应对…………………………………………………（183）

第八章　打造快速高效响应的应急物资保障体系…………………（190）
一、我国应急物资保障体系概述………………………………（190）
二、我国应急物资保障体系存在的主要问题…………………（197）
三、打造快速高效、反应灵敏的应急物资保障体系的建议……（202）
阅读材料：2020年武汉疫情防控的应急医疗物资保障　…………（208）

第九章　依托信息化数智赋能的应急科技支撑…………………（215）
一、信息化是应急管理现代化的应有之义……………………（215）
二、我国应急管理信息化建设的实践与探索…………………（222）
三、以信息化助推应急管理体系和能力现代化………………（232）
阅读材料：健康码：重大疫情下的应急管理信息化范本………（236）

第十章　建立防范与化解心理危机的心理援助体系……………（241）
一、突发事件对民众心理的冲击与影响………………………（241）
二、突发事件心理援助的意义及发展历程……………………（245）
三、建立健全防范与化解心理危机的心理援助机制……………（248）
阅读材料：法国巴黎恐怖袭击事件中的社会情绪管理…………（263）

第十一章　推进旨在提升全民安全素质的应急文化建设　……（268）
一、应急文化的基本形态和主要功能…………………………（268）
二、我国应急文化建设的主要成效及面临问题………………（274）

三、应急文化建设的基本原则…………………………（278）
四、加快推进具有中国特色的应急文化建设…………（281）
阅读材料：应急管理干部教育培训工作的观察与思考……（287）

第三篇　重在提升干部的应急领导力

第十二章　事前的风险防控能力 ……………………（295）
一、现代风险社会的特征……………………………（295）
二、高风险社会提出的风险挑战……………………（300）
三、做好风险防控的重点任务………………………（309）
阅读材料：叠加型风险因素及特征：以深圳特大滑坡
事故为例……………………………………（322）

第十三章　事中的应急处置能力 ……………………（328）
一、应急处置的基本准则……………………………（328）
二、应急处置的主要任务……………………………（331）
三、提高应急处置能力的基本思路…………………（341）
阅读材料：福建省泉州市欣佳酒店“3·7”坍塌事故
应急救援……………………………………（344）

第十四章　事后的评估学习能力 ……………………（351）
一、加强评估学习能力建设的现实紧迫性…………（351）
二、应急管理评估学习的主要方面…………………（355）
三、不断加强评估学习能力建设……………………（363）
阅读材料：河南郑州“7·20”特大暴雨灾害调查
报告（摘录）………………………………（366）

第十五章　线上的舆论引导能力 …………………………… (378)
一、舆论引导是现代应急管理的重要环节…………………………… (378)
二、突发事件舆论引导应当遵循的基本原则…………………………… (381)
三、突发事件舆论引导工作面临的挑战…………………………… (386)
四、突发事件舆论引导能力的提升路径…………………………… (390)
阅读材料：深圳“12·20”滑坡事故的新闻舆论应对…………… (397)

参考文献 ………………………………………………………… (405)
后　记 ………………………………………………………… (410)

第一篇
新时代应急管理与安全发展

党的十八大以来，在以习近平同志为核心的党中央坚强领导下，中国特色社会主义进入了新时代，包括应急管理事业在内的我国国家安全工作也阔步迈进了新时代。进入新时代十年来，我们贯彻总体国家安全观，国家安全领导体制和法治体系、战略体系、政策体系不断完善，在原则问题上寸步不让，以坚定的意志品质维护国家主权、安全、发展利益，国家安全得到全面加强；共建共治共享的社会治理制度进一步健全，民族分裂势力、宗教极端势力、暴力恐怖势力得到有效遏制，扫黑除恶专项斗争取得阶段性成果，有力应对一系列重大自然灾害，平安中国建设迈向更高水平。但是，机遇与挑战往往相伴而行。当前和今后一个时期是我国各类矛盾和风险易发期，各种可以预见和难以预见的风险因素明显增多。同时，世界面临百年未有之大变局，不稳定性不确定性明显增加。在日益复杂的国内外发展环境中掌握发展主动权，确保中华民族伟大复兴进程不被各种风险迟滞甚至中断，就必须统筹发展和安全，把维护国家安全贯穿党和国家工作各方面全过程，确保国家安全和社会稳定。

党的二十大报告，专章论述“推进国家安全体系和能力现代化，坚决维护国家安全和社会稳定”，首次把国家安全作为独立的一部分作了前所未有的系统阐述，对当前统筹好发展和安全两件大事，构建现代化的国家安全体系，增强现代化的维护国家安全能力，有效保障国家安全和社会稳定，具有重要现实意义和深远历史意义。

新时代的应急管理工作，必须全面贯彻落实总体国家安全观，科学统筹发展和安全，坚持底线思维，增强忧患意识，加强国家应急管理体系和能力建设，提高防灾减灾救灾能力，着力防范化解影响中国式现代化的重大风险，把安全发展贯穿国家发展各领域全过程，推进实现高质量发展和高水平安全的良性互动，在发展中更多考虑安全因素，努力实现发展和安全的动态平衡。

第一章　我国应急管理迈进新时代

应急管理是国家安全和国家治理的重要组成部分。做好新时代应急管理工作，对国家长治久安意义重大。特别是在当今世界百年变局加速演进和疫情持续蔓延的背景下，影响我国发展的不确定、不稳定性因素不断显现且交织叠加，形成新时代的重大安全风险，对我国国家安全构成了严峻挑战。所以，必须汲取我国应急管理历史演变的经验教训，正视应急管理面临的基本态势，加强党对应急管理工作的全面领导，着力推进应急管理体系和能力现代化。

一、我国应急管理的发展与演变

（一）我国应急管理的发展历程

自 1949 年新中国成立以来，随着经济社会不断发展和国家治理体系逐步完善，我国应急管理经过长期的探索实践和改革创新，取得了长足的进步，在应对各种重大突发性事件中发挥了重要作用，应急管理事业不断取得新进展、新成就。回顾新中国成立以来应急管理的发展历程，大致可以分为三个阶段：[①]

1. 应急管理的雏形阶段（1949—2003 年）：实行单灾种管理

我国是一个自然灾害频发的国家，历朝历代一直把灾害的管理作为

① 参见肖文涛主编：《突发事件与应急管理体系建设》，中共中央党校出版社 2015 年版，第 23—25 页。

安抚民心、稳定社会、巩固统治的重要措施，以兴修大型水利设施和提供灾后救助为基本内容的灾害管理，逐步扩展为国家行政管理的一项重要职能。新中国成立之初，百废待兴，百业待举，全社会应对灾害风险的能力相当脆弱。为了确保人民群众生命和财产安全，党和政府逐步建立了基本的经济体系和保障体系，党政机关、企事业单位、社会公众都加入到了应对紧急事件的行列，但一般仅限于事后应对，仅仅是一些高危行业和企业制定了相关应急方案，少数特定部门具备了应急救援力量。

在此期间，我国应急管理的组织机构总体上与当时的经济体制相适应，以部门分割、单灾种管理为典型特征，即按照不同灾种单独设置救灾机构，管理体制是以纵向单灾种为主，抗灾救灾分别隶属多个不同部门，职能比较分散，并没有形成完整的应急救援管理体系。这种分部门、单灾种的应急管理模式，其典型优势是各相应职能部门在垂直管理上比较完备，上下指挥通畅，单部门的专业化程度较高，独立执行任务的能力较强。不过，我国分部门的单灾种管理体制也存在体制性缺陷。由于各种力量和资源都是在各自具体的岗位上发挥特定的作用，往往各自为政，没有一个综合职能部门和健全的系统来组织、协调实施抢险救灾工作，因此，这种应急管理模式不仅协调能力不足、协同性较差，而且降低了防灾救灾决策的科学性和全面性，影响了应急管理的效率和效果。

2. 应急管理的形成阶段（2003—2012 年）：构建应急管理体系基本框架

21 世纪初世界上发生的一连串重大突发事件，改变了人类公共安全的历史，应急管理提上了各国政府的议事日程。我国在 2003 年发生的“非典”疫情给全国公共卫生体系造成了强烈震撼，成为我国应急管理发展史上的转折点，此后应急管理得到了政府和公众前所未有的重视。2003 年 11 月，国务院办公厅应急预案工作小组正式成立，以制定、修改应急预案和建立健全应急体制、机制、法制为核心的中国应急管理体系建设全面起步。

2005年7月，国务院第一次召开全国应急管理专项会议，提出各级政府要以“一案三制”为重点，全面加强应急管理工作。2005年12月在国务院办公厅设置国务院应急管理办公室，履行值守应急、信息汇总和综合协调职能，发挥运转枢纽作用。随后，各省区市、地级市和县级市政府也在办公厅（室）内部设立应急办。2006年1月，国务院颁发了《国家突发公共事件总体应急预案》，首次明确将自然灾害、事故灾难、公共卫生事件和社会安全事件作为应急管理的主要对象。2007年8月，第十届全国人大常委会第二十九次会议通过了《中华人民共和国突发事件应对法》，并于当年11月1日起实施。这是应急管理在规范化、制度化和法制化的道路上迈出的重大步伐，标志着我国应急管理体系框架基本形成。同时，这一时期建立和完善了针对防汛抗旱、森林防火、抗震救灾等特定灾害的议事协调机构和联席会议制度，改进了应急管理综合协调的体制机制，成为中国应急管理改革史上的里程碑。

3. 应急管理的创新阶段（2012年至今）：致力于推进应急管理体系和能力现代化

党的十八大以来，以习近平同志为核心的党中央坚持战略思维、底线思维和系统思维，将应急管理工作纳入国家治理现代化的大盘子，以国家治理体系和治理能力现代化为导向，以总体国家安全观为统领，以推进国家应急管理机构职能优化协同高效为着力点，全面深化国家应急管理体制改革，构建系统完备、科学规范、运行高效的国家应急管理机构职能体系，提升国家应急管理效能和水平，更好地满足人民日益增长的对公共安全的新需要新期待，由此开启了我国应急管理事业的新时代。

这个阶段有两个重要机构的设立具有重大而深远的影响。一是2013年11月召开的党的十八届三中全会提出设立国家安全委员会。这个机构的设立，标志着国家安全的内涵被放在广义安全的视野中审视，所有公共安全事件都被视为“国家安全”的重要范畴。同时，国家安全委员会为重大公共安全事件的处置赋予了“综合、权威、高效”的指导思想。二是伴随着党和国家机构改革的深化，党的十九届三中全会提出组建应急管理部。根据国务院机构改革方案规定，将国家安全生产监督管理总局的职责、国务院办公厅的应急管理职责、公安部的消防管理职责、民政部的救灾职责、水利部的水旱灾害防治职责、中国地震局的震灾应急救援职责和国家防汛抗旱总指挥部的职责等进行整合，组建应急管理部，作为国务院组成部门。应急管理部的设立，体现了系统性、整体性、协同性的改革思维，升级了应急管理机构的行政权威，整合了之前大部分跨部门的灾害应对职能，实现了应急管理从综合协调体制向统一指挥、权责一致、权威高效体制转变；从多部门协同应对向更加专业化、职业化管理转变；从临时性指挥机构向常设制、常态化治理组织转变；从侧重应急处置向危机管理全过程转变，为推进新时代我国应急管理体系和能力现代化提供了更具综合性、权威性、专业性的制度基础。[①]

（二）我国应急管理的演变趋向

新中国成立 70 多年来，伴随着国家治理体系的完善和治理能力的提升，我国应急管理工作在管理理念、管理范式、管理主体、管理过程、管理保障、管理手段等方面都发生了重大变化，目前正朝着应急管理体系和能力现代化的目标不断迈进。[②]

---

① 参见朱正威：《中国应急管理 70 年：从防灾减灾到韧性治理》，《国家治理周刊》2019 年第 9 期。

② 参见钟开斌：《新中国 70 年我国应急管理的发展与完善》，《学习时报》2019 年 10 月 21 日。

1. 应急管理理念：从人财物兼顾到坚持人民至上

新中国成立初期，我国生产力水平低下、物质比较匮乏，财产特别是公共财产具有特殊重要意义。保护国家财产、集体财产，成为那个年代的社会价值观。改革开放后，随着经济快速发展和全社会物质财富增加，生命的价值日益受到重视，安全第一、生命至上成为全社会新的价值认同，以人为本、安全发展成为指导经济社会发展新的重要理念。

2013 年 6 月，习近平总书记在重要指示中首次提出了安全发展的红线理念，强调“人命关天，发展决不能以牺牲人的生命为代价。这必须作为一条不可逾越的红线”。党的十九大报告提出“统筹发展和安全，增强忧患意识，做到居安思危，是我们党治国理政的一个重大原则”。2020 年 10 月召开的党的十九届五中全会，历史性地把“统筹发展和安全”纳入“十四五”时期经济社会发展的指导思想，将“办好发展安全两件大事、实现更为安全发展”明确为必须遵循的重要原则。2021 年 11 月召开的党的十九届六中全会更是将“坚持人民至上”作为中国共产党百年奋斗的十条历史经验之一，强调“始终牢记江山就是人民、人民就是江山”。

2. 应急管理范式：从分类管理到统筹综合协调

新中国成立后至改革开放前，社会相对封闭，各种突发事件在起因、过程、后果等方面都比较单一。为此，我国实行以单灾种管理为主的分类管理范式，成立不同的专职部门来应对不同类型的突发事件，各个“条”自上而下具有很强的组织动员能力，能够协同一致、迅速行动。同时，针对需要进行跨部门协调的个别事项，成立中央防疫委员会、中央救灾委员会、中央防汛总指挥部、中央地震工作小组等临时性非常设机构。

随着改革开放的推进，各种要素的流动性日渐增强，各类突发事件越来越具有“跨界”的属性，在事件起因、发展过程、影响后果等方面表现出越来越强的连锁联动特点，相互之间容易耦合、演化、叠加，要求采取系统性手段予以综合应对。在2003年以前，我国主要依托安全生产委员会、森林防火指挥部、减灾委员会、抗震救灾指挥部等议事协调机构进行跨部门协调。2004年至2017年，在加强部际联席会议机制建设的同时，我国重点依托各级政府应急管理办公室进行综合协调，发挥其运转枢纽作用。2018年党和国家机构改革，我国将应急管理相关职能部门和议事协调机构的职责进行整合，组建应急管理部。这标志着我国开始探索建立一个由强力核心部门牵头进行协调的应急管理范式。

3. 应急管理主体：从政府管控到多元协同共治

在新中国成立后至改革开放前的“总体性”结构中，政府扮演“独奏”的角色，掌控了绝大部分稀缺资源，是应急管理的绝对主体。重特大突发事件发生后，全国总动员、全民齐发动，各种资源在短时间内迅速聚集，应急救灾的效果往往快速呈现。改革开放后，伴随市场经济的引入和发展，多元异质社会个体不断涌现，城市单位制和农村人民公社制逐步解体，我国传统的“大政府—小社会”格局开始向“大政府—大社会”转变，社会力量、市场力量以及国际合作在应急管理中发挥着越来越重要的作用。为此，政府开始探索建立一种多元主体合作共治的模式，搭建应对突发事件的协同网络，变政府“独奏”为全社会“合唱”。

在社会力量参与方面，以“5·12”汶川特大地震抗震救灾活动为标志，2008年被称为中国的“志愿者元年”，此后参与灾难救援的社会力量开始蓬勃发展起来。2015年10月，民政部印发《关于支持引导社会力量参与救灾工作的指导意见》，强调“统筹协调社会力量高效有序参与救灾工作”。2016年12月印发的《中共中央国务院关于推进防灾减灾救灾体制机制改革的意见》，把“坚持党委领导、政府主导、社会力量和市场机制广泛参与”列为推进防灾减灾救灾体制机制改革的基本原则之一。在市场力量参与方面，自2007年开始，我国在农业生产领域推行政策性保险试点；2008 年汶川特大地震发生后，国家开始高度重视巨灾保险制度建设；2013 年 11 月，党的十八届三中全会明确提出“完善保险补偿机制，建立巨灾保险制度”。在国际合作方面，随着我国对外开放事业不断发展，特别是党的十八大以来全球治理中国方案的提出，应急管理成为构建普遍安全的人类命运共同体的重要组成部分，中国参与国际救灾合作的广度和深度不断拓展。

4. 应急管理过程：从重救轻防到防控救相结合

应急管理是包括事前、事发、事中、事后的全周期管理过程，其中预防是最好的应急，是做好应急管理最经济、最有效也是最安全的办法。但长期以来，由于国民的风险意识、危机意识普遍比较薄弱，加上我国依托“集中力量办大事”的体制优势，建立了一种以重特大突发事件发生后举国救灾应急管理模式，使得重救轻防的现象曾经广为存在。举国救灾是一种被动型应急管理模式，代价大、成本高，也难以持续。在取得抗击“非典”疫情胜利后，随着经济社会发展和思想观念变化，预防为主、关口前移、标本兼治的理念在全社会得到前所未有的重视。我国开始探索建立一种以防为主、防抗救相结合的主动型应急管理模式，“举国救灾”逐渐转向“全民防灾”。

2007 年我国开始实施的《突发事件应对法》规定：“突发事件应对工作实行预防为主、预防与应急相结合的原则。”2016 年 12 月印发的《中共中央　国务院关于推进防灾减灾救灾体制机制改革的意见》，把“坚持以防为主、防抗救相结合”作为基本原则之一，并明确提出“两个坚持、三个转变”的灾害管理新理念，即“坚持以防为主、防抗救相结合，坚持常态减灾和非常态救灾相统一，努力实现从注重灾后救助向注重灾前预防转变，从应对单一灾种向综合减灾转变，从减少灾害损失向减轻灾害风险转变”。党的十九大报告把“防范化解重大风险”摆在必须打好的三大攻坚战首位，强调要增强驾驭风险本领，健全各方面风险防控机制。

5. 应急管理保障：从依靠经验到依靠法治

在传统的举国救灾体制下，我国突发事件应对主要通过上级号召、政治动员、行政强制等手段，采取自上而下的行政命令式的执行模式，应急管理的效果在很大程度上取决于管理者的个人素质和危机决断能力。

改革开放以来，随着依法治国战略的稳步推进，各种应急管理制度逐渐趋向成熟，应对各类突发事件的单行法律和行政法规陆续出台，相关应急预案也陆续编制。特别是2003年“非典”疫情发生后，我国开始以应急预案为抓手、以应急法律法规为基础构建应急管理法制体系，加快推进突发事件应对工作从经验式、粗放式模式向科学化、精细化模式转变，全国“纵向到底、横向到边”的预案体系已经形成。目前基本建立了以宪法为依据、以《突发事件应对法》为核心、以相关单项法律法规为配套的应急管理法律体系，应急管理逐渐进入了法制化的轨道。2021年8月中共中央国务院印发的《法治政府建设实施纲要（2021—2025年）》明确规定：“坚持运用法治思维和法治方式应对突发事件，着力实现越是工作重要、事情紧急越要坚持依法行政，严格依法实施应急举措，在处置重大突发事件中推进法治政府建设。”

6. 应急管理手段：从人海战术到数字赋能

在新中国成立后很长的一段时间内，由于当时技术条件比较落后，我国主要依托“人海战术”开展应急救援。重特大突发事件发生后，往往通过密集式的人力物力财力投入赢得抢险救援的阶段性胜利。这种大规模投入、大兵团作战的“人海战术”应急救援模式，资源投入大，动员成本高，但未必精准、高效，而且难以长期持续。改革开放后随着科技进步和创新，我国全面加强应急队伍、物资、经费、交通、通信建设，开始逐步改变传统的“人海战术”，转而探索建立一套以科学决策、专业处置、技术支撑为基本特点的现代应急管理模式，通过提高人员综合素质能力、设施设备保障能力、关键技术应用水平，依托信息化推进应急管理现代化，应急管理的科技含量大为提升。

在应急力量方面，我国逐渐形成了以国家综合性消防救援队伍、森林消防队伍、军队非战争军事行动力量为骨干力量，以抗洪抢险、道路抢通等专业应急队伍为基础力量，以企事业单位专兼职队伍、志愿者队伍为基础力量的立体化应急救援队伍格局。在应急技术方面，我国加强应急信息、指挥、通信、队伍、物资、运输等关键技术研发以及成套装备研制和重点项目建设，救援队伍的专业化技术装备水平大大提高。在指挥管理方面，通过推动建设上下贯通、左右联动的应急管理综合应用平台和应急指挥一张图，应急指挥调度能力得到很大提高。在现场处置方面，坚持科学施救、专业施救，科学灾情评估，实事求是地调遣救援力量和救灾物资，实施精确定点、精准救援，应急救援的专业化、数字化程度显著提高。

二、新时代应急管理面临的基本态势

党的二十大报告明确指出，我国发展进入战略机遇和风险挑战并存、不确定难预料因素增多的时期，各种“黑天鹅”“灰犀牛”事件随时可能发生。我们必须增强忧患意识，坚持底线思维，做到居安思危、未雨绸缪，准备经受风高浪急甚至惊涛骇浪的重大考验。党的十八大以来，我国在经济持续高质量发展的同时，始终高度重视应急管理工作，应急管理体系不断调整和完善，应对各种灾难事故能力不断提高，成功应对了一次又一次重大突发事件，有效化解了一个又一个重大安全风险，创造了许多应急管理的成功奇迹，社会总体安宁稳定，这是我国公共安全形势的主流。但必须正视的是，当前我国经济、社会和自然环境都进入了一个各种突发事件频发、多发、高发的特殊时期，各种传统的和非传统的、自然的和社会的矛盾与风险交织并存，突发事件进入了一个发生概率更高、破坏力更大、影响力更强的阶段，应急管理面临的基本态势不容乐观。

（一）全球气候变化加剧自然灾害风险

根据世界气象组织发布的《2020 年全球气候状况》报告显示，2020 年是有记录以来三个最暖的年份之一，全球平均温度比工业化前水平约高 1.2 摄氏度；2011 年至 2020 年是有记录以来最暖的十年。[①] 我国是世界上受气候变化影响极为明显的国家，近百年来我国地表平均温度上升 0.9～1.5℃，高于全球均值。

全球气候变化加剧了自然灾害造成的严重后果。在全球气候变暖的背景下，我国极端天气气候灾害呈明显增加趋势，再加上特有的地质构造和自然条件环境，使得我国是遭受自然灾害最为严重的国家之一，灾害种类多，分布地域广，发生频率高，造成损失重。我国自然灾害以洪涝、地质灾害、风雹、台风灾害为主，地震、干旱、低温冷冻、雪灾、森林草原火灾等灾害也时有发生。除了现代火山活动外，几乎所有的自然灾害都在我国发生过。我国 70%以上的城市、50%以上的人口分布在气象、地震、地质、海洋等类型灾害的高风险区，58%的国土面积处于 7 度以上地震的高烈度区域，2/3 以上的国土面积受到洪涝灾害威胁，全国有 28.8 万个地质灾害隐患点。区域性洪涝、旱灾几乎每年都出现，东南沿海地区平均每年有 7 个台风登陆，中西部各类自然灾害频发高发，东部地区城市内涝灾害屡屡发生。2020 年，我国各种自然灾

① 参见《速看!! 2020 年全球气候状况报告》，搜狐网，https：//www.sohu.com/a/462319051_99963284.

害共造成 1.38 亿人次受灾，591 人因灾死亡或失踪，589.1 万人次紧急转移安置；10 万间房屋倒塌，30.3 万间严重损坏，145.7 万间一般损坏；直接经济损失为 3701.5 亿元。① 2021 年 7 月 17 日至 23 日，河南省遭遇历史罕见特大暴雨，发生严重洪涝灾害，特别是 7 月 20 日郑州市遭受重大人员伤亡和财产损失。全省因灾死亡失踪 398 人，其中郑州市 380 人。② 因此，防范化解重大灾害风险，确保人民生命财产安全和经济社会可持续发展的压力持续加大。

（二）安全生产形势依然严峻复杂

近些年来我国安全生产形势保持了总体稳定、持续好转的发展走势，各类生产安全事故起数、死亡人数和反映安全生产发展水平的相对指标，均表现出持续稳定下降的态势。但是，由于安全意识和安全基础薄弱、企业主体责任不落实、非法违法行为突出、安全管理和监督不到位等因素，以致安全生产领域的风险隐患广为存在，安全生产仍处于脆弱期、爬坡期、过坎期。危险化学品、道路交通、矿产开采等行业重大事故时有发生，生产安全事故总量仍然偏大，形势依然不容乐观。特别是快速城市化带动产业集聚，使城市生产生活环境日趋复杂，城市建设、轨道交通、油气输送、危房改造、人员密集场所、地下空间等安全风险突出，老旧桥梁管道隧道等重大工程进入风险高发期，重要装备、机器设备和材料等随着时间推移逐步老化进入重点维护阶段。随着现代城市系统的越发复杂，突发事故灾难的连锁反应、潜在风险及其叠加效应也在不断加剧和累积。

---

① 参见《应急管理部：2020 年各种自然灾害共造成 1.38 亿人次受灾》，搜狐网，https：//www.sohu.com/a/443329513_362042.

② 参见国务院灾害调查组：《河南郑州“7·20”特大暴雨灾害调查报告》，中华人民共和国应急管理部官网，https：//www.mem.gov.cn/gk/sgcc/tbzdsgdcbg/202201/P020220121639049697767.pdf.

（三）公共卫生事件防控难度加大

我国重大传染病疾病形势相当严峻，包括重大传染病疫情、群体不明原因疾病、食品安全和职业危害，以及其他严重危害公众健康的事件时有发生。目前全世界新出现的传染病有40多种，其中有一半已在我国流行，还有一些可能传入我国。预计今后20年还将发生30种新传染病，有的可能在我国首发或传入我国。血吸虫病、结核病、性病等老传染病发病率都呈现出上升趋势，其中性传播疾病将大幅度上升。此外，全国职业病危害呈上升趋势，特别是矿工的尘肺病和化工厂的职业病尤为严重。鼠疫、霍乱两种甲类传染病流行趋势不容忽视。每年发生的重大食物中毒事件超过200起，年均超过2万病例，死亡近200人。职业中毒人数不断上升，农药中毒每年都超过5万人。当前我国新冠肺炎疫情防控已经取得重大战略成果，但“外防输入、内防反弹”压力较大，实施“动态清零”的挑战依然严峻。

（四）维护社会安全面临新挑战

当今世界正经历百年未有之大变局。我国在外部环境面临各种不确定因素增多的同时，国内改革发展正处于闯关夺隘和开启新征程的重要阶段，这个阶段也是矛盾的多发期和问题的高发期。由征地补偿、拆迁安置、下岗失业、涉法涉诉、环境污染、贫富差距等领域引发的利益冲突和社会纠纷层出不穷，有的演变成影响社会稳定的群体性事件，协调各方利益的难度加大，缓和化解社会矛盾的压力剧增。暴力恐怖活动由传统的冷兵器作案转为使用烈性炸药、汽车爆炸等，增加了暴恐活动的危险性和破坏性，查处、打击恐怖势力和暴恐活动的难度加大。随着大数据、云计算、物联网、区块链技术的广泛使用，基于虚拟社会的各种网络犯罪层出不穷，愈益呈现出数字化、智能化、集团化的特征。这些都给维护社会安全带来一系列新的挑战。[①]

（五）突发事件网络传播效应日益凸显

当代信息技术的高速发展使人类社会发生了巨大的变化，互联网传播技术的快速发展使得越来越多具有信息采集、加工和传播功能的工具与渠道应运而生，从而为网上新闻信息传播带来了巨大的技术支撑。与传统纸质、电子媒体相比，网络因其全时、无界、互动等特点，在突发事件传播中成为社会舆论演变的重要力量，网上、网下的突发事件将会更多交融、彼此影响，甚至阵地互相转化、互相促进。尤其是当今自媒体传播高度发达的时代，突发事件的网络传播与发酵常常呈现出即时性、非理性、互动性、广泛性、群体性等特征。有关统计分析显示，几乎所有突发事件都与网络有关，其中 20％直接由网络报道而引爆网络舆论；另 80％一般由传统媒体先报道，后经网络媒体转发引起网民关注，成为网络热点，形成网络舆论。[②] 为此，如何正确地利用网络资源进行舆情管理和舆论引导，就成为新媒体时代必须应对的现实课题。

（六）应急管理存在诸多短板和不足

我国应急管理依托和内嵌于国家治理体系，经过 2003 年“非典”疫情以来的快速发展，已经取得巨大进步，但与新时代高质量发展要求、与人民群众对公共安全的迫切需求相比，现阶段应急管理存在着诸多短板和不足，它既有应急管理自身体系和能力的问题，也是整个经济社会发展不平衡不充分问题的集中反映。具体而言，一是系统性不强。

---

① 参见全国干部培训教材编审指导委员会办公室：《应急管理体系和能力建设干部读本》，党建读物出版社 2021 年版，第 6—7 页。

② 参见邹积亮编著：《政府突发事件风险评估研究与实践》，国家行政学院出版社 2013 年版，第 21 页。

现代化的应急管理应该是在突出以防为主理念的前提下，实现应急处突的制度化、体系化、常态化，取得应急管理效能的最大化，但目前尚未建立一整套系统化的制度和能力体系。一些重大应急决策部署，还缺乏系统性的制度安排，体制机制法制预案不完善，专业应急救援能力不够强，物质保障体系不健全，科技支撑和人才保障能力不适应，社会参与能力不足等。二是科学性不强。主要是对自然和经济社会发展规律认识不足，从战略和规划上谋划风险防控不够，一些领导干部政绩观存在偏差，以致重发展轻安全、重显绩轻潜绩、只顾眼前不顾长远等问题在有些地方和领域还比较突出。诸如，有的地方对人口密度的控制和产业规划布局，考虑地震灾害明显不足；一些地方不顾自然禀赋，人为强力推进城镇化建设，造成水土资源难以承受，抵御和减缓灾害能力下降；城市建设先地上、后地下，城市排涝防洪能力不足，每逢大雨“城中看海”，马路变“运河”，汽车“水中游”，如此等等。三是针对性不强。应急管理关乎人的生命安全，务必要做到精准精细精密，但目前我国应急管理总体上还比较粗放，各种事故灾难风险分布底数不是很清楚，预警信息发布的时效性、准确性和覆盖面不高。应急预案、力量建设布局、物资储备、装备配备等也缺乏针对性，特别是长期以来，事后不太重视总结评估，事故调查主要落在问责追责上，反思整改和避免再犯工作不到位，往往“好了伤疤忘了疼”，甚至屡屡重蹈覆辙。我国长期以来的粗放式应急管理，与现代化的要求还有很大差距。①

三、加强党对新时代应急管理的全面领导

党政军民学，东西南北中，党是领导一切的。办好中国的事情，关

① 参见黄明：《深入学习习近平总书记重要论述，积极推进应急管理体系和力量现代化——在中央党校（国家行政学院）中青年干部培训班上的报告》，《中共中央党校报告选》2021 年第 1 期。

键在党。《中共中央关于党的百年奋斗重大成就和历史经验的决议》总结了党的百年奋斗的十条历史经验，其中第一条就是“坚持党的领导”，强调中国共产党是领导我们事业的核心力量。中国人民和中华民族之所以能够扭转近代以后的历史命运、取得今天的伟大成就，最根本的是有中国共产党的坚强领导。

中华民族近代以来180多年的历史、中国共产党成立以来100多年的历史、中华人民共和国成立以来70多年的历史都充分证明，没有中国共产党，就没有新中国，就没有中华民族伟大复兴。正是因为有中国共产党领导，中国才能创造出世所罕见的经济快速发展奇迹和社会长期稳定奇迹，我们才能成功战洪水、防“非典”、抗地震、控疫情、化危机、应变局。历史和现实都告诉我们，只要毫不动摇坚持和加强党的全面领导，不断增强党的政治领导力、思想引领力、群众组织力、社会号召力，永远保持党同人民群众的血肉联系，我们就一定能够形成强大合力，从容应对各种复杂局面和风险挑战。

（一）党的领导是应急管理的最大优势

中国共产党领导是中国特色社会主义最本质的特征，是中国特色社会主义制度的最大优势，当然也是应急管理的最大优势。我们党在长期奋斗中所形成的独特优势是全面的，包括理论优势、政治优势、组织优势、制度优势和密切联系群众的优势。正是这些优势的全面形成和坚持发挥，使我们党能够由小到大、由弱到强，团结带领全国各族人民谱写了革命、建设、改革的壮丽篇章，中华民族迎来了从站起来、富起来到强起来的伟大飞跃。应急管理作为国家治理的重要组成部分，这些优势在推动应急管理事业发展进程中也得到了充分体现。

1. 依靠党的理论优势，准确把握应急管理客观规律

我们党成立时就把马克思主义鲜明地写在自己的旗帜上，作为党的

指导思想。我们党过去一百年的奋斗历程，就是坚持以马克思主义为指导不断认识世界、改造世界的过程，就是坚持立足中国的具体实际、实现和推进马克思主义中国化并不断创造出中国化的理论成果和实践成果的过程。新中国成立70多年来，我国应急管理事业得到快速发展，从理念到工具实现了质的飞跃，每一次制度创新都是在前一次的基础上发展而来，都与党的理论创新息息相关。特别是改革开放以来，在邓小平对风险的判断和应对风险思想，江泽民、胡锦涛的风险管理思想和“新安全观”，习近平的“总体国家安全观”指导下，我国应急管理取得了在“灾害”“应急”和“安全”领域的三次重大制度创新，实现从“减灾”理念、传统救灾方式向现代灾害管理方式的“工作迭代性”转变，从“一案三制”的全灾种全过程的综合应急管理制度体系到以总体国家安全观为指导的应急管理体系的“体制迭代性”转变，逐步造就了立足经济社会发展现实、创新优化体制机制、维护社会稳定、保障国家安全、提高应急处突能力的现代化应急管理体系。①

2. 依靠党的政治优势，推动应急管理事业蓬勃发展

坚定崇高的政治理想和政治信念以及由此产生的百折不挠的革命意志，始终是中国共产党人战胜各种艰难险阻、危机困局的强大力量源泉，也是我们党的巨大政治优势。在党的百年非凡奋斗历程中，一代又一代中国共产党人顽强拼搏、不懈奋斗，涌现了一大批视死如归的革命烈士、一大批顽强奋斗的英雄人物、一大批忘我奉献的先进模范，形成了一系列伟大精神，构筑起了中国共产党人的精神谱系，为我们立党兴党强党提供了丰厚滋养。2021年11月4日，首届全国应急管理系统先进模范和消防忠诚卫士表彰大会在北京举行，全国应急管理系统8名一

---

① 参见高小平：《党的理论创新引领应急管理体系和能力现代化》，《公共管理与政策评论》2021年第3期。

级英雄模范、99个先进集体、190名先进工作者、30名“中国消防忠诚卫士”和30名二级英雄模范受到表彰。5日上午，中共中央总书记、国家主席、中央军委主席习近平亲切会见全国应急管理系统先进模范和消防忠诚卫士表彰大会代表，向他们表示热烈祝贺，并向全国应急管理系统广大干部和消防救援指战员致以诚挚问候。这必将激励应急管理队伍上下以更加高昂的斗志、更加饱满的热情、更加过硬的作风，争先锋打头阵，将应急管理事业不断推向前进。

3. 依靠党的组织优势，构筑应急管理的坚强堡垒

马克思主义政党力量的凝聚和运用，在于科学的组织。我们党是按照马克思主义建党原则建立的具有崇高组织使命、严密组织体系、严肃组织纪律的高度组织化的伟大政党。2018年我国进行新一轮党和国家机构改革，建立了综合性应急管理机构，旨在构建统一指挥、专常兼备、反应灵敏、上下联动的应急管理体制，体现系统性、整体性、协同性的大应急思维。中共中央办公厅国务院办公厅印发的《应急管理部职能配置、内设机构和人员编制规定》，明确应急管理部负责“贯彻落实党中央关于应急工作的方针政策和决策部署，在履行职责过程中坚持和加强党对应急工作的集中统一领导”。党中央有权威，才能确保统一指挥、统一协调、统一调度。2020年抗击新冠肺炎疫情中，由习近平总书记亲自指挥、亲自部署，中央层面成立党中央应对疫情工作领导小组，在中央政治局常委会领导下开展工作，加强对全国疫情防控的统一领导和统一指挥，全国各地区各部门立即响应，打响了疫情防控的人民战争、总体战、阻击战，取得了疫情防控的重大战略成果，也彰显了党的集中统一领导的组织优势。其他重大突发事件发生后，地方党委要按照“统一领导、综合协调”的要求，第一时间组建应急指挥部，整合党、政、军、民等各种力量迅速组织救援，对队伍、装备、技术、物资、资金等实施统一指挥和调配，及时控制事态，尽最大可能减少

损害。

4. 依靠党的制度优势，凝聚应急管理的磅礴力量

重大突发事件应对具有急难险重、任务量大、点多面广的特点，往往需要进行跨部门、跨层级、跨地域、跨领域的综合协调。发挥党的集中统一领导优势，健全总揽全局、协调各方的党的领导制度体系，完善由各级党员干部和基层党组织等共同构成的组织网络，可以整合各方力量资源，把党的领导落实到应对重大突发事件的各领域各方面各环节，形成应对重大突发事件的强有力“拳头”，真正做到了“全国一盘棋、集中力量办大事”。在 2008 年汶川大地震后，举国上下迅速形成了全党动员、全军集结、全民行动的救灾局面，组织开展了我国历史上救援速度最快、动员范围最广、投入力量最大的抗震救灾斗争，最大限度地挽救了受灾群众生命、降低了灾害造成的损失。①

5. 依靠党的群众优势，铸就应急管理的强大后盾

我们党是在同人民群众的密切联系中成长、发展、壮大起来的。因此，人民是党的力量之源和胜利之本，密切联系群众是我们党的一大优势。党与人民风雨同舟、生死与共，始终保持血肉联系，是党战胜一切危机困局的根本保证。1948 年的淮海战役中，人民用小推车推出了中国人民解放战争的转折点。“最后一碗米送去做军粮，最后一尺布送去做军装，最后一件老棉袄盖在担架上，最后一个亲骨肉送去上战场。”这首当时广为流传的民谣就是最生动的写照。2020 年，在福建省泉州市鲤城区欣佳酒店“3·7”坍塌事故的应急救援中，无数周边市民自发组织起爱心后援，外卖、零食饮料以及药品如雪花般纷至沓来，由小吃摊主成立的志愿者服务队在救援大后方汇聚成一条“美食街”。网友亲

---

① 参见全国干部培训教材编审指导委员会办公室：《应急管理体系和能力建设干部读本》，党建读物出版社 2021 年版，第 26—27 页。

切地评价道："当你把人民生命举过头顶，人民就把你捧在手心。"可见，江山就是人民，人民就是江山。打江山、守江山，守的是人民的心。确保人民群众生命财产安全，是党治国理政的一项重大任务，更是党和人民赋予应急管理的神圣使命。

（二）将加强党的领导贯穿应急管理工作全过程

历史与实践反复证明，党的领导是应急管理的最大优势，发展应急事业必须以党的坚强领导为保障。在维护国家安全与推进应急管理体系和能力现代化的繁重任务面前，必须进一步巩固党的核心领导地位、强化党的政治引领、健全党的集中统一领导制度，坚持把加强党的领导贯穿应急管理全过程、各领域，确保党对应急管理工作的全面领导。

1. 坚持党始终总揽全局协调各方的核心领导地位

中国共产党所具有的无比坚强的领导力，是风雨来袭时中国人民最可靠的主心骨。每逢重大自然灾害或事故灾难，全国从上到下，各级党组织都是化险为夷的"定海神针"、力挽狂澜的中流砥柱。在国家治理体系的大棋局中，党中央是坐镇中军帐的"帅"，车马炮各展其长，一盘棋大局分明。习近平总书记强调，"我国社会主义政治制度优越性的一个突出特点是党总揽全局、协调各方的领导核心作用，形象地说是'众星捧月'，这个'月'就是中国共产党"。[①] 如果中国出现了各自为政、一盘散沙的局面，不仅我们确定的目标不能实现，而且必定会产生灾难性后果。只有始终坚持党的领导这个核心，才能在有效应对各种风险挑战中谋定而后动，统筹好发展和安全两件大事，切实维护人民群众生命财产安全和社会稳定。

---

① 习近平：《中国共产党领导是中国特色社会主义最本质的特征》，《求是》2020 年第 14 期。

2. 强化党对应急管理事业的政治引领作用

“党领导一切”，并不等于党包揽一切。领导一切是指大政方针的领导，而不是具体事务上的大包大揽。强化党的政治引领作用，需要提高党把方向、谋大局、定政策、促改革的能力和定力，确保党始终总揽全局、协调各方。应急管理最能考验党员干部的党性修养与责任担当精神，必须把拥护“两个确立”、增强“四个意识”、坚定“四个自信”、做到“两个维护”融入党内各项制度，把党的领导贯穿到国家安全、应急管理、防灾减灾救灾工作的全过程、各环节，把践行“安全发展”的要求体现到谋大局、做决策、抓落实的全流程、各领域，打造应急管理特别讲政治、特别讲忠诚、特别讲党性的政治基因。把学习贯彻落实习近平总书记关于国家安全与应急管理重要论述、重要指示批示和党中央决策部署作为严肃的政治纪律和政治规矩，纳入整治整改、督查检查、综合考核的重要内容，切实担负起“促一方发展、保一方平安”的政治责任。

3. 健全党对应急管理事业的全面领导制度

新时代坚持和加强党的全面领导，不断推进应急管理体系和能力现代化，根本性的举措还在于不断完善党的领导体制机制。要落实党对应急事业的领导，健全党领导风险防范、应急准备、处置救援、恢复重建、舆论引导等工作制度，贯彻落实好《地方党政领导干部安全生产责任制规定》等制度规范，切实发挥各级党委、党组的应急领导作用，发挥好基层党组织、党员干部在应急管理中的战斗堡垒和先锋模范作用。要探索完善各级党委领导应急工作的体制，可研究设立党委应急管理议事决策协调机构，整合政府应急委、安委会、减灾委、食安委等机制，由该机构统一履行防灾减灾救灾、安全生产与环境应急、食品安全与卫生应急等决策议事协调职能，其办公室设在综合应急管理部门，以保障各级党委从战略高度领导应急工作。要提升各级综合应急管理部门的权威性和综合协调能力，解决协调机制数量过多、职能交叉、政出多门等问题，不断优化应急管理协调机制。只有不断健全和完善相关体制机制，才能把加强党对应急管理的全面领导真正落到实处。

阅读材料

习近平总书记关于安全发展与应急管理现代化的重要论述（摘编）

各级党委和政府、各级领导干部要牢固树立安全发展理念，始终把人民群众生命安全放在第一位，牢牢树立发展不能以牺牲人的生命为代价这个观念。这个观念一定要非常明确、非常强烈、非常坚定。

——《在听取青岛黄岛经济开发区东黄输油管线泄漏引发爆燃事故情况汇报时的讲话》（2013 年 11 月 24 日）

我们必须牢固树立这样一个观念，就是不能要带血的生产总值。发展要以人为本、以民为本。不要强调在目前阶段安全事故“不可避免论”，必须整合一切条件、尽最大努力、以极大的责任感来做好安全生产工作。抓和不抓大不一样，重视抓、认真抓和不重视抓、不认真抓大不一样。只要大家都认真抓，就可以把事故发生率和死亡率降到最低程度。

——《在听取青岛黄岛经济开发区东黄输油管线泄漏引发爆燃事故情况汇报时的讲话》（2013 年 11 月 24 日）

既重视发展问题，又重视安全问题，发展是安全的基础，安全是发展的条件，富国才能强兵，强兵才能卫国。

——《在主持召开中央国家安全委员会第一次会议时的讲话》

（2014 年 4 月 16 日）

公共安全连着千家万户，确保公共安全事关人民群众生命财产安全，事关改革发展稳定大局。要牢固树立安全发展理念，自觉把维护公共安全放在维护最广大人民根本利益中来认识，扎实做好公共安全工作，努力为人民安居乐业、社会安定有序、国家长治久安编织全方位、立体化的公共安全网。

——《在中共十八届中央政治局第二十三次集体学习时的讲话》（2015 年 5 月 29 日）

各级党委和政府要切实承担起“促一方发展、保一方平安”的政治责任，明确并严格落实责任制，落实责任追究。要坚持标本兼治，坚持关口前移，加强日常防范，加强源头治理、前端处理，建立健全公共安全形势分析制度，及时清除公共安全隐患。

——《在中共十八届中央政治局第二十三次集体学习时的讲话》（2015 年 5 月 29 日）

必须坚定不移保障安全发展，狠抓安全生产责任制落实。要强化“党政同责、一岗双责、失职追责”，追责不要姑息迁就。一个领导干部失职追责，撤了职，看来可惜，但我们更要珍惜的是不幸遇难的几十条、几百条活生生的生命！必须抓好问责，坚持以人为本、以民为本，决不能草菅人命。

——《在中共中央政治局常务委员会会议上的讲话》（2015 年 12 月 24 日）

各级党委和政府特别是领导干部要牢固树立安全生产的观念，正确处理安全和发展的关系，坚持发展决不能以牺牲安全为代价这条红线。经济社会发展的每一个项目、每一个环节都要以安全为前提，不能有丝毫疏漏。要严格实行党政领导干部安全生产工作责任制，切实做到失职追责。

——《在中共中央政治局常务委员会会议上的讲话》(2016 年 7 月 14 日)

组建国家综合性消防救援队伍，是党中央适应国家治理体系和治理能力现代化作出的战略决策，是立足我国国情和灾害事故特点、构建新时代国家应急救援体系的重要举措，对提高防灾减灾救灾能力、维护社会公共安全、保护人民生命财产安全具有重大意义。

——《在向国家综合性消防救援队伍授旗时的致训词》(2018 年 11 月 9 日)

应急管理是国家治理体系和治理能力的重要组成部分，承担防范化解重大安全风险、及时应对处置各类灾害事故的重要职责，担负保护人民群众生命财产安全和维护社会稳定的重要使命。要发挥我国应急管理体系的特色和优势，借鉴国外应急管理有益做法，积极推进我国应急管理体系和能力现代化。

——《在中共十九届中央政治局第十九次集体学习时的讲话》(2019 年 11 月 29 日)

我国是世界上自然灾害最为严重的国家之一，灾害种类多，分布地域广，发生频率高，造成损失重，这是一个基本国情。同时，我国各类事故隐患和安全风险交织叠加、易发多发，影响公共安全的因素日益增多。加强应急管理体系和能力建设，既是一项紧迫任务，又是一项长期任务。

——《在中共十九届中央政治局第十九次集体学习时的讲话》(2019 年 11 月 29 日)

要健全风险防范化解机制，坚持从源头上防范化解重大安全风险，真正把问题解决在萌芽之时、成灾之前。要加强风险评估和监测预警，加强对危化品、矿山、道路交通、消防等重点行业领域的安全风险排查，提升多灾种和灾害链综合监测、风险早期识别和预报预警能力。要加强应急预案管理，健全应急预案体系，落实各环节责任和措施。要实施精准治理，预警发布要精准，抢险救援要精准，恢复重建要精准，监管执法要精准。要坚持依法管理，运用法治思维和法治方式提高应急管理的法治化、规范化水平，系统梳理和修订应急管理相关法律法规，抓紧研究制定应急管理、自然灾害防治、应急救援组织、国家消防救援人员、危险化学品安全等方面的法律法规，加强安全生产监管执法工作。要坚持群众观点和群众路线，坚持社会共治，完善公民安全教育体系，推动安全宣传进企业、进农村、进社区、进学校、进家庭，加强公益宣传，普及安全知识，培育安全文化，开展常态化应急疏散演练，支持引导社区居民开展风险隐患排查和治理，积极推进安全风险网格化管理，筑牢防灾减灾救灾的人民防线。

——《在中共十九届中央政治局第十九次集体学习时的讲话》(2019年11月29日)

要加强应急救援队伍建设，建设一支专常兼备、反应灵敏、作风过硬、本领高强的应急救援队伍。要采取多种措施加强国家综合性救援力量建设，采取与地方专业队伍、志愿者队伍相结合和建立共训共练、救援合作机制等方式，发挥好各方面力量作用。要强化应急救援队伍战斗力建设，抓紧补短板、强弱项，提高各类灾害事故救援能力。要坚持少而精的原则，打造尖刀和拳头力量，按照就近调配、快速行动、有序救援的原则建设区域应急救援中心。要加强航空应急救援能力建设，完善应急救援空域保障机制，发挥高铁优势构建力量快速输送系统。要加强队伍指挥机制建设，大力培养应急管理人才，加强应急管理学科建设。

——《在中共十九届中央政治局第十九次集体学习时的讲话》(2019年11月29日)

要强化应急管理装备技术支撑，优化整合各类科技资源，推进应急管理科技自主创新，依靠科技提高应急管理的科学化、专业化、智能化、精细化水平。要加大先进适用装备的配备力度，加强关键技术研发，提高突发事件响应和处置能力。要适应科技信息化发展大势，以信息化推进应急管理现代化，提高监测预警能力、监管执法能力、辅助指挥决策能力、救援实战能力和社会动员能力。

——《在中共十九届中央政治局第十九次集体学习时的讲话》(2019 年 11 月 29 日)

各级党委和政府要切实担负起“促一方发展、保一方平安”的政治责任，严格落实责任制。要建立健全重大自然灾害和安全事故调查评估制度，对玩忽职守造成损失或重大社会影响的，依纪依法追究当事方的责任。要发挥好应急管理部门的综合优势和各相关部门的专业优势，根据职责分工承担各自责任，衔接好“防”和“救”的责任链条，确保责任链条无缝对接，形成整体合力。

——《在中共十九届中央政治局第十九次集体学习时的讲话》(2019 年 11 月 29 日)

应急管理部门全年 365 天、每天 24 小时都应急值守，随时可能面对极端情况和生死考验。应急救援队伍全体指战员要做到对党忠诚、纪律严明、赴汤蹈火、竭诚为民，成为党和人民信得过的力量。应急管理具有高负荷、高压力、高风险的特点，应急救援队伍奉献很多、牺牲很大，各方面要关心支持这支队伍，提升职业荣誉感和吸引力。

——《在中共十九届中央政治局第十九次集体学习时的讲话》(2019 年 11 月 29 日)

这次疫情是对我国治理体系和能力的一次大考，我们一定要总结经验、吸取教训。要针对这次疫情应对中暴露出来的短板和不足，健全国家应急管理体系，提高处理急难险重任务能力。

——《在中共中央政治局常务委员会会议上的讲话》(2020 年 2 月 3 日)

要健全统一的应急物资保障体系，把应急物资保障作为国家应急管理体系建设的重要内容，按照集中管理、统一调拨、平时服务、灾时应急、采储结合、节约高效的原则，尽快健全相关工作机制和应急预案。

——《在主持召开中央全面深化改革委员会第十二次会议上的讲话》（2020 年 2 月 14 日）

生命重于泰山。各级党委和政府务必把安全生产摆到重要位置，树牢安全发展理念，绝不能只重发展不顾安全，更不能将其视作无关痛痒的事，搞形式主义、官僚主义。要针对安全生产事故主要特点和突出问题，层层压实责任，狠抓整改落实，强化风险防控，从根本上消除事故隐患，有效遏制重特大事故发生。

——《对全国安全生产工作的指示》（2020 年 4 月 10 日）

坚持统筹发展和安全，坚持发展和安全并重，实现高质量发展和高水平安全的良性互动，既通过发展提升国家安全实力，又深入推进国家安全思路、体制、手段创新，营造有利于经济社会发展的安全环境，在发展中更多考虑安全因素，努力实现发展和安全的动态平衡，全面提高国家安全工作能力和水平。

——《在中共十九届中央政治局第二十六次集体学习时的讲话》（2020 年 12 月 11 日）

要统筹发展和安全，善于预见和预判各种风险挑战，做好应对各种“黑天鹅”“灰犀牛”事件的预案，不断增强发展的安全性。

——《在中共十九届中央政治局第二十七次集体学习时的讲话》（2021 年 1 月 28 日）

新的征程上，我们必须增强忧患意识、始终居安思危，贯彻总体国家安全观，统筹发展和安全，统筹中华民族伟大复兴战略全局和世界百年未有之大变局，敢于斗争，善于斗争，逢山开道、遇水架桥，勇于战胜一切风险挑战！

——《在庆祝中国共产党成立100周年大会上的讲话》（2021年7月1日）

统筹好疫情防控和经济社会发展，采取更加有效措施，努力用最小的代价实现最大的防控效果，最大限度减少疫情对经济社会发展的影响。

——《在中共中央政治局常务委员会会议上的讲话》（2022年3月17日）

疫情要防住、经济要稳住、发展要安全，这是党中央的明确要求。要根据病毒变异和传播的新特点，高效统筹疫情防控和经济社会发展，坚定不移坚持人民至上、生命至上，坚持外防输入、内防反弹，坚持动态清零，最大程度保护人民生命安全和身体健康，最大限度减少疫情对经济社会发展的影响。

——《在主持召开中共中央政治局会议上的讲话》（2022年4月29日）

我国是人口大国，老龄人口多，地区发展不平衡，医疗资源总量不足，放松防控势必造成大规模人群感染、出现大量重症和病亡，经济社会发展和人民生命安全、身体健康将受到严重影响。要深刻、完整、全面认识党中央确定的疫情防控方针政策，坚决克服认识不足、准备不足、工作不足等问题，坚决克服轻视、无所谓、自以为是等思想，始终保持清醒头脑，毫不动摇坚持“动态清零”总方针，坚决同一切歪曲、怀疑、否定我国防疫方针政策的言行作斗争。

——《在中共中央政治局常务委员会会议上的讲话》（2022年5月5日）

中华民族伟大复兴不是轻轻松松、敲锣打鼓就能实现的，必须勇于进行具有许多新的历史特点的伟大斗争，准备付出更为艰巨、更为艰苦的努力。10年来，我们遭遇的风险挑战风高浪急，有时甚至是惊涛骇浪，各种风险挑战接踵而至，其复杂性严峻性前所未有。我们坚定信心、迎难而上，一仗接着一仗打。我们取得的一切成就，都是党和人民一道奋斗出来的。

——《在省部级主要领导干部“学习习近平总书记重要讲话精神，迎接党的二十大”专题研讨班上的讲话》（2022 年 7 月 26 日）

第二章　统筹发展和安全两件大事

党的二十大报告专章论述“推进国家安全体系和能力现代化，坚决维护国家安全和社会稳定”，从健全国家安全体系、增强维护国家安全能力、提高公共安全治理水平、完善社会治理体系等四个方面展开具体部署，为新时代统筹发展和安全指明了方向，为中国式现代化创造和提供安全保障，为中华民族伟大复兴号巍巍巨轮保驾护航。

党的十八大以来，以习近平同志为核心的党中央高度重视发展和安全问题，系统性提出新发展理念，前瞻性提出总体国家安全观，辩证处理发展和安全二者关系，科学统筹发展和安全两件大事。党的十九大报告提出，统筹发展和安全，增强忧患意识，做到居安思危，是我们党治国理政的一个重大原则。“统筹发展和安全”的重大课题正式提出，引领推动党的十九大以来治党治国治军各领域的深刻变革。党的十九届五中全会审议通过的《中共中央关于制定国民经济和社会发展第十四个五年规划和二〇三五年远景目标的建议》（以下简称《建议》）提出，要统筹发展和安全，建设更高水平的平安中国。[①] 党的十九届六中全会将“统筹发展和安全”纳入“十个明确”论述之中，进一步丰富和发展了习近平新时代中国特色社会主义思想。党的二十大报告再次强调，要“统筹发展和安全，全力战胜前进道路上各种困难和挑战，依靠顽强斗争打开事业发展新天地”。“统筹发展和安全”是党的十八大以来我们党

---

① 参见《中共中央关于制定国民经济和社会发展第十四个五年规划和二〇三五年远景目标的建议》，人民出版社 2020 年版，第 36 页。

治国理政的一个重大原则，也将是今后新时代新征程上推进中国式现代化需要始终坚持的重大原则，“统筹发展和安全两件大事”是对“统筹发展和安全”的延续与深化，进一步将“统筹发展和安全”从理念思想转化为实践要求，更加明确了办好两件大事的任务要求。

一、统筹发展和安全两件大事的战略考量

2020 年 12 月 11 日下午，中共中央政治局第二十六次集体学习时，习近平总书记指出，党的十九届五中全会《建议》首次把统筹发展和安全纳入“十四五”时期我国经济社会发展的指导思想，并列专章作出战略部署，突出了国家安全在党和国家工作大局中的重要地位。这是由我国发展所处的历史方位、国家安全所面临的形势任务决定的。习近平总书记的这段讲话高度概括了统筹发展和安全两件大事的战略考量因素，可以说，统筹发展和安全两件大事是“两个大局”的客观要求、新发展阶段的现实要求、高质量发展的内在要求。

（一）“两个大局”的客观要求

“两个大局”即中华民族伟大复兴战略全局和世界百年未有之大变局，是以习近平同志为核心的党中央对我国国内外发展形势的战略研判。“两个大局”意味着整个世界进入动荡期，世界格局发生深刻变化，我国发展进入风险期，国内发展稳定形势复杂。面对新冠肺炎疫情全球蔓延的持续冲击，“两个大局”客观要求统筹发展和安全两件大事，主动维护和塑造包括经济社会安全在内的总体国家安全。

“两个大局”概括提法最初源于习近平总书记作出的“世界处于百年未有之大变局”的重要论断。习近平总书记在 2018 年 6 月中央外事工作会议上提出，当前中国处于近代以来最好的发展时期，世界处于百

年未有之大变局。接着，他在 2018 年 9 月中非合作论坛北京峰会开幕式上的主旨讲话中进一步作出深刻阐释，“当今世界正在经历百年未有之大变局。世界多极化、经济全球化、社会信息化、文化多样化深入发展，全球治理体系和国际秩序变革加速推进，新兴市场国家和发展中国家快速崛起，国际力量对比更趋均衡，世界各国人民的命运从未像今天这样紧紧相连。同时，我们也面临前所未有的挑战。霸权主义、强权政治依然存在，保护主义、单边主义不断抬头，战乱恐袭、饥荒疫情此伏彼现，传统安全和非传统安全问题复杂交织。”“世界百年未有之大变局”的概括提法日渐清晰，此后不久与“中华民族伟大复兴战略全局”一起，被习近平总书记深刻总结为新的“两个大局”。

2019 年 5 月，习近平总书记在江西考察时强调，领导干部要胸怀“两个大局”，一个是中华民族伟大复兴的战略全局，一个是世界百年未有之大变局，这是我们谋划工作的基本出发点。“两个大局”的新论断由此明确提出。2020 年在新冠肺炎疫情防控期间，习近平总书记多次谈及“两个大局”并作了丰富阐述，进一步要求领导干部不仅要胸怀“两个大局”，更要统筹“两个大局”。2020 年 8 月 24 日，习近平总书记在经济社会领域专家座谈会上的讲话中指出，我们要辩证认识和把握国内外大势，统筹中华民族伟大复兴战略全局和世界百年未有之大变局，深刻认识我国社会主要矛盾发展变化带来的新特征新要求，深刻认识错综复杂的国际环境带来的新矛盾新挑战，增强机遇意识和风险意识，准确识变、科学应变、主动求变，勇于开顶风船，善于转危为机，努力实现更高质量、更有效率、更加公平、更可持续、更为安全的发展。

当前，“两个大局”相互交织，同时叠加新冠肺炎疫情全球蔓延，世界形势风云变幻、波谲云诡，国内外环境深刻变化内在要求我们更加重视统筹发展和安全，在更高水平上维护和塑造国家安全。正如习近平总书记在2014年11月28日中央外事工作会议上讲话所指出的，要高举和平、发展、合作、共赢的旗帜，统筹国内国际两个大局，统筹发展安全两件大事，牢牢把握坚持和平发展、促进民族复兴这条主线，维护国家主权、安全、发展利益，为和平发展营造更加有利的国际环境。统筹“两个大局”内在要求办好发展和安全两件大事，更好把握重要战略机遇期，更快推进中华民族伟大复兴的历史进程。

（二）新发展阶段的现实要求

新发展阶段是开启全面建设社会主义现代化国家新征程的重要发展阶段，是对我国发展所处历史方位的科学判断。进入新发展阶段后的“十四五”时期是我国从中等收入国家跨入高收入国家行列的关键窗口期，我们必须战胜前进中的各种风险挑战，顺利跨越“中等收入陷阱”而稳定进入到高收入国家行列，这就迫切要求统筹发展和安全两件大事，更加注重内部安全和发展安全，主动构建以安全为导向的新发展格局。

新发展阶段与新发展理念、新发展格局一起成为理解党的十九届五中全会精神的核心关键词。“新发展阶段”这个概念虽没有直接体现在党的十九届五中全会《建议》文本之中，但实际上是习近平总书记在2020年8月24日主持召开经济社会领域专家座谈会时提出的新概念。习近平总书记在这次会上指出，“十四五”时期是我国全面建成小康社会、实现第一个百年奋斗目标之后，乘势而上开启全面建设社会主义现代化国家新征程、向第二个百年奋斗目标进军的第一个五年，我国将进入新发展阶段。新发展阶段提出来之后，受到国内外广泛关注和热议，其内涵和意义极其深刻。2021年1月11日，习近平总书记在省部级主要领导干部学习贯彻党的十九届五中全会精神专题研讨班开班式讲话中对新发展阶段作了较为系统的论述，他指出，新发展阶段是社会主义初级阶段中的一个阶段，同时是其中经过几十年积累、站到了新的起点上的一个阶段。同时，他进一步指出，新发展阶段是我们党带领人民迎来从站起来、富起来到强起来历史性跨越的新阶段。

新发展阶段将是我国实现国家综合实力“由大到强”发生质的转变的新阶段，也将是国内外各种风险挑战更加复杂的新阶段。新发展阶段，我国 GDP 总量将稳定超过美国 GDP 总量的 2/3，经济实力和综合国力将更加接近美国，中美之间战略博弈将更趋激烈，今后我国发展面临的风险挑战将会越来越复杂。2020 年 8 月 24 日下午，习近平总书记在中南海主持召开经济社会领域专家座谈会上强调：“当前，新冠肺炎疫情全球大流行使这个大变局加速变化，保护主义、单边主义上升，世界经济低迷，全球产业链供应链因非经济因素而面临冲击，国际经济、科技、文化、安全、政治等格局都在发生深刻调整，世界进入动荡变革期。今后一个时期，我们将面对更多逆风逆水的外部环境，必须做好应对一系列新的风险挑战的准备。”①

进入新发展阶段，伴随着中华民族伟大复兴战略全局和世界百年未有之大变局的深刻影响，我国将会面临更加复杂严峻的风险挑战，客观上要求自觉统筹发展和安全，在发展和安全两方面同时发力，前瞻构建以安全为导向的新发展格局，有效维护产业链供应链安全，主动塑造国家经济社会发展安全，增强国家竞争力和综合实力，实现大国向强国的历史性飞跃。

（三）高质量发展的内在要求

党的十九届五中全会作出一个明确判断，我国已转向高质量发展阶段。高质量发展不仅仅是经济社会发展的重要要求，也是国家安全发展所面临的重大任务。高质量发展是更高质量、更有效率、更加公平、更

---

① 习近平：《在经济社会领域专家座谈会上的讲话》，《人民日报》2020 年 8 月 25 日。

可持续、更为安全的发展，内在要求统筹发展和安全两件大事，推进全社会各领域全过程的安全发展。

高质量发展是党的十九大报告中针对经济发展提出来的新概念，但因其本身所具有的高度包容性，很快被扩展应用于“五位一体”总体布局之中，成为一个引领性的重要概念。党的十九大报告首次创新提出高质量发展概念，“我国经济已由高速增长阶段转向高质量发展阶段，正处在转变发展方式、优化经济结构、转换增长动力的攻关期，建设现代化经济体系是跨越关口的迫切要求和我国发展的战略目标。”高质量发展概念当时提出来主要针对经济领域，但之后很快就被运用于“五位一体”总体布局之中。习近平总书记在2017年12月18日召开的中央经济工作会议上指出，“高质量发展，就是能够很好满足人民日益增长的美好生活需要的发展，是体现新发展理念的发展，是创新成为第一动力、协调成为内生特点、绿色成为普遍形态、开放成为必由之路、共享成为根本目的的发展”。在党的十九届五中全会上，习近平总书记进一步强调，“经济、社会、文化、生态等各领域都要体现高质量发展的要求。”2021年3月7日下午，习近平总书记在参加青海代表团审议时强调，高质量发展是“十四五”乃至更长时期我国经济社会发展的主题，关系我国社会主义现代化建设全局。他明确指出，高质量发展不只是一个经济要求，而是对经济社会发展方方面面的总要求；不是只对经济发达地区的要求，而是所有地区发展都必须贯彻的要求；不是一时一事的要求，而是必须长期坚持的要求。因此，我们不能仅仅从经济层面来简单看待和推进高质量发展，而应该从“五位一体”总体布局乃至“四个全面”战略布局来全方位理解和推进高质量发展。

高质量发展不仅是全面贯彻新发展理念的更高层次的新发展形态，也是将安全发展贯穿国家发展各领域和全过程的新发展形态，内在要求高水平统筹发展和安全，推进更为安全的高质量发展。2020年7月30

日，习近平总书记主持召开中央政治局会议，会上首次提出“努力实现更高质量、更有效率、更加公平、更可持续、更为安全的发展”，并多次论述“更为安全”的具体要求。这次会议标志着以习近平同志为核心的党中央更加注重统筹发展和安全，主动将安全发展融入创新、协调、绿色、开放、共享等新发展理念之中，把安全发展贯穿于国家发展各领域和全过程，致力于推进包括更为安全在内的高质量发展。

二、统筹发展和安全两件大事的核心要义

统筹发展和安全两件大事，就是要准确把握发展和安全的辩证关系，把发展作为安全的基础，把安全作为发展的条件，坚持系统观念办好发展和安全两件大事，推进发展和安全两件大事的动态平衡，实现高质量发展和高水平安全的良性互动，既善于运用发展成果夯实国家安全的实力基础，又善于塑造有利于经济社会发展的安全环境。

（一）发展是安全的保障，坚持以发展促安全

发展是安全的保障，不发展是最大的不安全。一个国家不发展就会停滞衰退，安全就会成为“无源之水”“无本之木”。统筹发展和安全两件大事的基础就在于坚持以发展为第一要务，坚定不移贯彻新发展理念，统筹推进高质量发展。

发展是解决我国一切问题的基础和关键，也是实现和维护安全的根本要求。2014 年 7 月 8 日，习近平总书记主持召开经济形势专家座谈会，听取专家学者对当前经济形势和做好经济工作的意见和建议时强调，实现我们确定的奋斗目标，必须坚持以经济建设为中心，坚持发展是党执政兴国的第一要务，不断推动经济持续健康发展。2015 年 10 月 29 日，习近平总书记在党的十八届五中全会第二次全体会议上的讲话

中指出，发展是基础，经济不发展，一切都无从谈起。改革开放以来，我们靠聚精会神搞建设、一心一意谋发展，取得了骄人的成就，创造了世所罕见的经济快速发展和社会长期稳定两大奇迹。没有经济快速发展，缺乏充实的发展成果，就难以维持可持续的安全局面，就不可能实现国家长治久安、社会安定有序、人民安居乐业，更不可能创造社会长期稳定奇迹。统筹发展和安全两件大事根本上要求我们始终坚持发展是硬道理的战略思想，始终坚持以发展为第一要务，不断提高发展的质量和效益，增强国家经济实力和综合国力，为维护和实现国家总体安全夯实雄厚物质基础。

新时代要坚持以发展为第一要务，坚定不移贯彻新发展理念，统筹推进高质量发展。党的十八大以来，面对新形势、新任务和人民的新期待，以习近平同志为核心的党中央进一步深化对发展本质、内涵、实现路径等的认识，明确提出“人民是推动发展的根本力量，必须坚持以人民为中心的发展思想”，系统提出创新发展、协调发展、绿色发展、开放发展、共享发展这五大发展理念，进一步明确了发展依靠谁、为谁而发展、如何发展的问题，理清了发展思路、指明了发展方向、找准了发展着力点。新发展理念自党的十八届五中全会系统提出之后，在实践中不断发展和升华，进而转化为更高质量、更有效率、更加公平、更可持续、更为安全的高质量发展实践。高质量发展既是实践，也是目标，是对共产党执政规律、社会主义建设规律和人类社会发展规律认识的重大深化。高质量发展是一项高要求的系统工程，需要统筹考虑质量、效率、公平、可持续和安全等多个目标，其中，内在要求推进更为安全的发展，切实做到以高质量发展促进高水平安全。

（二）安全是发展的前提，坚持以安全保发展

安全是发展的前提，不安全会对发展造成极大破坏。没有安全的发

展是脆弱的、不稳定的，社会动乱、民不聊生，政权就会难以为继。统筹发展和安全两件大事的前提就在于坚持总体国家安全观，全面贯彻安全发展理念，统筹推进高水平安全。

安全是人民对美好生活的内在需要，是社会实现和谐稳定的根本要求，也是实现高质量发展的前提条件。党的十九大报告指出，中国特色社会主义进入新时代，我国社会主要矛盾已经从人民日益增长的物质文化需要同落后的社会生产之间的矛盾转化为人民日益增长的美好生活需要和不平衡不充分的发展之间的矛盾。随着经济社会发展，人民对美好生活需要，不仅对物质文化生活提出了更高要求，而且在民主、法治、公平、正义、安全、环境等方面的要求日益增长。我国全面小康社会建成之后，温饱问题得到根本性解决，社会物质财富得到较大丰富，人们对于安全的需要日益增长，迫切希望整个社会安全有序、和谐稳定、国泰民安。没有安全的社会环境，社会动荡不安，人民担惊受怕，发展就根本谈不上或者不具有可持续性，再多的发展最终可能“功亏一篑”。党的十八届三中全会指出，“国家安全和社会稳定是改革发展的前提。只有国家安全和社会稳定，改革发展才能不断推进。”[①] 2016 年 1 月 18 日，习近平总书记在省部级主要领导干部学习贯彻党的十八届五中全会精神专题研讨班上发表的重要讲话中指出，“推动创新发展、协调发展、绿色发展、开放发展、共享发展，前提都是国家安全、社会稳定。没有安全和稳定，一切都无从谈起。”党的十八大以来，习近平总书记提出了“国家安全是头等大事”“公共安全是最基本的民生”等重要论断，进一步深化了全社会关于安全这件大事的认识，形成了全面推进安全发展的社会共识。

新时代要坚持总体国家安全观，全面贯彻安全发展理念，统筹推进

① 《十八大以来重要文献选编》（上），中央文献出版社 2014 年版，第 506 页。

高水平安全。2014 年 4 月 15 日，习近平总书记在中央国家安全委员会第一次会议上的讲话中首次提出总体国家安全观时强调指出，当前我国国家安全内涵和外延比历史上任何时候都要丰富，时空领域比历史上任何时候都要宽广，内外因素比历史上任何时候都要复杂，必须坚持总体国家安全观，以人民安全为宗旨，以政治安全为根本，以经济安全为基础，以军事、科技、文化、社会安全为保障，以促进国际安全为依托，走出一条中国特色国家安全道路。总体国家安全观是对我国安全问题前瞻谋划和系统思考的重大理论创新，是习近平新时代中国特色社会主义思想的重要组成内容，其不断发展和完善将成为我国持续解决各类安全问题、防范各种风险挑战的重要指导。新时代贯彻落实总体国家安全观，要求全面贯彻安全发展理念，将安全发展理念贯穿国家发展各领域和全过程。从党的十八届三中全会《决定》的“安全发展观念”到党的十九大报告的“安全发展理念”，深刻体现出安全发展理念日益受到重视的发展历程。党的十九大明确提出，“树立安全发展理念，弘扬生命至上、安全第一的思想，健全公共安全体系，完善安全生产责任制，坚决遏制重特大安全事故，提升防灾减灾救灾能力。”安全发展理念可以说是继五大新发展理念之后的又一个基础性、底层性理念，推动我国国家安全治理体系深刻变革，提升我国总体国家安全维护能力，推进实现更为安全的高质量发展，努力做到以高水平安全护航高质量发展。

（三）实现高质量发展和高水平安全的良性互动

统筹发展和安全两件大事，不仅要求各自统筹好高质量发展、高水平安全，而且还要求辩证处理好发展和安全二者之间的有机关系。统筹发展和安全两件大事，意味着安全不再是简单地从属于发展、服务于发展，而是成为与发展同等重要的一个重大事项。换言之，安全既是发展的重要内涵（要求实现更为安全的发展），更是与发展处在同等重要地位的另一件大事（要求实现安全与发展并重）。[①] 统筹发展和安全两件大事，必须坚持系统观念、辩证思维，推进发展和安全两件大事的动态平衡，努力实现高质量发展和高水平安全的良性互动。

党的十八大以来，习近平总书记就发展和安全问题作出了不少论述和决策部署，形成了习近平关于辩证处理发展和安全关系的重要论述，为新时代正确办好发展和安全两件大事提供了重要遵循。习近平总书记曾强调指出，“发展和安全都是硬道理，要两手抓，两手都要硬。”“安全和发展是一体之两翼、驱动之双轮。安全是发展的保障，发展是安全的目的”。2018 年 4 月 17 日，习近平总书记主持召开十九届中央国家安全委员会第一次会议并发表重要讲话强调，全面贯彻落实总体国家安全观，必须坚持统筹发展和安全两件大事，既要善于运用发展成果夯实国家安全的实力基础，又要善于塑造有利于经济社会发展的安全环境。发展和安全都是硬道理，二者不可偏颇，而应达到动态平衡，统一于中华民族伟大复兴进程之中。安全是发展的前提，没有安全的环境就无法安心搞建设、谋发展；没有经济社会的持续发展，安全就会得不到物质条件的充分保障。2020 年 12 月 11 日下午，习近平总书记在中共中央政治局就切实做好国家安全工作举行第二十六次集体学习时强调指出，坚持统筹发展和安全，坚持发展和安全并重，实现高质量发展和高水平安全的良性互动，既通过发展提升国家安全实力，又深入推进国家安全思路、体制、手段创新，营造有利于经济社会发展的安全环境，在发展中更多考虑安全因素，努力实现发展和安全的动态平衡，全面提高国家安全工作能力和水平。

统筹发展和安全两件大事的战略部署是党的十九届五中全会精神的

① 参见钟开斌：《统筹发展和安全：理论框架与核心思想》，《行政管理改革》2021 年第 7 期。

一个重要亮点，是新发展阶段贯彻新发展理念、构建新发展格局的重要指导。2021 年 1 月 11 日，习近平总书记在省部级主要领导干部学习贯彻党的十九届五中全会精神专题研讨班开班式上的讲话中，把“统筹发展和安全”列为党的十八大以来我们党对发展理念和思路作出及时调整的一个重要方面，强调要“从忧患意识把握新发展理念”。坚持统筹发展和安全两件大事，要求我们把安全渗透到经济社会发展的各个方面，渗透到城乡规划、发展、建设、管理、运行、服务的各个环节，渗透到经济建设、政治建设、文化建设、社会建设、生态文明建设的各个领域，夯实经济社会发展的安全基础，从根源上避免或减少重大风险的发生。[①] 统筹发展和安全两件大事已成为我们党治国理政的自觉行动，今后我们必须更加科学辩证地处理好发展和安全二者的关系，坚持系统观念统筹办好发展和安全两件大事，努力实现高质量发展和高水平安全的良性互动。

三、统筹发展和安全两件大事的任务要求

党的十九届五中全会提出，统筹发展和安全，建设更高水平的平安中国。坚持总体国家安全观，实施国家安全战略，维护和塑造国家安全，统筹传统安全和非传统安全，把安全发展贯穿国家发展各领域和全过程，防范和化解影响我国现代化进程的各种风险，筑牢国家安全屏障。结合党的十九届五中全会《建议》相关重要论述，把安全发展贯穿国家发展各领域和全过程，统筹发展和安全两件大事，内在要求坚持系统观念，贯彻落实总体国家安全观，防范化解重大风险，全面推进安全

① 参见钟开斌：《新时代防范化解重大风险基本问题研究》，中共中央党校出版社 2021 年版，第 99 页。

发展，推进应急管理现代化。

（一）贯彻落实总体国家安全观

统筹发展和安全要求全面贯彻总体国家安全观，同时，不断发展和完善总体国家安全观。党的十九大报告把总体国家安全观作为“十四个坚持”之一纳入中国特色社会主义基本方略之中，是习近平新时代中国特色社会主义思想的重要组成部分。党的二十大报告再次强调，“必须坚定不移贯彻总体国家安全观，把维护国家安全贯穿党和国家工作各方面全过程，确保国家安全和社会稳定。”

2014 年 4 月 15 日，习近平总书记在中央国家安全委员会第一次会议上首次系统论述了总体国家安全观的内涵要义。总体国家安全观具有整体性、全面性和开放性特点，这些特点要求把国家安全看作有机联系的整体，从“大安全”视角来全面把握我国国家安全领域的重大风险，不断发展完善国家安全体系以应对未来不可预见的新风险新挑战。国家安全任务艰巨繁多，涉及十多个安全领域的重大风险防范化解工作，核心关键要以政治安全为根本，坚定维护国家政权安全、制度安全、意识形态安全，确保党的执政安全和中国特色社会主义道路安全。2018 年 4 月 17 日下午，习近平总书记主持召开十九届中央国家安全委员会第一次会议并发表重要讲话指出，要坚持人民安全、政治安全、国家利益至上的有机统一，人民安全是国家安全的宗旨，政治安全是国家安全的根本，国家利益至上是国家安全的准则，实现人民安居乐业、党的长期执政、国家长治久安。2020 年 12 月 11 日下午，中共中央政治局就切实做好国家安全工作举行第二十六次集体学习，习近平总书记在主持学习时强调，做好新时代国家安全工作，要坚持总体国家安全观，抓住和用好我国发展的重要战略机遇期，把国家安全贯穿到党和国家工作各方面全过程，同经济社会发展一起谋划、一起部署，坚持系统思维，构建大安全格局，促进国际安全和世界和平，为建设社会主义现代化国家提供坚强保障。

2021 年 11 月 18 日，中共中央政治局审议《国家安全战略（2021—2025 年）》时强调，新形势下维护国家安全，必须牢固树立总体国家安全观，加快构建新安全格局。必须坚持党的绝对领导，完善集中统一、高效权威的国家安全工作领导体制，实现政治安全、人民安全、国家利益至上相统一；坚持捍卫国家主权和领土完整，维护边疆、边境、周边安定有序；坚持安全发展，推动高质量发展和高水平安全动态平衡；坚持总体战，统筹传统安全和非传统安全；坚持走和平发展道路，促进自身安全和共同安全相协调。今后全社会要大力开展国家安全教育日活动，加强总体国家安全观教育和普法宣传，增强全民的国家安全意识和风险意识，筑牢国家安全的人民防线。

党的二十大报告提出："我们要健全国家安全体系，完善高效权威的国家安全领导体制，完善国家安全法治体系、战略体系、政策体系、风险监测预警体系、国家应急管理体系，构建全域联动、立体高效的国家安全防护体系。增强维护国家安全能力，坚定维护国家政权安全、制度安全、意识形态安全，确保粮食、能源资源、重要产业链供应链安全，维护我国公民、法人在海外合法权益，筑牢国家安全人民防线。"党的二十大报告专章论述"推进国家安全体系和能力现代化，坚决维护国家安全和社会稳定"，进一步完善了总体国家安全观的科学表述，进一步明确了国家安全体系和能力现代化的部署要求，进一步深化了统筹发展和安全的理论阐释。

（二）防范化解重大风险

安全的实现需要与风险作持续斗争，总体国家安全的实现更加需要与重大风险作不懈斗争。习近平总书记上任伊始就带着强烈的忧患意识、风险意识和责任意识，高度强调要有效防范各种潜在风险，开启了大国风险治理的实践序幕。

2012 年 11 月 15 日，习近平总书记指出，“面对复杂多变的国际形势和艰巨繁重的国内改革发展稳定任务，我们一定要居安思危，增强忧患意识、风险意识、责任意识，坚定必胜信念，积极开拓进取，全面做好改革发展稳定各项工作，着力解决经济社会发展中的突出矛盾和问题，有效防范各种潜在风险，努力实现全年经济社会发展预期目标，努力保持社会和谐稳定”。[①] 此后，习近平总书记多次就防范风险挑战作出重要论述和决策部署，尤其是 2019 年 1 月 21 日在中央党校举办的省部级主要领导干部坚持底线思维着力防范化解重大风险专题研讨班开班式讲话中，明确提出了政治、意识形态、经济、科技、社会、外部环境和党的建设等重点领域重大风险，并就防范化解重大风险的总体思路作了系统论述。2019 年 9 月 3 日，习近平总书记指出，中华民族伟大复兴，绝不是轻轻松松、敲锣打鼓就能实现的，实现伟大梦想必须进行伟大斗争。在前进道路上我们面临的风险考验只会越来越复杂，甚至会遇到难以想象的惊涛骇浪。

当前，我国正面临中华民族伟大复兴战略全局和世界百年未有之大变局的“两个大局”交织时期，同时还叠加了新冠肺炎疫情全球蔓延的长期冲击，毫无疑问将会面临更多复杂严峻的风险挑战，甚至会遭遇更多方面想象不到的“惊涛骇浪”。2020 年 10 月 14 日，习近平总书记在深圳经济特区建立 40 周年庆祝大会上的讲话中深刻指出，当今世界正经历百年未有之大变局，新冠肺炎疫情全球大流行使这个大变局加速演进，经济全球化遭遇逆流，保护主义、单边主义上升，世界经济低迷，

---

① 中共中央党史和文献研究院编：《习近平关于防范风险挑战、应对突发事件论述摘编》，中央文献出版社 2020 年版，第 3 页。

国际贸易和投资大幅萎缩，国际经济、科技、文化、安全、政治等格局都在发生深刻调整，世界进入动荡变革期。在百年变局和世纪疫情冲击下，世界进入动荡变革期，中美战略博弈深化，地缘政治形势严峻，全球经济不容乐观，外部环境深刻变化带来的风险挑战将会越来越复杂，国内改革发展稳定也将面临更多更复杂的风险变量。

党的十九届六中全会上，习近平总书记在《关于〈中共中央关于制定国民经济和社会发展第十四个五年规划和二〇三五年远景目标的建议〉的说明》中明确指出，“当前和今后一个时期是我国各类矛盾和风险易发期，各种可以预见和难以预见的风险因素明显增多。我们必须坚持统筹发展和安全，增强机遇意识和风险意识，树立底线思维，把困难估计得更充分一些，把风险思考得更深入一些，注重堵漏洞、强弱项，下好先手棋、打好主动仗，有效防范化解各类风险挑战，确保社会主义现代化事业顺利推进。”①

党的二十大报告提出，“全面建设社会主义现代化国家，是一项伟大而艰巨的事业，前途光明，任重道远。当前，世界百年未有之大变局加速演进，新一轮科技革命和产业变革深入发展，国际力量对比深刻调整，我国发展面临新的战略机遇。同时，世纪疫情影响深远，逆全球化思潮抬头，单边主义、保护主义明显上升，世界经济复苏乏力，局部冲突和动荡频发，全球性问题加剧，世界进入新的动荡变革期。我国改革发展稳定面临不少深层次矛盾躲不开、绕不过，党的建设特别是党风廉政建设和反腐败斗争面临不少顽固性、多发性问题，来自外部的打压遏制随时可能升级。我国发展进入战略机遇和风险挑战并存、不确定难预料因素增多的时期，各种‘黑天鹅’‘灰犀牛’事件随时可能发生。我

① 《中共中央关于制定国民经济和社会发展第十四个五年规划和二〇三五年远景目标的建议》，人民出版社 2020 年版，第 55 页。

们必须增强忧患意识，坚持底线思维，做到居安思危、未雨绸缪，准备经受风高浪急甚至惊涛骇浪的重大考验。”

防范化解重大风险，是各级党委、政府和领导干部的政治职责，各级党员干部要居安思危、常怀远虑，不断增强政治判断力、政治领悟力和政治执行力，坚持守土有责、守土尽责，把防范化解重大风险工作做实做细做好。

（三）全面推进安全发展

统筹发展和安全要求“把安全发展贯穿国家发展各领域和全过程”，贯彻落实安全发展理念，全面推进全社会各领域的安全发展。党的十八大以来，习近平总书记高度重视安全生产工作，在调研或指示批示中已经多次提到“安全发展理念”。2013 年 11 月 24 日，习近平总书记强调，各级党委和政府、各级领导干部要牢固树立安全发展理念，始终把人民群众生命安全放在第一位。2015 年 8 月 15 日，在召开全国安全生产电视电话会议前夕，习近平总书记就切实做好安全生产工作作出重要批示，各级党委和政府要牢固树立安全发展理念，坚持人民利益至上，始终把安全生产放在首要位置，切实维护人民群众生命财产安全。

2015 年发生了几起人员伤亡和财产损失特别巨大的灾难事故，如天津港“8·12”爆炸事故、东方之星翻船事故、深圳光明新区渣土受纳场滑坡事故，引起了习近平总书记的高度重视和深刻思考。2015 年 12 月 24 日，习近平总书记主持召开中央政治局会议深入研究安全生产工作，在会上提出了包括构建风险分级管控和隐患排查治理双重预防工作机制等在内的多方面要求。2016 年各相关职能部门迅速贯彻落实习近平总书记的决策部署要求，在 2016 年出台的《中共中央国务院关于推进安全生产领域改革发展的意见》进一步落实安全生产领导责任，加强安全生产双重预防工作机制建设，2016 年之后安全生产事故总量和人员伤亡数量都明显下降。2017 年 10 月，党的十九大明确提出，“树立安全发展理念，弘扬生命至上、安全第一的思想，健全公共安全体系，完善安全生产责任制，坚决遏制重特大安全事故，提升防灾减灾救灾能力。”2021 年 4 月 10 日，习近平总书记就安全生产作出重要指示强调，各级党委和政府务必把安全生产摆到重要位置，树牢安全发展理念，绝不能只重发展不顾安全，更不能将其视作无关痛痒的事，搞形式主义、官僚主义。党的二十大报告进一步提出，“坚持安全第一、预防为主，建立大安全大应急框架，完善公共安全体系，推动公共安全治理模式向事前预防转型。推进安全生产风险专项整治，加强重点行业、重点领域安全监管。……强化食品药品安全监管，健全生物安全监管预警防控体系。加强个人信息保护。”

经过多年推动，安全发展已不再仅仅是理念上的柔性要求，而已经上升为法律上的刚性要求，融入新修订的《安全生产法》之中，这将进一步推动全社会贯彻落实安全发展理念，落实全员安全生产责任，健全完善应急管理体系，全面推进全社会各行业各领域的安全发展。

（四）推进应急管理现代化

当前，我国正面临中华民族伟大复兴战略全局和世界百年未有之大变局的复杂形势，各种风险挑战日益严峻，虽然不断建立健全风险防控机制，但仍不可避免地发生一些突发事件，统筹发展和安全两件大事迫切要求推进应急管理现代化，健全完善应急管理体系，提高应对突发事件的应急管理能力。

2019 年 11 月 29 日下午，中共中央政治局就我国应急管理体系和能力建设进行第十九次集体学习，对推进应急管理现代化工作作出一系列重大部署。习近平总书记在主持学习时强调，应急管理是国家治理体系和治理能力的重要组成部分，承担防范化解重大安全风险、及时应对处置各类灾害事故的重要职责，担负保护人民群众生命财产安全和维护社会稳定的重要使命。习近平总书记进一步提出，要发挥我国应急管理体系的特色和优势，借鉴国外应急管理有益做法，积极推进我国应急管理体系和能力现代化。一要健全风险防范化解机制，坚持从源头上防范化解重大安全风险，真正把问题解决在萌芽之时、成灾之前。二要加强应急救援队伍建设，建设一支专常兼备、反应灵敏、作风过硬、本领高强的应急救援队伍。三要强化应急管理装备技术支撑，优化整合各类科技资源，推进应急管理科技自主创新，依靠科技提高应急管理的科学化、专业化、智能化、精细化水平。四要严格落实责任制，各级党委和政府要切实担负起“促一方发展、保一方平安”的政治责任。

党的十九届五中全会《建议》进一步提出，“要构建统一指挥、专常兼备、反应灵敏、上下联动的应急管理体制，优化国家应急管理能力体系建设，提高防灾减灾抗灾救灾能力。坚持分级负责、属地为主，健全中央与地方分级响应机制，强化跨区域、跨流域灾害事故应急协同联动。开展灾害事故风险隐患排查治理，实施公共基础设施安全加固和自然灾害防治能力提升工程，提升洪涝干旱、森林草原火灾、地质灾害、气象灾害、地震等自然灾害防御工程标准。加强国家综合性消防救援队伍建设，增强全灾种救援能力。加强和完善航空应急救援体系与能力。科学调整应急物资储备品类、规模和结构，提高快速调配和紧急运输能力。构建应急指挥信息和综合监测预警网络体系，加强极端条件应急救援通信保障能力建设。发展巨灾保险。”党的二十大报告 4 次提到“应急”，尤其强调要“提高防灾减灾救灾和重大突发公共事件处置保障能力，加强国家区域应急力量建设”，为新时代应急管理现代化指明了努力方向。

新时代应急管理现代化的目标已经清晰、任务已经明确，各级党委政府要按照党的二十大报告和习近平总书记关于应急管理的重要论述精神，不断健全完善各个层级各个方面的应急管理体系，提升各级领导干部的应急管理能力和素质，推动应急管理制度优势更好地转化为应急管理效能，推进各行各业各单位应急管理体系与能力建设，推动应急管理现代化事业的高质量发展。

阅读材料

《地方党政领导干部安全生产责任制规定》解读①

中共中央办公厅、国务院办公厅印发《地方党政领导干部安全生产责任制规定》（以下简称《规定》），明确界定了地方党政领导干部安全生产的职责、考核考察、表彰奖励、责任追究。参与文件起草的应急管理部有关负责人就有关热点问题回答了记者提问。

问：这是我国第一部安全生产领域的党内法规，为什么要制定这样一个针对专项工作的党内法规？

答：党的十八大以来，以习近平同志为核心的党中央对安全生产高度重视，习近平总书记多次主持召开中央政治局常委会听取安全生产工作汇报，亲临有关事故现场指导事故救援，发表一系列重要讲话，多次作出重要指示批示，深刻回答了安全生产工作一系列方向性、全局性、战略性重大问题，形成了习近平总书记安全生产重要思想，为新时代安全生产工作提供了根本遵循。其中“党政同责、一岗双责、齐抓共管、失职追责”“管行业必须管安全，管业务必须管安全、管生产经营必须管安全”等重要批示指示，对地方党政领导干部的安全生产责任提出了

① 转引自《地方党政领导干部安全生产责任制规定》全文和解读，搜狐网，https：//www.sohu.com/a/235615040_368135.

明确要求。制定下发这一《规定》，意在加强组织领导，强化属地管理，完善体制机制，是把习近平总书记安全生产重要思想落实到党内法规层面，作为推进安全生产领域改革发展的重要制度性安排，是新时期全面从严治党的重要举措。

问：《规定》的出台，对于当前的安全生产工作，乃至新组建的应急管理部来说，有怎样的意义？

答：当前安全生产形势比较稳定，但仍然严峻，重特大生产安全事故时有发生，安全生产仍然是经济社会发展的薄弱环节。而地方党政领导干部是安全生产工作的“关键少数”，他们安全生产红线意识强不强、责任清不清、落实严不严、问责到不到位，直接影响一个地区的安全生产形势是否稳定。《规定》准确抓住“关键少数”，压实领导责任，推动落实“促一方发展、保一方平安”的政治责任。

对于刚刚组建的应急管理部来说，强化安全管理，做好事前预防，将突发事件苗头和隐患及时化解，就是对改革最有力的支持，也是最有效的应急管理。也正因如此，应急管理部的第一次全系统视频会就是围绕强化安全生产召开，每周例会都要研究安全生产问题。当前出台这样一部党内法规，是新时代谋求高质量发展的必然选择，是习近平新时代中国特色社会主义思想的应有之义，是满足人民群众对美好生活向往、顺利实现“两个百年目标”的重要保障。

问：地方党政领导干部的安全生产责任主要有哪些？

答：按照抓关键少数、权责对等原则，《规定》对地方党政领导干部的主要安全生产职责进行了明确界定，力求科学定位、合理分工、协同一体。

地方党政主要负责人是本地区安全生产第一责任人，要牵头抓总。在这一部分，《规定》首次提出，要把安全生产纳入党委议事日程和向全会报告工作的内容，纳入政府重点工作和政府工作报告的重要内容，要在政府有关工作部门“三定”规定中明确安全生产职责。

党政领导班子中分管安全生产的领导干部要坚持目标导向和问题导向相结合，加强对安全生产综合监管和直接监管工作的领导，履行好统筹协调责任，要抓组织落实、抓统筹协调、抓风险管控和依法治理、抓应急和事故处理、抓基础保障。

党政领导班子中其他领导干部则要按照职责分工承担支持保障责任和领导责任。要组织分管行业（领域）、部门（单位）健全和落实安全生产责任制，将安全生产工作与业务工作同时安排部署、同时组织实施、同时监督检查。要组织开展分管行业（领域）、部门（单位）安全生产专项整治、目标管理、应急管理、查处违法违规生产经营行为等工作，推动构建安全风险分级管控和隐患排查治理预防工作机制。

问：依据《规定》，党政一把手是地方安全生产工作的第一责任人，县级以上地方各级政府原则上由担任本级党委常委的政府领导干部分管安全生产工作，这两条硬性规定的用意是什么？

答：这两条硬规定是针对当前安全生产工作中突出矛盾制定的，是强化安全生产领导机制的重要抓手，意在彰显安全生产工作在全局工作中重要性。

长期以来，有的地方党政主要领导政绩观错位，安全生产工作“说起来重要，做起来往后靠”；有的地方党政班子中，长期是排位最后的分管安全生产。这直接导致当地对安全生产不重视、不研究、不投入，安全生产工作组织领导和支撑保障不到位。特别是面对GDP诱惑时，就把安全抛在脑后，红线失守、底线不保。一次又一次血的教训告诉我们，安全生产工作必须是“一把手工程”，必须放在全局工作的突出重要位置。

问：对地方党政领导干部的安全生产履职情况，《规定》从哪些方面进行考核考察？

答：《规定》将安全生产绩效与履职评定、职务晋升、奖励惩处挂钩，制定了“三项制度”，实行“三个纳入”。“三项制度”分别是：巡查制度，要加强对下级党委和政府的安全生产巡查；考核制度，要对下级党委和政府安全生产工作情况进行全面评价，将考核结果与有关地方党政领导干部履职评定挂钩；公开制度，要求定期采取适当方式公布或通报地方党政领导干部安全生产工作考核结果。“三个纳入”分别是：纳入督查督办内容，要求把地方各级党政领导干部落实安全生产责任情况纳入党委和政府督查督办重要内容，一并进行督促检查；纳入相关考核内容，要求在年度考核、目标责任考核、绩效考核及其他考核中，应当考核其落实安全生产责任情况，并作为确定考核结果的重要参考；纳入干部考察内容，要求党委组织部门在考察地方党政领导干部拟任人选时，有关部门在推荐、评选地方党政领导干部作为奖励人选时，应当考察其履行安全生产工作职责情况。

问：在问责追责方面，有哪些新举措？

答：《规定》除了界定了问责情形、问责方式外，还提出了五种问责新举措：

一是“一票否决”，对因发生生产安全事故被追究领导责任的地方党政领导干部，在相关规定时限内，取消考核评优和评选各类先进的资格，不得晋升职务、级别或重用任职。二是从重追究，对工作不力导致生产安全事故人员伤亡和经济损失扩大，或造成严重社会影响负有主要领导责任的地方党政领导干部，应当从重追究责任。三是补救从轻，对主动采取补救措施，减少生产安全事故损失或挽回社会不良影响的地方党政领导干部，可以从轻、减轻追究责任。四是尽职免责，对职责范围内发生生产安全事故，经查实已经全面履行了规定职责，并全面落实了党委和政府有关工作部署的，不予追究相关地方党政领导干部的领导责任。五是终身问责，地方党政领导干部对发生生产安全事故负有领导责任且失职失责性质恶劣、后果严重的，不论是否已调离转岗、提拔或者退休，都应当严格追究责任。

问：除了问责追责，《规定》还列出了安全生产履职表彰奖励的条件，这是出于什么考虑？

答：奖惩结合，是所有健全完善的责任制度的必要特征，制定表彰奖励条件，能够鼓励地方党政领导干部更高质量地履职尽责，加快推动安全生产工作开创新局面。这次《规定》明确了地方党政领导干部安全生产履职情况的两种奖励方式：一是及时奖励，也是专项奖励，对在加强安全生产工作、承担安全生产专项重要工作、参加抢险救护等方面作出显著成绩和重要贡献的地方党政领导干部，上级党委和政府应当按照有关规定给予表彰奖励；二是定期奖励，也是综合奖励，对在安全生产工作考核中成绩优秀的地方党政领导干部，上级党委和政府按照有关规定给予记功或嘉奖。这些表彰奖励，都将严格按照党和国家有关荣誉表彰条例进行。

问：应急管理部对贯彻落实规定，有哪些要求？

答：压实地方党政领导干部责任，是安全生产责任体系的重要组成部分，但不是全部。制定出台《规定》，是为了充分发挥地方党政领导干部这一“关键少数”的作用，强化党对安全生产工作的领导，推进安全生产依法治理，最终促进企业落实安全生产主体责任。对于贯彻落实《规定》，应急管理部要求各级有关部门认真学习领会，在地方党委和政府的领导下更加积极地履职尽责，主动谋划、主动作为，当好参谋助手，推动安全生产工作迈上新台阶、开创新局面。

第二篇
推进应急管理体系现代化的基本理路

以习近平同志为核心的党中央把应急管理视为国家治理体系和治理能力的重要组成部分，强调要积极推进应急管理体系和能力现代化。这实际上表明了应急管理工作在国家治理大局中的极端重要性，也意味着应急管理体系和能力现代化建设必须与国家治理体系和治理能力现代化建设保持同步。

推进国家安全体系和能力现代化，是推进国家治理体系和治理能力现代化的必然要求。作为国家安全体系现代化的重要组成部分，推进应急管理体系现代化，就是适应国家安全体系现代化要求，持续推动应急管理体系科学化、规范化、制度化、程序化，使应急管理者善于运用法治思维和法治手段，对各种突发事件的全生命周期进行有效干预，从而实现公共安全目标的过程。现代化的应急管理体系建设贯穿风险评估、预防准备、监测预警、应急处置、恢复重建等诸多环节，涵盖价值理念、体制机制、法律法规、制度文化、新闻舆论等诸多领域，包含队伍、资金、物资、技术、装备等诸多要素，涉及医疗、交通、科技、网络、生态、信息、资源、文化、生物、化学、工程等诸多专业，是一个由相关组织机构、应急决策与专业救援人员、各类保障体系共同组成的大系统。应急管理能力和水平是国家安全治理现代化的重要标志，它关乎国家安全、社会稳定和人民群众生命财产安全，应当因应现代风险社会突发事件频发高发的基本态势，把具有中国特色的现代化应急管理体系建设不断推向前进。

第三章　确立人民至上、生命至上的价值理念

人民至上、生命至上，是中国共产党理想信念、性质宗旨、初心使命的集中体现，它践行于党领导人民进行革命、建设、改革的全过程各领域，是我们党应对风险、迎接挑战、化险为夷的根本保证。确立人民至上、生命至上的价值理念，是习近平总书记以人民为中心的发展思想在应急管理领域的具体体现，是新时代推进应急管理现代化的根本遵循。在应急管理实践中践行人民至上、生命至上的价值理念，有助于切实保障好人民群众的切身利益，让人民群众不断享有实实在在的获得感、幸福感、安全感。

一、人民至上、生命至上价值理念的时代意蕴

习近平总书记在 2020 年 5 月 22 日参加十三届全国人大三次会议内蒙古代表团审议时强调，人民至上、生命至上，保护人民生命安全和身体健康可以不惜一切代价。此后，在国内外多个重要场合中更是不断重申要坚持“人民至上、生命至上”，体现了共产党人的为民情怀。在党的二十大报告中，习近平总书记在总结过去五年的工作时进一步指出：“面对突如其来的新冠肺炎疫情，我们坚持人民至上、生命至上，坚持外防输入、内防反弹，坚持动态清零不动摇，开展抗击疫情人民战争、总体战、阻击战，最大限度保护了人民生命安全和身体健康，统筹疫情

防控和经济社会发展取得重大积极成果。”

在推进应急管理现代化过程中，确立人民至上、生命至上的价值理念，指的是保护人民的生命安全和身体健康是应急管理最核心、最关键的内容，在应急管理工作中处于最高位置，一切相关工作的开展都需要围绕保障人民利益和生命安全推进。这其中体现的是马克思主义有关人民立场的观点，人民是在政治上、经济上具有崇高主体地位的人，能够推动社会进步、历史进步，这是人民对于社会历史的积极价值所在。由此可见，人民是应该被放在首要位置的，而对人民来说，生命是最宝贵的，只有保障好人民的生命，才能确保人民积极价值的发挥。

人民至上、生命至上理念是一个充满浓厚价值色彩的有机整体。人民至上和生命至上，二者既各有侧重点，又有内在紧密联系。坚持人民至上是根本价值追求，坚持人民至上就是坚持人民地位至上、人民利益至上、人民力量至上、人民权利至上、人民生命至上。生命至上是人民至上的进一步具体化，它丰富了人民至上的内涵。人民的生命安全和身体健康是人民至上的坚实基础、重要前提和根本保障，离开了人民的生命安全和生命存在，人民至上就会成为无法兑现和无法操作的空洞之论。因此，人民至上和生命至上是内在统一的，坚持人民至上就必然要坚持生命至上。[①] 价值理念是一切行动的指南，在推进应急管理体系现代化的过程中，确立人民至上、生命至上的价值理念，有助于公共安全各方面的任务都围绕这一价值理念展开。

（一）人民至上、生命至上是马克思主义政党的本质属性

唯物史观和剩余价值理论是马克思的两大理论贡献，而人民主体思

---

① 参见方世南：《论习近平“人民至上、生命至上”理念的深厚价值意蕴》，《中国浦东干部学院学报》2021 年第 7 期。

想又是唯物史观的重要内容。党的二十大报告强调，“人民性是马克思主义的本质属性”。在马克思的诸多著作中，都充分肯定了人民在推动历史发展过程中的作用，驳斥了唯心主义那种强调英雄人物在历史发展中起决定性作用的观点。进而可见，马克思非常重视人民在社会历史发展中的主体地位，马克思主义政党只有真正代表人民群众的利益才能取得成功，正如马克思主义政党的第一个“完备的理论和实践的党纲”——《共产党宣言》中指出的：“共产党人同其他无产阶级政党不同的地方只是：一方面，在无产者不同的民族的斗争中，共产党人强调和坚持整个无产阶级共同的不分民族的利益；另一方面，在无产阶级和资产阶级的斗争所经历的各个发展阶段上，共产党人始终代表整个运动的利益。”同时又指出，“无产阶级的运动是绝大多数人的，为绝大多数人谋利益的独立的运动。”马克思主义政党代表的是绝大多数人的共同利益，而这绝大多数人，就是人民。

中国共产党自成立起，就将马克思主义理论作为自身实践的指导思想。作为马克思主义政党，在推进马克思主义中国化的过程中，中国共产党始终把为中国人民谋幸福、为中华民族谋复兴作为自己的初心和使命，全心全意为人民服务，是始终代表中国人民利益的，这就彰显了马克思主义政党的本质属性。正如习近平总书记指出的，我们党没有自己特殊的利益，党在任何时候都把群众利益放在第一位。这是我们党作为马克思主义政党区别于其他政党的显著标志。

应急管理工作是中国共产党领导下的中华人民共和国的一项重要工作，是关系国家发展、社会安定、人民生命财产安全的重要问题，同时，国家发展得好坏、社会是否安定又直接关系到人民是否能够过上幸福生活。因此，应急管理工作还是一项与人民息息相关的工作。实践中，应急管理工作涉及很多琐碎、具体的工作，如监测预警、物资储备、应急处置、舆论引导、善后处理等，每一项工作的处理都与人民直接相关，因此需要有贯穿在所有工作环节的一项准则，以发挥引领作用，带动工作更好开展。而人民至上、生命至上的价值理念正是这样一项根本原则。因此，在开展应急管理工作过程中，要将人民至上、生命至上的价值理念贯彻始终，才能保持好中国共产党作为马克思主义政党的本质属性，这也是中国区别于西方国家危机应对理念的一个关键属性。

（二）人民至上、生命至上是中国共产党百年奋斗实践的经验总结

回顾中国共产党的百年奋斗历程，无论是在新民主主义革命时期，带领中国人民开展反帝反封建的革命实践中；还是在社会主义革命和建设时期，团结带领全国各族人民，发扬自力更生、艰苦奋斗的精神，进行社会主义革命和建设的实践中；抑或者是在改革开放和社会主义现代化建设时期，带领全党全国各族人民继续奋斗，探索适合中国实际的中国特色社会主义道路的实践中，中国共产党始终践行全心全意为人民服务的根本宗旨。尤其是进入新时代以来，在以习近平同志为核心的党中央带领中国人民开创中国特色社会主义伟大事业的实践中，还提出了“以人民为中心”的发展思想。这些实践都体现了中国共产党的人民立场。

在中国共产党带领人民通过艰苦卓绝的接续奋斗，经历从站起来、富起来到强起来的过程中，我国不断面临来自各类灾害事故的挑战，中国共产党在带领人民应对这些挑战的过程中，同样始终将人民放在第一位，将保障人民的生命财产安全放在第一位。在新民主主义革命时期，自然灾害并没有因为连年的战争而减少，如土地革命战争时期，根据地建立伊始，就遭受到了严重的水旱灾害。1931 年长江流域发生大水灾。1934 年又发生百年未有的旱灾。抗战十四年期间，在根据地范围内，

水、旱、蝗、雹等灾害几乎年年都有。作为党中央所在地的陕甘宁边区，由于自然条件恶劣，气候变化异常，抗战期间灾情也很严重。据统计，在这几年中，边区所辖地区几乎每个县都有灾情发生，主要是旱、水、雹、冻、风、霜、虫、瘟，其中最严重的是雹灾。1939—1943 年，边区连续四年都下冰雹，受灾地区累计达 34 县。[①] 而后，为推翻国民党的反动统治，中国共产党领导人民进行了艰苦卓绝的解放战争，这一时期，除了常见的自然灾害在不同地区发生外，辽吉根据地还发生了大规模的鼠疫和霍乱。在应对这一时期的灾害事故时，中国共产党始终牢记维护人民群众的利益，发挥党员带头作用，同时践行群众路线，发挥蕴藏在人民群众中的巨大力量，发动群众共同应对，在灾害发生之时，发动群众互助互济；灾害过后，立即动员群众恢复生产，在物质条件极为落后的情况下，为大灾之后的群众生活筹谋；常态下，有意识地修建水利等工程防患于未然。新中国成立之后，各类灾害事故依然考验着顽强不屈的中华民族。在社会主义革命和建设时期，受之前战争沿淮堤坝被毁及气候的双重影响，1950 年和 1954 年，淮河流域均发生水灾，受灾惨重；1959—1961 年在世界对中国封锁的情况下，又遭受全国大范围的干旱；1976 年 7.8 级特大地震侵袭有着百万人口的工业城市唐山。改革开放之后，1987 年黑龙江大兴安岭的森林大火，1998 年长江流域的洪灾，2004 年的“非典”，2008 年的汶川大地震……面对各类重大突发事件，无论当时中国的发展程度如何，所面临的国际形势如何，中国共产党都始终坚持一切为了人民，尽最大努力，首先保障人民的身体健康和生命安全。在这样的过程中，也探索出一系列符合中国实际的经验做法，在这些经验做法的不断完善中，让人民感受到党在应对危机时的

① 柴观珍：《新民主主义革命时期党领导救灾工作的经验研究》，《衡阳师范学院学报》2011 年第 10 期。

人民立场，也让人民感受到国家强大的应对和领导能力；党和国家也在这样的过程中真正赢得了人民的信任，与人民一道、形成强大合力，成功应对一次又一次危机。

进入新时代后，国内外形势发生了重大变化。习近平总书记在2017年12月接见回国参加驻外使节工作会议的使节时发表了重要讲话，第一次提到“放眼世界，我们面对的是百年未有之大变局”。习近平总书记结合我国国家安全形势变化的新特点新趋势，在对我国国情和新的历史方位准确把握的基础上，创造性地提出了总体国家安全观。新时代的应急管理工作，需要在总体国家安全观的指导下开展，围绕国家安全保障的范围可见，每一个方面都与人民的生活密切相关。同时，面对这样的新形势，还需要思想的引领，以人民为中心的发展思想正是在其中发挥着这样的作用，如新冠肺炎疫情的应对，中国不仅在本国范围内取得较好的效果，而且为全球疫情应对做出中国贡献，展现了中国作为大国应有的担当。

因此，在新时代推进应急管理体系现代化的过程中，将人民至上、生命至上的价值理念确立为根本遵循，是中国共产党建党百年奋斗实践的经验总结和时代体现，是习近平总书记“以人民为中心”的发展思想在应急管理工作中的具体体现，它能够更好地指导未来应急管理工作的开展，同时更好地维护社会安定稳定、促进国家发展。

（三）人民至上、生命至上是实现中华民族伟大复兴的重要保证

习近平总书记在庆祝中国共产党成立100周年大会上指出：“今天，我们比历史上任何时期都更接近、更有信心和能力实现中华民族伟大复兴的目标。同时，全党必须清醒认识到，中华民族伟大复兴绝不是轻轻松松、敲锣打鼓就能实现的，前进道路上仍然存在可以预料和难以预料

的各种风险挑战”。由此可见，稳定的发展环境，是实现中华民族伟大复兴中国梦的客观要求。

在当今世界百年未有之大变局的背景下，我国社会主要矛盾出现了新特征新要求，突发事件的特点也呈现出新的变化，面对突发事件特点的新变化、面对复杂的新形势，要将艰巨繁重的社会稳定任务做好，就应该厘清应对突发事件的首要任务是什么。这就要把应急管理放在经济社会发展全局中去思考谋划，按照党的二十大所指引的，做到“增强忧患意识，坚持底线思维，做到居安思危、未雨绸缪，准备经受风高浪急甚至惊涛骇浪的重大考验”。由此，我们不难得出应对突发事件的首要任务是做好人民保障这一答案。人民是中国共产党的根基和血脉，是推动中国不断进步发展的力量源泉，只有得到人民的拥护和支持，中国共产党才能带领人民实现中华民族伟大复兴的中国梦。应急管理工作要想做得好，就必须做实做细，不仅要靠党和政府来推进，还需要赢得人民的配合才能够达到预期目标，才能够实现社会的和谐稳定。民心向背直接关系到社会是否能够实现和谐稳定，决定着一个国家发展的前途命运。将人民至上、生命至上的价值理念确立为推进应急管理现代化的根本遵循，既能够保证得到人民的拥护，又能够为社会经济发展提供稳定的发展环境，它是实现中华民族伟大复兴的重要保证。

二、人民至上、生命至上价值理念的现实意义

人民至上、生命至上对于应急管理工作实践具有重要现实意义，既是应急管理工作的根本价值取向，也是终极价值依归，有助于将确保人民群众生命财产安全这一根本原则落实到应急管理各领域、各环节和全过程，扎实做好公共安全工作。

（一）人民至上、生命至上的价值理念是推进应急管理现代化的根本遵循

全心全意为人民服务是中国共产党的根本宗旨。“人民”重于千钧，“人民”就是一切。党的二十大报告强调：“江山就是人民，人民就是江山。中国共产党领导人民打江山、守江山，守的是人民的心。”中国共产党始终将人民放在心中最高位置，党的十八大以来，更是把人民生命安全摆在前所未有的高度，习近平总书记坚持人民至上、生命至上的榜样作用亦是深入人心、深得民心。

人民至上、生命至上的价值理念源于中国共产党的根本宗旨，同时又满足了现实的需要。将人民摆在首位，为应急管理工作奠定了基础、指明了方向，指引着应急管理工作朝着现代化的方向不断提升，是推进应急管理现代化的根本遵循。

（二）人民至上、生命至上的价值理念是实现应急管理现代化的重要基石

应急管理现代化的实现，既要结合现实需要不断推进应急管理体制机制法制的完善，解决好应急管理工作开展过程中的统筹协调联动等问题，又要在科技的助力下，不断推进应急管理信息化建设，提升应急管理实效。然而，推动应急管理现代化的最根本目的，依然是保障人民生命财产安全，这一点不随一切外在因素的改变而改变。中国共产党自成立起就把人民翻身解放、拥有政治经济文化社会权利、实现人的全面发展作为自己的奋斗目标。人民至上是一系列社会主义新制度确立的价值原则，而这些制度又成为落实人民至上理念的重要保障。[①] 同样，在应

① 参见龚维斌：《坚持人民至上的重大意义》，《人民论坛》2022 年 1 月下。

急管理领域，坚持人民至上也成为应急管理制度建立和完善的价值支撑，成为应急管理体制机制法制及信息化建设的理念支撑，因此，人民至上、生命至上的价值理念是实现应急管理现代化的基石。

（三）人民至上、生命至上的价值理念是做好应急管理工作的力量源泉

党的领导是应急管理的最大优势。但是，正如刘少奇在《论党》一文中所指出的“共产党人……应该到处是、也只能是人民群众的引导者和向导，而不应该是、也不可能是代替人民群众包打天下的‘英雄好汉’”。在应急管理工作中，既应该毫不动摇地坚持党的全面领导，充分依靠党的理论优势、政治优势、组织优势、制度优势应对各方面风险和挑战，又应当充分调动人民群众的积极性，把人民群众当作应急管理的主要动力，发挥人民群众的主观能动性，为应急管理工作贡献智慧和力量，推动应急管理相关部门在工作中做出最符合广大人民根本利益的决策，为国家发展营造和谐稳定的环境。由此可见，应急管理工作的开展，需要紧紧依靠人民群众，以人民至上、生命至上的价值理念为指引，从而为应急管理工作提供源源不断的力量源泉。

三、人民至上、生命至上价值理念的践行路径

人民至上、生命至上的价值理念，形成于中国共产党成立100周年以来不断奋斗的过程中，彰显着马克思主义政党的本质属性，有着重要的现实意义。人民至上、生命至上，既是一种价值理念，也是一种实践准则。它要求应急管理各项工作，始终秉持这一价值理念，并把这一理念转化为实际行动，让人民切实感受到实效。

（一）以人为本，坚守安全这条红线底线生命线

在应急管理工作中践行人民至上、生命至上的价值理念，最核心的就是将以人为本摆在首位，既要保障人民群众的生命安全，又要保障救援人员的生命安全。

1. 优先保障人民生命安全和身体健康

人民至上、生命至上的价值理念体现了中国共产党作为马克思主义政党的人民立场，对应急管理工作发挥着重要的指导作用，确保在应对突发事件的过程中，能够始终把人民放在第一位、把人民的利益放在第一位。一方面，应积极开展救援，保障人民生命安全。人民是历史的创造者，是国家强盛、民族兴旺的根本，正如习近平总书记指出的“人民是共和国的坚实根基，人民是我们执政的最大底气”，如果没有人民，何来底气？因此，在遇到危及人民生命安全的突发事件时，最先要保障的就是人民的生命安全。例如新冠肺炎疫情暴发之后，国内外不同国家的应对策略，就体现了各个国家对于本国国民的不同珍视程度。一些西方国家无视国民生命安全，不断倡导自由主义，放任疫情扩散，甚至用“群体免疫论”为自身在应对疫情时的不作为进行粉饰，最终导致感染人数和死亡人数的不断增加。而我国，却表现出对于人民的充分珍视，在疫情暴发初期，习近平总书记就一再强调，要在党中央集中统一领导下，始终把人民群众生命安全和身体健康放在第一位。实践中，各级政府在应对疫情中，也严格按照中央指示进行落实，不管是刚出生不久的婴儿，还是 100 多岁的老人，都竭尽全力进行救治，以实际行动保障人民的生命安全，真正做到全心全意为了人民。另一方面，在积极救援的同时，要保障人民群众的基本生活。突发事件发生后，由于应急管理工作需要、基础设施破坏等情况存在，人民群众的基本生活可能会受到影响。因此，在开展应急工作过程中，还应时刻关注事件可能影响到的周

边居民的基本生活。就政府方面而言，应拨付相应资金，为保障群众基本生活提供资金保障；还应组成专门的物资保障工作组，从吃、穿、住、用等方面入手，迅速整理所需应急资源的清单，同时负责协调相关应急资源供周边居民使用。就爱心企业和社会组织方面而言，应根据政府相关部门提供的清单，围绕实际需要准备、筹集相关物资，防止无用物资的囤积影响应急工作开展的效率；同时，应在政府相关部门的指挥、调动下，组织相关人员参与到物资派发和秩序维护中。无论是政府的努力，还是爱心企业和社会组织的奉献，都是从细微处保障人民的基本生活的体现。

2. 切实保障救援人员的安全和权益

平等是社会主义核心价值观的基本内容之一，生死安危面前，更是人人平等。突发事件发生后，除了需要保障受灾群众的生命财产安全外，还需要关注一个重要的群体，即应急救援人员。应急救援人员为应急管理工作做出了自我牺牲与重要贡献，因此，在开展应急管理工作的过程中，应充分保障应急救援人员的安全和权益。首先，常态下应不断加强应急救援技能培训。参与突发事件应急救援的相关人员是否具有较高的综合素质，是应急管理工作能否顺利开展的重要保障。平常应不断完善应急救援人员培训方案，增加培训经费，定期组织有针对性的培训，通过培训不断提高应急救援人员应对各类突发状况的能力。其次，切实保障应急救援工作开展所需的装备充足。在应急救援人员综合素质不断提高的情况下，还需要提供充足的应急装备保障，防止由于装备不足导致的救援人员伤亡的情况发生。由此，需要保证用于购买应急救援装备的经费份额，同时要完善装备更新、储存机制，避免出现救援过程中因装备老化而造成的伤亡。再次，认真落实救援人员保险购买制度。应急救援工作存在一定风险，即便救援人员专业技能过硬，也有遭遇突发状况受到伤害的可能性存在，因此需要为救援人员购买人身意外伤害保险，为其后续救治及基本生活提供保障，使救援人员在无后顾之忧的情况下安心开展救援工作。

（二）提高政治站位，强化应急管理责任担当

习近平总书记在2020年秋季学期中央党校（国家行政学院）中青年干部培训班开班式上指出：在领导干部的所有能力中，政治能力是第一位的。只有不断提高政治站位，应急管理工作各条战线上的相关人员，才能在“中华民族伟大复兴战略全局”和“世界百年未有之大变局”两个大局下，强化自身责任意识，强化为民服务意识，奋力做好应急管理工作，营造安全稳定的环境。

1. 提高政治站位，明辨应急工作方向

习近平总书记曾指出：中央和国家机关广大党员、干部特别是党员领导干部、一把手做工作要首先自觉同党的基本理论、基本路线、基本方略对标对表，同党中央决策部署对标对表，提高政治站位，把准政治方向，坚定政治立场，明确政治态度，严守政治纪律。体现在应急管理实际工作中，就是要在党中央的集中统一领导下，自觉从有政治站位的高度推进应急管理相关工作，自觉将中国共产党全心全意为人民服务的根本宗旨落实到应急工作实践中，时刻以人民至上、生命至上的价值理念作为应急管理工作方向的指引。在此基础上，对于不同岗位上的应急管理工作人员，也有不同要求：作为领导干部，要时刻谨记用马克思主义理论及党的各方面理论武装自己的头脑，扎实学习各方面知识，同时切实做到将理论与实际紧密结合，不断提高自身把方向、辨危机的能力，保证能够在面对关系到人民群众生命安全等切身利益的应急管理工作中做出正确决策；作为基层及一线工作人员，也应做到讲政治，不断提高自身业务能力、辨别能力、反应能力，为应急管理现代化贡献自己的力量，更好地保障人民生命财产安全。

2. 把应急管理工作作为关乎大局的大事抓紧抓实抓细

人民群众是实现中华民族伟大复兴的根本力量，而应急管理是与人民群众根本利益密切相关的一项重要工作，由此可见，应急管理是关乎“中华民族伟大复兴战略全局”的一项重要工作，只有做好应急管理工作，保障好人民群众的生命财产安全，维护好社会的和谐稳定及国家发展安全，才能为中华民族伟大复兴的实现提供有力的安全保障。因此，应急管理工作必须切实做到抓紧抓实抓细。首先，应在总体国家安全观的指引下开展应急管理工作。总体国家安全观是习近平新时代中国特色社会主义思想的重要组成部分，同时也是应急管理工作的重要指引。总体国家安全观是在充分分析“外部安全和内部安全、国土安全和国民安全、传统安全和非传统安全、自身安全和共同安全”等方面的情况下形成的，能够推动应急管理各条战线上的工作人员更加积极有效地履行防范化解重大安全风险的责任，对应急管理工作有更高站位的认识。其次，认真贯彻落实习近平总书记就加强自然灾害防治、加强应急管理等方面工作作出的一系列重要论述和重要指示。结合本地实际，不断细化预案措施，明确工作任务，确保常态下细致入微地排查各类安全隐患，及时在萌芽状态扼制危机，避免危机的产生；确保突发事件发生后，各方力量能够迅速反应，按照分工，密切配合，切实履行各自职责，快速应对处置，以扎实的工作作风防止事态进一步恶化、造成更大危害。

3. 强化政治责任，严格落实责任制

实践中能否将人民至上、生命至上的价值理念落实到实际行动中，是检验相关人员政治上是否忠诚的标准之一，因此必须不断强化政治责任。一是明晰党政部门在应急管理工作中承担的责任。按照坚持党的全面统一领导这一根本性原则，党委应承担统筹协调的领导责任，发挥好总揽全局、协调各方的核心作用；政府相关部门负责具体落实、执行，应承担维护社会稳定、开展应急救援、公开应急信息、调动社会积极性等责任。二是抓关键少数，严格落实责任制。在应急管理工作中，领导干部虽是少数，却发挥着可能影响应对突发事件结果的关键作用。应建立并完善行政首长负责制及部门领导岗位责任制，无论是主要负责领导，还是分管领导，都应将其在常态下及应急态下所应承担的职责明确细化，使相关领导干部更加明确自身在应急管理工作中所承担的责任，围绕所承担的责任不断提升个人领导能力。三是完善问责追责制度。只有本着对人民极端负责任的精神，切实落实工作职责，才能更好地保护人民群众的生命财产安全。在明晰相关人员职责的基础上，对于在应急管理工作中因思想麻痹大意、不认真履行职责、消极懈怠应对等情况而造成人民生命财产受损、社会经济损失及不良社会影响的相关责任人，应给予在相关规定时限内，取消其考核评优、评选各类先进、晋升职务职级或重用任职的资格；造成特别严重后果的，还应严肃追究责任；有违反法律规定的，应追究其法律责任。

（三）保障人民主体地位，依靠人民应对突发事件

人民是历史的创造者，必须始终紧紧依靠人民创造历史。人民更是有效应对突发事件的主体力量，必须充分发挥人民在突发事件应急管理中的积极作用。

1. 依靠人民群众应对突发事件

常态下，应借助社区、村居的力量，向群众宣传应对突发事件的常识，定期组织群众开展涉及不同类型突发事件的应急演练，并且积极探索群众喜闻乐见的应急知识培训形式，精心组织群众参与培训，防止相关培训流于形式，保证培训实效，提高群众在危机面前自救及互救的能力。同时，激发群众热情，完善激励机制，引导其主动参与到排查各种可能存在危机的工作中。通过这些努力充分调动群众参与应急管理工作的积极性，形成应对突发事件的人民防线。应急态下，可充分动员、组

织常态下接受过相关培训、演练的群众参与到其力所能及的应急工作中，助力应急管理工作效率的提高。

2. 依靠人民群众营造良好的舆论氛围

当前已经进入新媒体时代，人人都能成为内容创作者，应急管理相关部门应形成依靠人民群众营造良好舆论氛围的意识。常态下，应鼓励关注度高、有创作天赋的群众，通过小视频、公众号等渠道，向公众传播参与应急管理的重要性、方法、渠道，助力应急管理工作的开展。同时，通过政府相关部门不断完善信息公开制度、畅通群众监督渠道等方式赋能人民，积极鼓励其参与到对应急管理工作的监督中，不断提高人民的参与度。广泛征集人民群众对应急管理工作的意见、建议，把握人民的真实需求，并通过凝聚群众的智慧和力量帮助解决应对突发事件时遇到的困难，同时促进政府相关部门工作作风、工作方式的转变，从而不断增强人民群众的获得感、幸福感、安全感。

阅读材料

伟大抗疫精神的莆田实践[①]

◎引言

每一个时代都有反映这个时代的精神。

2020 年，特定的时代境遇铸就了伟大抗疫精神。当年 9 月 8 日，在全国抗击新冠肺炎疫情表彰大会上，习近平总书记指出：“在这场同严重疫情的殊死较量中，中国人民和中华民族以敢于斗争、敢于胜利的

① 本文系中共福建省委党校、中共莆田市委组织部和中共莆田市委党校联合课题组的研究成果。

大无畏气概，铸就了生命至上、举国同心、舍生忘死、尊重科学、命运与共的伟大抗疫精神。”这一伟大抗疫精神的精准概括，深刻阐明了我们党团结带领全国各族人民进行这场惊心动魄的抗疫大战的精神实质，深刻揭示了我国抗疫斗争在世界上取得重大战略成果的力量源泉，必将成为新时代实现中华民族伟大复兴征程上勇于战胜一切风险挑战的强大动力。

2021 年 9 月 10 日，福建省莆田市仙游县突发新冠肺炎疫情，在党中央、省委省政府的坚强领导下，在国家工作组的科学指导下，莆田市快速响应、果断处置、科学调度、精准防控，举全市之力打赢多场防控硬仗，疫情在第一个潜伏期内（14 天）得到有效控制，并遏制住了疫情外溢风险。莆田市短时间内取得抗疫成功，是对伟大抗疫精神的生动实践，也是践行人民至上、生命至上的价值理念的具体体现。

一、切实践行生命至上的价值追求

在此次抗疫中，莆田市委、市政府秉持以人民为中心的发展思想，从关闭枫亭镇、仙游县主通道、莆田市有关高速路口、实施封控区严格管控，到开展全员核酸检测、严格隔离阳性病例人员和密接人员、救治病毒感染患者，始终坚持把人民群众的生命安全和身体健康放在第一位。

（一）快速应急响应，坚决阻断疫情传播扩散途径

9 月 10 日凌晨 1 时，仙游县在对枫亭镇铺头小学“适时抽检”发现阳性后，莆田市委、市政府迅速激活应急指挥体系，第一时间启动三级应急响应。在莆田市应对新冠肺炎疫情工作指挥部常态运作的基础上，迅速成立仙游疫情市级防控指挥部，由市委书记、市长任指挥长。

源头管控，以快制胜。铺头小学发现阳性病例后，仙游县委县政府立即组织对全校师生进行全员核酸检测，按照“两个不等”“两个第一时间”的指令要求（即不等阳性复核结果，不等正式流调通知；第一时

间对阳性病例的密接、次密接人员及相关风险人群进行落地管控处置，第一时间对疫点进行封闭、消杀消毒），果断对铺头小学、铺头社区及周边区域共9个村居实行严格的封闭管控和消杀处置，最大限度防止人员流动带来外溢风险。当晚对病例所在的枫亭镇秀峰、铺头等6个重点村进行核酸检测，11日扩大到对枫亭全镇24个村总人口10.1万的核酸检测。秀屿区出现一号病例后，全区闻疫而动、闻令而行，仅用不到8天时间就阻断社区疫情传播。

快速流调，探本溯源。在得到阳性病例报告一个小时后，由国家—省—市三级联动的流调队伍就已组建并集结完毕。3天内，由国家疾控中心下派的21人，省下派的40多人，全省其他各地市抽调的105人，组成总计280多名专业流调人员和1560多名志愿者的流调队伍迅速投入工作。流调工作依靠"国家队"的丰富经验和"地方队"对本地情况熟悉的信息优势，实现了"联合排查，纵向协同"，既保证专业性，又提升效率。

应转尽转，应隔尽隔。疫情发生后，莆田市第一时间隔离管控好密接、次密接者，积极协调宾馆酒店、学校宿舍等改造为集中隔离点，确保密接、次密接者快速转移。全市通过征用酒店、宾馆、学校学生宿舍等，累计征用场所149个、房间15525间，设立集中医学观察点129个、房间12949间，累计集中隔离人员14796人，实现了"四个100%、两个零"目标，即隔离人员100%应隔尽隔、国家检查组反馈问题100%整改清零、隔离场所100%规范化管理、群众诉求100%反馈落实，隔离人员零感染，隔离点服务人员零感染。

（二）打好舆论引导组合拳，传递生命价值"最强音"

病毒来势汹汹，民众人心惶惶。面对舆论宣传的严峻态势，莆田市打出"线上+线下"组合拳，在舆情监测、新闻发布、媒体管理和舆论引导等方面综合施策，用接地气、有活力、有温度的方式，营造万众一心抗击疫情的浓厚舆论氛围。

截至10月11日，莆田市累计举行19场新闻发布会、19场“新闻会客厅”，中央、省、市各级媒体累计刊播相关报道11032篇（条）次，其中中央级1050条次，省级媒体1554条次，市级媒体8428条次。积极引导新华社等中央媒体，聚焦报道全市疫情防控一线涌现出的正能量、暖新闻，借助大媒体、大平台放大宣传声量。新华社10月1日、《人民日报》10月2日头版在报道全国各地庆祝国庆活动时，都提到莆田疫情防控的好做法。新华社综合稿以仙游县枫亭镇溪北村组建的“先锋队”为例，夸赞在“疫情大考中，一张张‘小卷’映照出中国抗疫的优秀成绩单”。疫情期间，中央广播电视总台电视、广播、新媒体直播连线达45场，取得了良好的舆论宣传效应。

二、快速激活举国同心的团结伟力

“大道不孤，大爱无疆”。莆田这场疫情阻击战“速战速决”的背后，是多级联动的强大合力，是全市“一盘棋”的作战思路，是莆阳大地人民勠力同心的守望奉献。

（一）多级联动，搭建穿透式指挥体系

国家、省、市三级协同联动。面对本次疫情的突发性和特殊性，党中央、国务院高度重视，第一时间派工作组进驻莆田。9月11日晚，国务院联防联控机制综合组福建工作组专家从全国各地启程奔赴莆田，一落地便立即与省市有关负责同志交流，分析研判疫情，提出防控重点。国家、省、市三级协同工作组专家兵分多路，直奔疫情防控最为吃紧的一线——核酸检测点、集中收治医院、农村社区、集中隔离点等，迅速做出研判和具体指导。本次疫情期间，国家、省、市联动在一线开展工作，建立了同步会商研判、信息报送、分解落实、督导检查等机制，减少了层级，实行扁平化管理，在实战中提升基层疫情防控的科学化、精准化水平。

市、县区、乡镇、村居四级穿透指挥。铺头小学阳性病例确诊后，莆田市迅速成立仙游疫情市级防控指挥部，下设“一办十一组”，由市委书记、市长任指挥长，市人大、市政协主要领导以及其他厅级干部任副指挥长，抽调厅级干部靠前指挥，果断把干部力量压到疫情防控第一线，实行穿透式指挥。随后根据疫情的变化，又设立了仙游、秀屿前线防控指挥部和封控区前线指挥部。仙游前线指挥部由市长任指挥长，枫亭封控区前线指挥部和秀屿封控区前线指挥部由常务副市长担任指挥长，直接向各村居防疫联合办公室下达指令。四级穿透式指挥体系实行“统一指令、统一调度、统一协调”的工作机制，使应急指挥体系的机制优势迅速转变为基层治理效能，成为疫情防控的中枢神经。

（二）干部下沉，压实全过程责任

面对基层干部人手不足、经验不够的现实困境，市委组织部、市委市直机关工委向全市发出《关于选派机关党员干部支援基层统筹疫情防控和经济社会发展的通知》，大规模选派干部下沉一线。整个疫情期间，全市共计派出25批次757名干部下沉村居和各隔离点，凝聚起联防联控的强大合力。市、县区选派的干部下沉后，迅速与当地乡村干部形成合力，通过市、县区、乡镇、村居四级联动，深度融合开展村居防控工作，加强沟通协调，变“单兵作战”为“联动作战”，同步开展宣传教育、核酸采样、物资配送、需求征集、救济帮扶等工作。

三、奋力铸就舍生忘死的顽强斗志

莆田疫情过程中，各条战线的抗疫勇士临危不惧、视死如归，从“不计报酬、无论生死”的请战书，到“我是党员我先上”“疫情不退我不退”的铿锵誓言，在莆阳大地书写出生动感人的抗疫故事。

（一）党建引领一线抗疫

农村社区是这次疫情防控的前沿阵地。莆田市第一时间把支部建在疫情防控最前沿，发扬“党支部＋指挥部”的优良传统，在封控区村

（社区）、集中隔离点、医疗点等一线成立临时党支部或联合党支部。疫情期间，全市 4900 多个基层党组织和 16 万多名党员冲在一线、干在一线。党员干部下沉村居，承担了区域封闭、宣传引导、人员摸排、健康监测、核酸检测、人员转运、环境消毒和监测、生活物资和医疗保障、心理关爱等大量工作，充分发挥了党员的先锋带头作用，让党旗在基层一线高高飘扬。

（二）肉体凡胎筑就“生命堡垒”

9 月中旬的莆田天气异常闷热，在核酸采样现场，穿着密不透风防护服的医护人员汗流浃背。汗水从额前滴落，模糊了双眼，长时间佩戴口罩导致双耳勒出伤痕，双手汗透泡胀……为了节省时间和防护物资，大家尽量减少喝水、不上厕所，以减少防护服的穿脱次数，加快工作效率。在救治医院，医护人员经常连续 4 个多小时穿着防护服、戴着口罩和手套工作，导致频繁缺氧；护目镜经常起雾，导致视力模糊；无法如厕，就不喝水不吃饭进入病区；脸、鼻梁发生口罩压伤的情况屡见不鲜。医护人员也是肉体凡胎，但他们无私忘我，与病毒正面交锋，从病毒手下挽救生命，为患者构建起坚实的“生命堡垒”。

（三）“百变”志愿者来回奔波

感动于党员干部、医护人员不眠不休的日夜奋战，村民也从最初的恐慌混乱，到后来的平静有序。许多群众自发加入了志愿者队伍，充当装卸工、帮运工、司机、信息采集员、秩序管理员、流调员、速递员、卡口执勤员、修理工、消杀工、采购员等等。他们“变”的是身份，“不变”的是一件红马甲。一个红袖章、一个扩音器，他们奔走在检测点各个角落，动作麻利地为居民测量体温、查验健康码，维持秩序。

四、充分彰显尊重科学的实践品格

战胜疫病离不开科技支撑和求真务实精神。莆田人民在此次疫情面前，充分展现出尊重科学规律、勇于创新探索的实践品格。

（一）数字化助力网格防控

在此次疫情防控过程中，莆田市坚持大数据赋能，探索构建“让数据多跑路、让群众少跑腿”的数字化疫情防控体系，让大数据在战疫中跑出速度、跑出效果。公安、数字办、自然资源局、移动公司、电信局等单位深入疫情“震中”，开展封控区人口数据分析和地名地址数据筛选，建立了封控区域内常住人口数据模型，实现了户籍人口、流动人口、常住人口、核酸检测、封控网格、阳性人员位置等信息数据和地籍图、影像图等信息图像的智能融合。在此基础上，市指挥部科学分级、精准分区，以街巷或楼栋为单位，把网格划分得更精细，下沉市区镇干部、志愿者1500余名，形成“大格划细格、干部来领头、格格有头人，人在格中居，人动医不动”的精细网格防控模式。

（二）人性化呵护儿童患者

这次莆田疫情的一个显著特点，是儿童确诊比例高。在确诊的205例病例中，14岁以下儿童患者88例（其中年龄最小的仅3岁），涉及的学校达到10所（其中幼儿园4所、小学5所、中学1所）。9月18日，中共中央政治局委员、副总理孙春兰到福建调研指导疫情防控工作时强调：“这次疫情感染者中儿童比例较高，要根据儿童的身心特点，细致入微做好治疗呵护。”国家、省、市三级医疗专家组每天召开例会，进行会诊、分析、讨论，在统一规范治疗的基础上，结合中医优势，用不同的方药进行治疗，并根据病情变化，随时调整用药，做到“一人一方”“一人一策”的精细治疗。为避免疾病和环境给感染新冠肺炎的孩子们带来心理影响，隔离病房内50余名党员志愿者和医护人员充当起孩子们的“代理爸妈”，同时请儿童心理科的医生介入，缓解孩子紧张恐惧等心理问题，让离家在外的“小勇士们”有了临时“家”的爱与温馨。

（三）信息化赋能核酸检测

此次疫情暴发点枫亭镇总人口近13万，仙游县常住人口90多万，还有全市300多万人要进行全员多轮核酸检测，枫亭镇等高风险地区每日要完成1轮核酸检测。对于一个日均核酸采集、检测能力仅有10万人次左右的城市，如何快速高效地开展全员核酸检测工作，这是一道难度极大的考题。面对挑战，莆田市迅速上线了核酸检测信息系统，让每个采集点的实时采样人数、需要运输的样本数量、检测能力的饱和度等一目了然。信息化平台让采集、送检、检测等各个环节无缝对接，成了抗疫的数据指挥大脑。通过有效疏通核酸检测“采运检报”环节之后，仅用3天时间，日均核酸测能力从50万人次增长到300万人次，实现了“日采当日检”、24小时内出结果。

五、自觉扛起命运与共的道义担当

在这场没有硝烟的战“疫”中，莆田市牢固树立上下一盘棋思想，自觉扛起疫情防控的政治责任，采取严密防控措施，有效遏制了疫情向其他地区蔓延。

（一）协同流调，防止外溢

针对流调发现已离开本地的密切接触者等特定人群，由莆田市疾控部门及时向外市推送《协查函》，共发出协查函189份，其中省内156份、省外33份。充分发挥公卫、公安、工信、数字办“三公（工）一大”的协同作用，通过大数据追踪，第一时间向有关省、市推送风险人群漫出手机号码信息，全力防止疫情外溢，阻断疫情传播途径。累计判定密切接触者4943人、次密接者15212人。对所有流调报告进行分析，把握其流行病学特征，及时向社会公布阳性病例的行程轨迹。据福建省疾控中心主任郑奎城介绍，莆田市“基本实现一旦出现阳性感染者，联合工作组1小时内掌握核心信息、4小时内完成流调轨迹核查、24小时内完成流调报告”。

（二）一方有难，八方支援

在仙游疫情发生后，全省各地闻令而动，迅速驰援。从9月11日上午开始，福州、厦门、漳州、泉州、宁德、龙岩、南平等地都迅速集结医护人员和核酸采样突击队，支援莆田疫情处置工作。福建省立医院移动实验室、厦门和泉州两地移动核酸检测设备先后抵达仙游枫亭镇，四辆移动核酸检测车，每天可以完成100万人次的检测工作。

（三）守望相助，共克时艰

抗疫需要遥相呼应，守望相助。随着莆田疫情逐渐好转，在厦门市疫情最吃劲的时候，9月25日上午，莆田市200名医护人员以及900名外地支援莆田的医务人员，共1100名医护人员直接转战厦门。

◎结语

当前，新冠肺炎疫情仍在全球持续蔓延，且存在层出不穷的变异。我国各地时不时地遭遇新冠肺炎变异病毒的零星侵袭，地方防控工作稍有不慎就可能引发大面积传播扩散，保持“动态清零”的挑战依然十分严峻。做好疫情常态化防控是一项复杂的系统工程，各方面防控任务千头万绪，对各地应急管理体系和能力建设都提出了全方位的高要求。此次莆田突发新冠肺炎疫情防控，坚持系统思维和大局观念，打出了一整套精准高效的防控组合拳，短时间内有效控制住了疫情，为其他地方常态化疫情防控提供了可供参考和借鉴的市域样本。

第四章　构建具有中国特色的应急管理体制

当代中国正在经历人类历史上最为宏大而独特的实践创新，改革发展稳定任务之重、矛盾风险挑战之多、治国理政考验之大都前所未有，世界百年未有之大变局深刻变化前所未有，提出了大量亟待回答的理论和实践课题。当今百年变局与世纪疫情交织并存、自然灾害与事故灾难多发频发、影响国家安全和社会稳定的因素大量存在的严峻现实，既是阻碍国家发展和社会安全的关键因素，也是考验我国应急管理体制有效性的重大挑战。改革开放以来，特别是党的十八大以来，我国因应公共安全态势的发展变化，与时俱进，不断改革创新，构建起集中统一、坚强有力的应急管理体制，凸显出我国在应急管理方面的制度优势、政治优势和组织优势，为构建平安中国奠定了良好的体制基础。

一、我国应急管理体制的内涵与构成

应急管理体制是一个泛化且宏大的概念。只有厘清应急管理体制的内涵和构成，才能对其形成更加清晰的认知。

（一）应急管理体制内涵

体制是“国家机关、企事业单位在机制设置、领导隶属关系和管理权限划分等方面的体系、制度、方法、形式等的总称”[①]。应急管理体制，顾名思义，是指为保障公共安全，有效预防和应对突发事件，避免、减少和减缓突发事件造成的危害，消除其对社会产生的负面影响，而建立起来的以政府为核心，其他社会组织和公众共同参与的有机体系。[②] 具体而言，应急管理体制是应急管理各主体之间的机构设置、隶属关系、权责边界、组织方式和运行机制的制度总称。这既体现了应急管理体系的静态结构，也规定了应急管理体系的组织过程，还设置了应急管理体系的交互关系，因此应急管理体制是整个应急管理体系的核心。在党的二十大报告中，国家应急管理体系成为“国家安全体系”的重要组成部分，足见应急管理在国家安全管理中的重要地位。

（二）应急管理体制构成

我国的应急管理体制主要由四项内容构成：第一，构建了应急管理的组织结构。从狭义上来说，应急管理的组织架构规定了中央应急管理部下辖的议事机构、机关司局、派驻机构和部属单位；[③] 从广义上来说，应急管理的组织架构还包括“央地外”（中央、地方和外部）“党政军”（政党、政府和军队）和“政社企”（政府、社会和企业）在应急管理中的结构定位。

第二，规定了应急管理的主体资格。应急管理主体通常是在宪法、法律、法规或行政规章的授予之下，需要对突发公共事件和应急危机负有管控、救援和追责权限的国家机关，[④] 也包括与之相关的企业、事业单位、社会组织等辅助主体。

---

① 扶松茂：《我国行政体制改革的动力机制研究》，《上海行政学院学报》2004 年第 4 期。

② 参见陆继锋：《创新应急管理体制与机制，加强应急管理体系和能力建设——“应急管理体制机制改革”分论坛综述》，《中国应急管理科学》2019 年第 6 期。

③ 参见中华人民共和国应急管理部机构介绍，https：//www. mem. gov. cn/jg/.

④ 参见戚建刚：《行政应急管理体制的内涵辨析》，《行政法学研究》2007 年第 1 期。

第三，划分了应急管理的权责界限。习近平总书记在中央政治局第十九次集体学习时强调“应急管理承担防范化解重大安全风险、及时应对处置各类灾害事故的重要职责”。① 如果对应急管理的职责进行细分，可发现其主要包括风险识别与评估、应急预案与政策制定、预测预警与预防规划、应急处置与救援、提供应急保障、灾后重建与复兴等六个方面，② 这构成了应急管理的核心职责。

第四，协调了应急管理的资源配置。在应急管理事件发生后，人、财、物和信息在短时间内成为极稀缺且易混乱的应急管理资源。在此情况下，需由应急管理体制进行全面协调，确保应急管理资源配置符合以人为本、效率为先、可持续发展、公平正义、管控结合、协调稳定和共享开放的原则。③

总体来看，组织架构决定了应急管理响应的高效性，主体资格决定了应急管理处置的合法性，权责界限决定了应急管理边界的开放性，资源配置决定了应急管理分配的公平性。由此可见，应急管理体制的四个要素只有互相联结、高效配合，才能确保应急管理体制效果发挥。

二、我国应急管理体制的特征和具体规定

当前，全球已经进入了“风险社会”，各类“黑天鹅”事件频发，“灰犀牛”危机迭出，都对应急管理提出了更高要求。我国在应急管理体制建设方面亮点多、思路清、措施实，形成了独具特色的体制特征和

---

① 《习近平在中央政治局第十九次集体学习时强调：充分发挥我国应急管理体系特色和优势 积极推进我国应急管理体系和能力现代化》，《中国应急管理》2019 年第 12 期。

② 参见滕五晓、夏剑霺：《基于危机管理模式的政府应急管理体制研究》，《北京行政学院学报》2010 年第 2 期。

③ 参见史波、梁静国、刘拓：《公共危机应急管理的资源配置原则研究》，《现代管理科学》2008 年第 6 期。

具体规定。

（一）我国应急管理体制的基本特征

我国应急管理体制改革在长期的实践中积累了丰富的经验，并紧跟时代步伐，突出问题导向，呈现出鲜明的中国特色应急管理体制特征，主要表现在三个方面。

1. 职能维度力图全面整体

自新中国成立至今，党和政府对现有的应急管理体制进行了整合与重构，体现了应急管理统一规划、统一决策、统一领导、统一负责的“大安全、大应急”理念，突出了整体性特征。

第一，灾种处置的整体性。新中国成立初期，我国主要实施对口职能部门管理特定灾害的“单灾种应对”体制。这种体制让应急管理的职能被人为划分到多个部门，造成了应急管理“九龙治水”的局面。在长期的实践过程中，我国已经建立起“全灾种处置”的应急管理体系，由专业的领导机构和协调机构对灾害情况和危机状况进行综合判断，综合协调应急管理部、公安部、民政部、水利部、地震局等职能部门，对当前灾害和可能造成的“次生灾害”展开整体性处置。

第二，应急权限的整体性。2018 年 3 月，第十届全国人民代表大会第一次会议通过了国务院机构改革方案，成立统合全部应急管理事项的应急管理部，以此整合优化应急力量和资源，也让应急权限得到全面提升。应急管理部诞生后，对原本零散、破碎的应急部门进行了整合，发挥了“牵头总抓”的作用，直接对应急突发事件进行系统性调控，开展整体性决策，有效减少了责任推诿的情形。党的二十大报告提出“建立大安全大应急框架”的要求，则进一步突显出应急管理“齐抓共管”的发展趋势。

第三，职能分工的整体性。我国的应急管理体制越来越趋向于一个高效协同的整体。虽然应急管理各部门、各系统之间的职能分工可能因为部门定位、擅长领域和主责主业而存在一定的差异性，但在进行分工前，应急管理决策部门已经经过了全盘考虑，按照“整体最优”原则进行工作匹配，体现了“一盘棋”的应急管理思维。

2. 价值维度坚持人民为本

确保人民群众生命财产安全始终是中国共产党重要的工作任务，为人民谋幸福、为民族谋复兴是中国共产党的初心和使命。人民的幸福生活有赖于安全、稳定、和谐的生活环境，因此我国应急管理体制也坚持了人民性的价值内核。

第一，应急理念的人民性。进入新时代后，我国社会的主要矛盾已经转化为人民日益增长的美好生活需要和不平衡不充分的发展之间的矛盾。这其中，安全作为一种重要的“人民美好生活期待”的体现，成为应急管理的基本理念。因此，在进行应急管理体制设计时，充分考虑了以人为本、生命至上、安全发展的“人本主义”理念，倾听人民对安全发展的诉求，提升人民群众的幸福感、获得感和安全感。

第二，应急管理目标的人民性。“以人民为中心”是我们党治国理政的根本出发点，而“人民性”也是我们党在危机应对中始终遵循的政治逻辑。[①] 习近平总书记强调，各级党委政府在处理突发性群体事件时，要把工作的出发点和落脚点定位在实现、维护和发展人民群众根本利益上。换言之，应急管理应该“把人民群众生命安全和身体健康放在第一位”，在应急管理工作中紧密联系群众，做到“从群众中走来，到群众中去”。[②] 正因如此，我们党应急管理体制始终聚焦于如何最大程

① 参见孙晓艳：《中国共产党领导疫情治理的“人民性”政治逻辑》，《青海社会科学》2020年第2期。

② 参见胡故乡：《坚持应急工作人民性　持续学党史全面谋应急》，《中国安全生产》2021年第11期。

度地减少人员伤亡、财产损失之上，深刻体现了“以人民为中心”的发展思想。

第三，应急管理力量的人民性。我国的应急管理体制在设计之初，就明确了“相信群众、依靠群众”的基本理念，并贯穿于应急管理的全过程。在应急危机爆发之初，我们党就通过各方力量收集人民诉求，做到了与人民群众同呼吸，共命运；在应急管理处置阶段，我们党也积极动员人民群众参加自救、他救和互救工作，广泛吸纳人民群众参与灾后救援、重建和恢复工作；在应急管理的收尾阶段，我们党也主动回应人民关切，协助其解决复产复工复学困难，提供必要的物质帮扶，助力人民群众顺利渡过难关。

第四，应急管理立场的人民性。中国共产党代表了最广大人民的根本利益，因此其在应急管理体制的设置上，体现出“一切为了人民，一切依靠人民”的基本立场。党和政府是应急管理的执行主体，而人民群众则是应急管理的受益主体，二者的利益高度一致、立场相契。因此，我们党通过完善应急管理体制，千方百计地为人民群众的生产、生活和工作提供全方位、立体化的保护能力，彰显了“人民性政党”的独特魅力。

3. 内容维度趋向规范科学

我国应急管理体制注重科学设计，遵循应急管理客观规律，对整体的应急管理职责、应急管理流程、应急管理任务进行了重新设计和全面优化，体现出鲜明的科学性。

第一，职责划分的科学性。虽然应急管理部门按照“大安全，大应急”的原则对应急管理事项进行了全面统合，但在职责界面上仍然有所侧重，形成了两套应急管理架构，分别是应急管理职能部门（常设机构）和应急管理协调机构（非常设机构）。一般而言，应急管理中最为重要、最为棘手的“救援”工作主要由应急管理部直接负责，统一调配，确保应急救援的专业性。相反，那些更加偏向日常管理的“防控”

工作，则继续由行业主管部门承担，或者由部分协调机构对我国的风险灾害、应急防控、危机处置展开基础性、政策性、前瞻性研究，提出相应的应急规划方案和解决对策。为了加强各地应急处置保障能力，党的二十大聚焦于“加强国家区域应急力量建设”，力求增强区域应急的能动性、兜底性。总体而言，通过各有侧重的职责划分，进一步强化了我国的应急管理力量。

第二，处置流程的科学性。在实践中，我国应急管理的处置流程逐渐清晰，在遭遇突发事件后能够快速进行责任定位，确保防灾、减灾、救灾、指挥、救援、监管、执法、保障等流程均可有条不紊地进行。与此同时，我国在应急事件的测量、防范、报告、抗灾、救治、援助等关键环节，注重精专，确保应急管理部门聚焦主责主业，尽量减少交叉，避免重复工作，减少出现“眉毛胡子一把抓”的混乱情形。

第三，任务分配的科学性。面对千头万绪的应急管理工作，我国正逐步采用数字化技术辅助任务分配，通过创建应急管理电子任务表单、任务清单、协作事项、责任明细单等方式，有效对接了应急管理的人、事、物，提高了应急任务执行的效率。同时，我国的应急任务分配并非简单的“一分到底”，而是通过“事前分配、事中记录、事后检查”的方式对应急管理任务的完成情况进行控制和监督，从而做到了有效管控。

（二）我国应急管理体制的具体规定

《中华人民共和国国民经济和社会发展第十四个五年规划和 2035 年远景目标纲要》提出，构建统一指挥、专常兼备、反应灵敏、上下联动的应急管理体制，优化国家应急管理能力体系建设，提高防灾减灾抗灾救灾能力。国务院在《“十四五”国家应急体系规划》中也明确指出，到 2025 年，应急管理体系和能力现代化要取得重大进展，形成统一指挥、专常兼备、反应灵敏、上下联动的中国特色应急管理体制。党的十八大以来，我国应急管理体制改革持续深化，特别是在党的二十大召开后，“大安全大应急”的发展框架进一步完善，形成了一系列细致且有效的具体规定。

1. 统一指挥

“统一指挥”即党对应急管理工作负有直接指挥权、全面领导权和最高决策权，是应急管理的指挥核心。党对应急管理工作进行有效统合，确保我国的应急管理工作能够沿着“大安全、大应急、大减灾”的正确方向实施，切实体现出集中力量办大事的举国体制优势。

应急管理部的成立，是实现“统一指挥”的基础。在应急管理部挂牌成立后，整合了安全生产、地震、防汛抗旱、地质滑坡、森林防火、草原防火等部门的相关职责，要求应急管理转隶部门无缝衔接、业务全面融合、信息充分共享，打造应急管理“一张网”和“一盘棋”。在重大应急突发事件关头，“统一指挥”令我党可以在最短时间内成立全国性的应急处置机构、应急领导小组、应急决策圈层，并且通过行政命令的方式迅速调集全国各地的储备物资，组建应急管理救援队伍，切实做到“一方有难，八方支援”。比如，在新冠肺炎疫情期间，习近平总书记多次强调“疫情防控要坚持全国一盘棋。各级党委和政府必须坚决服从党中央统一指挥、统一协调、统一调度，做到令行禁止”，① 都体现了我国应急管理“一盘棋”的治理思路。

2. 专常兼备

“专常兼备”即既有精专人员或部门主抓专业领域的应急工作，同时又有常态化的人员或部门负责一般性应急管理事务。② “专常兼备”的应急管理体制，体现出我国居安思危的治国理政智慧，彰显了防患于

① 习近平：《疫情防控要坚持全国一盘棋》，《光明日报》2020 年 2 月 5 日。
② 参见徐波：《优化完善突发公共卫生事件应急管理体制研究》，《中国机构改革与管理》2021 年第 11 期。

未然的忧患哲学思想。

“专常兼备”主要体现在两个方面：一方面，是机构方面的“专常互补”，即在日常状态下由传统的应急管理职能部门负责应急准备、规划制定、体系建设、模拟演练等，而在应急事件爆发后则能够迅速成立应急管理“领导小组”，启动应急管理专项指挥部，使得应急管理机构更加灵活高效。另一方面，是人员方面的“专常配合”，即既建立起应急救援的专业队伍，负责空难、山火、地震、台风等应急管理事件的专业救灾和应急处置工作，同时也建立起应急救援预备队伍，对民间救援力量进行定期演练和实战训练，提高非专业人士的应急救援能力，① 使之成为应急管理中的后备力量和补充力量，做到相互配合、互相补位。

3. 反应灵敏

“反应灵敏”即在应急管理事件发生后，应急管理体制能够迅速启动并做出正确积极的反应，尽可能消除负面影响。应急管理注重“响应性”是我国在“非典”危机后积累的最宝贵的处置经验和深刻教训。

在“非典”过后，我国的应急管理体制在基本理论预设、制度框架、组织结构、行动逻辑等方面都完成了革新和重塑②，特别是在制度弹性、应变能力和领导能力方面都得到了全面强化，形成了“敏捷治理”的危机应对策略。③ 一方面，我国充分运用现代信息技术和网络手段，构建起统一的突发事件信息报告平台、应急决策平台、应急指挥管理平台，并且通过情报网络可以迅速将相关应急管理信息加以分发、传递和下达，使得应急管理信息互通、部门互动、应急处置的整体效率获得了几何级数增长。另一方面，应急管理体制强调“分级负责、属地管

① 参见张爱华、郑武、吴大明：《关于建立健全应急管理体制的思考》，《中国安全生产》2018 年第 5 期。

② 参见王强：《公共危机应急反应管理体系：反思与重建》，《江海学刊》2004 年第 2 期。

③ 参见史晨、耿曙、钟灿涛：《应急管理中的敏捷创新：基于健康码的案例研究》，《科技进步与对策》2020 年第 16 期。

理”，但也鼓励社会和市场成为应急管理的补充力量，发挥其技术优势、人员优势、效率优势、经验优势参与应急管理之中，形成应急管理合力，也能让应急管理的响应时间进一步缩短。

4. 上下联动

“上下联动”即在应急管理过程中，中央和地方着眼于上下协调，在不同层级、不同部门、不同地区、不同系统之间构建了有效的联动关系。整体上看，“上下联动”符合我国“权力上收”的政治特征，一方面上级主抓落实应急管理工作，形成齐抓共管的工作局面，另一方面下级严格落实应急管理责任，执行管理任务，由此形成了应急管理的巨大合力。

“上下联动”是我国应急管理体制最鲜明的特征之一。与西方国家“上下分权”的体制架构不同，我国更加强调上下级之间的紧密协作和高效配合，这也正是我国在应急管理方面可以实现“集中力量办大事”这一目标的关键原因。比如，在新冠肺炎疫情期间，湖北省就以县级医院为龙头，乡镇卫生院、社区卫生服务中心为枢纽，村卫生室和社区卫生服务站为网底，构建起三级卫生服务体系。此外，湖北省所有乡镇卫生院、社区卫生服务中心均设立分诊点（台），预检分诊发热患者，向上级医院转诊疑似患者，同时也接收下级定点医院出院康复患者信息，形成了上下协同、联动有效的“县域医共体”。[①]

三、我国应急管理体制面临的机遇与挑战

我国是全球自然灾害最高发、事故灾难最频发的国家之一，灾害防治和应急管理也是政府治理的重要任务。但值得注意的是，我国的应急

① 参见陈迎春、常静肼、张全红、王皓：《新型冠状病毒肺炎疫情下湖北省基层卫生机构联防联控协作机制分析》，《医学与社会》2020 年第 9 期。

管理体制并非完美无缺、臻于完善，而是面临着机遇与挑战并存的“双刃剑”效应。

（一）我国应急管理体制面临的机遇

党的十八大以来，我国应急管理事业奏响新序曲，创造新伟业。同时，在“十四五”时期，我国开启全面建设社会主义现代化国家新征程，为新时代应急管理体制的完善提供了重大的历史机遇。在党的二十大召开后，“大安全大应急”成为发展主旨，揭开了我国应急管理体制的新篇章。

1. 推动适度性分化，着眼“精准应急”

2003 年“非典”疫情是我国应急管理体制变革的标志性事件。在“非典”疫情结束后，党中央和国务院要求全面加强应急管理工作，着手开展应急管理“一案三制”建设。所谓“一案三制”，即编制应对突发事件的应急预案，建立健全应急管理体制、机制和法制，全面实施我国应急管理体系建构工程。①

“一案三制”的提出，首次将原本模糊不清、相互交错的应急管理体制、机制和法制进行了适度分化，并且第一次将“应急管理体制”作为一个独立项目进行运作。事实上，“一案三制”提出后，我国更加聚焦于应急管理的结构性制度优化，致力于完善应急管理的静态规则，规范应急管理的职责和功能。与此同时，“一案三制”也让我国应急管理体系的发展方向有所侧重，形成了“预案为龙头、体制为主导、机制为动力、法制为保障”的互补关系。② 从这个角度看，“一案”和“三制”

---

① 参见新华社：《国务院发布〈国务院关于全面加强应急管理工作的意见〉》，《人民日报》2006 年 7 月 7 日。

② 参见高小平：《“一案三制”对政府应急管理决策和组织理论的重大创新》，《湖南社会科学》2010 年第 5 期。

的分开，让应急管理体制的独立性更加突出，[①] 专注于解决传统运动式和政治动员式应急管理体制表现出的临时性、模糊性、协调不畅等问题[②]，有助于应急管理体制纵深发展和完善。

2. 深化大部制改革，提高“高效应急”

在较长一段时间内，我国的应急管理习惯性采用“多头管理”的运作方式，造成了人员众多、效率低下和资源浪费等问题。为了解决应急管理的体制弊端，党中央和国务院将多个部门在应急管理方面的相关职能进行了向上收编，于 2018 年宣布组建应急管理部，统一行使应急管理职能。

经过大部制改革后，被寄予厚望的应急管理部承担了综合防灾、减灾、应灾、救灾的职责，在一定程度上缓解了应急管理零散化、细碎化的问题。应急管理部的出现，使我国的应急管理事务首次拥有了专门的、统一的、高阶的主责部门，并且在应急指挥、灾情发布、资源调度、灾后救助等方面实现了一元化管理[③]。与此同时，应急管理部也能极大地提高应急处置能力，通过从上到下、从中央到地方的“矩阵式”组织、调度、分配和部署，令应急管理的整体效能也呈现出“质”的飞跃。

3. 发展数字化平台，助推“智慧应急”

互联网和计算机技术的快速发展，推动我国应急管理体制变革驶上了“快车道”。在大数据、物联网、云计算、边缘计算、区块链、虚拟现实、神经学习、数据挖掘、智能终端等数字化技术的加持下，[④] 应急

① 参见钟开斌：《“一案三制”：中国应急管理体系建设的基本框架》，《南京社会科学》2009 年第 11 期。

② 参见冯志峰：《中国运动式治理的定义及其特征》，《中共银川市委党校学报》2007 年第 2 期。

③ 参见夏保成：《中国应急管理的历史机遇》，《中国消防》2018 年第 5 期。

④ 参见庞宇：《智慧社区应急管理的创新模式》，《电子政务》2016 年第 9 期。

管理变得更加智慧化、智能化和自动化，这在很大程度上降低了应急管理的成本。

借助数字化技术，可以打通全国统一的应急管理信息渠道，建立集信息收集、加工、分析、存储、传输、利用于一体的应急信息管理系统，并探索建立“云应急”系统。在“云应急”系统之上，应急管理的信息采集服务、预测分析服务、应急评估服务、信息发布服务、资源调度服务都可以依托“云”完成，[①] 并且在计算机技术的辅助之下，应急管理将变得虚拟化、可视化、计量化，体现出可靠高效的特征。同时，在数字技术的辅助下，可以自动采集、整理、筛选、归类历次突发事件和应急危机的历史数据资料，建立完善的、可溯源的、标准化的应急管理数据资料库。这些数据资料经过人工智能和 AI 系统的分析研判后，能够对未来一段时间内的突发应急事件展开预测，评估公共危机爆发的可能性、影响范围、灾难后果和潜在灾损，便于应急管理部门提前部署，早做准备。

（二）我国应急管理体制面临的挑战

我国现行的应急管理体制仍然处于初级阶段，特别是与经济社会发展和公共安全需求相比，我国的应急管理呈现出一定的滞后性、非协调性，面临着一系列的挑战。

1. 暗中规避问责制，滋长“虚假应急”

经过多轮机构改革后，根据应急管理体制规定，各级党委和地方政府成为应急管理的核心力量，对应急管理事件负主要责任。但是，随着近年来安全问责力度的强化，特别是在“一票否决”制度的压力之下，

① 参见李从东、谢天、刘艺：《云应急——智慧型应急管理新模式》，《中国应急管理》2011年第5期。

部分党政官员不断寻求应急管理的体制漏洞，在制度缝隙之间通过各类方式试图避责，造成了应急管理浮于浅表、华而不实。

在少数地方政府实践中，由于绩效考核压力过重、干部治理能力不足、问责制度建设滞后等原因客观存在，导致地方政府的应急管理能力不足。但是，由于应急管理带来的政治问责压力极为巨大，其不得不通过“击鼓传花”的方式完成应急管理风险转移，[①] 以此达到“避责”的目的。

在应急管理问责体制尚不完善的情况下，这种“虚假应急”和“责任甩锅”的问题表现形式多种多样。比如，基层政府为了缓解应急管理的问责压力，可能采用“花钱买平安”的策略应对公共事件的“闹大”问题。[②] 同时，部分地方政府在公共危机事件发生后，为了避免责任追究，往往“避重就轻”，采用即兴演讲、现场慰问、看望灾民等方式进行“应急作秀”，[③] 使得问责机制无法发挥实效，难以起到“惩前毖后”的作用。

2. 官方回应迟滞化，催生“长尾应急”

在新媒体时代，如果官方对突发事件的回应“姗姗来迟”，必然会造成各种捕风捉影的猜测、小道消息、主观臆断、奇闻逸事在网络舆论场上持续发酵，给应急管理带来“次生舆情”，加剧“长尾应急”的处置难度。

随着网络媒体日益发达，社交媒体持续迭代，公众对应急事件的讨论热情和关注度将持续升级。在这个过程中，少部分公众可能借突发事件进行情绪发泄，或者故意哗众取宠编造不实信息造谣传谣，又或者纯

---

① 参见胡春艳：《基层风险治理如何避免“击鼓传花”》，《国家治理》2022 年第 2 期。

② 参见韩志明：《利益表达、资源动员与议程设置——对于“闹大”现象的描述性分析》，《公共管理学报》2012 年第 2 期。

③ 参见郑玉清：《谨防干部问责成为平息民愤的“应急作秀”》，《领导科学》2009 年第 21 期。

粹在表演欲的驱使下“现身说法”引导舆论风向，[1] 导致应急管理面临“线下风险”和“线上风险”的双重危机。面对众说纷纭的网络信息和网民猜测，相关部门往往还在进行调查取证，因此官方回应总是表现为“迟来一步”，为应急事件发生后的舆情风波埋下伏笔。一旦放任网络舆情持续发酵，而官方却对此“三缄其口”，很可能使得官方后续做出的正式回应陷入“塔西佗陷阱”之中，[2] 加剧公众的胡乱猜测、以讹传讹，产生“真相还在穿鞋，谣言已跑遍世界”的乱象。[3]

3. 全球风险弥散化，助燃“跨界应急”

工业化和全球化的迅速发展，使得风险呈现出“全球弥散”的特征。吉登斯的“风险社会”理论认为，现代化和城市化进程为人们的生活中掺杂了过去所知甚少或全然无知的新型风险，可能对世界发展都造成难以预估的后果。[4] 这其中，肆虐全球的新冠肺炎疫情即为最佳例证。

全球化不仅带来了世界经济贸易的一体融合，也让风险迅速弥散。在快速发展的现代社会，生产力的巨大增长也带来了科技危机和生态灾难，使得全球秩序变得动荡不安。[5] 同时，发达国家通过国际分工合作体系将发展风险转移至发展中国家，让发展中国家必须同时处置劳工问题、环境问题、社会结构问题和阶级对立问题，也让各类风险暗中叠加。我国作为世界上最大的发展中国家，不仅需要应对各类自然灾害和社会问题，同时也要承担种种非常规风险，更需要应对跨国、跨种族的

---

① 参见罗成琳、李向阳：《突发性群体事件及其演化机理分析》，《中国软科学》2009 年第 6 期。

② 参见杨妍：《自媒体时代政府如何应对微博传播中的“塔西佗陷阱”》，《中国行政管理》2012 年第 5 期。

③ 参见姜胜洪：《网络谣言的形成、传导与舆情引导机制》，《重庆社会科学》2012 年第 6 期。

④ 参见〔英〕吉登斯：《现代性与自我认同》，赵旭东、方文译，生活·读书·新知三联书店 1998 年版，第 4 页。

⑤ 参见张海波：《风险社会视野中的公共管理变革》，《南京大学学报（哲学·人文科学·社会科学）》2017 年第 4 期。

外来风险，因此也使我国的应急管理呈现出“跨界应急”的特征。

“跨界应急”并非各类危机事件和风险类型的简单叠加，而是会因为国内和国际风险相互并发、串联、累积，在级联效应的作用下呈现出几何级数增长，最终诱发为系统性公共危机。[①] 遗憾的是，由于承平已久，我国当前的应急管理体制主要是针对国内风险而设计，对这种新兴的跨国风险、跨域风险仍处于探索阶段，因此在体制设计上也有所欠缺，“跨界应急”的效果也存在较大的发展空间。

四、不断推进中国特色应急管理体制改革创新

党的二十大召开后，应急管理部迅速召开部党委会和部务会，围绕习近平总书记的讲话精神进行了深化学习，提出了“自觉在大安全大应急框架下审视和谋划工作，把党中央提出的战略部署转化为工作任务”的工作部署，为推进中国特色应急管理体制改革创新提出了“举旗定向”新要求。

（一）完善领导体制，部署应急“一盘棋”

体制是任何一个组织运行的基础。应急管理领导体制是否科学合理，直接关系到应急管理工作能否有效、顺利运行。应急管理部门首先是政治机关，必须旗帜鲜明讲政治，始终以实际行动和实际效果捍卫“两个确立”、做到“两个维护”，责无旁贷承担应急管理中的领导责任。因此，党中央和各级党委政府都应致力于不断完善应急领导体制，做到上下“一盘棋”。

一是强化顶层设计。应急管理关系国计民生，事关政治大局，必须

---

① 参见朱正威、刘莹莹：《韧性治理：风险与应急管理的新路径》，《行政论坛》2020 年第 5 期。

在顶层设计上科学规划。因此，需要将安全发展和应急管理工作放在治理的核心位置，构建起权威高效的应急管理体系。同时，也应该编制应急管理总体预案，特别是针对不同应急事件类型，如公共卫生、自然灾害、金融风波、食品安全、网络安全、核安全、交通事故、群体性事件、生化危机等，制定不同的应急管理预案，确保应急管理“有章可循”。

二是明确领导责任。各级党委和政府需要明确应急管理指标体系，公开公示应急管理部门任务，前瞻规划应急管理责任分工，推动属地管理责任的下沉，明确应急管理底线思维。① 在具体的应急管理工作中，需成立应急管理“领导小组”和议事协调机构，主要领导干部需通过联席会议、考核督查、定期巡检等方式对应急管理工作做出指导。此外，还应提高应急管理在领导干部治理绩效考核中的权重，将党政领导干部的应急管理处置成效作为其职级晋升、荣誉奖励、绩效考核、履职评定的重要依据，提高领导干部对应急管理工作的重视程度。

三是完善配套方案。应急管理体制是一个复杂的体系，应急管理的应对和处置是核心，而其他的配套方案设计则能帮助应急管理工作更好地发挥实效。因此，除规划全灾种、全过程、全方位的“大应急”应急管理危机应对方案之外，还应建立健全应急管理配套工作方案，特别是安全生产巡查方案、安全整改约谈方案、安全风险通报方案、安全隐患举报方案等，塑造应急管理制度刚性。

四是重塑应急流程。应急管理“防、报、处”的流程对于应急效果尤为重要，流程越顺畅、环节越精简，越能保障应急管理高效精准。因此，相关部门需要重视应急管理流程再造，对当前应急管理的主要流程进行全面梳理，对既有杂乱业务流程进行适当整合，删除冗余流程，提

① 参见姜长云、姜惠宸：《新冠肺炎疫情防控对国家应急管理体系和能力的检视》，《管理世界》2020 年第 8 期。

高应急管理的效率。此外，地方政府需针对洪涝、地震、安全事故、社会治安、公共卫生等常见风险制定专业的应急处置流程，在模拟中不断查缺补漏，以达最优效果。

（二）聚焦队伍建设，锻造应急“一股绳”

如果没有相应的队伍保障和人才支撑，应急管理将成为“无源之水，无本之木”。因此，需大力扩充应急管理队伍，让更多有志之士投入到应急管理工作领域。

一是注重基层应急保障队伍建设。自 2006 年开始，国务院先后下发了《国务院关于全面加强应急管理工作的意见》《国务院办公厅关于加强基层应急管理工作的意见》《国务院办公厅关于加强基层应急队伍建设的意见》三份重要文件，足见党中央对基层应急保障队伍建设的重视程度。但是，基层应急保障队伍可能存在待遇低、流动快、学习力弱、差异大、结构散等问题，因此对于这支队伍建设，可以采用“多元发展＋灵活整合”的模式重新组建，并对其实施“一体化管理”体系及“标准化管理”运行机制①，定期实施技能考评和能力测验，倒逼该队伍始终保持较高的应急管理能力，时刻不忘应急管理基本技能。

二是加强社会化应急力量建设。应急管理并非“单打独斗”，而是需要政府、社会和市场多方配合，并让社会力量成为应急管理队伍的重要组成部分。具体而言，在应急管理的准备阶段，可充分依靠社会力量加强应急管理法制宣传，并针对应急管理的救援方法、科学常识、自救方案、逃生方式等展开科普教育。② 在应急管理处置过程中，可以以

---

① 参见滕五晓、胡晶焱：《基层综合性应急救援队伍组建模式及管理机制研究》，《上海行政学院学报》2015 年第 1 期。

② 参见李华强：《自然灾害防灾减灾社会化中的公众参与：一个阶段化路径模型》，《中国行政管理》2021 年第 6 期。

“企办政助”的方式组建社会化应急救援队伍，探索“队伍培训＋应急救援＋志愿帮扶＋有偿服务”的业务模式，① 提供必要的心理咨询，切实减轻政府部门在应急管理上的压力。在应急管理程序结束后，鼓励社会力量对那些财产受损、健康受损、利益受损的受害者提供必要的法律援助，帮助其进行举证、起诉和追责，维护人民群众的正当利益。

三是邀请智库外脑提供专业应急意见。只有借助专家学者的专业知识，才能让应急管理变得更加精专化。因此，在应急事件发生后，地方政府应迅速组建“云端论坛”，邀请专家学者、专业智库、科研机构的专家贡献智慧和观点，输出专业知识②，让“专业的人做专业的事”。同时，在日常应急管理准备工作中，也应未雨绸缪，重点关注各领域内有威望、有口碑、有学识的活跃专家，将其纳入“突发事件应急管理智库”，③ 以便在必要情况下邀请智库外脑提供智力支持和决策咨询，④ 提高应急管理处置的科学性和专业性。

（三）理清权责关系，形成应急“一本账”

“没有规矩，不成方圆”。在应急管理的紧急情况之下，如果没有清晰的权责关系，则很容易导致责任推诿问题。为了杜绝该问题，应提前做好应急管理权责划分，减少避责行为的发生概率。

一是加强日常巡检和通报工作。应急管理并非党委和政府的“一家之责”，而是需要社会和市场主体的主动配合，才能起到事半功倍的效果。一方面，地方政府应派出相应的督查队伍、驻点队伍、巡视队伍，

---

① 参见陈国华、张良、高子文：《社会化危化品应急救援队伍建设和服务模式探索》，《中国安全生产科学技术》2016 年第 2 期。

② 参见黄晓斌、张明鑫：《面向重大突发事件的智库应急情报保障研究》，《情报学报》2022 年第 1 期。

③ 参见贾丹、黄志文：《政府应急管理体系建设的几个着力点》，《人民论坛》2018 年第 8 期。

④ 参见杜军、李从东：《应急网络组织中的应急情报来源、传递与共享机制研究》，《情报理论与实践》2017 年第 9 期。

对重点行业、重点领域、重点场所进行“地毯式”摸排行动，不定期展开风险隐患排查，提高对安全风险、突发事件和应急问题的监管效果。比如，应急管理部在二十大召开后迅速进行工作部署，要求重点关注城镇燃气、道路交通、建筑施工、渔业船舶等行业领域，对重大风险隐患及时通报、集中曝光。另一方面，也要号召高风险行业自觉树立底线思维和红线意识，坚决杜绝“带血 GDP”的隐患风险，主动开展风险盘点和自查自纠，提前扼杀应急风险苗头。

二是严格开展高风险行业专项整治。全面提升高风险行业的安全生产管理水平，针对化工、建筑、道路、交通、制造、矿产、生物、医药等高风险企业开展全流程、多层级的隐患排查治理。在安全执法检查的过程中，需要对那些存在一定安全隐患的行业进行关停、转移、升级、重组、兼并和改造，对排查出严重安全风险的责任人采取警告、罚款、约谈、曝光等措施，责令其限期整改完善。对其中存在重大安全隐患的，则可以采取停工停产、停业整顿等方式加大处罚，必要情况下展开立案侦查和司法诉讼，以起到威慑教育的作用。

三是提前做好应急管理责任划分。各级政府需要进一步理顺应急管理组织架构，形成三条责任链条。首先，安全监管部门应切实履行综合监管责任；其次，行业主管部门需压实定期监管责任；最后，地方党委和地方政府也应承担起属地管理责任。通过责任链条划分，在风险防控、应急响应、危机预警、应急处置、善后处理等环节都确立相应的处置标准，明确直接负责人，做到安全监管层层落实。当然，如果应急管理责任仅仅停在口头，则可能导致相关责任人采取蒙蔽性操作、选择性过滤、一刀切回应等策略进行避责，[①] 催生出“集体不负责”问题。对

① 参见刘泽照：《突发事件应急管理中的官员避责行为及纠治》，《中国行政管理》2021 年第 5 期。

此，可面向全社会公示应急管理部门和责任人的履职清单、履职领域、履职事项，邀请全社会共同监督，倒逼应急管理公开化、透明化。

四是建立健全应急管理法律体系。应急管理在很大程度上具有“特事特办”的烙印，但这并不意味着应急管理可以盲目化、闲散化、随意化。在应急管理过程中，如何对那些不作为、乱作为的领导实施“风暴问责”，如何对那些趁势投机倒把、大发横财的不法商人进行“严厉惩处”，如何对那些侵吞物资、挪用捐款的犯罪分子展开“依法追责”，都需要相应的法律支撑。因此，需要制定应急管理法律体系，明确应急管理处置权归属问题，[①] 让应急管理全过程变得“有法可依”。

（四）强化多元协同，织密应急“一张网”

应急管理非一夕之功，也非一家之责，而是全社会共同参与的重大工程。只有明确“党委领导、政府指导、社会力量和市场机制广泛参与”的原则，主动协调党委、政府、市场、社会等多方力量全面参与应急管理工作，才能构建起共建共享共治的应急管理格局。

一是充分发挥市场机制作用。仅凭地方党委和各级政府的一己之力难以应对层出不穷的突发事件，因此可以通过项目外包、政府购买、公私合营的方式采购应急管理支撑服务。比如，政府应该通过项目招标的方式，依托专业技术公司构建可视化、全息化的“应急管理综合指挥系统”，拨付专项经费聘请专业工程师定期维护应急管理的“一图一库一端”，做好应急管理数字系统的持续更新。再比如，为了弥补在部分数据上的劣势，政府也可调集专用经费，向商业公司购买专业的数据服务，建立三维城市地图、数字预案系统、智能评估系统等，提高应急管理的智慧化水平。

---

① 参见王晓君：《政府危机管理中的权责关系探析》，《社会科学》2008 年第 5 期。

二是广泛动员社会力量参与应急行动。政府和社会在应急管理中可以形成互补之势。社会化应急管理具有灵活性、广泛性和互惠性等特征，充分调集社会力量参与应急管理救灾过程，做好前期的防灾宣传，提供心理疏导专业咨询等，能够保障应急管理效率更高。此外，还应注重应急管理的基层网格建设，以“志愿服务”的形式吸收专业的街道安监员、企业安全员、社区安保员等力量，作为“新鲜血液”补充到应急系统之中，打好应急管理的人民战。

三是深入挖掘数字应急技术的应用场景。数字技术的出现，使得应急管理变得更加简单快捷，因此必须依托数字技术降低应急管理成本。党中央和各级政府可综合运用物联网、大数据、云计算、机器学习等先进技术，为应急管理提供相应的技术保障。这些先进技术主要应用于工业园区、中心商场、交通枢纽、地下底商、校园医院、旅游景区等人流密集场所，通过部署智能监控设施和智慧终端，搭建起涵盖应急预警、应急响应、应急救援、应急研判等领域的“感知网”，让安全风险无处遁形。此外，各地政府还应因地制宜，搭建应急管理“一体化信息平台”“全景化风险地图”“全时段安监网格”等，引入人工智能、机器学习和边缘计算等技术，提前建立好风险应对模型、风险扩散模型、风险传播模型，力争保障应急管理防患于未然。

阅读材料

疫情防控阻击战的“深圳样板”

深圳这座以速度著称的城市，在2022年初新冠肺炎疫情的影响下不得不暂时按下了“慢行键”。但是在城市生活节奏骤然降低的同时，深圳的应急管理体制却飞速运转，通过“快应急”的方式与时间“赛跑”，最终赢得了这场“城市保卫战”的胜利，成就了应急管理的“深圳样板”。

一、“动静”与“快慢”：深圳迎战新一波疫情

2022 年新年伊始，深圳便遭遇“流年不利”。从 1 月 7 日开始，深圳报告了 2 例新冠病毒阳性感染者，意味着这座常住人口 1756 万、加上大湾区流动人口可能高达 2300 万的超大型一线城市，再度面临疫情侵扰。

本轮疫情与香港疫情外溢有所关联。从 2022 年 2 月份开始，深圳几乎每天都有香港输入病例。2 月中旬，深圳发布公告称，2 月 14 日凌晨，有 15 人从香港偷渡至珠海，目前有关部门已追踪到 12 人，涉及广东省广州、深圳、佛山、东莞、惠州市及湖南、福建等省。3 月底，深圳罗湖区检察院通报此前批捕的非法入境城市，官方称其涉嫌组织他人偷越国（边）境罪。由此可见，这波疫情来势汹汹、影响巨大，特别是与香港比邻而居，深圳“外防输入，内防反弹”压力巨大，守护我国“南大门”的责任更加凸显。

新一波的疫情对深圳而言极具特殊性：第一，虽然此前深圳曾于 2020 年、2021 年分别迎来了“抗疫小高潮”，积累了一定经验，但 2022 年的疫情却在短短十天内接连暴发了“0107”“0115”“0118”三起突发局部疫情，意味着本轮疫情必然来势汹汹、势头迅猛。第二，尽管此前新冠肺炎疫情已在陕西、黑龙江、河南、内蒙古等省份的多个城市轮番暴发，但这些城市在人口体量、城市规模、发达程度、经济基础方面均与深圳不在同一量级。相比之下，深圳是全国人口密度最高的城市之一，还是国际航班的入境口岸，因此深圳疫情一经引爆，迅速成为 2022 年初我国超级城市中疫情影响最为严重的城市。可以说，深圳因疫波及情况远超此前的北京、上海和广州，且没有任何可以参考的国内

经验，故深圳疫情迅速登上媒体头条，立即成为全国焦点。第三，根据深圳卫健委官方消息，这轮深圳疫情由奥密克戎变异毒株 BA.2 导致，不仅传染性强，而且变异速度快，使得疫情防控难度呈现出几何级数增长的态势。更何况，深圳这次需要应对的是德尔塔、奥密克戎两大变异毒株，这也让应急管理工作的难度成倍放大。第四，由于深圳和香港一水之隔，加上“深港一体”的地缘因素，职业代购、跨境物流司机、跨境双城学生等群体频繁往返两地，也使得深圳成为香港外溢疫情的“第一站”，让疫情防控和应急处置变得难上加难。

在前两年的疫情防控中，深圳积累了诸多富有成效的防疫经验。比如，早在 2020 年疫情暴发初期，深圳就提出“早、集、实”三字诀的“抗疫作战图”，形成了科学的抗疫模式。2021 年深圳迎来“5・21”“6・14”两波新疫情，采取了“快流调、快管控、快筛查、快接种”的“四快”防控策略，被证明实际效果卓有成效。在此之后，深圳也总结出疫情防控“九大经验做法”，值得参考借鉴。这些应急处置经验都为深圳抗击本轮疫情奠定了良好基础。

二、与时间赛跑的“深圳速度”

在突如其来的疫情面前，深圳的应急管理体制高效运转，整座城市仅仅“慢行”了一周时间，甚至在 7 天后即宣布有序恢复社会生产生活秩序，14 天后即全面“摘星”，让全国在疫情防控期间再次看到了 40 年前改革开放年代的“深圳速度”。

（一）迅速启动应急措施

2022 年 3 月开始，深圳本土病例有所增加，而香港和欧美各国的境外输入病例也呈上升趋势，致使深圳防疫情况再度面临严峻考验。在此情况下，深圳市新型冠状病毒肺炎疫情防控指挥部经过慎重讨论和严密论证，于 3 月 13 日发布了《关于做好全市三轮全员核酸检测的通告》，要求全市人员在规定的 3 月 20 日期限内，按照“应检必检，不落一人”的要求，完成各轮次全员核酸检测。同时，机关事业单位居家办公，非城市保障型企业停止运营或居家办公，停止一切非必要流动、活动，全市公交及地铁停运。这些应急措施让深圳一瞬间被按下了“暂停键”，进入了与病毒共同斗争的“攻坚期”。

短短一周时间内，深圳这座拥有着近 1756 万人口的一线城市需要完成三轮核酸检测，即共计 5268 万人次的核酸检测任务，平均每天要完成 752 万个有效核酸检测，一度被视为“不可能完成的任务”。换言之，深圳需要在一天之内完成与香港总人口相当的核酸检测量，其难度之高、压力之大可想而知。

3 月 20 日，深圳市新型冠状病毒肺炎疫情防控指挥部发出 2022 第 3 号通告，称“自 3 月 14 日以来，在全体市民群众的共同努力下，我市已在全市范围内完成三轮全员核酸检测，基本实现社会面动态清零，全市疫情防控形势依然严峻，但总体可控”。这份通告基本意味着深圳在突发重大公共卫生事件的应急措施发挥成效，疫情防控和局部应急处置取得初步胜利。

（二）明确应急核心原则

在疫情防控过程中，深圳市的应急管理体制体现出强大的统摄力。2022 年 3 月 14 日，深圳市对外公布“五个千方百计”的抗疫要求，即一要千方百计抓牢抓实核酸筛查，不漏一户、不漏一人，彻底摸清疫情传播风险底数。二要千方百计抓牢抓实流调溯源，彻底查清疫情源头和传播路径。三要千方百计抓牢抓实封控管控，切实把疫情控制在点上。四要千方百计抓牢抓实医疗救治，精心治疗悉心护理每一位患者。五要千方百计抓牢抓实区域协同防控，严防疫情跨区域传播扩散。“五个千方百计”代表了深圳应急管理的政治要求，有效调动了各层级和各部门的执行力，强化结果导向和责任落实，让疫情防控和应急处置职责可以实现“一竿子插到底”。

深圳的疫情防控并非简单粗暴的“一刀切”，而是采取了更加适中的“分区防控”模式。在疫情暴发后，深圳市政府为了将外溢和漏查的风险降至最低，在第一时间就将全市区域划分为封控区、管控区、防范区和普通区域。不同区域之间随着疫情的发展变化态势，可能会出现“提档升级”的情况，后续的应急管理措施也进行了相应升级，符合“实事求是”的应急原则。

（三）全面推行全员核酸

核酸检测人数众多，且长时间排队，极易诱发群体性感染。相比于其他城市全民核酸“姗姗来迟”，深圳在核酸检测的速度上“走在前列”。为了克服常规核酸检测中人群众多、检测点少、结果混乱的问题，深圳早已未雨绸缪，将核酸检测点布局到了大街小巷。在疫情防控期间，深圳基本每个小区、每栋大厦、每个地铁出入口，均设置了免费的核酸检测点，市民可以根据需要随时随地进行自检自测，极大提高了核酸检测的效率。

为了照顾那些不愿“扎堆检测”的市民，深圳还专门设置了移动核酸检查车，在街头巷尾穿行，给那些“社恐人士”提供了相对私密的检测环境，而且最快3小时即可出结果，为那些临时需要出差应急的商务人士提供了极大便利。除了核酸检测随时可做之外，深圳还投放了大量“招手即停”的疫苗接种车，有效确保了疫情防控“不留死角”。正是这种“全方位”和“渗透式”的应急前瞻规划，使得深圳市民在“封城”之前，几乎每人都完成了10轮以上的免费检测，基本做到了“应检必检”，迅速找出病毒携带者，追溯传播源头，很少出现“漏网之鱼”。

（四）大力推行精确流调

新冠肺炎疫情作为大规模流行性传染病，能否迅速掌握染疫者的行动轨迹，确立筛查范围和活动区域，对于斩断传播链条至关重要。深圳的人口密度大，特别是目前市内最大的“城中村”上下沙常住人口超过了10万人，人口密度则是深圳平均数的20倍，成为疫情感染的“天然温床”。

在深圳各类“城中村”暴发大规模社区传播后，为疫情防控工作笼罩了一层阴影。这些建筑密集、道路狭窄的“城中村”之中，人口流动频繁，临时留宿人员众多，加上既无物业也无围挡，给流调工作造成了极大困难。

为了确保流调工作精确开展，深圳启用了24小时运转的流调中心，并从疾控中心、医疗系统、公检法系统、教育系统中抽调了志愿者，成为“与时间赛跑的人”。在流调的过程中，其不仅要从事高强度的“拼图”工作，从诸多碎片化信息中还原出一幅流调对象行动轨迹的树状拼图，还需要随时安抚市民情绪，更多时候还要承担市民误以为隐私泄露和电话诈骗的辱骂，使之要一刻不停地进行解释和劝导。但正是这支“召之即来，来之能战”的流调队伍，能在短短4小时之内精准锁定目标人群，甚至核心流调只需40分钟即可完成，方便官方查清感染者的活动轨迹，摸清传播链条，这为深圳市的疫情分批分片防控奠定了良好基础。

三、彰显人情味的“深圳温度”

在新冠肺炎疫情防控的特殊时期，应急管理体制既要讲求“快准狠”，同时也要兼顾“时度效”，在做到令行禁止、严格执行的同时，也要适度灵活变通，体现出以人为本的价值理念，彰显了浓浓的“人情味”。

（一）全力保障医疗服务

在疫情暴发初期，深圳每日新增染疫人数达上百人，部分医院出现了人手不足、医疗资源短缺的问题。在此情况下，深圳市卫健委从2022年3月初开始，即从全市几十家医院抽调医生、护士、检验专业、放射专业、院感专家等数百人支援疫情较为严重的医院，短时间内即缓解了医疗矛盾。

对于不幸染疫且没有父母陪伴在旁的儿童，深圳市卫健委迅速做出部署，众多医院积极响应号召，成立了以儿科护士为主的“特护专班”，由护士们临时扮演“母亲”角色，24小时贴身照顾患儿的基本生活和日常起居，完成了一场场“爱心接力”。

相较于部分城市被曝光急性病、突发病患者在疫情防控期间延误治疗的新闻，深圳在医疗方面鲜少出现类似的负面消息。这是因为，深圳市规定疫情期间所有的医疗接收点都必须设置“绿色通道”，这样才能确保封控区、管控区的患者能够顺利住院以及实施急诊手术，并且为其专门紧急增设了负压病房和负压手术室，启动了应急专用转运渠道，让每位患者都可以平等地接受医疗救助，闪耀着“生命至上”的人性光辉。

（二）全面兜底生活服务

“半封城”的状态让深圳的生活节奏迅速减慢，但相关的工作人员却热火朝天加紧抗疫。深圳海吉星农产品物流园是全市最大的“菜篮子”，蔬菜供应量约占90%以上，承担着保供稳价“压舱石”的重任。疫情期间，为了保障市民“手中有粮、心中不慌”，深圳市抽调了成百上千名工作人员第一时间赶到物流园中进行蔬菜分拣和打包配送，由此保障了全市人民的“口粮安全”。2022年3月以来，深圳全市党政机关、企事业单位除了承担防疫任务的工作人员外，均采取“居家办公”模式，或就地转为社区志愿者，向居住地所在社区报到，全面参与社区防疫工作和社区服务。

这些工作人员走出“机关门”后迅速投身于“家门”，在领导小组的指挥和安排之下，迅速承担了快递、外卖、采购、团购等生活服务，成为了社区一线的“网格员”。除了日常的生活服务之外，这些机关工作人员还被要求承担应急管理职责，在疫情期间协助市场监管局走访保供企业，监督生活必需品价格和物资质量，协助相关部门做好核酸检测、秩序维护、心理疏导、困难帮扶、信息发布、热线接听等工作，彰显了“有求必应”的人文情怀。

在机关工作人员做好保障工作的同时，其他服务业从业人员则切实发挥了“兜底”作用。作为一座超大城市，为了避免采取“一刀切”的封城措施，导致配送服务和物资分发被压在“最后一公里”的社区和居委会，出现大规模的物资供应不足、网购配送停摆，哄抢物资等情况，深圳在封城时做出了一个重大决定，即“专业的人做专业的事”，全市的商超人员、餐饮从业人员、外卖配送人员、快递人员在经过多轮核酸检测后，被排除在封控名单之外，由此保障全市的物资运送。在深圳市商务局的指导下，多个外卖平台联合酒店、学校等场所设立爱心驿站，为这些暂时无法回家的“口粮运力者”提供了临时洗漱和休息空间，免除了后顾之忧。正是这近 10 万名最熟悉全市地形的外卖配送员、近 6 万名物流业从业人员的辛勤付出和专业技能，有效保障了深圳基层的物资供应和基本运力。

（三）全效启动关怀服务

经济是最大的民生。疫情对经济收入影响颇大，各类中小微企业也在疫情中苦苦挣扎。深圳为企业纾困解难拿出“减”“降”“返”“补”的多项措施，与企业共克时艰。比如，深圳市财政局与税务部门一道，加快落实各项减税降费政策，运用深圳“中小微企业银行贷款风险补偿资金池”政策，撬动银行向更多中小微企业“输血”，第一时间为企业送去“及时雨”。同时，深圳市中小企业服务局发布提供短期流动性资金支持方案，对符合要求的中小企业最高提供 3000 万元的平稳基金，让企业在短短一个月内就能拿到周转金。除此之外，深圳市还发布通告，要求全市金融机构通过减费让利、完善展期续贷衔接等措施纾困帮扶，并实施“一企一策”“一厂一案”帮助中小微企业渡过难关，可看出深圳在疫情防控过程中浓厚的“人文底色”。

疫情期间，最令人动容的“官方回应”莫过于深圳市卫健委的“霸气回复”。一家刚刚开业的早餐店却因为疫情面临持续亏损的中年男子在“深圳卫健委”公众号下留言，称自己的生活已经濒临“崩溃”。在收到这则留言后，深圳卫健委当即帮助其联系了南山区相关人员和社区党委，并派出工作人员亲自上门解释封控原因，还专门向其预定了社区防疫人员的早餐为其增加收入，使得其“感动到破防”。在此之前，一名产妇即将生产，却因核酸检测结果迟迟未出而在医院门口焦急等待，而深圳卫健委一句霸气的“电话发我”，立即安排工作人员专项跟进此事，引发网民超过 2 万次点赞。此外，在封城后，深圳也推出了心理疏导专线，特别是针对中小学生的心理问题，深圳市教育局安排了专门的心理医生进行专业辅导，帮助弱势群体纾解心结。

深圳的关怀服务和人文精神不仅体现在处理人际关系之上，而且也体现在人与自然方面。当其他城市因为防疫原因不得不对感染社区中的宠物进行“无害化处理”时，深圳却为宠物们建立了“宠物方舱”，使得那些主人被隔离的宠物得到了无微不至的关怀。在隔离结束后，深圳还为每位入驻“宠物方舱”的宠物发放了“抗疫小英雄”荣誉证书，让人感到暖心且温馨。

四、数智赋能应急的“深圳高度”

（一）依托科技智慧应急

疫情防控阻击战不仅是一场“人海战”，同时也是一场“科技战”。借助互联网技术和网络科技，深圳市在“科技防疫”和“精准应急”方面都走在前列，体现了“中国硅谷”的创新内核。

为了减少深圳市民排队等候核酸检测的时间，降低人群聚集风险，深圳市紧急开发出专门的核酸采样状态服务系统，只需在微信小程序中进入，便可实时获知周围核酸采样点的采样服务时间和工作状态，系统也会根据预约人数和核检速度，实时评估并预测预计排队等候时长，方便市民安排行程。

“硬核科技防疫”是深圳在疫情防控和应急管理中最突出的优势。依托于全市的高新科技产业，深圳可谓将“科技防控”发挥到了极致。比如，华大智造自主研发的多款具备高通量样本处理能力的自动化设备能够24小时不停歇地进行大规模核酸检测，华大基因“火眼”实验室驰援全国各地，康泰生物自主研发生产的新冠灭活疫苗已向多个省市供应，迈瑞推出的呼吸机性能已达到国际先进水平，华大因源新冠抗原试剂盒只需15分钟就可以出检测结果，都体现了雄厚的研发实力。

深圳的防疫科技除了在生物医疗领域“独领风骚”，在生活服务方面也“面面俱到”。在疫情防控催生出各类无人化应用场景中，深圳多家机器人企业崭露头角。中智卫安的机器人构成了“防疫天团”，元戎启行自动驾驶轻卡投入物资运输，大疆无人机参与社区管理，“电子哨兵”在社区小区公交车上“站岗值守”，都是疫情期间开发出的新产品、新应用和新业态，说明深圳这座“中国硅谷”已经将雄厚的科技力量转化为治理能力。

（二）关注民生人性应急

一座城市只有在紧急状态下才能真正看出其治理能力的高低。新冠肺炎疫情是一面镜子，“照”出了深圳在应急管理方面强大的城市治理能力。由于全市实施“封城”，市民和企业不便出门办事，于是深圳发挥了“互联网＋政务服务”优势，通过网上办、掌上办、自助办、电话办，让企业市民“零跑动”“安坐家中”就能把事办成。对于部分企业临时遭遇认证手续办理困难的问题，深圳的公安、街道办、认证机构、工商部门则开放了绿色通道，对其进行“加急处理”，体现了执政为民的服务本色。

五、可资借鉴的“深圳样本”

深圳是一座相信“时间就是金钱，效率就是生命”的城市，也是一座在应急管理和疫情防控上雷厉风行、令行禁止的城市。在疫情防控期间，深圳“厚积薄发”，在应急管理方面做到了临危不乱、遇事不慌。虽然整座城市因为疫情防控和隔离措施而迎来了“慢时光”，但应急管理的“快节奏”却一刻不停，无论是应急决策、封城措施，还是社区动员、物资保障等，都在短时间内被快速激活启动，体现出“深圳样本”强大的示范效应。

从总体上看，深圳在疫情防控方面的举措可复制、可效仿，在应急管理方面的决策颇具典型性和先进性，值得进行进一步深入研究和移植推广，打造成为应急管理的标杆和典范。

第五章　健全防控救有机结合的运行机制

应急管理运行机制是应急管理体系各组织机构和职责功能得以推进落实的重要载体和支撑，是涵盖了突发事件事前、事发、事中和事后的应对全过程中各种系统化、制度化、程序化、规范化和理论化的方法与措施。[①] 作为一个完整连续的过程，应急管理机制以应急管理全过程为主线，包括预防与应急准备、监测与预警、应急处置与救援、善后恢复与重建等多个环节。现代化的应急管理体系建设，不仅要重视事中的应急处置和事后的恢复重建，更要重视事前的预防准备和风险管控，真正形成以防为主、防控救相结合的全周期应急管理运行机制。

一、应急管理运行机制贯穿于全周期管理过程

当前，我国已开启全面建设社会主义现代化国家、向第二个百年奋斗目标进军的新征程。进入新发展阶段，推动实现高质量发展，面临的任务更为复杂艰巨。2016 年 7 月 28 日，习近平总书记在视察唐山时提出了“两个坚持”“三个转变”的防灾减灾救灾理念，“坚持以防为主、防抗救相结合，坚持常态减灾和非常态救灾相统一，努力实现从注重灾后救助向注重灾前预防转变，从应对单一灾种向综合减灾转变，从减少

---

① 参见闪淳昌、薛澜主编：《应急管理概论：理论与实践（第二版）》，高等教育出版社 2020 年版，第 222 页。

灾害损失向减轻灾害风险转变”[①]。这一理念后被写入当年年底发布的《中共中央　国务院关于推进防灾减灾救灾体制机制改革的意见》，成为新时代推进防灾减灾救灾体制机制改革的指导思想。

应急管理工作纷繁复杂，需要在总结并分析我国应急管理现状与特点的基础上，通过全面而高效的运行机制来保障整体应急管理体系的协调运转。2006 年 7 月《国务院关于全面加强应急管理工作的意见》指出：要构建“统一指挥、反应灵敏、协调有序、运转高效”的应急管理机制。完善应急管理运行机制，其目的是实现突发事件从事前预防、事中处置到事后重建的全周期规范化流程管理。

（一）全周期管理的理论

全周期管理概念的提出始于 1979 年，美国州长协会 NGA（National Governors Association）在题为《综合应急管理：州长指南》（*Comprehensive Emergency Management：A Governor's Guide*）的研究报告中，首次提出“全面的突发事件管理”（也称“综合应急管理”），并提出 CEM（Comprehensive Emergency Management）的机制模型：全灾害管理、全周期管理与多主体参与。

在西方学界，全灾害管理是以过程方法（Processual Apprach）为基础，将灾害视为周期性的循环过程。灾害生命周期理论作为认识与管理灾害危机的重要理论工具被大多数研究学者所推崇。如斯蒂文·芬克（Steven·Fink）的“危机生命周期”理论——征兆期（prodromal）、爆发期（breakout or acute）、延续期（chronic）、痊愈期（resolution）。因此，CEM 最为核心的理念创新是全周期管理，即将应急管理视为一

① 《落实责任完善体系整合资源统筹力量，全面提高国家综合防灾减灾救灾能力》，《人民日报》2016 年 7 月 29 日。

个包括减灾（mitigation）、防备（preparedness）、反应（response）和恢复（recovery）四阶段的循环周期。

美国研究员罗伯特·希思（Robert Heath）认为，危机管理是对危机的全面管理，旨在最大程度地减少或避免危机的影响。其主要方法和具体内容是：降低危机的危害，从事前、事发、事中、事后四个阶段来分别进行处理，据此提出“4R”理论。例如计划制订、数据监控、评估和预警、决策、全面协调等。在他看来，危机管理是一个不断变化的全周期动态管理过程，是以政府为核心，各类资源共同参与采取有效措施的应急管理过程。奥古斯丁（Norman R. Augustine）将危机管理全过程划分为六个阶段：避免危机、准备管理危机、察觉危机、抑制危机、解决危机、从危机中获利。从发生前的避免到发生后的获利，全周期进行了充分的论述。

国内的学者则把应急管理的全周期分为“二阶段”“三阶段”“四阶段”。一是“两阶段论”。在推动危机管理实践的基础上，薛澜、周玲等主张将“关口前移”，发展风险管理，从而将应急管理划分为风险管理和危机管理两个大的阶段。① 二是“三阶段论”。童星、张海波在提出“风险—灾害—危机”连续统一的基础上，将应急管理向前延伸至风险管理、向后扩展至危机管理，从而将应急管理全过程划分为三个阶段。② 钟开斌则以时间序列分析，基于突发事件的生命周期将应急管理过程性分为“事前—事中—事后”三个阶段。③ 三是“四阶段论”。闪淳昌以《突发事件应对法》的相关内容为依据，提出全过程的应急管理工作应当囊括事前、事发、事中、事后所有的应急管理环节。

① 参见薛澜、周玲：《风险管理：“关口再前移”的有力保障》，《中国应急管理》2007年第11期。

② 参见童星、张海波：《基于中国问题的灾害管理分析框架》，《中国社会科学》2010年第1期。

③ 参见钟开斌：《应急管理十二讲》，人民出版社2020年版，第11—12页。

（二）全周期应急管理的过程性框架

与人的生老病死生命周期一样，突发事件表面上具有“突发性”，事发突然，出乎预料，但实际上也会经历一个从孕育潜伏、爆发持续到衰减平息的过程，形成完整的生命周期。因此，以突发事件发展过程中的时间序列为基本框架，遵循应急管理全周期管理规律，统筹规划好事前的预防准备、事中的处置救援和事后的善后修复，形成全周期应急管理的过程性框架（见表 5—1）。

表 5—1　应急管理 11 项过程性核心能力①

事件阶段	重点任务	核心能力	主要目标
事前（孕育潜伏）	无急要应未病先防（防发生、防范异态）	源头防范	树立安全发展理念，统筹发展和安全两件大事，从根本上避免事件发生。
		风险管控	全面开展风险治理，把突发事件控制在基层、化解在萌芽、解决在当地。
		应急准备	针对最坏情况做好最充分准备，做到“备得有、找得到、调得快、用得好”。
		监测预警	坚持动态监测、实时预警，做到“出现即发现，发现即发布，发布即发动”。
事中（爆发持续）	有急能应既病防变（防扩大、控制事态）	事态研判	在事件发生后第一时间迅速开展分析研究，判明情况，做到“对症下药”。
		信息报告	建立多元开放信息系统，及时、客观、全面报送信息，确保信息“进得来”。
		决策部署	根据事件特点和现场情况，快速进行目标取舍，研究确定应急处置措施。
		组织指挥	做好人员分工、资源配置和机构设置，实现统一领导、统一指挥、统一行动。
		舆论引导	把握好时度效，及时主动进行沟通，营造同舟共济、众志成城的社会氛围。

① 参见钟开斌：《应急管理十二讲》，人民出版社 2020 年版，第 27 页。

续　表

事件阶段	重点任务	核心能力	主要目标
事后（衰减平息）	应后能进愈后防复（防反弹、恢复常态）	恢复重建	通过科学规划和参与式重建，建设更加美好的家园，提高全社会的安全韧性。
		调查学习	利用“窗口期”发现问题、解决问题，“在历史的灾难中实现历史的进步”。

事前管理秉持“上医治未病”的理念，对潜在危险源的风险预判，需要提前制定好各项应急预案，做到防患于未然，从源头上防范和化解威胁公共安全的潜在风险。事中管理是对突发事件有计划、有目标地采取不同的救援处置措施，争取将负面影响控制在最低限度。事后管理的目的是通过恢复重建与调查学习，分析事故发生的原因，讨论事前管理的不足，评价事中处置的效果，积累全周期应急管理的经验，不断改进应急处突工作中的不足，提升应急管理水平。但是，现阶段在应急管理工作中，人们往往轻视了对突发事件应急管理前端的预防准备，更多的是注重对突发事件的应急处置和事后恢复重建，不能及时从源头上遏制或减少危机事件的发生。

二、全周期应急管理前端的执行困境

全周期应急管理的前端，实际上就是突发事件发生前的应急准备和风险管控。因全周期应急管理的前端工作失当，导致灾害事故爆发后急剧恶化甚至失控局面，必须消耗更为庞大的人力、物力、财力开展处置救援，应急管理效能不升反降。事中的应对措施虽然能控制或解决突发事件，然而难以从根源上有效杜绝，对未来的突发事件应急管理运行机制的进一步完善有害无利。前端的执行困境严重阻碍科学高效的应急全周期管理工作的开展，其表现如下：

一是防范意识、风险管控能力较弱。构建源头防范和风险管控机制的最终目的是及时发现风险因素，研判灾害事故衍生趋势，从而提升风险防控能力和效率，降低经济社会的各类损失。“现代风险管理从经济理性转向风险理性的实践表明，在高风险社会中，需要改造并重塑传统风险管理手段，全面识别、沟通与评估风险，从而达成风险治理格局。”① 国内民众对风险、危机的认识不足，对灾害事故存在侥幸心理，从而造成普遍性的防范意识淡薄。职能部门对于突发事件的预警机制、研判机制有待完善和健全，对引发潜在风险的要素与其效应原理的探索、识别、预防也有待加强。

二是应对大灾、巨灾的应急准备不足。在应急预案准备方面，凡事预则立，不预则废。通过十多年来的不懈努力，我国已初步建立了横向到边、纵向到底的预案体系。在解决了“从无到有”的问题之后，如何提升应急预案质量、提高应急预案的有效性成为迫在眉睫的问题。当前各地各部门普遍存在应急预案不接地气、应急演练“演多练少”的弊端。现有应急预案灵活性欠缺，未结合本地区自然灾害、事故灾害的风险因素和风险特点作充分考量，不能随社会风险的变化而实时变更，也缺乏与本地区其他部门和应急救援力量的有效对接。预案内容缺乏可操作性、应急演练流于形式、防灾减灾的安全宣传和培训工作走过场等情况较为严重。

三是基层监测预警工作仍显薄弱，系统脆弱性加剧。基层的监测预警主要是根据应对突发事件类型及时发布相关信息，并采取先期处置及救援措施。但结合各地应急工作实际来看，基层面对突发事件的监测预警能力相对较弱，在发生灾害事故特别是公共卫生事件后，无论是处置

① 童星、陶鹏：《论我国应急管理机制的创新——基于源头治理、动态管理、应急处置相结合的理念》，《江海学刊》2013年第2期。

救援还是舆论引导，未能及时有效应对，导致事态被扩大，产生较大社会影响，对地方社会稳定、经济发展及民众生产生活都造成较大影响。

综上可见，要持续加强全周期应急管理的“关口前移”，对各类灾害事故的产生规律、衍化机理、防范要义加以精准识别和科学驾驭，从而凸显全周期管理“以防为主”的特征，进一步完善以防为主、防控救有机结合的运行机制。

三、应急管理运行机制建设的指导原则

从突发事件分类看，每一类突发事件的应急运行机制都涉及许多工作，这些工作相互衔接，互为影响。需要采用最新的科学技术，利用科学思维和方法，对应急运行机制进行制度设计，其体系构架必须反映应对主体的工作思路、方法以及保障制度，以便减少内耗，快速反应，达到预期目的。总体而言，应急运行机制的建立应遵循以下原则：

（一）防范性原则

应急管理的最终目标是要将突发事件可能造成的危害降到最低限度，保障人民群众的生命财产安全，维护经济正常运转和社会安定稳定。所以构建新时代应急管理运行机制的出发点就是“居安思危，防患未然”。也就是说，不是等到危机发生后，再开始被动地反应，而是要在危机尚在孕育和萌芽的时期，增强忧患意识，防微杜渐、未雨绸缪。坚持预防与应急相结合、常态与非常态相结合，做好应对突发事件的各项事前准备工作。

（二）科学性原则

科学性原则是指应急各要素、运行内容以及程序都要符合科学规律

要求，不得随意。包括应急机制本身的设计以及机制内在要素的设计与完善，特别是风险隐患治理、预测预警、应急机构设置、权利与义务、应急资源征用等，具有时间和效率的要求，更有数量和质量的要求，必须讲究科学性，要运用专家和技术力量，汇聚最新科技成果，利用科学思维和方法对待，切忌完全靠经验办事和盲目蛮干。

（三）系统性原则

应急运行机制既要考虑一般要素设计制度和工作规律，又要考虑各个运行机制相互协调运转，使运行机制成为一个良性运行系统，包括各应急运行要素、各子系统自身完善，以及要素、各个子系统相互之间协同联动。如各部门与地方职责、各种资源配置以及获取途径、应急各个阶段任务的衔接等，应急运行机制作为一个系统进行评估时，要以系统价值和功能最大化为目标，各要素、各子系统利益服从系统整体利益，保障其具有适用性和可操作性。如各要素及要素之间协同配合，各部门职责，各种资源数量、种类以及获取途径，都必须事前明确，并加强演练，确保急时可用，急时管用。

（四）动态高效原则

突发事件具有不确定性、突发性和巨大危害性，如果不及时预防、控制和化解，不仅危害增加，损失加大，而且有的还会衍生出其他事件，出现事件的演变和升级，后果不堪设想。因此，对应急系统各要素实行动态管理显得特别重要。应随着应急管理各阶段任务要求的变化，不断更新各要素的制度设计，不断地进行资源调配和调用，不断地磨合各子系统的运转机制。此外，要将时间作为一项十分重要指标对待，对应急运行机制设计的每一项任务、每一项工作、每一个环节、每一个过程都要提出时间要求，达到高效运转目标。

四、应急管理运行机制建设的主要内容

由于突发事件具有不确定性、复杂性、高变异性、紧迫性、关联性的特点，随着当代信息网络的快速发展，应急管理成为一个复杂的、开放的、巨大的系统工程。[①] 所以，应急管理的运行机制是贯穿始终的全周期管理过程，涵盖突发事件事前的预防准备、事中的应急处置和事后的恢复重建等多个环节，各个环节相互衔接、互为影响。应急机制建设是组织体系在遇到突发事件后有效运转的机理性制度，要使应急管理中的各个利益相关体有机地结合起来并且协调地发挥作用，就需要运行机制贯穿其中[②]。在我国，遵循以防为主、预防与应急相结合的原则，是应急运行机制建立的基本要求，也是评价某项应急运行机制是否得当的重要指标，体现政府或者公共部门的应急管理水平。

本书围绕“事前—事中—事后”的全周期管理过程，将应急管理运行机制的主要内容概括为 12 个工作机制（见图 5—1）。这些机制相互作用并发挥效能，共同构成“统一指挥，反应灵敏、协调有序、运转高效”的应急管理机制的重要组成部分。需要说明的是，本书所展现的每一项机制并不是限定在某个特定的阶段，许多机制往往贯穿于应急管理的全周期过程中并发挥其重要作用。为了方便阅读与理解，将其放置到能够重点凸显其作用的章节里。

---

① 参见闪淳昌、薛澜主编：《应急管理概论：理论与实践（第二版）》，高等教育出版社 2020 年版，第 222 页。

② 参见闪淳昌、周玲、钟开斌：《对我国应急管理机制建设的总体思考》，《国家行政学院学报》2011 年第 1 期。

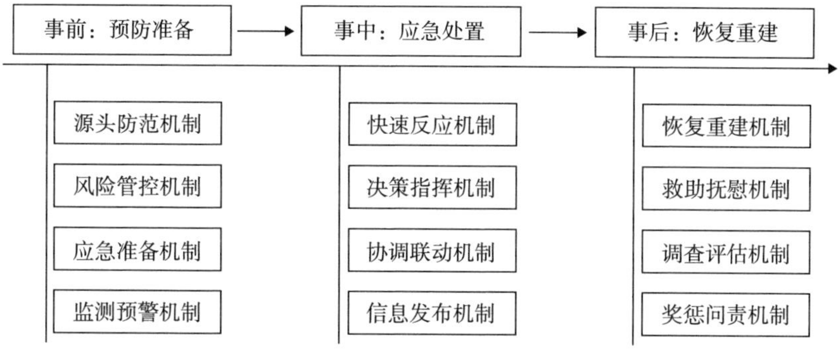

图 5—1　全周期应急管理运行机制的主要内容

（一）事前：预防准备阶段

1. 源头防范机制

源头防范是最好的应急管理，既是最经济、最有效、最安全的应急管理工作方法，也是最重要、最根本、最基础的应急管理工作内容。[①]要树立安全发展理念，统筹发展和安全两件大事，从根本上避免事故发生。

第一，全民防灾的人防系统。要加大应急知识的教育及宣传力度，将关乎人民生命财产安全的公共安全教育纳入国民教育体系，提高公民的防范意识、防范能力、自救技术，培育社会基层的公共安全处理体系和推广应对突发事件的技能。可以通过多种方式对公民普及安全政策和救援知识，增强民众的安全意识，提高民众的自救互救能力。要充分发挥现代媒体在社会中的宣传作用，多渠道宣传普及应急知识，比如可以在短视频平台推送应急小知识等。另外，可将“安全＋”理念渗透于城市各个部门和行业，加大对不同部门和行业安全文化的建设力度。

第二，隐患排查的物防系统。隐患排查整治是做好应急管理源头防

① 参见钟开斌：《应急管理十二讲》，人民出版社 2020 年版，第 42 页。

范的重要举措，通过排查清楚基层政府属地内监管对象及其风险点，并落实管控措施也是安全生产监管责任落实的必然要求。一方面要深入系统地排查属地内的风险隐患，实时掌握属地内监管对象数量，收集判断风险点稳定情况，堵塞安全监管漏洞。另一方面要加大部门联合治理力度，尤其要注意排查那些因地域、部门管辖范围或职能交叉形成的监管真空或薄弱环节和领域，注意风险隐患可能造成的连锁或叠加效应，立足全局采取综合风险防控措施。

第三，数字赋能的技防系统。科技赋能已经成为支撑源头防范机制的关键力量。加强大数据、物联网、人工智能、5G 等新技术的建设，提升科技赋能水平，为源头治理提供强有力的技术支持。各级政府及相关部门应进一步加强顶层设计，打通数据共享渠道，建立智慧化预警多点触发机制。加大新兴技术在源头治理中对威胁公共安全的潜在危险因子的排查预估、监测预警等环节中的应用，利用大数据等技术提高收集数据的效率，达到对监测数据的快速处理，及时作出分析研判，快速作出处置建议，实现对潜在风险的实时监测、实现准确预报和及时动态预警。通过以上措施增强灾害事故监测预警和风险防范的能力，探索推动基于智慧技术的源头防范机制的优化升级。

2. 风险管控机制

风险是危机演化的前端，对重大风险的防范化解能为应急管理扫除诸多障碍。风险管控是指灾害事件的风险突然增大或者已经发现灾害事件的某些征兆，但主体灾害事件仍未爆发前所采取的应急管理活动。

第一，风险识别系统。风险识别是指全面采集信息，综合运用大数据识别、虚拟空间识别、现场实地识别等方法识别风险，分类列出风险清单并进行动态更新，为风险防控设定对象。对近年来其他地区发生过的重大风险保持足够的警惕，通过实地走访排查、现场观察，随时发现并记录新的风险因子信息。应急管理部门依据上传信息进行研判分析，识别突发事件发生的概率、程度与影响范围以判定对应等级，向相关机构发出预警信息。

第二，风险评估系统。认识风险要对致灾因子和脆弱性进行综合评估，即进行风险评估。通过实地踏勘与测量、专家鉴定和查阅历史资料等方式，从不同层面、不同角度分析风险源。细化区域内可能发生的各种不利情况，会商研判风险发生的可能性和危害程度，将之归类细分，并录入风险管理数据信息库进行动态管理。评估过程中应考虑以下风险因素：一是风险评估所采集的信息是否全面，能否覆盖评估对象或代表评估对象的总体特征；二是风险评估主体存在有限理性，评估时是否能采取措施加以规避，会不会出现判断偏误；三是风险评估所依据的方法、技术、工具是否适用于被评估事件，会不会推断出错误的结论。

第三，风险控制系统。在风险控制环节，根据识别出的风险及评估的等级，分析自身存在的问题，通过技术措施、管理措施、应急保障措施等手段有针对性地消除、规避风险、治理隐患，以最小成本达到最优效果。风险控制不仅是政府提升治理能力和维护社会安定稳定的坚强保障，也能促进各地有针对性、差别性地强化应急保障，改进优化应急预案，也有利于基层开展针对本地区特点的防灾减灾宣传活动。

3. 应急准备机制

应急准备是指以先进思想理念为引领，以风险评估为基础，以防范和应对各类突发事件为目的，针对突发事件进行监测预警、应急响应、应急救援及应急准备恢复等各个环节，在事故、灾难发生前开展的思想、预案、机制、资源、知识等准备工作的总称。

第一，应急预案准备。应对突发事件能力的提高，一个重要标准是看应急预案制定和管理水平，是否有预案是区别现代应急管理与传统应对突发事件的重要标志。制定预案的目的是增强应急决策科学性，明确各处置主体责任，提高处置效率。通过调查和分析，针对突发事件性质、特点和可能造成的社会危害，制定一系列的操作流程。要加强预案演练与宣传，增强操作人员应急意识和应急技能，通过演练和实战检验预案成熟度，为可能发生的突发事件做好应急处突准备。

第二，人力资源储备。要造就一批具有战略眼光，具有科学决策能力、较强组织协调能力、良好沟通能力的领导者；要储备和培育一批执行能力强的应急管理专业队伍；动员一批具有应急愿望、良好技能、有基本应急物资条件的社会力量，通过培训，提高应急素质，迅速聚集资源，有条不紊地开展突发事件应对处置工作。此外，对公众开展应急科普宣教培训也是人力储备的一种形式，目的在于增强公众的应急意识和应急能力。

第三，物资技术配备。“兵马未动，粮草先行。”建立统一的物资准备和调度系统就是要保障应急处置所需的各种物资和器材的及时调配，确保应急物资的及时运送。首先完善财政预备金制度，将预备金作为解决处置突发事件的一个重要资金来源渠道，确保公共财政公共职能的履行。其次建立应急物资储备和应急物资生产能力保障制度，健全重要应急物资的监管、生产、储备、调拨和紧急配送体系，目的在于突发事件发生时，能够在充分物资保障条件下，有效应对各种紧急情况。

科技作为处置突发事件的重要保障手段已越来越被重视，先进设备设施和成熟技术的应用往往成为应急救援成败的关键，特别是信息和先进的应急救援技术在当代突发事件应对中具有越来越重要的作用。政府要加大应急科技投入，加快新技术、新工艺和新设备的运用，提高防灾减灾能力，针对应急管理热点难点问题，开展联合科研攻关，不断增强科技在应急管理工作中的支撑作用。

4. 监测预警机制

监测预警机制是指根据获得的信息资料，通过信息分析、事态预测、风险评估等过程，对极有可能发生的突发事件就相关预测、预报以及预先处理等环节所制定的应急活动行为规程。各级政府部门按照各自的责任划分，打造联动的应急事件情报监测系统，健全监测网络，全方位采集应急事件信息，创建综合数据库，对相关信息加以有效处置。

第一，监测系统。风险监测是指应急管理的主体通过对有关事件现象过去和现在的数据、情报和资料的监测，以先进的信息技术平台，运用逻辑推理和科学预测的方法技术，对某些灾害事故出现的约束条件、未来发展趋势和演变规律等做出科学的估计与推断，确定相应预警级别，并发出确切的警示信号，使政府和民众提前了解事件发展的状态，以便及时采取相应策略，将造成的损失降至最低。

第二，预警系统。预警系统是建立在大量数据、信息和资料的基础上的。政府部门必须及时、全面、准确地收集各种可能导致危机的信息，并及时地处理信息，以便识别出风险最初状态，确认所面临的危机，并且准确估计和衡量风险转化成危机有多大概率和可能性。通过整理分析，做出科学预测，分析危机发生的可能性、发展趋势、进一步恶化的概率以及出现后可能产生多大的副作用，并将这些信息分析结果提交给最高决策层，为决策层的决策提供依据。

第三，警报传送系统。警报传送是监测预警的又一个关键环节。监测预警能否真正地发挥作用，不仅取决于所传递信息自身的准确性，也取决于传播速度的有效性和快捷性。不同部门所开展的警报服务可以通过制度、程序等方面统一整合，以适应突发公共事件诱发因素的复合性与事态演变的复杂性。在警报传播的过程中，以下几个方面尤为关键：首先，警报所传递的信息要充分考虑到人的特定需要，实现以受众为导向，警报的语言必须简洁、清晰、易懂；其次，警报传递手段必须是有效的；最后，科学合理的警报传送制度，有助于帮助上级政府在第一时间明确应急事件的发生状况、发展态势和具体的处置效果，提高应急处置决策力并加强对灾害事故的把控与处理。

（二）事中：应急处置阶段

1. 快速反应机制

快速、精准、有效是突发事件快速反应机制的核心要义。所谓快速，就是通过预警知道突发事件即将发生或刚发生时，能在第一时间做出反应进行先期处置，快速启动各种应急预案和响应机制，调动周边所有应急资源来用于应对突发事件。所谓精准，就是在启动各种响应机制的同时，快速评估抓住事件的核心矛盾和主要原因，有效控制事态蔓延，且不会因为反应过激，影响社会的正常运转和人民的正常生活，最终造成不必要的人力和财力的浪费。所谓有效，就是根据反应机制来进行操作，确实能起到很好的积极作用，能够以较小的代价赢得突发事件应急处置的最终胜利。

第一，先期处置系统。突发事件先期处置是应急管理“战时”工作的首要环节。先期处置即根据事故等级，在履行统一领导职责或组织事故处置的政府领导和有关部门到来之前，属地政府要以最短时间、最快速度组织各方面力量实施的以防止事态扩大，保护人民群众生命财产安全的人员疏散、抢险救援、现场管控等处置措施。主要任务有启动现场处置预案、成立现场处置指挥机构、封闭现场、疏散群众、救治伤员、排除险情、控制事态发展、上报信息等。先期处置的工作内容包括：在事件发生的第一时间，及时采取临时性的应急控制措施；在了解现状的基础上明确支援内容与要素；重视基层在突发事件先期处置中的作用；注重媒体应对，提高舆论引导能力。①

---

① 参见肖文涛主编：《突发事件与应急管理体系建设》，中共中央党校出版社 2015 年版，第 103 页。

第二，快速评估系统。快速评估的目的是为突发事件应急处置和救援阶段的非常规决策提供支持。[①] 通过科学的方法和先进的技术设备保障快速评估工作能够迅速、有效提供用于决策支持或者信息发布所需的各种信息，以及基于这些信息基础上的形势判断。其内容包括突发事件的时间、地点、损失、性质、规模及影响，以及灾区和灾民的短期需求等。现代科技进步为快速评估提供了诸多先进的科学工具，主要有航拍、航天和航空遥感及快速分析技术，特别是高精度卫星和无人机技术，尤为值得重视；各类突发事件实用科学模型的研究和应用；各类突发事件计算机模拟仿真技术；移动通信支持下的社会流动调查技术等。

第三，社会动员系统。社会动员应当贯穿于应急管理的全过程，这是一项重要的基础性制度。[②] 健全的社会动员系统是应对突发事件时高效快捷地进行资源调配的保证。在应急处置中要动员各种社会力量群策群力、众志成城，将组织资源、应急储备、信息系统、应急信息、社会力量等应急资源整合成统一的社会力量，实现资源配置的规模化和效益最大化。完善社会动员机制，在突发事件发生前后对民众进行善意疏导、正确激励、有序组织，有利于从深层次实现民众的自治与自救，广泛动员民众积极有序地参与突发事件处置工作，平稳解决事件，确保社会稳定。[③]

2. 决策指挥机制

应急管理决策指挥机制可以定义为，应急管理决策指挥机构和人员依据突发公共事件的性质特点，在有限的应急时间资源、信息资源和人

---

① 参见闪淳昌、薛澜主编：《应急管理概论：理论与实践（第二版）》，高等教育出版社 2020 年版，第 328 页。

② 参见肖文涛主编：《突发事件与应急管理体系建设》，中共中央党校出版社 2015 年版，第 100 页。

③ 参见闪淳昌、薛澜主编：《应急管理概论：理论与实践（第二版）》，高等教育出版社 2020 年版，第 268 页。

力、物力资源等约束条件下，通过决策、组织、命令等行动来完成突发公共事件的应对和处理的制度化过程和方式。基于决策指挥机制的运行过程，将其分为五个部分：决策中枢系统、信息支持系统、智力支持系统、指挥执行系统、指挥监控系统。

第一，决策中枢系统。在现行的行政体制之下，我国地方应急管理的决策中枢系统主要是指地方党委和地方政府，实行党委领导下的行政首长负责制。决策中枢系统的主要功能是在明确事件类型和事件等级的基础上，对危机事件的发展阶段进行界定，是处于潜伏期，还是处于突发期、蔓延期、解决期或善后期，从而做出科学有效的应急决策，运用行政权力组织和部署相关应急行动。

第二，信息支持系统。信息是决策的重要依据，它直接影响了决策的准确性和科学性。广义来讲，一切能为政府提供决策信息的主体都在信息支持系统范畴内，而狭义的信息支持系统专门指党政机关内部的信息收集、处理部门，一般分散在各个下属机构内，包括政府办公厅、宣传、信访、公安、质检、卫生、气象等部门。信息支持系统一方面承担为决策中枢系统提供信息的作用，一方面也承担扩散决策中枢决策信息的功能。

第三，智力支持系统。智力支持系统又常被称为“智囊团”“思想库”“智库”等，其在决策指挥机制中的功能主要是辅助决策，即当决策中枢在明确应急目标之后，智力支持系统能够为设计具体的应急方案提供充足的决策意见和智慧。目前，我国政府的应急决策智力支持系统涵盖了官方、半官方、民间性质的各种机构组织，例如政府政策研究室、各级党校、民间智库、咨询公司等。

第四，指挥执行系统。决策中枢系统在信息支持系统和智力支持系统的辅助下完成应急目标确定，应急方案设计、评估和选定之后，要有指挥执行系统完成应急方案的具体实施。指挥执行系统一般包括应急指挥部、公安、消防、民政、卫生等部门。指挥执行系统在特定的组织架构内通过命令、指导等方式充分调动各种人力、物力、财力资源迅速指导开展应急行动，控制事态的蔓延，减缓危机的损害。

第五，指挥监控系统。突发公共事件具有高度的不稳定性，需要有指挥监控系统时刻关注事件的发展态势，监控应急预案的执行和应急行动的开展，针对危机的演变及时调整应急行动，以保证应急方案的落实和应急目标的实现。指挥监控系统除了包括参与突发事件应急政府职能部门自身监控调节以外，还包括人大、纪检、司法等相关部门的监控。

3. 协调联动机制

协调联动机制是指应急处置过程中，在政府的引导下，有效地组织社会各主体进行抢险救灾。我国应急管理工作以政府为主导，倡导公众、企业及社会团体等多元主体公共参与。目前，已建立健全政府部门间横向、纵向的协调联动机制。在全国“一盘棋”的疫情防控工作中，不同行政区域的协调联动机制也不断完善。协调联动机制终结了传统意义上政府作为应急管理单一主体的思维，重塑了政府与企业、非政府组织甚至公民之间的合作伙伴关系。因此，下一步更要注重政府与企业、社会组织、公众的外部协调联动系统的建设。

第一，政府与企业的协调联动。政企合作是现代社会重要的治理模式，在突发事件应对中，企业不仅能为公众提供实物资源，还能在自己专业领域给予技术指导。在此类治理模式中，政府和企业强强联合运用彼此的技术和资源，为公众提供物品和服务，合理的分配资源以满足公众的需求，这对于应急处置效率和效果的提高具有重要意义。

第二，政府与社会组织的协调联动。伴随着我国经济社会的发展，社会组织也迅速成长起来，作为具有非营利性、自愿性、组织性、公益性等特征的非政府机构，社会组织在突发事件发生后能以其高度的社会渗透能力、良好的专业能力、灵活的反应机制与政府在功能上形成优势互补，从而在应对突发公共危机时发挥重要的作用。

第三，政府与公众的协调联动。公众作为突发危机事件的直接受害者，一方面他们需要通过寻求事件相关的信息来作为自身决策和行动的依据；另一方面，公众舆论对政府的各类应急行为也具有监督、评判和传播的作用。因此，在各类突发危机事件发生时，政府部门保持与普通大众间信息公开及有效沟通，鼓励大众参与自救等行动，也可以降低政府在整个应急管理中的成本，使政府应对危机的资源分配更加高效、有针对性，同时优化自身形象。

4. 信息发布机制

信息发布是指履行统一领导职责或组织处置突发事件的政府及其有关部门按照有关规定向社会统一、准确、及时发布有关突发事件事态发展和应急处置工作信息的行为或过程。信息发布的主体是县级以上人民政府。政府要针对危机信息的传播特点和应急管理不同阶段的需要，合理选择并运用融合共存、优势各异的不同传播媒介进行信息发布。

第一，信息公开系统。为提高政府应急管理效率，必须要做到必要信息公开透明，保障公众知情权不被侵犯，破除公众疑虑、恐慌心理。对突发公共事件的信息公开内容、范围与公开流程作出规定，努力使突发公共事件应急管理的信息公开发布有法可依、有例可循，切实保障社会公众知情权。其次，信息发布要重视专业人士的作用，建立健全专家参与信息发布的应用机制，提高专业化水平。同时可充分动员和发挥社区、企事业单位、社会团体和志愿者队伍参与信息发布。既提高公众的参与度和归属感，又通过媒体、团体、个人等多种渠道、媒介发出相关信息，从而与政府发布的信息互相印证，破除“信息垄断”的疑虑，有利于提高政府公信力，迅速平息公众的恐慌、不安情绪。

第二，新闻发布系统。新闻发布作为政府危机管理与信息传播最重要的环节，是政府与媒体、公众进行直接信息交流的平台，新闻发言人的发布直接影响到政府与媒体、公众的沟通效果，影响到政府在危机语境下的形象构建。因此要加快职业化发展的建设，组建职业化、专业化的危机信息发布队伍、形成规范化、流程化的发布程序，形成政府新闻发布的标准流程，以提升新闻发布的质量与效果，达到政府与媒体、公众的良好沟通，保证信息流动的畅顺。

第三，全媒体传播系统。对舆情的监测与疏导，一方面，政府要主动出击，借助自由的全媒体信息传播平台，加强与公众的对话，疏导公众情绪，引导公众议题；另一方面，媒体是政府与公众最重要的信息沟通桥梁，政府要依据舆情主动向媒体发布信息，借力于媒体，实现舆论引导。

从媒介融合的视域出发，报纸、新闻杂志等印刷类媒介，基本物质形态是纸张与文字，相较于电子媒介，信息停留时间最久，可以通过受众的反复阅读与消化，展开带有思辨性的深层次的认知，实现对公众的舆论引导与议程控制；广播、电视、手机、网络媒介传播速度快，可以实现传播速度的超高速和零时差，在危机爆发的最短时间内实现高密度高传播速度的资讯发布，使谣言传播失去生存空间。此外新媒体传播形式受众群体多元化、互动性强，是政府在信息发布过程中加强了与公众的交流，也促进了政府议程与公众议程的融合，加强了危机信息发布的舆论引导作用。

（三）事后：恢复重建阶段

在采取必要的应急措施后，突发事件的威胁已经在社会可控范围内，社会秩序已趋于基本稳定后，应急指挥部则要对应急措施作出调整，停止执行或减低执行强度，以结束应急状态，筹备进行事后恢复重建相关事宜。其中物质方面的恢复与重建工作主要是人们生活和生产等方面各种设施的恢复和重建；社会方面的恢复与重建工作主要是法律和社会秩序的恢复和重建，恢复正常的法律秩序，恢复正常的生活、生产以及工作秩序；精神方面的恢复主要是对社会公众特别是突发事件当事人与受灾者提供精神和心理救助。因此要优化事后恢复重建机制，强化调查评估机制和全过程督导机制，保障应急管理体系持续、健康发展。

1. 恢复重建机制

在应急处置结束之后，应急管理进入恢复重建阶段，兼顾物理恢复、社会恢复和心理恢复。“社会恢复和心理恢复分别关注公共福利与个体健康，这两者都是现代文明的重要指征，也都是应急管理现代化的重要维度，应予以明确并制度化。”①

第一，科学擘画的规划系统。突发事件的恢复重建工作不仅是对事件受影响区域的简单恢复，更要面向受影响区域的未来发展，需通盘考虑区域内经济和社会发展的需要。因此，必须坚持在科学规划的指导下进行，规划合理布局，确保重建的科学性、规范性。

第二，多元聚力的主体系统。恢复重建工作是各级恢复重建组织机构在恢复重建规划的指导下，充分调动和发挥当地各政府部门、企事业单位以及人民群众的主动性和积极性，在上级政府、对口支援省（市、区）以及广大社会力量的支持、支援和扶助下，实现正常生活、生产和社会秩序的恢复，重建正常的社会、经济和文化发展的过程。

政府、市场、社会是恢复重建工作的三大主体，是推进事后应急管理不可或缺的组成力量。

第三，创新发展的救助系统。受突发事件影响地区的政府应当根据本地区遭受损失的情况，积极开展救助、补偿、抚慰、抚恤、安置、心理干预等善后工作。灾害影响的多样性要求事（灾）后社会恢复和心理

① 张海波：《应急管理的全过程均衡：一个新议题》，《中国行政管理》2020 年第 3 期。

恢复的救助干预必须不断创新以回应社会需求。就业支持、个人心理服务、教育等灾后社会服务形式对于脆弱群体的灾后恢复至关重要。

2. 救助抚慰机制

救助抚慰从古到今都是为了保障受灾民众基本生活的需要，也是维持社会稳定和体现政府责任的需要。针对突发事件造成的物理损害和心理损害，通过以各种方式提供基本生活资料以维持其基本生活水平，并针对心理创伤进行疏导和干预的救助抚慰机制，在物质和精神层面尽量把突发事件的影响和损害降到最低程度。

救助补偿方面：针对社会恢复设置社会救助补偿制度，对公民、特别是因各类突发事件遭受人身或财物损害的公民进行社会救助，是政府应尽的法律责任。《突发事件应对法》规定了各级人民政府应急善后救助的基本主体、职责和基本内容，国务院负责出台扶持优惠政策，受影响地区的人民政府实施救助、抚恤。善后救助的标准往往是由国务院各部门、各级地方政府根据应急财政资金安排总额以及救助需求来决定。单位和个人可以通过救助捐赠、志愿活动等形式参与善后救助工作。社会力量通过捐款、捐物以及参与“三孤人员”安置等工作，在政府善后救助过程中发挥补充性、辅助性的作用。救灾捐赠救助适用范围主要包括解决生活困难、转移和安置灾民、倒损房屋重建以及与救灾有关的用途和管理开支。

心理援助方面：针对心理恢复，应着力于建立多元化的灾害心理救助和干预体系。重特大灾害发生后，许多人出现“创伤后应激障碍”(PTSD)，具体表现为生活目标缺失、工作热情缺失、恐惧社交、有逃离想法、沉默不语等。这需要专业心理咨询队伍、慈善组织及社会工作者、志愿者等人员对包括参与应急处置的救援人员、突发事件当事人及其家属、目击者、志愿者等在内的人员开展心理咨询、安抚救助工作，降低灾后精神疾病发生率，努力消除突发事件造成的精神创伤。组建心理救助的专业队伍和志愿者队伍，形成心理援助共同体。同时，通过广播、电视、报刊、标语海报等传统媒体和三微一端等新媒体平台，采取各种通俗易懂的方式，开展心理卫生的公益性宣传，纠正公众对心理危机问题的错误认识，学习应对心理危机有效的策略与健康的行为，提高公众对突发事件的心理影响的认识，提升公众应对应激情境的能力和增进心理健康。

3. 调查评估机制

调查评估是为了增强应急管理能力、了解突发事件发生原因和损失情况、借鉴突发事件应急处置和救援中的经验教训以及其他目的，按照一定的流程、依据一定的指标体系以及遵循相关法律法规，进行数据搜集、信息获取及情况调查等活动，进而根据相关要求对应急能力高低、突发事件性质和责任认定、突发事件处置的经验教训以及其他需要评估的问题给出明确结论。

第一，设立调查评估管理机构。完善的事后评估管理机制是有效开展事后评估的组织保障。完善调查学习机制需要在应急管理领导机构统一部署下，组建具有独立性、权威性、综合性的事后评估的专门领导管理机构，明确机构的功能作用、职责权力，以及与各种辅助组织的关系，制定突发公共事件事后评估工作规范，将事后评估领导管理机构工作纳入法治化规范化轨道。

第二，优化调查评估办法体系。依据突发公共事件类型建立健全一系列有针对性的事后评估原则、程序和指标体系，构建一个完整的应急事后评估办法体系。应急事后评估的根本目的还是要为政府改进应急管理工作、提高应急管理能力提供有效信息。

第三，建立调查评估专业智库。调查评估是一项具有一定专业性和复杂性的系统工程，政府无须也无法面面俱到，其主要通过制定出台相关鼓励指导政策，加大财政资金投入、搭建平台、构建渠道，并加强对相关主体的监管和指导，进而有效整合社会各方力量。事后评估专家队伍除了包括政府相关人员以外，还应鼓励和有序引导社会组织参与具体的事后评估工作，吸纳高校、科研院所、社会组织等机构中的相关专业人才参与其中，提高突发公共事件事后评估的客观性、专业性和科学性。

4. 奖惩问责机制

建立奖惩问责机制是提升应急管理效能的有效途径之一，同时也是对全过程监督做到“预防为主，关口前移”的有效补充。对应急管理的全过程特别是后期的结果进行有效评估，有奖有罚，不断推动应急管理体系和能力的现代化。

第一，奖惩并行系统。奖励主要是为了鼓励先进，激发活力和干劲，促使应急管理各项工作得以高效运行。奖励分为过程奖励与结果奖励。过程奖励主要是对在应急管理过程中忘我工作、舍小家为大家、冲锋陷阵等个人奉献的奖励；结果奖励主要是在事后，对应急处突工作有特别贡献的专业救援、科技、医疗、军警等团队进行的表彰。

处罚是为了找出应急管理工作中的不足与漏洞，举一反三，从而不断完善应急管理运行机制。处罚从对象来分，主要分为对公职人员的内部处罚与对普通民众的外部处罚。公职人员在应急处突中是否存在不服从统一指挥、擅离职守不作为，或者利用手中职权谋取私利乱作为，是否存在违规违纪等情况；对于普通民众，是否配合应急处突工作、做好个人防护，是否存在扰乱公共秩序、散布谣言，甚至妨碍公共安全的行为，根据相关法律法规进行相应的处罚，触犯法律的，可追究刑事责任。

第二，追究问责系统。责任追究是近年来应急管理工作中的一个难点问题。追究问责的目的不仅仅是追究责任，更是为了以此形成对领导干部和工作人员的约束和激励，预防他们出现不应有的失误和错误，以真正提高应急管理的能力和水平。[①] 应遵循实事求是、依法依规、惩教结合的工作原则做到赏罚分明，避免“多干多错，少干少错，不干不错”的逆向惩罚。在追究问责过程中，要以事实为依据，经过调查取证，慎重执行。建立和完善责任追究的最终目的是使领导干部在突发事件发生时更有责任、勇于担当。

第三，容错督导系统。要在防范化解重大风险和应对突发事件的实践中锻炼和发现优秀干部，对一些敢于担当、忠诚干净、不计较个人得失的领导干部在应急处突中的一些决策行为予以“宽恕”，不能让好干部“流血流汗又流泪”。依托纪检监察部门或派驻的纪检组形成常态化督导机制，从而“聚焦短板弱项、推动堵漏治虚”，为工作失误把脉问诊、对症下药。帮助领导干部在今后的应急处突工作中决策更加科学、程序更加规范、执行更加高效。

阅读材料

小隐患酿成大灾难

——湖北省十堰市“6・13”重大燃气爆炸事故[②]

2021年6月13日6时42分许，位于湖北省十堰市张湾区艳湖社区的集贸市场发生重大燃气爆炸事故，造成26人死亡，138人受伤，其中重伤37人，直接经济损失约5395.41万元。

① 参见闪淳昌、薛澜主编：《应急管理概论：理论与实践（第二版）》，高等教育出版社2020年版，第408页。

② 节选自《湖北省十堰市张湾区艳湖社区集贸市场“6・13”重大燃气爆炸事故调查报告》，http：//yjt.hubei.gov.cn/yjgl/aqsc/sgdc/202109/t20210930_3792103.shtml.

事故调查组认定，该事故是一起重大生产安全责任事故。

事故的直接原因是：天然气中压钢管严重腐蚀导致破裂，泄漏的天然气在集贸市场涉事故建筑物下方河道内密闭空间聚集，遇餐饮商户排油烟管道排出的火星发生爆炸。

事故的间接原因有：一是违规建设造成事故隐患。2005 年 3 月，东风燃气公司未经主管部门审批同意铺设涉事故管道（D57×4），此时涉事故管道尚未下穿涉事故建筑物。2008 年 10 月，东风燃气公司违规对涉事故管道中压支管进行局部改造，改造后的事故管道穿越涉事故建筑物下方的密闭空间，形成安全隐患。

二是隐患排查整改长期不落实。涉事故管道使用中，先后作为营运维护单位的东风燃气公司和十堰东风中燃公司，多年来未能消除隐患。尤其是十堰东风中燃公司负责涉事故管道巡线人员自公司成立至事发，从未下河道对事故管道进行巡查。此外，先后作为承担城镇燃气安全监管职责的住建部门、城管部门亦未认真履行监管职责。对属于特种设备的涉事故中压金属燃气管道，市场监管部门未依法履行监察职责。

三是企业应急处置严重错误。十堰东风中燃公司应急管理责任不落实，应急预案流于形式，应急反应迟缓，企业主要负责人没有赶往事故现场指挥应急处置；抢修队员第一次进入现场未携带燃气检测仪检测气体；不熟悉所要关闭的阀门位置所在，只关闭了事故管道上游端的燃气阀门，未及时关闭事故管道下游端的燃气阀门以便保持管道内正压和防止回火爆炸；未按企业预案要求采取设立警戒、禁绝火源、疏散人员、有效防护等应急措施；在燃爆危险未消除的情况下，向公安、消防救援人员提出结束处置、撤离现场的错误建议，严重误导现场应急处置工作，以致事故未能避免发生。地方政企之间应急联动机制不完善，基层应急处置能力不足、经验不够。

四是物业安全管理混乱。润联物业安全管理制度未落实，没有督促承租商户严格执行《房屋租赁合同》中约定的“禁止在经营场所内使用明火做饭、过夜留宿”条款，将房屋出租给“聚满园餐厅”等7户商户经营餐饮，造成了火星违规排至河道。未提醒制止部分商户留人夜宿守店，结果夜宿守店的4名人员在爆炸事故中死亡。此外，还将东西两端的违建商铺出租。

在调查中发现，此次事故中负直接责任的十堰东风中燃公司存在以下重大问题：

1. 事故隐患排查整改制度不落实。管网巡检制度不落实，燃气泄漏事故频发多发，存在系统性重大安全风险。2020年1月至2021年5月该公司燃气管网发生腐蚀漏气188处；2018年至2020年十堰市110和119平台记录该公司燃气泄漏报警共计130次；事故发生时该公司31处燃气管网压力传感系统压力监测点位中有13处出现故障，压力、温度等参数无法上传；事发燃气管道压力传感器自2021年2月至事发一直处于故障状态。自2015年公司成立起，巡线员一直未下河道对艳湖集贸市场中压燃气管道开展巡查检查。事故发生后为逃避责任追究在《巡线登记台账》中伪造补登巡线记录。

2. 管道安全检测维护不到位。违反《特种设备安全监察条例》规定，未对包括事故管道在内的中压管道开展定期检查。未依法开展每年一次的年度检查或委托具有资质的第三方机构开展检验检测。未定期对管道的外防腐层进行检查和维护。

3. 应急预案形同虚设，应急处置出现严重错误。根据公安机关执法记录仪、询问笔录和现场视频等查明，公司巡线维护抢修员孔磊、王建华不按预案要求实施应急处置，未直接携带燃气检漏仪进入现场检测气体；不熟悉所要关闭的阀门位置所在；未立即控制事故上、下游两端的燃气阀门，保持管道内正压，防止回火爆炸；未提示公安、消防救援和社区等现场应急处置人员采取设立警戒、禁绝火源、疏散人员等应急措施；在燃爆危险未消除的情况下，告知现场处置的公安、消防人员“阀门已经关闭了，没啥事了，你们可以回去了”，严重误导现场应急处置工作。公司带班的总经理助理江海涛未赶赴现场组织指挥应急处置。

4. 运行、维护和抢修人员配备不到位。该公司违反《燃气经营许可管理办法》（建城规〔2019〕2号）规定，在拥有燃气居民用户32.58万户、商业用户2359户等情形下，从事运维抢修人员的41人中实际持有《燃气经营企业从业人员专业培训考核合格证书》仅20人。

5. 全生产教育培训不到位。分管安全总经理助理江海涛未取得《燃气经营企业从业人员专业培训考核合格证》。企业三级教育培训不到位，巡线班组负责人张虎从未参加过巡线业务培训，不了解巡线职责，不会使用燃气检测仪。

6. 安全生产投入保障不足。安全装备配备不足，巡线班组仅有的4台燃气检测仪中3台存在故障。未按照规程要求并结合工作实际需要配备必要的防毒面具等应急处置防护用品。

7. 未按规定报告生产安全事故。事故发生后，该公司未向应急管理部门报告事故。

第六章　完善全面实现依法应急的法治体系

坚持依法治理，是应对突发事件的基本原则，也是建设法治政府的必然要求。应急管理法治化，是依法治国原则在应急管理领域的具体体现和实践运用。建立健全具有中国特色的应急管理法律法规体系，需要运用法治思维和法治方式，加快构建适应应急管理体制的法律法规和标准体系，坚持权责法定、依法应急，增强全社会法治意识，不断提高应急管理的法治化、规范化水平。

一、法治化是推进应急管理现代化的重要保障

（一）应急管理法治化的含义

法治，这个概念的定义，可以追溯到古希腊的亚里士多德，他在《政治学》一书中指出："法治应包含两重含义，已经成立的法律获得普遍的服从，而大家所服从的法律又应该是制定得良好的法律。"① 亚里士多德对法治的含义进行了高度概括，他将"良法"与"普遍服从"两个特定的概念相衔接，为我们昭示了法治的基本标志，并且建立了后世法治的基本逻辑结构。

① 〔古希腊〕亚里士多德：《政治学》，吴寿彭译，商务印书馆 1965 年版，第 199 页。

“法治化”词组中的汉字“化”有两重含义：[①] 一是作为动词使用，具有“变化”“使变化”的含义；二是作为后缀，添加到名词或形容词后以形成动词，表示转换到某种性质或状态。因此，“法治化”一词也具有双重含义：第一，说明法治化是一个实现法治的发展变化过程，它以法治作为实现的目标；第二，说明获得或者达到法治这一状态，亦即在法治内在价值的指引下，通过制度的构建和完善最终实现价值追求。

应急管理法治化可以理解为，“通过长期的应急管理实践，总结其中成熟的、行之有效的应急政策和方法，并制定法律，供全社会在以后的应急管理实践中予以遵守。”[②] 应急管理法治化有多个层次：第一，法律制度要健全。形成完善的法律制度体系是应急管理法治化的基础，也是推进应急管理高效、有效开展的基本依据。例如，在法律文本方面，美国联邦应急管理署有 3000 多件行政规章文件，其中甚至包括《灾难中的宠物管理》这样的具体管理内容的规章。日本共制定应急管理（包括防灾救灾以及紧急状态）法律法规 200 余部。第二，应急管理队伍建设要规范化标准化。例如，欧盟应急协调机制设计了共包括 17 种模块的专业应急救援队伍体系，对每个模块救援人员的配额、救援设备的标准、救援目标、救援效果以及后勤保障能力等均提出了详尽而又具可操作性的指标要求，这对欧盟应急协调机制作用的高效发挥提供了重要支撑。第三，应急管理人才培养要依法规范。中外不少专业化救援人员培养都采用规范的训练大纲，以颁发职业资格证书的方式保障人员的专业化水平。应急管理法治化要求：理念上，依法应急意识得到牢固树立，自觉以法治思维应对各种风险挑战成为应急文化的重要组成部分；体系上，应急管理制度体系完整、执法与执法监督系统完备，成为

① 参见晁继周、韩敬体主编：《现代汉语词典》，商务印书馆 2005 年版，第 587 页。

② 马怀德、汤磊：《国家总体安全观视角下的公共应急管理法治化》，《社会治理》2015 年第 3 期。

应急管理体系完备的制度基础；能力上，突发事件应对行动能够依法开展，执法与执法监督工作到位，在法治架构下实现反应灵敏、精准治理。①

（二）应急管理法治化的主要意义

应急管理法治化的主要意义可以简单地概括为保障和平衡两个方面，即以国家强制力保障应急机制的有效运行，平衡应急管理过程中的多方利益。②

1. 应急管理法治化保障应急机制的有效运行

法治为应急管理部门的职能定位和权责分配提供合法性依据，为应急机制运行提供规范化保障。首先，法治授予并约束应急主体权力。在突发事件处理中，法治原则成为授予和约束紧急权力的坚实依靠。法律明确应急主体的范围，规定或明文授予应急主体权力，规范应急主体必须在法治框架内活动。其次，法治明确应急行为法制依据。法律规定不同主体在不同阶段应对不同突发事件的地位、权力边界、权利与义务，有助于解决“条条行政”模式下协调不力、职权交叉、各自为政等问题。再次，应急管理的法治建设为应对突发事件提供了程序化的手段，使相关处理机构能够在遇到突发事件时有法可依、按章办事，调度专业队伍和应急资源，使应急救援过程在一个规范有序的过程中进行，保障决策和指挥的顺畅，有效降低未知风险带来的破坏，从而有条不紊地处置各类突发事件。最后，推动履行应急职责。法律明确各应急主体职能角色，由国家强制力保证实施，规定违法者必须受到惩罚或作出赔偿。

① 参见李雪峰：《统筹推进国家应急管理体系和能力现代化》，《中国应急管理》2022 年第 2 期。

② 参见马怀德、汤磊：《国家总体安全观视角下的公共应急管理法治化》，《社会治理》2015 年第 3 期。

依法应急有利于开展科学合理的职责分工，督促落实主体责任，增强应急管理工作的责任感与使命感，促进积极主动履职。

2. 应急管理法治化有利于平衡应急管理过程中的多方利益

法治是多元利益的平衡器，具有平衡协调利益冲突的功能。应急管理体系涉及各级人民政府、政府部门、街道办事处、居民（村民）委员会、企事业单位、社会组织和人民群众等多元主体，主体多元势必将导致利益冲突和纠纷的复杂化。例如为了应对突发事件，政府履职可能会对一些个人权益造成侵害，法律要在权限上对政府予以必要的限制，以防止其滥用权力，同时给予受害人事后补偿救济，以平衡公共利益保护与个人利益保护之间的冲突。再比如，在我国以属地管辖为原则的应急管理体系之下，地方政府之间以及上下级政府之间都有可能出现互相推诿或利益纷争的情况，法治建设为这些情况提供解决问题的渠道和规则，以迅速解决利益纷争、落实责任主体，确保突发事件的处理及时、得力。

二、我国应急管理法治化的历程、成就与问题

（一）我国应急管理法治化的发展历程和成就

应急管理体系构建的过程始终伴随着一系列的重大危机挑战而产生，应急管理法治建设也随之不断发展。新中国成立以来，以《宪法》规定戒严法为起点，我国应急管理法治建设经历了三个重要的历史时期。[①]

1. 体系形成阶段：1949—2008 年

新中国成立后，我国政府在 1954 年出台的《宪法》中首次明确了

① 参见林鸿潮、陶鹏：《应急管理与应急法治十讲》，中国法制出版社 2021 年版，第 145—147 页。

戒严的制定。1996年正式出台了《戒严法》，该法极大淡化了军事色彩，凸显行政职能，明确体现了紧急状态下对政府行政权力的规定。在这一阶段，陆续制定通过了多部关于自然灾害和紧急事故引起公共危机状态的法律，如《防震减灾法》《防洪法》《传染病防治法》《消防法》等。2003年“非典”疫情暴发，暴露了我国应急管理方面存在的诸多问题，因而极大激发了我国应急管理的立法需求。为了应对此次危机，国务院仅用一个月左右的时间就制定了《突发公共卫生事件应急条例》，用于保证“非典”中的资源调配、政令畅通和正常生产、生活秩序的恢复。全国人大常委会又很快修订了《传染病防治法》，各地也及时出台了一系列相关法规、规章。此后，党中央在总结抗疫经验教训、审时度势的基础上，作出全面加强应急管理建设的决定，其核心简称“一案三制”。“一案”指制定修订应急预案，“三制”就是应急管理的体制、机制和法制。在体制上，中央明确提出建立统一领导、综合协调、分类管理、分级负责、属地管理为主的应急管理体制。在机制上，要建立健全社会预警体系，形成统一指挥、功能齐全、反应灵敏、运转高效的应急机制。在法制上，以2007年《突发事件应对法》出台为标志，我国的突发事件应对工作进一步走上法治化轨道。

2. 快速发展阶段：2008—2018年

2008年，我国成功抗击南方雨雪冰冻灾害、应对“5·12”汶川特大地震，并举办了奥运会。这彰显了社会主义制度的优越性、党的政治优势和组织优势，是对“一案三制”的重要检验和进一步丰富发展。与此同时，《突发事件应急法》在南方雪灾、汶川地震这样的新型突发事件或者特别重大突发的考验、冲击之下暴露了一系列缺点和不足。2008年之后，我国针对地震等重大突发事件应对以及应急管理中的一些制度空白进行了密集立法，修订了《防震减灾法》《气象法》，制定了《自然灾害救助条例》《社会救助暂行条例》等。各地人大常委会和地方政府也纷纷颁布适用于本行政区域的地方性法规、地方政府规章，包括地方性的突发事件应对条例或者《突发事件应对法》的实施办法。2012 年，党的十八大提出建立源头治理、动态监管、应急处置相结合的长效机制。习近平总书记提出构建立体化、全方位的公共安全网。这几年我国加强了应急准备和应急能力建设，应急管理法治化工作迈上了新台阶，各级政府在应对各类突发事件中更加依法、有力、有序、有度、有效。

3. 体系革新阶段：2018 年至今

2018 年的国家机构改革组建了应急管理部，整合了此前分散在 11 个部门的 13 项应急管理职能。随后，地方各级政府的应急管理部门也相继成立。这标志着我国应急管理工作进入新时代。在新时代，我国应急管理工作更加注重风险管理，坚持预防为主；更加注重综合减灾，统筹应急资源；更加注重分级负责，属地管理为主；更加注重发挥市场机制和社会力量的作用。应急管理体制的变革必然要求法律体系作出相应的调整，我国的应急管理法治建设进入一个新的发展阶段。成果已经有所体现，例如，《消防法》在 2019 年修改完善；新修订的《安全生产法》自 2021 年 9 月 1 日起施行；将《危险化学品安全管理条例》升格为《危险化学品安全法》和起草《自然灾害防治法》等法律的工作也已经启动。

综上所述，新中国成立以来，在党中央领导下，在突发事件应急管理的探索过程中，我们制定了一系列的法律法规和有关制度规定，基本形成了以宪法、相关法律、相关行政法规以及地方性法规等为主体的应急治理的制度体系。我国应急治理法治经历了从无到有、从分散到综合、不断完善的过程。目前，我国已经制定颁布有关突发事件应急处置的法律 35 件、行政法规 37 件、部门规章 55 件、有关法规性文件 111 件。防灾减灾救灾、安全生产、公共卫生突发事件、社会安全事件等领域的法律体系日渐完善，应急管理的规范化、法治化水平不断提高。

（二）我国应急管理法治化存在的问题

1. 应急管理法律规范尚不完善

（1）作为应急管理“综合法”的《突发事件应对法》自身存在立法缺陷。《突发事件应对法》立法时，我国正处于单灾种分散应急向多灾种综合应对转变的历史时期。在该法制定之前，我国已经颁布了《安全生产法》《防洪法》《防震减灾法》《消防法》《传染病防治法》等一系列调整单灾种的突发事件应对单行法，但缺少一部跨灾种的综合性立法。2003年“非典”疫情的暴发，使得综合性立法工作提上重要日程，开始了由单灾种“一事一法”向跨灾种的综合性立法转变。作为综合法的《突发事件应对法》，是在提取自然灾害、事故灾难、公共卫生事件和社会安全事件等四大类突发事件应对制度最大公约数的基础上形成的。由于调整范围过宽过大，以“综合法”身份出现的《突发事件应对法》没有能力做到统筹兼顾，导致这部法律规定过于墨守原则、操作性不强、实践中适用率较低，使其徒有“综合法”之名，却无法发挥统领其他单行法的“龙头法”作用。例如，《突发事件应对法》规定的应急体制没有将党政统筹应对巨灾的特殊需要考虑在内；没有理顺突发事件应对中统与分、防与救、主与辅、处理与保障之间的职责分工关系；对突发事件风险防控、信息系统建设、预警机制的规定残缺不足；对应急预案的性质理解有误，对应急预案的功能定位存在偏差；对恢复和重建制度的规范十分粗疏，基本发挥不了规范、调整作用，等等。①

（2）应急管理法律法规之间存在交叉和冲突。当前我国应急法律法

① 参见林鸿潮、陶鹏：《应急管理与应急法治十讲》，中国法制出版社2021年版，第160—161页。

规已基本被划分在四大类专业领域类别里，但由于没有较为清晰的体系脉络，出现法律法规相互交叉和冲突、应急预案与应急法律不能很好融合等现象，导致突发事件应急管理过程中法律适用混乱。以《突发事件应对法》《传染病防治法》为例，《突发事件应对法》以地方政府为主要规范对象，而《传染病防治法》以卫生行政部门等专业行政机构为主要规范对象，因此在重大公共卫生突发事件的法律适用上极易出现冲突。比如，我国《传染病防治法》按照甲、乙类传染病，分别规定了预防和控制措施，与《突发事件应对法》确立的突发事件特别重大、重大、较大和一般四级应急机制不协调。两者之间无论在分级标准、应对措施，还是适用范围、措辞表达等方面，均存在一定差异。

（3）应急管理法律体系存在立法空白。我国传统的应急管理囿于被动防御理念，把主要的精力放在突发事件的预防和紧急处置上，已不能满足当前对于突发事件处理的要求。因此，应急管理体系建设需要涵盖风险识别与评估、预防和准备、预警和预测、应急和处置、灾害评估与恢复重建在内的全过程管理。[①] 在当前应急管理法律体系中，由于对全过程管理模式的整体认知不清晰，缺乏突发事件减缓、预备、响应、恢复等四个阶段全过程的指导与规范的具体细则，一些领域的应急法律还需增加和完善，在突发事件的预警、突发事件信息的上报与公布、突发事件中公民权利的保护、突发事件后的救济等方面都存在立法上的空白。例如，在应对新冠肺炎疫情期间，由于我国尚未制定紧急状态法，紧急状态的宣布条件、决定程序以及采取的相应措施等均不明确，我国一直没有宣布进入紧急状态，紧急权的立法空白与紧急状态下对法律的迫切需求之间形成矛盾。

---

① 参见周孜予、杨鑫：《“1＋4”全过程：我国应急管理法律体系的构建》，《行政论坛》2021 年第 3 期。

2. 应急管理法治的执法机制不健全

（1）应急管理部门指挥协调机制亟待立法理顺。2018 年我国成立应急管理部门，但其职责范围仅限于自然灾害和安全生产两类突发事件。我国目前仍以“单灾种”型应急管理体系及不同的专业部门管理不同类型的灾害与突发事件的管理模式为主，这种应急管理救援模式专业性比较强，有利于充分发挥其专业救援优势，但是现代突发公共危机事件形态已由单一型转化为新时代复合型公共危机，这就导致仅凭单一部门无法有效应对和处置，同时其他部门相关应对和处置突发公共卫生事件经验也不能得到有效发挥，造成应急管理中部门协调不够、综合应对不足，与中央关于“构建统一指挥、专常兼备、反应灵敏、上下联动的应急管理体制”的总体要求存在不小差距。究其缘由，主要是由于应急管理法律法规规定分散，同级政府不同部门之间等级协调或上下级政府之间不同等级协调权责不明，保障措施不足、不完善，以至于难以适应突发重大公共灾害事件，甚至于尚未达到应急管理能力和体系现代化、法治化的要求。例如，在这次新冠肺炎疫情暴发早期，武汉市决策者似乎一直处于等的状态，等疾控部门定性，等上级政府指示，在等待中错失控制病毒蔓延的良机。

（2）应急管理行政决策不尽科学合理。突发事件的应急管理领域执法不同于普通执法，在突发事件发生初期，由于缺乏充分的科学知识，无法避免未知带来的盲目性。因此即使在法律有明确规定的前提下，由于对突发性事件风险预估的不确定性，法律落实也变得十分困难，甚至存在权力部门互相推诿、不愿担责的情形，使决策变得异常困难。再加上各级政府法律专业人才资源匮乏，因此在突发事件发生时，没有应急管理法律的人才为政府决策者提供专业性意见，而决策者对于应急管理法律并没有足够专业的认知，导致许多决策是通过应急预案和以往的决策经验来完成的。

（3）应急管理信息沟通缺乏法律制度的支持。目前我国虽然有部分法律、法规对突发性事件的信息发布、报道作了规定，但是这些规定仍不具体，过于原则或笼统，缺乏必要的细节，而且可操作性不强，理解起来容易出现歧义。例如，根据我国《传染病防治法》第四条的规定，“省、自治区、直辖市人民政府对本行政区域内常见、多发的其他地方性传染病，可以根据情况决定按照乙类或者丙类传染病管理并予以公布”；而《突发事件应对法》第四十四条规定，“宣布进入预警期后，县级以上地方各级人民政府……向社会公布反映突发事件信息的渠道”，并“定时向社会发布与公众有关的突发事件预测信息和分析评估结果”。这里存在着概念的逻辑关系是“突发事件应对”包含“突发传染病管理”，由此一来，究竟应当由哪级哪类机关承担疫情公布的主体职责，以及法定的公布程序如何展开，实际上并不明晰，难以高效执行。

3. 应急管理法治的监督机制不完善

（1）紧急情况下行政越权和公民权利的保障机制不健全。应急法制和常规立法的不同之处在于，它是应对紧急状态的法律，所以具有权力优先性、紧急处置性和程序特殊性等特点，这就赋予了应急管理部门以特殊的权力。这样，一方面很容易为政府随意扩大行政紧急权力留下法律上的漏洞，另一方面应急管理过程中的公民权利救济机制不完善，对公民的权利保障不充分，很容易造成公民权利在紧急状态时期遭受各方面的侵害而无法获得法律上的有效救济。例如，新冠肺炎疫情防控过程中，各地实际采取的“封城”、社区村庄封闭式管理、强制隔离观察等“硬核”防控措施，已超过《突发事件对法》《传染病防治法》等规定的权限范围。

（2）应急法律实施的监督力度较弱。当前对于应急法律监督的标准不明确，监督方式也未能适应当前应急管理的实践，这导致在突发事件的应急管理中，不能对应急法律的实施进行有效的监督。由于我国突发事件具有多样性和复杂性等特点，应急法律多而庞杂，并且对于非常态下应急法律的实施并没有一个较为一致性的标准与要求，导致对应急管理监督乏力。“既往权力机关监督不能涵盖紧急状态下应急管理的全过程，主要是通过事前预案的审定、事后的报告和问题反馈等途径进行监督，这并不能在应急法律实施过程中形成有效的监督机制。”①

三、着力提升应急管理法治化规范化水平

（一）加强重点领域的立法和制度建设

1. 着力建立“1+5”全过程应急管理法律体系

这里的1，就是应急管理方面综合性法律，5就是5个方面的单行法律，包括安全生产法、消防法以及自然灾害防治、应急救援组织、国家消防救援人员方面的法律。

（1）应急管理综合法方面。要立足系统思维，尽快将《突发事件应对法》全面修改为“应急管理法”。将《突发事件应对法》系统修改为“应急管理法”，已经成为当前完善我国应急管理法律体系的一项重要任务。在立法过程中，首先需要解决的重大问题是处理好应急管理综合法与各应急管理单行法的关系，从立法上划清各自的调整界限。应急管理法在功能上应该定位为我国应急管理领域的基本法律或基础性法律，其在应急管理法体系中居于“母法”地位。在结构上要体现全过程管理的各个阶段，能够从突发事件的减缓、预备、响应、恢复的全过程对应急管理行为进行规范。另外，“应急管理法”与各应急管理单行法在调整范围上既各有侧重，又相互衔接，尽可能避免或减少交叉和不必要的重复。

---

① 周孜予、杨鑫：《“1+4”全过程：我国应急管理法律体系的构建》，《行政论坛》2021年第3期。

(2) 其他单行法方面。《安全生产法》和《消防法》这两部专门法早已颁布实施，并且已经过修订。接下来要重点围绕安全生产法，逐步形成包括《危险化学品安全法》《矿山安全法》《煤矿安全条例》等相对完善的安全生产法律法规子体系。在自然灾害领域，目前，我们国家相关的法律制度相对来说数量上比较多，种类上也比较齐全。但这些法律都是立足于单灾种单部门而制定。2016 年，中共中央国务院关于推进防灾减灾救灾体制机制改革的意见中提出了“两个坚持，三个转变”的思想，其中就包括从应对单一灾种向综合减灾转变。要实现向综合减灾转变，必须要通过法律来引领和推动。因此，有必要制定一部综合性的自然灾害防治法律。还要加紧制定“应急救援组织法”和针对国家消防救援人员方面的法律。目前，我们的《消防法》对救援机构和救援人员的救援权力、职责、地位等问题，并没有完全解决。比如，目前我们国家有四类应急救援队伍：一类是“国家队”，包括从武警转隶过来的消防和森林消防两支队伍；一类是地方的综合性救援队——专职救援队；一类是“行业队”，开展一些专业性比较强的救援，包括矿山救援队、危化品救援队等，通常由主管部门自己单独建设或者主管部门依托骨干企业合作建设；还有一类是“社会队”，成分比较复杂，有红十字会和红新月会自己的救援队伍，有基层乡镇、村委会与社会合作共建的救援队，有营利性质的救援队，还有一些公益救援队等。这么多种类的救援队伍、救援组织，存在着很多法律问题需要解决。他们的地位、职责、作用问题、资格资质能力考核、队伍评估分级，特别是人身权利、职业安全的保障等问题，都需要相应的法律来规定。

2. 弥补法律空白，研究制定紧急状态法

目前，我国尚未制定统一的紧急状态法，《宪法》仅就紧急状态的决定和宣布机关作了原则性规定，并未涉及紧急状态下政府的权力行使、公民的权利保障等诸多重要问题。近几十年来，我国所经历的重大突发性事件都在提醒着我们，有必要构建中国特色的紧急状态法治体系。归纳世界各国紧急状态四大立法趋势，一是高度重视突发事件应对法律体系和应急预案体系的建设，各国把应急立法和应急预案置于同等的位置来准备。二是授予政府充分权力的同时，也对权力进行严格限制，防止政府滥用权力，以保护公民的基本权利。三是高度重视突发事件预防和应急准备工作，努力避免或者尽量减少进入紧急状态，避免打破社会平衡。四是高度重视突发事件的统一领导和综合协调机制的建立。①

3. 突出重点问题完善相关制度

首先，完善应急预案制度。应急预案制度应放在应急准备的环节加以规定，并明确预案的法律性质、预案编制的依据和主要内容、预案的公布、预案演练和修订、各类预案之间的衔接以及监督实施等具体内容，进一步增强预案的可操作性。其次，健全应急储备制度。重大和特别重大突发事件一旦发生，短时间内会形成对人员和物资的峰值需求，这就需要在风险评估的基础上，根据风险类型、发生概率等因素以及政府财政状况，建立应急物资储备保障，包括突发事件所必需的应急物资、装备以及满足受突发事件影响的群众生活的必需品。最后，升级智慧应急制度。在信息化、网络化、智能化条件下，传统的人防、物防、技防为主要手段的应急管理越来越不适应万物互联互通的需要，亟待向智慧应急转变，打造公共安全治理的升级版。建议将目前分散在应急管理、卫生健康、公安等各部门的应急指挥信息系统整合，建立集信息报送、分析研判、预测预警、一键指挥、协同作战等功能于一体的全国统一的应急管理信息系统，实现对突发事件应对全过程可追溯管理。②

---

① 参见王久平、许佳莹：《加快构建紧急状态法律体系——“紧急状态的类型化和立法研究”高峰论坛观点摘编》，《中国应急管理》2021 年第 6 期。

② 参见代海军：《突发事件的治理逻辑及法治路径——以新冠肺炎疫情防控为视角》，《行政法学研究》2021 年第 2 期。

（二）完善应急管理法治的执法机制

1. 建立集中高效权威的应急统一指挥体系

整合优化应急力量和资源，推动形成统一指挥的目标引导。设立突发公共危机事件应急管理指挥部，建立形成统一领导、统一指挥、统一协调、分级执行的制度机制。一方面，坚持集中统一领导，完善国家应急管理体制架构，建立横向到边、纵向到底的应急指挥体系。理顺机构之间权责关系，组建综合性应急指挥机构，对各类突发公共事件实行统一管理。优化中央与地方权责分工，构建省、市、社区三级应急指挥体系，尽量避免应急管理"模糊地带"。另一方面，明确属地政府的应急指挥权，协调好"领导""指挥"与"分权"的关系，确保信息传递顺畅、应急响应及时、指令下达清晰。除由国家应急指挥机构统一指派或临时接管外，支援力量应服从属地指挥部统一指挥。属地指挥部尽量避免干预或替代现场指挥决策，但现场指挥必须将一线信息及时传递上去。

2. 提高应急管理行政决策的合法性与科学性

应急决策具有决策时间紧迫、决策信息有限、决策压力巨大、技术支持稀缺等特点。在这种条件下，现场应急决策就有可能出现决策主体（越权决策）、决策程序（集权决策）和决策后果（对公益或私益造成侵害）上的违法。[①] 因此，必须将应急管理行政决策全过程纳入法治化轨道，对一般和重大行政决策实行分类管理。第一，完善公众参与、专家论证、风险评估、合法性审查、集体讨论决定等法定程序和配套制度，加强对重大突发事件应急措施的合法性论证，对作出的应急决策应当充分说明法律适用依据。第二，针对公共安全风险预估不足现象，强化风

① 林鸿潮：《公共应急管理的法治化及其重点》，《中国机构改革与管理》2011 年第 3 期。

险评估、风险管理和风险沟通，避免事后出现防控不当。第三，建立风险管理分级管制机制，并根据各地应急资源和能力、治理水平等因地制宜制定应急措施，避免“过度处置”及一刀切方式处置，以防止造成群众过度恐慌、资源调配不合理、影响经济发展等问题。①

3. 健全和完善应急管理信息沟通的法律法规

加强补充完善、细化现有应急管理信息沟通法律法规的相关内容。目前，我国各法律法规对应急管理信息沟通的规定还不尽详细，可以借鉴国外的相关做法，制定应急管理信息沟通法律法规实施细则，以增加其操作性。例如，在《突发事件应对法》《传染病防治法》《防震减灾法》等法律法规中，增加应急管理信息沟通具体内容，把沟通内容、沟通时限、沟通主体、沟通方式、需要保密的事项、对不依法沟通的政府部门和官员的责任追究、公民知情权受到侵害时的救济等内容作详细规定；通过制定地方性法规等方式，克服现有法律法规中有关应急管理信息沟通过于原则、笼统等弊端，为政府及时、有效应对突发性事件提供法律支持。

（三）建立健全应急管理法治的监督机制

1. 完善公民权利救济机制

突发事件发生之时，政府权力的扩张与集中存在其合理性，与此同时，处于消除突发事件所带来危害的需要，对公民权利进行限制是为了更好地对全社会进行保护。可见，在紧急危机情势下，必然带有公权力扩张与私人权利限缩的双重属性，国家的强制干预权与免于国家强制干预的自由权始终处于一种紧张关系中，形成了应急管理的一对基本矛

① 参见邱佛梅、郑鸿铭：《重大突发事件应急管理效能提升的法治路径》，《中国行政管理》2021年第6期。

盾。如何将对公民权利的限制降到最低，保障公民的合法权益，是现代宪法法治国家的重要课题，也是应急管理法治化需要解决的重要问题。必须建立应急状态下公民权利救济渠道，明确应急状态中公民司法救济途径，明确规定应急状态下当事人提起行政复议、行政诉讼的特殊程序。

2. 推进应急标准建设，加强应急管理法治的有效监督

加强对于应急法治的有效监督，是保障应急管理法律体系有效运行的必然选择。要在全国上下形成共同参与的应急管理监督网络。国家权力机关、政协机关、监察机关、审判机关、检察机关依法发挥各自在应急管理领域参与应急治理的作用。这些作用的发挥能够积极主动到位，而且能够前置性地发挥作用。基层人民群众法治意识明确，能够主动参与安全应急事务的监督。在实施监督过程中，要明确对于应急法律实施监督的标准与依据，制定结构完整、层次清晰、分类科学的应急管理标准体系和具有一致性的应急法律的监督标准与要求。完善监督方式，加强对政府应急处置全过程的法律监督。采取建议案、人大问询、听取汇报、代表视察等方式，确保政府正确落实应急管理法律法规，保障在突发事件中应急管理法律体系的有效运行。

阅读材料

大理应急征用口罩事件

大理市是云南省大理白族自治州下辖的县级市，是大理白族自治州州府所在地，位于云南省西北部，横断山脉南端，是一个依山傍水的高原盆地。大理市是国家级历史文化名城、国家级风景名胜区和自然保护

区，首批中国优秀旅游城市。大理市是以白族为主体的少数民族聚居区，全市人口 49 万人，其中白族占 65%。

一纸征用通知书引发热议

2020 年伊始，随着新型冠状病毒感染的肺炎疫情在全国范围内迅速蔓延，全国各地对防范病毒所需的口罩、消毒酒精、防护服等防护物资的需求大幅度提升，防护物资短缺一度成为各地区普遍存在的现象。

2020 年 2 月 1 日，大理市卫生健康局向云南顺丰速运有限公司大理分公司发出《暂扣通知书》，内容如下：

暂扣通知书

云南顺丰速运有限公司大理分公司：

由于当前新型冠状病毒感染的肺炎疫情防控形势严峻，我市已处于重大突发公共卫生事件Ⅰ级响应状态，全市疫情防控物资极度紧缺。为切实加强疫情防控工作，根据《中华人民共和国突发事件应对法》《中华人民共和国传染病防治法》和《云南省突发应急事件应急征用与补偿办法》(云政办发〔2016〕137 号）的规定，拟对你单位承运的 598 箱无中文标识口罩实施应急征用，现予以暂扣。

现要求你公司于 2020 年 2 月 2 日上午 10：00 前，将承运信息（发货方及收货方具体信息、货物运单号等与货物运输相关的具体信息)，报送至大理市卫生监督所。

大理市卫生健康局

2020 年 2 月 1 日

不久，一张编号为“大市卫征〔2020〕1—61 号”的《应急处置征用通知书》截图，再次在微信朋友圈、微博上引起网民热议。该通知书显示，由于大理市疫情防控物资极度紧缺，为切实加强疫情防控工作，经大理市人民政府研究，决定对被征用人委托顺丰物流承运的9件口罩实施应急征用。通知书内容如下：

应急处置征用通知书

大市卫征〔2020〕1—61号

由于当前新型冠状病毒感染的肺炎疫情防控形势严峻，我市已处于重大突发公共卫生事件Ⅰ级响应状态，全市疫情防控物资极度紧缺。为切实加强疫情防控工作，根据《中华人民共和国突发事件应对法》《中华人民共和国传染病防治法》和《云南省突发应急事件应急征用与补偿办法》（云政办发〔2016〕137号）的规定，经大理市人民政府研究，决定对你（单位）由顺丰物流从云南省瑞丽市发往重庆市的9件口罩（详见附件），依法实施应急征用。

根据《云南省突发应急事件应急征用与补偿办法》（云政办发〔2016〕137号）第十八条的规定，你（单位）应当在收到补偿通知之日起一年内，向我局书面提出应急及补偿申请，逾期未提出补偿申请且无正当理由的，视同放弃受偿权利，应急补偿申请中应提交的资料包括：应急征用通知书、征用财产清单、财产归还情况、财产毁损或灭失情况、补偿金额及计算依据、投保及理赔情况、征用单位要求提供的其他材料。

附：大理市应急征用物资（清单）凭证

大理市卫生健康局

2020年2月2日

随后，网上出现了重庆市新冠肺炎疫情防控领导小组医疗物资保障组向大理市卫健局发出的《关于商请放行暂扣物资的函》，就重庆市委托供应商跨境购买的一批口罩在运输中被大理市卫生健康局暂扣一事，恳请大理市卫生健康局予以放行。全文如下：

关于商请放行暂扣物资的函

大理市卫生健康局：

我市委托供应商购买的一批口罩，委托云南顺丰速运有限公司大理分公司承运，2 月 1 日被贵单位暂扣（快递单号：以下省略）。该批物资系重庆市新型冠状病毒感染的肺炎疫情防控工作领导小组指定企业采购用于重庆市疫情防控的紧急物资，现恳请贵单位予以放行。

专此致函，恳请支持。

重庆市新型冠状病毒感染的肺炎疫情防控工作领导小组

综合办公室医疗物资保障组（代章）

2020 年 2 月 3 日

同时曝光的还有一份编号为大市卫征〔2020〕1—8、落款同为大理市卫生健康局的《应急处置征用通知书》，涉及“由顺丰物流从云南瑞丽发往四川省成都市的 15 件口罩”。可见，大理市卫生健康局至少已经发出了数十张“大市卫征〔2020〕1—＃《应急处置征用通知书》”。

2 月 5 日中午，有记者就网传大市卫征〔2020〕1—61 号《应急处置征用通知书》一事致电大理卫生健康局（征用通知书上所留联系方式）。对方表示确有此事，这批物资已经被应急征用，并由工作组发放到下面。记者又向其询问是否收到重庆方面的索要函，对方表示知晓，但物资（口罩）已经发放无法追回，索要物资需要同工作组商量以及同卖家（发货方）协调。

2 月 5 日晚，一张由黄石市新型冠状病毒感染的肺炎疫情防控指挥部发给大理州新型冠状病毒感染的肺炎疫情防控指挥部的工作联系函也在朋友圈刷屏。该函显示，黄石市一级防控指挥部委托企业采购的一批医用口罩，目前正在大理市检查过程之中，请求予以协调放行、驰援灾区。全文如下：

黄石市新型冠状病毒感染的肺炎疫情防控指挥部工作联系函

大理州新型冠状病毒感染的肺炎疫情防控指挥部：

湖北省黄石市是湖北新型冠状病毒感染的重灾区之一，目前正处于防疫救灾的严重困难时期，各类物资短缺，为解决当前困难，确保打赢新冠肺炎防疫战，特委托黄石华新水泥股份公司西部事业部和重庆市黄石商会企业（重庆市桥都医药公司等），协助我部采购一批医用口罩，物资目前正在大理市检查过程之中，特请予以协调放行，驰援灾区。

请给予支持为盼！

黄石市新型冠状病毒感染的肺炎疫情防控指挥部

2020 年 2 月 4 日

记者向黄石市疫情防控指挥部求证，后者证实此函属实，黄石目前被暂扣口罩数量为 2 万只。

消息一出，舆论一片哗然。有评论指出：抗肺炎物资在运输途中被应急征用的事件非常罕见，但也反映出全国各地区口罩物资紧缺的局面。

根据当地卫健委公布的数据，截至 2 月 5 日 24 时，大理市所在的大理州累计确诊 8 例，无死亡病例。而黄石市和重庆市的累计确诊病例分别为566人和389人，疫情均比大理市严重。

权威官媒发声，将事件推向高潮

大理市政府是否有权征用快递物资，其征用行为又是否符合法律规定？正当网友热烈讨论此事的时候，2月6日中午，新华网发布锐评："大理，你'欠理了'"，将此事件推向高潮。锐评指出：

当前，各地疫情轻重不一，物资调配必须分清轻重缓急。对疫情较重的地区来说，医疗物资就是战略物资，要按战时状态流通，确保各地的救援物资能够畅通无阻地抵达，任何地方都无权随便截留。大理如果明确知道这批物资是疫情防控重点地区的救援物资，就应该争分夺秒地放行，遑论以各种理由扣压征用。

疫情当前，保物资保供应是大局，各地各部门必须要有大局意识，坚持全国一盘棋，坚持依法防控，要多开绿灯而不是私设红灯。

对大理相关部门这种违背常理、公理、道理的做法，必须给予当头棒喝！

锐评一出，迅速被央视网、《法制日报》、腾讯新闻、新华网等多方转载，形成巨大舆论声讨之势。

当地政府回应，四小时两场新闻发布会

2月6日上午，《法制日报》记者就网传重庆口罩被暂扣一事，致电大理州委宣传部。大理州委宣传部回应称，确有其事，大理州高度关注重视此事，目前省州市三级正积极协调解决此事。另外，记者还从重庆方面获悉，大理已经答应"还口罩"。

权威媒体的严厉发声以及网络的批评持续发酵，终于让大理市政府坐不住了。

2月6日下午，大理市人民政府新闻办举行新闻发布会。大理市市

长杜淑敢就社会广泛关注的大理市暂扣口罩一事进行情况通报。通报如下：

2020年1月25日，大理市确诊第一例新型冠状病毒感染肺炎的患者。为应对新型冠状病毒感染肺炎疫情，大理市紧急启动重大突发公共卫生事件Ⅰ级响应。时值春节，大理市又地处滇西交通枢纽，大量往来人员滞留，疫情防控形势极其严峻。加之，大理市没有疫情防控物资生产企业，采购的物资一时无法到位，疫情防控物资极度紧缺，已无法满足应对疫情防控的基本需求，一线防控人员防护工作存在极大隐患。特别是疑似病例增加，工作人员防护措施单一，许多工作区域连基本的物资保证都没有。为解燃眉之急，大理市在货物检查中对随车手续不全的口罩进行了暂扣，对全部暂扣的598箱口罩进行有偿应急征用，并将暂扣的口罩分配到辖区内各医疗机构、乡镇、街道、社区、公安、交警、交通、小区保安等疫情防控工作人员。

对于前期暂扣口罩一事，我们诚恳地向社会各方表示道歉，对造成的影响进行深刻反思与检讨，对相关人员将进行严肃处理，恳请各方给予谅解。

为妥善处理好被征用口罩的善后工作，大理市成立了工作专班，主动与被征用主体进行沟通。一是对暂扣还未使用的口罩，能退回的将全部退回被征用主体；二是对已经使用不能退回的，通过沟通达成有偿征收协议的及时给予补偿；三是对已经使用，不能退回的，被征收主体又需要口罩的，我们将尽快补齐后退回。目前，大部分被征用主体对此次有偿应急征用表示理解，已兑付征用补偿款99.03万元，补偿工作正在有序开展中。同时，在接到《重庆市新型冠状病毒感染的肺炎疫情防控工作领导小组医疗物资保障组关于商请放行暂扣物资的函》后，大理市及时与重庆方进行沟通，已于2月5日达成共识，将对暂扣口罩予以全部放行退还。

我们将吸取教训，全面排查，无论再急再难，坚决杜绝类似情况的再次发生，恳请社会各界给予监督。同时，也希望社会各界一如既往地对大理市疫情防控工作给予关心和支持。

2月6日15时，据@云南发布消息，云南省应对疫情工作领导小组指挥部对大理州大理市政府及大理市卫生健康局征用疫情防控物资予以通报。通报指出：

近日，大理市卫生健康局对云南顺丰速运有限公司大理分公司承运的发往重庆市的口罩实施“紧急征用”。该做法严重影响了兄弟省市防控疫情的工作和与兄弟省市人民的感情，现决定对大理市政府、大理市卫生健康局进行通报批评，责令立即返还被征用的物资。通报要求，全省各地各部门要以此为戒，深刻汲取教训，讲政治、顾大局，决不允许类似事件再次发生，若有发生，将严肃追责问责。

6日晚上7点，大理市再次召开新闻发布会。大理市应对新型冠状病毒感染肺炎疫情防控工作领导小组指挥部指挥长、市委副书记、市人民政府市长杜淑敏，大理市政府新闻办专职副主任伊健，大理市纪委副书记、市监委副主任赵云峰，大理市工信和科技局副局长赵泽生等出席新闻发布会，向社会通报如下情况：

针对在本次事件中负有直接责任的人员，作出如下处理：对大理市卫生健康党工委书记、市卫生健康局局长杨砚池给予免职处理，对大理市工信和科技局党组书记、局长方虎给予政务记过处分。

截至目前，正在派送未发放的口罩331件，今天内可派送完毕；对我市已经使用且与对方达成补偿协议的267件口罩，已兑付应急征用补偿款99.03万元，其余款项今日内可兑付完毕。

经认真核查，已使用的口罩用于辖区内各医疗机构、乡镇、街道、社区、公安、交警、交通、小区保安等疫情防控一线工作人员，未到市场上进行流通，不存在倒买倒卖口罩情况。房地产协会申领的3万只口罩，已经全部发放到其下属分会——物业管理协会下的 71 家物业管理公司。疫情发生后，房地产协会、物业管理协会想尽办法也无法筹集到口罩，特向州市疫情防控指挥部提出申请，目前 3 万只口罩已由房地产协会下属的物业管理公司发放到各物业管理小区的保安、保洁等一线疫情防控人员使用。

再次对此次事件受影响的兄弟省市及群众表示深深的歉意，对社会各界的关心、理解、支持表示衷心的感谢。闻过而终礼，知耻而后勇。大理市将与各界同胞同心协力，坚决打赢疫情防控这场没有硝烟的人民战争，大理加油！中国加油！

最终定性：征用违法，8 人被问责

2 月 24 日，经云南省委批准，云南省纪委监委对大理市违法扣押征用途经大理的外省（市）防疫口罩问题进行了立案调查。经查，大理市违法扣押征用防疫口罩问题属实，情节恶劣，性质严重，严重干扰了全国防疫工作大局，严重破坏了防疫工作纪律，严重损害了云南防疫工作形象，充分暴露出大理市委、市政府在紧要关头无视政治纪律，漠视国家法律，本位主义严重，形式主义、官僚主义问题突出。

依据《中国共产党问责条例》《中国共产党纪律处分条例》等有关规定，决定对 5 个单位、8 名责任人进行问责处理。

（一）给予 5 个责任单位通报问责

1. 给予大理州委、州政府通报问责，责令作出书面检查。

2. 给予大理市委、市政府通报问责，责令作出书面检查。

3. 给予大理市纪委监委通报问责，责令作出书面检查。

（二）给予 5 名责任人党纪政务处分

1. 给予大理市委书记高志宏同志党内严重警告处分、免职处理。

2. 给予大理市委副书记、市长杜淑敢同志撤销党内职务、政务撤职处分。

3. 给予大理市政府党组成员、副市长娄增辉同志撤销党内职务、政务撤职处分。

4. 给予大理市委办公室常务副主任李磊同志党内警告处分。

5. 给予大理市市场监管局党组书记、局长袁爱忠同志政务记过处分。

（三）对3名责任人诫勉问责

1. 给予大理州委副书记、州长杨健同志诫勉问责。

2. 给予大理市委常委、常务副市长杨蟲同志诫勉问责。

3. 给予大理市委常委、市纪委书记、市监委主任张琮同志诫勉问责。

云南省纪委监委要求，各级党委、政府和各级领导干部要引以为戒，汲取深刻教训，增强“四个意识”，坚定“四个自信”，做到“两个维护”，坚决贯彻落实党中央的决策部署，强化法治思维，坚决防止和反对本位主义，坚决纠治形式主义、官僚主义，统筹做好疫情防控和经济社会发展工作，为实现决胜全面小康社会、决战脱贫攻坚目标任务，推进云南跨越式发展提供坚强政治保障和纪律保障。

第七章　搭建共建共治共享的应急治理共同体

当今世界正经历百年未有之大变局。在国际形势复杂多变的同时，我国经济社会在快速发展中还面临着来自全球范围各种不确定、不稳定因素的挑战，使得各种突发事件呈现出愈益复杂多变的特点。在此背景下，虽然政府作为应对突发事件的核心主体，在党委的领导下，能够全力应对各类突发事件，但是面对应急管理这样一个系统性工程，只有社会各方力量共同参与，搭建共建共治共享的应急治理共同体，真正形成全民参与公共安全治理的新格局，才能最大限度地减缓各种灾害事故的发生频率以及可能造成的后果。

一、应急治理共同体的基本含义

共建共治共享，最初是作为我国社会治理格局的理想目标提出的。在社会建设方面，从党的十七大以前一直使用“管理”，到党的十八届三中全会第一次使用“治理”；从党的十七大和十八大报告中表述为“实现发展成果由人民共享”，到党的十八届五中全会时调整为“构建全民共建共享的社会治理格局”；党的十九大提出“打造共建共治共享的社会治理格局”[①]；再到党的十九届六中全会通过的《中共中央关于党

① 马庆钰：《共建共治共享社会治理格局的意涵解读》，《行政管理改革》2018 年第 3 期。

的百年奋斗重大成就和历史经验的决议》指出："党着眼于国家长治久安、人民安居乐业，建设更高水平的平安中国，完善社会治理体系，健全党组织领导的自治、法治、德治相结合的城乡基层治理体系，推动社会治理重心向基层下移，建设共建共治共享的社会治理制度，建设人人有责、人人尽责、人人享有的社会治理共同体。"党的二十大报告进一步强调："完善社会治理体系。健全共建共治共享的社会治理制度，提升社会治理效能。……建设人人有责、人人尽责、人人享有的社会治理共同体。"均体现了中央对于"建设共建共治共享的社会治理制度"的重视。应急管理既是公共安全管理的一部分，又是社会治理的一部分。① 因此，搭建共建共治共享的应急治理共同体，是推进应急管理体系和能力现代化的重要组成部分。具体而言，共建共治共享指的是：

（一）共建，即共同参与应急建设

具体包括应急力量建设、应急基础设施建设、应急制度建设。应急力量建设应充分转变过去单纯依靠政府进行应对的思路，将企业、社会组织、公众和媒体纳入应急力量队伍中来，形成政府主导、全民参与的格局。在常态下，通过宣传、教育，推动社会各方树立起危机意识，不断加强培训、演练，提升各方配合度，同时，扶持优质企业、社会组织的建设，提高整体应对突发事件的能力。应急基础设施建设，除应根据应急管理工作实际需要不断加大传统设施建设投入外，还应不断加强应急管理数字化建设，推动形成体系完备、层次清晰、技术先进的应急管理信息化体系，不断提升监测预警、监管执法、辅助指挥决策、救援实战和社会动员能力。应急制度建设指的是基于应急力量及应急基础设施

① 参见龚维斌：《打造共建共治共享的应急管理体系》，《社会治理》2017 年第 10 期。

的变化，充分考虑应急管理各相关主体的权利、义务，不断完善应急管理的体制机制法制建设。

（二）共治，即共同参与突发事件的应对

在当今时代背景下，风险和挑战无处不在，仅靠政府单打独斗，很难维持社会环境的真正稳定、安全，只有群策群力，依靠一定范围内所有应急主体共同应对突发事件，各应急主体按照既定规则进行有效合作，才能实现全社会的共同治理，提高应急治理效能。这就要求政府思考如何正确处理同社会组织、公众、企业和媒体等应急主体的关系，并在实践中不断探索、完善和提升，以促进这些主体积极作用的发挥。

（三）共享，即共同享有应急管理的成果

马克思在《关于费尔巴哈的提纲》中指出，人的本质是一切社会关系的总和。人不可能脱离社会而独立存在。因此，维护社会的稳定、安全，既是每个人的权利，也是每个人的义务。只有具有安定的社会环境，人民群众才能安居乐业，社会组织才能正常运转，企业才能正常生产。党政机关、企业事业单位、社会组织、公众、媒体等共同参与到应急管理工作中，既是为国家、为社会做贡献，也是为自己营造安全的生活环境所作的努力；在这个过程中，既付出了自己的努力，也在最终享受到了因自身付出所带来的安定成果。

由此可见，共建共治共享，是一项重要的社会治理制度。共建、共治与共享三者相辅相成，不可分离，不能割裂。共享是目的，共建共治是途径和方式，共建共治是为了共享，共享必须依靠共建共治，共建与共治密不可分；共建是前提，共治是重要保障，没有共建的治理是没有意义的，没有共治的建设是走不远、走不稳的。因此，要在共建中实行

共治，在共治中推动共建，实现人人参与、人人尽责、人人共享。社会治理格局需要共建共治共享来打造，公共安全体系以及应急管理体系同样需要通过共建共治共享来构建。[①]

我国实行的是中国共产党领导的多党合作和政治协商制度，中国共产党作为执政党，在推进应急管理体系和能力现代化的过程中发挥着统领全局的关键作用，各级政府在党的领导下围绕应急管理工作发挥主导作用，而企业、社会组织、公众和媒体等应急主体应积极参与发挥协同推进的作用。总结过往应对突发事件的相关经验可知，只要企业、社会组织、公众和媒体等应急主体能够参与到应急管理中，都能够对突发事件的应对共同发挥积极作用。因此，应培育能够高效协作的多元应急主体共同参与的应急治理共同体。

应急治理共同体指的是由党委、政府、社会、公众、企业与媒体等应急主体形成的集合体。该集合体在突发事件全生命周期，能够在党委的领导下，通过政府相关部门的统筹、协调，调动各应急主体在合作中充分发挥自身优势，实现各类应急资源的高效利用和应急工作各环节的有效衔接，通过协作推动整体高效运转，进而达到效益的最大化。

二、应急治理共同体中各主体的应急管理职责

在明确应急治理共同体的构成主体为党委、政府、社会、公众、企业与媒体的基础上，还应明晰各应急主体在应急管理不同阶段（包括事前、事中、事后）所承担的职责。

① 参见龚维斌：《打造共建共治共享的应急管理体系》，《社会治理》2017 年第 10 期。

（一）党委领导

应急治理共同体的形成及其作用的有效发挥，最核心的是要坚持党委领导。党委是党的各级委员会的简称。在我国，是指中国共产党的各级委员会，特指中国共产党的地方各级委员会和基层委员会。[①] 应急管理体系和能力现代化是推进国家治理体系和治理能力现代化的重要一环，而中国作为社会主义国家，坚持中国共产党的领导是中国特色社会主义的最大优势。坚持党的领导，既是推进国家治理体系和治理能力现代化的一个显著优势，也是实现应急管理体系和能力现代化的一个重要力量来源，尤其是在外部环境更趋复杂严峻、国内经济社会发展各项任务极为繁重艰巨的情况下，各类重大挑战、重大风险和重大矛盾的应对，更需要中国共产党的领导。

同时，《中国共产党地方委员会工作条例》第三条规定，"党的地方委员会在本地区发挥总揽全局、协调各方的领导核心作用，按照协调推进'四个全面'战略布局，对本地区经济建设、政治建设、文化建设、社会建设、生态文明建设实行全面领导，对本地区党的建设全面负责。"由此可见，各级党委同样需要在应急管理工作上发挥总揽全局、协调各方的领导核心作用，才能营造一个稳定、安全的发展环境，才能更好地实现对本地区经济建设、政治建设、文化建设、社会建设、生态文明建设的全面领导。

这就要求各级党委在应对突发事件的全过程中，包括事前、事中、事后各环节，都要充分发挥领导力，科学决策、统一指挥；充分发挥基层党组织战斗堡垒作用，统筹推进应急管理各项工作；充分发挥共产党

---

① 党委，百度百科，https：//baike. baidu. com/item/%E5%85%9A%E5%A7%94/9252967？fr=aladdin.

员先锋模范作用，关键时刻冲锋在前。通过以上几方面努力，积极应对突发事件，维护社会和谐稳定。

（二）政府负责

应急管理是政府的一项重要职能，是政府围绕突发事件应对所进行的一系列管理行为。随着政府职能转变的不断推进，在国家和社会事务上实现了从“管理”到“治理”的转变，应急管理的主体也趋向多元化，但政府仍然是应急管理中最重要的主体。各级政府应该在搭建“大应急”治理格局中扮演重要角色，真正做到各相关部门密切配合，努力实现各类应急资源的高效整合，不断提升应急管理效能。

政府在应对突发事件的过程中，应在党的领导下，充分发挥主导作用，调动各应急主体的积极性，实现整体优势的最大化。常态下，根据本地区实际情况，重视对于应急物资的投入，同时努力在实践中积极落实，如在保持原有财政投入的基础上，逐步加大投入，用于应急物资的购置、应急设施及应急宣传场所的建设等；结合新媒体时代的传播特性，从线上和线下两个渠道同时入手，如在线上渠道开发能够推动应急管理知识学习的软件、游戏，在线下渠道主动牵头策划不同年龄段乐于接受的应急宣传活动；在《“十四五”国家应急体系规划》的框架下，不断完善各类应急预案的制定，健全应急体制机制，扩大应急管理法律法规知识的普及范围；为各应急主体提供有针对性的培训，促进其能力的不断提升，并且定期召集各应急主体开展不同类型突发事件的应急演练，不断提高相互间的默契，提升其配合度。应急状态下，要迅速牵头组成包括相关领导、应急管理专家及法律等其他不同领域专家在内的应急指挥部。按照应急预案的指导，结合实际情况，指挥各应急主体按照各自职责开展应对突发事件的相关工作。

（三）社会协同

社会协同治理，即政府出于治理需要，构建制度化的沟通渠道和参与平台，加强对社会的支持培育，并与社会一起，发挥社会在自主治理、参与服务、协同管理中的作用。[①] 应急管理作为社会治理的一部分，也应充分发挥社会协同的作用，提高应急效能。

社会组织是应急管理实现社会协同的主体，无论是常态下还是非常态下，都承担着应急管理推进中的诸多工作。如突发事件发生后，应急救援任务主要由人民解放军、消防救援队伍、人民警察等专业队伍承担，但是随着突发事件呈现出不确定性、复杂性等特点，为了更好地满足“全灾种”“大应急”任务需求，更好地应对大灾大险，能够承担专业性较强的应急救援任务的社会组织的积极作用就体现出来了。这类社会组织接受过专业的训练，同时往往具有地理位置优势，成为开展应急救援的重要助力，承担着诸如自然灾害、矿山事故、危化品事故等类型突发事件的水下救援、洞穴救援、医疗救护等救援工作。除专业性较强的应急救援任务外，社会组织更多参与的是服务性质的应急援助任务，这一方面的任务更能发挥社会组织的优势。如在应急资源的筹集方面，社会组织有着较强的社会活动能力，一旦发生突发性事件，社会组织能够充分发挥自身优势，从民间渠道迅速筹集到应对突发事件所需的人力、资金和物资，有效缓解政府部门在此方面的压力。在现场秩序的维持方面，社会组织成员大多具有长期志愿服务的经历或参与过一定数量突发事件的应对，服务经验较为丰富，也有足够的热情，因此能够解决突发事件发生后政府部门人手不足的问题，还能够深入细枝末节，给予

① 参见郁建兴、任泽涛：《当代中国社会建设中的协同治理：一个分析框架》，《学术月刊》2012 年第 8 期。

一些受影响较小、政府在集中力量攻克难题时没有及时关注到的群众应有的帮助，提高事件应对实效，维持现场正常秩序。在心理援助的提供方面，突发事件发生后，各类社会组织的积极参与能够有效安抚群众情绪，减轻群众心理压力，帮助群众更好地配合应急管理工作，尤其是心理类社会组织的参与，还能够为受灾群众提供专业的心理援助，给予精神的支持。在信息诉求的沟通方面，突发事件发生后，在较为紧张的情势下，政府相关部门有大量工作需要处理，社会组织因其草根属性，天然与群众具有亲密的关系，能够更好地发挥群众与政府间的桥梁纽带作用，辅助政府部门及时搜集事件的相关信息、反馈群众的利益诉求，助力政府进行正确应急决策。另外，常态下社会组织也是应急知识宣教的重要主体。

可见，社会组织以公益为价值导向，在应急管理相关法律法规支撑下，明确自身权责，共同参与到应急管理中，能够与其他应急主体形成合力、有序协作，有效助力应急管理现代化的实现。

（四）公众参与

公众参与突发事件应急管理，既是现实的需要，也符合应急管理现代化的趋势。就数量而言，公众是应对突发事件的最大主体，因此，公众参与应急管理的积极性一旦被真正调动起来，即可对突发事件的应对发挥巨大的作用。

公众的积极参与，有助于实现应急知识的广泛宣传。公众是应急知识宣传的最有效主体，只要有小部分主动性强、热情度高的公众，积极参与到应急知识的学习和宣传中，就能够创造出更多形式活泼、群众更易接受的宣传方式，继而通过人际往来、口口相传，不断扩大应急管理相关知识在公众间的传播与接受。

公众的积极参与，有助于实现日常风险的有效排查。日常风险排查能够起到防患于未然的作用，应急管理工作的开展，需要公众在实现危机意识不断提升后，主动参与其中，将收集到的相关信息上报给政府相关部门，积极协助政府相关部门开展信息分析、研判工作，并拟定危机应对方案。

公众的积极参与，有助于实现其在危机中的自救与互救。公众往往是突发事件发生后最先在现场的人。常态下，公众可通过主动参与政府部门举办的相关培训，不断提高自救与互救能力，成为突发事件的“第一响应人”，在面对突发事件的时候能够做到临危不乱、有条不紊地开展自救与互救，筑牢人民防线，最大限度降低突发事件可能造成的损害。

公众的积极参与，有助于维护正常社会秩序。突发事件的发生往往引起全社会的普遍关注，公众应该承担作为公民的社会责任，不断提高自身素养，坚持正确的价值取向，一切以官方渠道发布的信息为准，不参与谣言的制造和传播，维护正常的社会秩序，为突发事件的应对营造良好的舆论环境。

由此可见，应急治理共同体的搭建，公众参与必不可少。公众应急意识的提高以及相关能力的提升，能够有效助力突发事件的应对、社会风险防控，在突发事件不同阶段发挥积极作用。如将突发事件遏制在萌芽状态，使影响范围不致进一步扩散；使已经发生的突发事件的局势发生扭转，令事态不致进一步恶化；帮助降低突发事件可能造成的损失等。公众既是应急管理的主体，能够贡献巨大力量，同时也是应急管理受益者，能够为自身营造安全稳定的生活环境，因此，公众参与应急管理，有助于共建共治共享目标的实现。

（五）企业履职

企业是应急管理工作的重要主体之一，但也有其特殊性。企业既能够对应急管理的顺利开展提供相应的保障，填补政府在某些方面服务的空缺，又因其生产、运输、贸易等属性，也可能成为突发事件的制造者。所以，在推动应急管理现代化过程中，企业是不可或缺的重要主体。

企业的积极参与，能够发挥企业在应急物资储备方面的优势。应急管理实践中，经常暴露出应急物资储备不足的困境。常态下，如果大量储备各类应急物资，对于其中有使用时限的物资，可能造成储备与浪费之间不可调和的矛盾；对于一些救援装备，长久不用，可能会造成装备老化，一旦突发事件发生，装备老化将直接影响救援效果。因此，在现代科技高速发展的今天，企业应主动参与到应急物资储备中，发挥自身在生产、储备、流通方面的优势，向政府提供相关服务和信息数据，保证政府能够通过大数据掌控职责范围内相关物资的仓储信息，从而帮助解决应急物资储备的难题，既能够保证应急管理工作所需的各类应急物资的储备量，又能够有效避免应急物资老化、变质造成的不良后果。

企业的积极参与，能够有效避免事故灾难类突发事件的发生。生产是企业的基本职能之一，正因如此，企业往往成为大量事故灾难类突发事件的源头。企业在生产、运输等环节中，都可能产生危机，轻则影响企业自身，重则危及群众生命财产安全。因此，企业在实践中，要主动承担起安全生产的主体责任。常态下，企业要在政府的引导下，依法设立安全生产监督管理部门、完善企业安全生产相关制度、保证安全生产专项资金的投入、定期排查并消除安全隐患，特别要注重不断加强自身应急能力建设，包括完善自身应急机制、编制相应的应急预案、定期组织应急演练，加强企业员工教育培训、提高员工安全意识，不断提升自身应急处置能力；尤其是危化企业，还应在政府的监督下成立能够专业处置突发事故的应急救援队伍，应急救援队伍的成立，不仅能够保证本企业在事故发生后把握住危机黄金应对期，而且还能在同行企业发生事故时施以援手。由此可见，企业作为应急管理主体之一，保障生产过程及结果的安全是企业承担安全生产主体责任的一种表现，更是承担社会责任的一种表现，能够为保障群众生命财产安全提供有效助力。

（六）媒体监督

随着新媒体时代的到来，网络、手机的普及度进一步提高，人人都有可能成为信息的传播源。由此，媒体在应对突发事件中的作用显得更为重要：它既可以架设起连接政府与公众的桥梁、帮助政府塑造形象，又可能因为对突发事件的报道而使政府受到新的挑战。在应急管理现代化推进的过程中，媒体应真正承担起自身的社会责任。

媒体的参与，能够高效推进舆论引导。突发事件发生后，必然会引起社会的广泛关注。良好的舆论环境，对于突发事件的应对能够发挥正向推动作用；不实报道、谣言，会分散政府相关部门在应对突发事件时的精力，而且会造成群众的不理解，使应急管理工作无法得到群众支持，进而影响应对效果。媒体作为应急主体之一，应该时刻谨记职业操守，保持正确立场，进行客观报道，包括事件进展情况、政府应对措施等，承担起向公众传递正确信息的职责，避免自身陷入为吸引关注度而进行不实报道、传播谣言的行列中。

媒体的参与，能够辅助开展民情搜集。突发事件发生后，媒体能够发挥帮助政府部门搜集信息的重要作用。在网络如此发达的背景下，群众的一些诉求往往会通过网络平台进行表达。而网络媒体因自身工作需要往往具有更敏锐的“嗅觉”，相比之下，政府对于网络上一些言论的反应可能会比较滞后。媒体作为应急主体之一，应当承担起为政府相关部门搜集网络舆情、及时反馈的职责，有效降低群众因诉求得不到满足而引发有损政府形象事件的风险。

媒体的参与，能够引领实施有效监督。应对突发事件的过程中，涉及应急管理工作的开展程序及人财物等资源的掌握与分配，随着应急管理主体的日趋多元化，不可避免地会出现一些不合规或侵害公众利益的行为。媒体在参与应急管理的过程中，就应该发挥自身优势，从是否符合规范、是否符合法定程序的角度，监督各应急主体在应急工作开展过程中的行为，同时将相关信息进行客观报道，调动社会公众共同参与到监督中，以此促进政府在应急管理工作开展过程中实现各类行为的规范化，帮助各应急主体实现素质能力的提升。

综上所述，应急管理工作应始终坚持在党的领导下开展，以“共建、共治、共享”为主线，充分发挥政府的主导作用，调动各应急管理主体积极性，实现协同合作，更好地实现对突发事件的应对。

三、搭建共建共治共享的应急治理共同体的路径

加强应急管理是应对风险和挑战的重要手段，也是社会治理新常态的重要内容①。党的十九届四中全会《决定》明确提出，要“建设人人有责、人人尽责、人人享有的社会治理共同体”，党的二十大报告再次强调了“完善社会治理体系”这一重要目标。相应地，在推进应急管理现代化的过程中，也应将“人人有责、人人尽责、人人享有”的要求贯穿其中，充分发挥各应急主体的力量，搭建起共建共治共享的应急治理共同体。

（一）维护制度权威，明确人人有责

“共建共治共享”是我国社会治理创新的核心观点，是中国共产党立足于基本国情并深刻洞悉我国发展变化的基础上提出的具有鲜明中国

① 参见龚维斌：《在社会治理新常态下加强应急管理》，《社会治理》2015 年第 2 期。

特色的治理理论及治理制度，不仅建立起中国本土的治理体系框架，而且在社会治理方面凸显出中国智慧和制度优势，其自身的先进性引领着现代治理的发展方向，[①] 同样引领着应急管理现代化的发展。人人有责是“共建共治共享”这一治理制度的基础。人人有责，落实到应急管理工作中，就是要使各应急主体都认识到自身在应急治理过程中都是可以发挥应有作用的，使其主动参与到应急治理的各个环节中。因此，在搭建应急治理共同体的过程中，应多维度共同推进，努力维护制度权威，切实落实执行这一制度，为应急管理效能的不断提升奠定基础。

1. 完善应急治理协同制度

应急管理作为社会治理的一部分内容，也需要在新的社会治理格局下，实现各应急主体理念的更新，最终以协同的方式应对突发事件。因此，为维护“共建共治共享”这一治理制度的权威，应不断完善有关应急治理协同方面的制度。首先，不断增强制度的专业性，制定与协同治理有关的具体工作制度。从人力、资金、物资、技术等方面分门别类制定能够推动协同治理效能提高的制度，使各专业的人都能认识到自身在应急管理工作中是有自身所应承担的责任的，使专业的人能够在自身专业领域更好地发挥作用，从而为协同治理助力。其次，不断增强制度的针对性，在现有的有关应急管理的法律法规、政策的基础上，围绕协同治理的需要，进一步做制度方面的提升。如通过群防群控、联防联控等制度创新，最大限度调动全社会的积极性，摒弃原有的各应急主体相互封闭、分散，各行其是的模式，实现主体间的良性互动，提高应急管理效能。再次，以制度保证参与度的提高。在明确各应急主体在突发事件中承担责任的基础上，制定相关制度，不断扩大参与渠道。同时，以制

---

① 参见刘燕妮：《“共建共治共享”社会治理的生成逻辑和制度优势》，《重庆社会科学》2022 年第 1 期。

度规范各应急主体参与的方式，尤其是社会公众，既可以按照政府指挥规范有序地参与到突发事件应对中，也可以通过网络等渠道为事件的应对建言献策，避免出现突发事件应对现场秩序混乱的情况；既可以参与到突发事件应急处置的过程中，也可以参与常态下的应急知识宣传、日常隐患排查等工作。

2. 树立应急治理协同理念

理念的树立能够为制度的落实提供有效助力。应急治理协同理念的树立，既能保证突发事件发生后，各应急主体临危不乱、迅速行动、通力合作，又能促使应急管理工作有条不紊地开展，在最短时间内实现对局面的控制。围绕协同治理，应不断加大宣传力度，激发各应急主体主动担当的精神，引导各应急主体树立起协同治理理念，使各应急主体进一步明确自身在应急管理工作中所承担的职责，增强危机意识、协同意识，积极、有序参与到应急管理工作中，保证应急治理协同制度落到实处。

通过以上理念的确立和制度的不断完善，切实维护“共建共治共享”这一治理制度的权威，使各应急主体充分发挥主动性，积极参与到应急管理工作中，切实提高应急管理实效，保障人民生命财产安全。

（二）提升履责能力，推动人人尽责

人人尽责，要求各应急主体在参与应急管理的过程中，做到认真履职，同时，政府应在党委领导下，运用多种治理手段推动各应急主体形成的合力，实现各方能力的充分发挥。因此，应在明确各应急主体在突发事件应对过程中承担职责的基础上，进一步提升其参与应急治理的能力，并给予相应的激励和保障，使其更加有针对性地参与应急工作。可从以下三方面入手：

1. 不断提升主体能力

针对各应急主体的不同特点，围绕其在应急管理工作中承担的职责，制定既符合其实际需要，又能够促进其在党的集中统一领导下，分工明确、各尽其责地实现协同配合的方案。针对政府部门，应不断完善推进应急管理工作更有效开展的相关制度，同时发挥领导干部这一“关键少数”的作用，在深入学习党的路线、方针、政策及党的最新理论成果的基础上，不断加强应急管理专业知识的培训，帮助其树立起危机意识、法治思维，掌握好危机应对的科学方法，提高其面对突发事件的决策、领导能力。针对企业，应完善帮扶机制，落实帮扶措施，帮助企业党组织释放党建引领作用，指导企业完善应急机制，协助企业加强员工教育培训，加强应急演练，以此不断提升企业应急处置能力，促进企业安全发展。针对公众，由于公众有着人数庞大的特点，为使其整体能力有所提升，应以其喜闻乐见的形式进行应急相关知识的宣教，同时结合各地不同实际情况，举办专业性较高的应急培训班，不断扩大培训覆盖面，在长期持续的努力中，实现公众危机意识的树立及应对危机能力的切实提升。针对社会组织，应不断完善社会组织登记制度，以此更好地对其进行管理，规范其参与各项应急管理工作的行为；不断加大经费投入，为专业性较强的社会组织的组建及培训提供支持，实现其能力的切实提升。针对媒体，习近平总书记在全国宣传思想工作会议上的重要讲话曾指出，要“弘扬主旋律、传播正能量”，这也为媒体参与应急管理工作明确了方向。因此，应不断创造条件，提高媒体业务素养，保证其在报道相关事件时，能够客观、真实，将政府部门应对突发事件所作的努力全面呈现在公众面前，营造良好的舆论环境，为政府部门接受公众监督发挥媒体应有的作用。

2. 完善配套激励措施

通过不断完善配套激励措施，激发各主体参与积极性。应急管理工作开展需要采取纵向和横向相结合的激励措施。从纵向上看，应该建立全过程激励，不管是事前预防，还是事中应对处置，或是事后恢复重建，只要发挥积极作用的，都应该给予相应激励；避免只重视应急态下承担艰苦应对工作的相关组织和人员，而忽视了常态下长期付出的相关组织和人员。从横向上看，不同的应急主体，不管是党政部门，还是公众、社会组织、企业、媒体，都应该根据其在应急管理工作开展中的表现，给予物质或精神的激励；同时，应针对不同应急主体的不同需求给予其激励，如应急管理中的行政人员，可采取将工作绩效与职业晋升相结合的激励方式；专业技术人员更加重视专业培训、工作环境，可在专业进修、行业认可、工作环境方面采取激励措施；对于公安武警消防官兵，应更加注重荣誉和晋升并结合转业安置的综合激励方式；而对于社会工作者、志愿者等应急人力资源，应注重引导，给予相应的肯定和荣誉，提供更专业的培训和资质认定，通过适当的财政资金投入发挥杠杆效应，撬动更多的社会力量加入应急管理人力资源中①。

3. 健全应急法治保障

搭建共建共治共享的应急治理共同体，就需要在明确各类突发事件主管部门的基础上，建立健全各应急主体进行综合协调的法律依据，以法律明确各应急主体的权责边界及调动其参与应急管理的程序、路径及保障措施等内容，进一步完善应急管理相关法律法规，不断提高各条款的操作性，最终形成基于法治的多元主体共同治理的应急管理工作模式。这不但能够使“人人尽责”形成合力，从而更规范、高效地应对突发事件，而且也能够推动应急管理体系与能力的现代化。

① 参见方根：《应急管理人力资源激励问题研究》，《经济管理文摘》2020 年第 12 期。

（三）提高协同效能，保障人人享有

人人享有是以人民为中心的发展思想在实践中的具体体现。人民既是应急治理共同体搭建的主体，更是应急治理共同体作用有效发挥后的受益者。在“人人享有”的应急治理共同体中，体现出的是在人人参与应急治理后，人人都能从中受益的价值取向，获得安定的生活环境和高质量的生活品质。在应急治理共同体搭建过程中，要以增进人民福祉为出发点和落脚点，在突发事件发生的不同阶段，不断提高协同效能，保障人民权益。

1. 落实隐患排查措施，做到防患未然

应急治理共同体的搭建，应有意识地将治理重心下移，把经常性的具体工作和职责落到基层去，因此，在常态下，应充分调动各应急主体积极性，共同参与到安全隐患排查工作中。为此，一要加大宣传力度，提升各应急主体的危机意识，在日常生活中能够做到主动参与，于细微处发现可能存在的隐患，并报送相关部门处理。二是为隐患排查提供相关保障，在治理重心下移的同时，为各应急主体参与隐患排查提供相应的资源。三是针对关键主体，即政府相关部门和企业，应不断完善相关制度，对隐患排查不到位的，予以严肃处理；对及时排查出隐患并处理得当的，予以相应奖励。通过将隐患排查措施落实到位，将危机遏制在萌芽状态，使各应急主体在参与的同时，享受到成果。

2. 用好联防联控机制，保证化危为机

应急态下，应用好联防联控机制。联防联控机制是我国在应对突发事件过程中，逐步探索出的一套有效的工作机制。联防联控机制有利于充分发动社会公众，打破地域以及部门间的限制，集合各应急主体的力量，发挥各应急主体的优势，通过协同合作，形成合力。如，为有效应对新冠肺炎疫情，国家卫健委牵头建立了应对新型冠状病毒感染的肺炎

疫情联防联控工作机制，成员单位涉及 32 个部门，联防联控工作机制按照不同工作职责下设不同工作组，形成了有效开展疫情防控工作的合力，为基层疫情防控筑起了重要防护网，切实保障了人民生命安全和身体健康。因此，要用好联防联控机制，保证在应急管理工作中，能够建立起由各应急主体组成的开展联合防范和联合控制突发事件的工作平台，在全社会中形成应对突发事件的合力，保障人人享有安定的生活环境。

3. 积极开展应急演练，提高协同能力

突发事件发生后，处于危急状态下的应急管理工作，每一个环节的处理都会影响到事件进展情况，因此，为使危急状态下各项工作能够有条不紊地展开，就需要在常态下做好应急演练。应急演练的开展，应注重锻炼相关人员的实操能力，不断提高政府统筹调度各方面资源的效率。同时，在演练过程中要及时发现各应急主体协同方面存在的问题，不断总结、提升，做好改进工作。应急演练是提高各应急主体协同能力的有效方法，使人民群众及应急管理工作人员的权益在突发事件发生后得到切实保障。

4. 完善协调调度工作，保障物资到位

突发事件发生后，应急管理人员的工作是否能够顺利开展、人民群众基本生活是否能够得到保障，均与应急物资是否到位密切相关，由此需要做好应急资源协调调度工作。应急资源的协调调度工作，首先应明确由政府部门负主要责任，承担协调调度平台的职责，明晰各应急主体所需的应急资源，妥善统筹各类应急资源，有效利用现代科技手段，实现合理调度。同时，不断完善应急预案的编制工作，将有关应急资源的协调调度问题合理融入应急预案的编制过程中。主动熟悉、掌握本地地理环境状况，尤其是已确定的地质灾害隐患点、危化企业等特殊场所附近区域的地理环境状况，预设各种可能性，预先规划各类突发事件所需应急资源的类型和数量，设计好协调调度的路线、方案，保证能够以最快时间、最低成本在突发事件发生后实现资源的调度和送达，从而使应急管理人员的工作能够得以顺利开展、人民群众基本生活能够得到保障，让人民从高效的应急管理工作中受益，更好地享受到安定、稳定、有序的社会环境。

阅读材料

江苏盐城“6·23”龙卷风冰雹特大灾害中的协同应对①

一、灾害基本情况

2016年6月23日15时左右，江苏省盐城市阜宁县、射阳县等地出现强雷电、短时强降雨、冰雹、雷雨大风等强对流天气，局地遭受龙卷风袭击，阜宁县新沟镇等地出现34.6米/秒（12级）大风，射阳海河镇等地出现27.9米/秒（10级）大风。

此次龙卷风冰雹灾害造成较大人员伤亡和财产损失。阜宁县、射阳县4.55万人受灾，99人遇难，875人受伤，29741人紧急转移安置；1.8万间房屋倒塌，3.8万间不同程度损坏，厂房、农业大棚损毁严重；农作物受灾面积67.8千公顷，其中绝收2.2千公顷；造成电力35千伏以上线路倒杆100个左右，10千伏以下倒杆4000多个，造成13.5万户停电。阜宁移动累计130个2G/3G基站、850公里杆路，4.6万手机用户、3万宽带用户受到影响；设备直接损坏2个站点，性能下降43个站点。阜宁、射阳两县农作物倒伏2万亩、积水1.6万亩；设施农业损

① 转引自国家行政学院应急管理案例研究中心主编：《灾害协同应对——江苏“6·23”盐城龙卷风冰雹特别重大灾害》，社会科学文献出版社2017年版，第87—105页。

毁 4.3 万亩；畜禽圈舍倒塌受损 25.1 万平方米、生猪死亡 1.8 万多头、家禽死亡 32 万多只、牛羊死亡 800 多只；约 2000 亩鱼虾蟹塘受灾，30 多个养虾设施大棚被毁；直接经济损失 49.8 亿元。

二、灾害特点

一是灾害发生范围较小。盐城龙卷风的影响范围呈现带状分布特点，长度达 20～30 公里，宽度为 1.5 公里左右，且临河地区居多。

二是多种气象灾害复合。盐城龙卷风灾害伴有雷暴天气、冰雹等灾害，本次灾害中有农作物因冰雹而受损，有通信基站遭雷击，影响了灾害信息的及时传递，减缓了救援进度。此外，龙卷风过后的强降雨天气也为灾后救援带来了诸多不利影响。

三是灾害影响程度大。据国家气象中心强天气预报中心首席郑永光介绍，江苏盐城龙卷风经专家组判定等级为 EF4 级，风速超过 73 米/秒，风力超过 17 级，其造成的破坏性是毁灭性的。重灾区主要包含 7 个乡镇（街道）22 个村（社区），共造成 2000 余间房屋受损。

四是持续时间较短。根据阜宁灾区居民描述，此次龙卷风在视野中只持续了大约 1～2 分钟，现场没有捕捉到龙卷风的任何影像资料。

五是灾害难以预警。由于龙卷风本身尺度较小，雷达难以观测到，同时目前的技术手段仅能预测到强对流天气，对龙卷风的出现及其影响程度的预估难度较大。此次龙卷风灾害来临时，当地气象站观测到的最大风力是 12 级。灾害发生的第二天，气象专家到达现场实地考察，并综合气象观测资料，最终才确定此次灾害是最大风力高达 17 级以上的龙卷风。

三、灾害协同应对

（一）国家层面

1. 领导高度重视。党中央、国务院高度重视盐城龙卷风冰雹特大灾害抢险救灾工作。正在乌兹别克斯坦访问并出席上海合作组织峰会的习近平总书记立即作出重要指示，要求国务院派工作组前往指导抢险救灾，代表党中央、国务院慰问受灾群众。要求全力组织抢救受伤人员，最大限度减少人员伤亡，并做好遇难人员善后和受灾群众安置工作。要求有关地方和部门强化气象监测预报和地质灾害评估等工作，做好重特大自然灾害防范和处置工作，切实保障人民群众生命财产安全。国务院总理李克强作出批示，要求全力做好人员搜寻和伤员救治，抓紧核实受灾情况，尽快帮助受灾群众恢复正常生产生活。国务院副总理张高丽、汪洋也就此次灾害分别作出批示。

6 月 24 日，受习近平总书记、李克强总理委派，中共中央书记处书记、国务委员兼国务院秘书长杨晶率公安部副部长李伟等国务院有关部门负责人紧急赶赴盐城，指导江苏“6·23”龙卷风冰雹灾害应急救援和善后处置工作，深入了解灾害抢险和应急救援情况，看望受灾群众和受伤人员，慰问在一线抢险救灾的工作人员。

2. 开展相关支援。6 月 23 日 20 时，国家减灾委、民政部针对江苏省盐城市强对流天气对受灾群众生产生活造成的严重影响，启动国家Ⅲ级救灾应急响应，由民政部、工业和信息化部、财政部、住房城乡建设部、卫生计生委等五部委组成的国务院工作组连夜赶赴灾区，指导和帮助地方开展应急救援和受灾群众基本生活救助工作。

（二）省级层面

江苏省委、省政府对抢险救灾工作高度重视，省委书记罗志军、省长石泰峰第一时间就全力抢救伤员、妥善处置好死亡人员善后、确保受灾群众正常生活等作出批示。23 日当晚，省委书记、省长紧急从南京赶赴阜宁县陈良镇、硕集社区受灾现场，察看灾情，看望受伤群众，组织指挥抢险救灾。江苏省政府于 6 月 23 日 19 时 50 分启动省级一级救灾应急响应。民政部门全力救灾救助，确保受灾群众生活保障基本实现“五有”，即有饭吃、有衣穿、有干净水喝、有住处、有病能得到及时医治。

（三）市县层面

盐城市委、市政府和阜宁县委、县政府在灾害发生后，高度重视、反应迅速，靠前指挥、全面部署，有力有序展开各项抢险救灾工作。盐城市委市政府迅速启动自然灾害救助应急Ⅰ级响应机制和抢险救灾预案。成立救灾工作领导小组，市委书记朱克江担任领导小组组长，在一线指挥；市长王荣平任第一副组长，在现场具体组织调度，其他市领导分工负责、各司其职。阜宁、射阳也迅速成立抢险救灾领导小组，县四套班子成员牵头，抽调相关人员，立即进入现场组织救人救灾。

盐城市委、市政府和阜宁县委、县政府对此次灾害的应急响应，分为三个阶段：第一阶段（灾害发生后的前1～2小时）：各部门接到上下级或其他渠道获得灾害信息后，立即根据各部门预案启动预警机制，并收集相关信息，部署工作。部分单位建立临时指挥部，负责本部门信息汇总上报和资源调动，主要部门领导陆续赶往灾区。

第二阶段（23日16时至24日10时）：部分一线部门工作人员赶到现场参与救援的应急响应，主要包括公安、交通、民防、卫生、住建、通讯等部门。交通部门动用大型设备，开展道路清障工作，23日16时完成国道抢通，20时完成省道抢通，24日10时全部道路完成抢通；公安部门调集全市警力疏导交通，并在抢通后组成巡逻队保障灾区治安；民防部门24日早晨7点派出5个单兵天线通讯设备，用以传递信息；卫生部门领导下属医院，调动全市救护车运送伤员，针对不同伤情分类救治；市卫计委派出专家组，并在阜宁县人民医院设立省市县三级指挥部，防疫人员在现场做消杀作业；住建部门派出专家组，制定重建方案，排查危房；经信委连同通讯公司立即进行设备抢修，并调派应急通讯车作为辅助通讯工具。这些工作主要集中在灾害发生的前两天，到达灾区后立刻开展，且优先程度高于其他后续工作。一般诸如信息通讯、抢险设备等困难主要发生在这个阶段。

第三阶段（24日11时至响应终止）：在道路基本畅通之后，确保救助安置工作顺利进行的同时，有的部门开始动员本部门工作人员参与物资发放、抢救粮食、组织捐赠等专业性不强、容易上手的工作。通讯等提供后方保障的公共部门并没有派出更多人员直接参与救援，而是在做专业的通信保障工作，保障信息的合理流通。一些社会力量甚至企业部门也自发地组织起来，参与救灾活动。这些力量既包括专业的救援队伍，也包括非专业的志愿者。

（四）社会响应

1. 社会捐赠工作。截至7月1日17时，江苏省民政、慈善、红会系统共接收盐城龙卷风冰雹特大灾害救灾救助捐赠款物合计33811.19万元（含省财政厅收到捐款1000万元、认捐数700万元、物资折价6822.88万元）。其中，民政部门和慈善会接收捐赠款物31714.85万元（含认捐数700万元），红十字会系统接受捐赠款物1096.34万元。截至7月20日16时，阜宁县慈善总会共收到捐款96812863.17元。

2. 志愿者动员。在动员社会力量方面，团委系统扮演了十分重要的角色。

一是建立应急指挥机制，成立“青”字号队伍抢险救灾的指挥中心。省、市、县三级团委迅速成立联合指挥部，统筹协调共青团抢险救灾工作。主动与县委领导沟通，把工作纳入县委统一领导，每天参加县抢险救灾总指挥部工作例会，以书面形式报告团委的救灾工作动态。全市团委系统共组织44个青年突击队、青年志愿者队伍1591人次参与救灾，为灾区群众募集各类物资价值近200万元。利用团属微信、微博等新媒体平台矩阵优势加强宣传动员工作。各类“青”字号队伍在灾区主要承担了伤亡群众救助、救灾物资清点、搬运与发放、抢运受灾群众粮食等工作。

二是建立需求收集机制，成立汇总处理各类救灾需求的信息中心。建立热线求助电话，通过网络媒体向社会公开指挥部地址及24小时值班电话，承担了县12345政务服务热线中有关青年志愿者以及青少年救助方面的电话。建立群众需求排查队，在受灾村居的安置点安排一名乡镇团委书记和2～3名团干部组成群众需求排查队，下访摸排群众需求，每天晚上反馈给指挥部，为调配相应的工作力量提供依据。设置网络对接平台，建立“青春有爱　天佑盐城”“共青团前线指挥部”两个微信工作群，参与主导“623阜宁龙卷风应急物资筹备群”“623阜宁龙卷风应急响应群”等微信群，明确专人汇总社会公益组织和爱心人士可提供服务的时间、人数、专业等情况，由指挥部统筹安排对接需求。

三是建立统筹协调机制，成立整合公益组织和社会志愿者参与救灾的调度中心。组织召开工作协调会，主动将公益组织力量整合到抢险救灾总体工作中去，每晚7时召开社会公益组织、青年志愿者工作协调会，帮助协调处理工作中存在的问题。设立青年志愿者联络处，重点做好外来社会公益组织和青年志愿者队伍工作协调对接、个体社会志愿者服务意愿登记和派遣、灾区青少年摸排、受灾群众需求统计等工作，避免出现公益组织各自为政、扎堆服务等乱象。派发服务对接单，每天早上派发《社会公益组织救灾服务对接单》，注明受灾地联系人和社会组织联系人、人员数量、专业特长等信息，各公益组织凭对接单才能进入灾区前线，统筹安排社会组织工作，总共派出了78批次、1500人次社会公益组织力量参与救灾工作，有效发挥了公益组织的专业作用。

四是建立长效服务机制，成立实施受灾青少年帮扶项目的督导中心。在救灾阶段，团组织重点做好受灾青少年的服务工作，特别是围绕青少年的生活、学习以及心理状况，有针对性地开展工作。深入掌握青少年受灾情况，了解受灾群众特别是受灾青少年情况，针对不同情况，提供不同的服务项目对接。多方面筹措青少年救助资金，通过各种渠道向社会公开青基会捐款账号信息及网络捐款平台。重点关注青少年心理问题，广泛联系社会公益组织、青年志愿组织参与，针对受灾家庭青少年产生的心理问题，第一时间推出了温心同行——6·23心理援助项目，组织动员专业社会公益组织开展对受灾青少年的心理援助，先后派出17支队伍，服务青少年988人次，其中重点干预青少年个案11个。

3. 灾害保险。保险业紧急应对江苏盐城“6·23”龙卷风冰雹特大灾害，当地保险企业迅速组建查勘队伍，梳理灾区承保情况，开设理赔服务便民受理点，建立沟通机制强化数据更新，开通赔款支付绿色通道。截至7月3日上午，江苏盐城“6·23”龙卷风保险报案数量1586件，估损金额5750.43万元，已支付赔款2286.20万元。其中，人保财险江苏省分公司就电力设施损失向国家电网预付赔款800万元。人保财险江苏公司向阿特斯协鑫阳光电力有限公司预付企业财产新损失赔款2000万元，支持阿特斯工程灾害施救和重建。

第八章　打造快速高效响应的应急物资保障体系

加强我国应急物资保障体系建设，是事关突发事件发生后群众基本生活是否能够得到保障和社会和谐稳定是否能够得到保证的压舱石，是各级政府依法行政、履行突发事件处置、抢险救援和救灾救助职责的重要物质基础，也是我国应急管理体系和能力现代化建设的重要内容。习近平总书记在二十大报告中指出："提高防灾减灾救灾和重大突发公共事件处置保障能力，加强国家区域应急力量建设。"因此，必须立足于应急管理现代化的视角，建立健全统一的应急物资保障体系，把应急物资保障作为国家应急管理体系建设的重要内容，按照集中管理、统一调拨、平时服务、灾时应急、采储结合、节约高效的原则，尽快健全相关工作机制和应急预案，着力打造快速、高效、反应灵敏的应急物资保障体系。

一、我国应急物资保障体系概述

（一）应急物资保障体系的内涵

1. *应急物资*

应急物资，是指为应对自然灾害、事故灾难、公共卫生事件和社会安全事件等突发事件应急全过程中所必需的物资保障。从广义看，凡是突发事件应对过程中所涉及的物资都可以称为应急物资。从狭义看，除了少数专用应急物资外，大多数应急物资都是日常生产生活中常用的物资，如救灾用的帐篷、衣被、食品、饮用水、药品和医疗器械等。由于在突发事件应急救援和处置时，对相关物资的需求具有急迫性、需求量大、性能要求高等要求，因此需要事先对相关的应急物资进行分类储备，以保障突发事件发生时应急物资能被及时可靠地供应。

2. 应急物资保障体系

根据《中华人民共和国突发事件应对法》规定，应急物资保障体系是指重要应急物资的监管、生产、储备、调拨和紧急配送的体系。构建应急物资保障体系，关系到国计民生和社会的长治久安。应急物资保障体系必须满足自然灾害、事故灾难、公共卫生事件和社会安全事件应急处置与救援的需求，涉及的品类繁多，数量庞大，且不同品类的物资对生产和存储环境、维护保养、存储时间均有不同的专业要求。在突发事件频繁发生的当下，打造快速、高效、反应灵敏的应急物资保障体系已成为当务之急。

（二）我国应急物资保障体系的演进

1. 以备战备荒为主要目的的国家战略物资储备阶段（1953—1978 年）

早在 1953 年，当时的政务院财政经济委员会就成立了国家物资储备局，重点收储和国计民生相关的重点战略物资，以应对战争和饥荒等需要。此后，各省市政府也相继成立了地方物资储备管理局，下设储备仓库，实行自上而下的垂直管理，围绕“备战、备荒”需要建立起我国的物资储备体系，这是我国应急物资保障体系的雏形。

2. 以稳定市场供给、平抑物价为主要目的的专项储备阶段（1979—2003 年）

改革开放之后，我国物资储备体系的备战功能逐渐弱化，转而更多地承担稳定市场供给、平抑物价等方面的作用。1982 年，原商业部制定了《棉花储备库管理条例》，建立了棉花专项储备。1983 年，中国烟草总公司制定了《国家储备烤烟管理暂行办法》，将烤烟作为专项储备物资，1986 年，中国烟草总公司将其修订为《国家储备烟叶管理暂行办法》，烟叶储备正式建立，目的是为保证烟叶陈醇、提高烟叶质量、稳定卷烟配方和调节农业丰歉。1991 年，我国根据《盐业管理条例》建立了食盐储备，用于防备战争、救灾和在市场出现特殊情况下调剂急需。1991 年，根据国务院《批转国家计委等部门关于民族贸易和民族用品生产供应工作的意见的通知》，建立了边销茶成品储备制度。1994 年，根据国务院《关于加强“菜篮子”和粮棉油工作的通知》，建立了粮、棉、油、肉、糖等主要农副产品的专项储备制度，国家储备肉 15 万吨，国家储备食糖 160 万吨。1996 年，国家茧丝绸协调小组制定了《国家厂丝储备管理暂行办法》，建立了厂丝储备。1997 年，根据国务院《关于改革和加强医药储备管理工作的通知》，建立了中央和地方两级医药储备制度，中央储备 5.5 亿元，地方储备 6.5 亿元。1998 年，根据国务院《关于深化化肥流通体制改革的通知》，建立化肥储备制度。2003 年，国务院制定了《中央储备粮管理条例》，形成了“政府＋储备企业＋直属仓库”的管理模式。2007 年，国家发展和改革委员会成立了国家石油储备中心，建立了石油储备。2008 年，国务院机构调整之后，国家石油储备中心由国家发展和改革委员会划转给国家能源局管理。2011 年，国家发展和改革委员会、财政部制定了《国家煤炭应急储备管理暂行办法》，建立了煤炭应急储备。

总之，经过几十年的发展，我国已经形成了粮食、石油、棉花、食糖、医药、化肥、食盐、肉类、边销茶、羊毛、厂丝、烟叶、煤炭等关系国计民生的重要物资储备体系，对于调控经济形势、稳定社会秩序，都发挥了重要的作用。

3. 以应对突发事件为主要目的的应急物资保障阶段（2003 年至今）

2003 年“非典”以后，应急管理提上政府管理的日程，并受到越来越多的重视，原有物资储备体系中的应急功能逐渐得到体现和强化。应急物资储备体系建设不断得到加强，各级财政投入也不断增加，形成了独具特色的我国应急物资储备制度。在取得抗击“非典”斗争胜利后，中央全面加强了应急管理工作，大力推进以“一案三制”为核心内容的国家应急管理体系建设。其中，应急物资保障系统是其中的重要组成部分。这充分表明，我国的应急物资保障体系早在“非典”后就开始建设，但由于应急物资生产、储备和调度的地方化和部门化，在统一生产、储备、运输等方面没有形成合力，使得我国这次新冠肺炎疫情发生后，应急物资保障体系一度陷入被动。

（三）我国应急物资保障体系的基本特征

1. 应急物资保障体系响应的快捷性

突发事件发生后，应急物资保障涉及公众生命财产安全与社会的稳定，能否在最短的时间内让各种救灾物资到达现场，发挥特殊情况下的应急价值，是衡量应急能力高低的重要标志。但由于突发事件在时空上的不确定性，要求应急物资从生产地、资源储备地到事发地，在时间、空间和应急物资的数量、质量上都做到准确无误，使有限的人力、物力、财力发挥最大的保障功能。在应急物资申请、调拨、审批、运输、分配等环节，必须保持各级各部门的协同和快速高效。

2. 应急物资保障体系响应的灵活多样性

突发事件往往是由多个矛盾引发的，内部原因和外部环境都十分复杂，加之突发事件规模大小不一、种类各异，潜在的危害、衍生的灾害也各不相同，还有地理、地域及周边环境的复杂性等，因此在保障方式上必须具有灵活多样性。

3. 应急物资保障体系具有共享性和协同性

突发事件的特性决定了应急物资的稀缺性，同时应急物资又是突发事件赖以成功处置的最基本的要素。突发事件发生后，应急物资保障体系内部成员单位在规定的范围和程序下可以使用应急物资资源，以实现应急物资保障资源的充分有效和合理利用，避免各自为政和重复配置，减少浪费。因此，应急物资的保障必须具有较强的协同性，要求指挥统一、运转协调、责任明确、程序简化。

4. 应急物资保障体系资源布局的合理性

不同的地理位置、不同的自然环境、不同的经济区域、不同的城市类型、不同类型的突发事件高发区，都要求应急物资保障体系的应急资源应有不同的分布。应急物资保障体系的资源合理分布不仅可以降低总成本，还可以保证突发事件发生后应急救援的时效性，从而最大限度地减少人员伤亡和财产损失。总的讲，应急物资保障体系资源布局的合理性表现为“兼顾全面，保障重点”，即在兼顾全面的基础上，保证突发事件应对处置的重点部门、重点任务及关键环节的应急物资需求，特别是保证应急物资中稀有资源的最佳利用。

（四）我国应急物资保障的应急物资储备分类

品类齐全和充足的应急物资储备是应急物资保障体系关键时候能发挥作用的前提条件。从实践看，应急物资的储备可分为实物储备、资金储备、生产能力储备和社会储备等四种形式。① 一般来说，以实物形态储备的物资都是专用性强、生产周期长、不易腐烂变质的物资；以资金或生产能力储存的物资都是生产周期比较短、平时储存又不经济的物

① 应急物资保障，中国应急信息网，https：//www. emerinfo. cn/2019-10/10/c _ 1210306683. htm.

资；社会储存的物资多为平灾通用性的物资。

1. 实物储备

实物储备是指以实物形式储存在仓库中，当突发事件发生后随时可调用的物资储备。实物储备是突发事件尤其是大规模突发事件初期应对的主要物资来源，实物储备对于拯救生命、控制灾情具有重要意义。但是如果过多依靠实物储备，则有可能造成大量应急物资的长期闲置甚至浪费。目前，我国基本上是分部门、分灾种储备物资，未能实现统一调度，各储备单位之间信息不能共享，更不能相互调剂。

2. 资金储备

财政后备是国家财政为应付各种意外开支的需要而建立的专项基金。我国财政后备由国家预算安排的预备费、周转金和财政历年结余三部分组成。建立财政后备的目的：防备国民经济发展中难以预见的比例失调，保证社会再生产过程不致中断；弥补自然灾害和其他意外事故造成的损失；应付战争等突发事件的特殊需要。作为具体的预算单位，应急管理部门应设立充足的应急物资储备金，主要用于突发事件发生时应急物资的购买、储备等，保障不时之需。

3. 生产能力储备

生产能力储备是指政府委托某些应急物资的生产企业，储备一定的富余生产能力，以便在突发事件发生时迅速生产、转产应急物资。生产能力储备主要适用于不易长期储存、生产周期较短，或者储存需要占用较多空间的物资。这种储备对大规模突发事件的长期救灾可以起到非常重要的作用。对于生产能力储备企业，政府应急管理部门应事先摸清有关应急物资生产的能力，一般事先签订储备协议并适当给予补贴，确保应急物资需求膨胀时通过厂家扩大生产能力，保障应急物资供应。

4. 社会储备

社会储备是指负责相关应急物资生产和流通的企业，保持一定数量的应急物资库存，平时用于商业周转，突发事件发生时可供紧急调用。对于政府委托企业代储的商品，事先与企业签订代储协议，明确必须保留的最小库存并适当给予补贴。商业储备也是实物储备，但可以避免应急物资的长期闲置和过期报废。此外，还要动员社会公众准备应急包，其中包括手电筒、哨子、救生索、必备药品及一些五金工具等，以备不时之需。目前，一些城市和地区已经开始由政府统一发放应急救援包。

（五）应急物资保障体系的资金来源

应急物资保障体系的建设需要有资金来源作为保证，其资金保障包括各级政府按照现行事权财权划分投入的资金。鉴于突发事件发生的突然性和应对的紧迫性，应急管理资金应纳入各级政府公共预算安排的优先事项。同时建立和完善财政专项转移支付制度，并建立健全政府、企业、社会多元的应急资金投入机制，缓解应急资金不足的紧平衡矛盾。

1. 政府常规性救灾资金

2004 年，财政部制定《突发事件财政应急保障预案》，对财政应急资金来源和使用进行了原则性规定。首先，根据突发事件的影响程度，确定采取不同的财政收入、支出政策，以及快速拨付资金等方式进行支持。其次，确立了按照现行事权、财权划分原则，对应急资金保障分级负担。属于中央政府事权的，经费由中央财政负担；属于地方政府事权的，经费由地方财政负担。第三，按照“特事特办，急事急办”的原则，及时拨付处置突发事件的资金，专款专用，禁止挪用截留。

2. 财政预备费

除了各级政府预算安排的常规性救灾应急资金，财政预备费是应急物资保障资金的另一个重要来源，主要用于年初难以预料、年度预算执行中需要安排的支出事项。对于防汛抗旱、森林消防、动物疫情等经常性突发事件的资金需求，可以通过一般的应急管理预算予以解决。但是，对于那些年初没有预料到的突发事件，比如 2003 年在世界范围流行的“非典”疫情等，往往没有纳入年初预算。对于那些影响比较大、破坏力比较强的突发事件，如 2008 年汶川地震，虽然年初安排了一部分灾害预算，但是由于资金的需求太大，预算安排的资金远远不能满足需求。在这种情况下，预备费就成为解决此类问题的最佳选择。我国《预算法》第四十条规定：“各级一般公共预算应当按照本级一般公共预算支出额的百分之一至百分之三设置预备费，用于当年预算执行中的自然灾害等突发事件处理增加的支出及其他难以预见的开支。”[①] 各级政府应对突发事件的总预备费应该在本级财政按法律规定足额提取，将预备费作为解决支持重大突发事件的一个重要资金来源。

3. 整合现有资金，避免重复投入

我国传统的应急管理是分灾种、分部门进行的，其权力的运作相对分散。必须整合分散在各个部门的资金，改变过去资金分配散乱、无序、各自为政的局面。政府在应急管理中应该建立一个良好的资源整合机制，从而有效地把国内资源和国外资源、政府资源和市场资源、社会资源整合在一起，提高政府应急管理的综合能力。以应急管理职能整合为契机，对分散的应急物资资源进行整合，规范预算资金的投入，避免经费的重复安排，统一协调、合理配置应急物资保障资金。

二、我国应急物资保障体系存在的主要问题

从近年来新冠肺炎疫情应对的情况来看，我国应急物资保障体系暴露出一系列的问题，需要在今后予以解决和完善。

① 《中华人民共和国预算法》，2018 年 12 月 29 日第十三届全国人民代表大会常务委员会第七次会议第二次修订版。

（一）国家应急物资保障体系缺少专门立法

法律制度是做好国家应急物资保障工作的前提。当前，我国的应急物资保障体系建设要求分散在《国防法》《国家安全法》《国家储备综合物资管理规定》等数十项法律、行政法规和部门规章中，缺少专门的立法。具体来说，法律制度保障不足体现在以下四个方面。

1. 立法缺位问题严重

法律层面有关应急物资保障的规定大都比较笼统，缺少具体、细化的制度；行政法规层面仅对粮食、能源等若干战略物资的保障作了较为详细的规定，而尚未涉及石油、矿产、防疫、防护等重要战略物资的保障问题。

2. 立法层次较低

现存的一些应急物资保障法规通常以“试行”“暂行”“意见”“通知”等形式存在，以部门规章为主，立法层次较低。此次暴发的新冠肺炎疫情，对应急物资保障体系建设提出了新的挑战，要下好全国一盘棋，迫切需要全国人大层面的应急物资保障立法。

3. 多头立法突出

重大突发事件牵涉面广，我国应急管理事权分散在多个部门和各级政府手中，导致应急物资保障立法出现“政出多门、多龙治水”现象。

4. 法规内容陈旧

我国当前的应急物资保障法规大多和应急物资储备有关，而这些法规又大多以数十年前制定的部门规章为主。近年来随着国家安全风险、突发事件增多，以及经济社会生活发生重大变化，一些旧的行政法规已经不能适应当下的应急物资保障需要。

（二）应急物资保障的跨部门协调机制不足

在机构改革之前，应急物资保障存在条块分割、机制不顺、资源分散等问题，各类应急物资的保障自成系统。一方面，由于应急物资的生产、储备、调配信息互通程度不够，导致某些应急物资因各部门重复储备而总量超储，造成应急物资的闲置和国有资产浪费；另一方面，由于物资调度能力不强，部门联动不够，在应急状态下应急物资保障往往无法形成有效的合力。

2018 年的政府机构改革，通过整合相关部门成立了应急管理部，一定程度上缓解了这一矛盾，但并未从根本上解决问题。此次新冠肺炎疫情发生后，防控物资调配涉及应急管理、发改、工信、交通、商务、卫健、市场监管、药监等多个行政管理部门。针对应急物资保障协调的困难，国务院在短时间内成立了联防联控机制物资保障组，但由于各部门在物资联动方面缺乏实战经验，一度暴露了应急物资类目不清、产业现状不明的问题，也出现了缺什么追什么、不断查漏补缺的被动局面。

（三）应对新型风险的应急物资储备能力不足，影响我国应急物资保障体系的整体效能

近年来，随着全球化、工业化、信息化和城市化的加速，我国的风险类型也发生重大变化，不断从传统风险走向新型风险。新型风险超越人们既往对风险的认知和应对能力，给应急物资保障体系和应急物资储备能力提出新挑战。

首先是应急物资储备结构不够合理。当前的应急物资储备结构主要存在三个方面问题：一是品种匮乏。应急物资储备的丰富程度直接影响应急的水平和能力。从《国家发展改革委办公厅关于印发应急保障重点物资分类目录（2015 年）的通知》来看，应急物资分现场管理与保障、生命救援与生活救助、工程抢险与专业处置三个大类数百种物资，各地各部门虽不需要完全涵盖，但目前储备品种与实际需求仍存在一定差距。二是方式单一。合同储备物资虽然目前不具备实物储备条件，但全

权委托一家企业代储的储备方式存在一定风险，在紧急情况下，一旦企业违约，很可能导致某项物资的缺乏。三是模式单一。目前储备主要以“实物储备+合同储备”模式构成，而应急物资储备第三种方式——能力储备在一些地方仍处于缺失状态，主要是对当地具备应急物资生产能力的企业统计力度不够，信息掌握不全。

其次是对新型风险的应急物资储备认识不足。长期以来，我国国家储备的基本思想是针对战争、自然灾害和市场波动之类的传统风险。此次新冠肺炎疫情发生初期应急物资短缺的情况表明，相关部门对重大传染性公共卫生事件等新型风险的认识明显不足，医用防护服、口罩等物资储备存量短缺，应急生产潜力缺乏，部分物资“应储未储”现象突出。其根本原因在于各部门对于做好这类物资储备的重要性认识不够、积极性不高。口罩、医用防护服、护目镜等物资的生产企业都属于小微行业，平时缺少政策关注，相关部门甚至未掌握完整的企业名录和生产能力清单。紧急状态下，企业用工、原辅材料、资金等方面必然遭遇困难，复产扩产能力严重不足。

第三，一些地方仓储设施能力薄弱。一些地方还没有专门的物资储备库，存在体系不全、标准不高、设施缺乏等问题，与《救灾物资储备库建设标准》要求存在较大差距，无法满足现代救灾物资储备要求。

（四）我国应急物资保障体系建设的模式存在缺陷

我国应急物资保障体系建设模式单一，社会和市场力量动员不足的缺陷比较突出。比较而言，发达国家高度重视市场在国家应急物资保障体系建设中的作用。以应急战略物资中的粮食储备为例，美国粮食储备中联邦储备仅占8%，生产者自主储备和私人企业储备则分别占到50%和42%。澳大利亚、俄罗斯等国情况也类似，大量社会和市场主体参与国家应急物资保障体系建设，一方面减轻国家应急物资保障体系建设的资金压力，另一方面也增强了应急保障体系的韧性。

当前，我国的应急物资保障体系建设仍然以政府保障为主，对社会和市场在应急物资保障中的地位作用重视不够。社会力量参与国家应急物资保障体系建设的法律地位也未能明确，导致政府和相关国有企业的应急物资生产和储备负担过大。此外，应急保障物资体系存储机构的技术手段落后、设备设施陈旧、资金紧张等问题较为突出，缺乏灵活机动能力，很难增加应对新型风险的应急物资保障需求。

（五）应急物资保障体系资金投入力度不够

充足的资金投入是应急物资保障体系建设的重要前提条件。基于应急物资保障的公共产品属性，财政投入是应急物资保障体系的最主要资金来源。但从近年来一些地方政府对应急物资保障体系建设的财政投入情况来看，存在着应急物资采购预算偏低、运行经费偏紧、维修资金不足的问题。特别是应急物资储备方面，由于突发事件发生的不确定性和应急物资的弱经济性特点，其资金投入一直处于停滞状态。政府财政资金投入不足，严重影响了我国重要应急物资的生产、储备和管理，进而导致应急物资保障体系有物无库、有库无物、有物无用、有物不用，关键时候调不出、用不上等问题。

（六）应急物资保障体系响应存在调配不顺畅问题

由于应急物资响应涉及各级政府多个部门，彼此之间缺乏统筹协调机制。以 2020 年暴发的新冠肺炎疫情应对为例，在疫情暴发初期，各类防疫物资调配信息不对称、调配不及时的问题时有发生。

1. 信息乱

在疫情防控中出现了地方政府、社会组织、医疗机构甚至个人通过广播电视、网络、社交媒体公开募集应急物资的现象，信息混杂、真假莫辨，严重影响了政府部门的科学决策和应急物资的高效调配。

2. 负面舆情频发

在防疫医疗应急物资的调配中，个别地方的部门和机构工作作风和效率低下，严重影响了政府和公益机构的公信力，酿成重大社会负面舆论和不良社会影响，引发社会公众对防疫医疗应急物资调配公信力的质疑。

三、打造快速高效、反应灵敏的应急物资保障体系的建议

我国应急物资保障体系的目标可以确定为：加快创新型国家建设，推进国家应急物资保障体系的理论创新、实践创新和制度创新，完善国家总体安全观；建立健全国家应急物资保障体系的法律法规体系；立足国情，形成适应重大突发事件应对的现代化应急物资保障综合领导和管理能力；补充完善面向新型风险的应急物资保障新机制；培养一流的应急物资保障人才队伍，提高科学技术的支撑作用；提高自主创新能力，推动新兴技术在应急物资保障中的应用，加快应急物资保障的数字化转型。

（一）以国家总体安全观为引领，将国家应急物资保障体系安全纳入国家安全范畴

当今世界正处在百年未有之大变局，确保国家粮食、能源等战略应急物资保障的安全，具有特别重要的意义。要坚持用总体国家安全观统领战略应急物资保障工作，把维护国家安全摆在首要位置，进一步强化保障国家安全的政治担当，深化改革转型发展的历史担当和守土有责的责任担当。要高度重视新型风险，重视发动全社会力量，分析研究预警

中长期影响国家安全的各类风险，特别是重大公共卫生事件等新型风险，教育和引导广大人民群众牢固树立应对新型风险的国家应急物资保障安全观。

（二）加强法治建设，强化国家应急物资保障体系的法律保障

随着应急物资保障体系不同部门的职能整合，急需解决当前应急物资保障相关法律法规的碎片化问题。在《国家物资储备管理规定》《中央救灾物资储备管理办法》等应急物资保障法律的基础上，根据我国应急物资保障体系的新特点，制定出台科学、系统、完整的应急物资保障全国性法规和综合性实施办法，对应急物资的收、储、轮、用等方面作出详细规定，明确界定政府、企业、社会组织、个人在应急物资保障中的权利和义务，为应急物资保障体系建设提供法律依据。

1. 应急物资保障体系建设应由全国人大或者全国人大常委会以法律的形式进行规范

提高应急物资保障体系立法的层次，不仅有利于保障应急物资安全，有利于提高国家应对突发事件的能力，还能够增强国家的宏观经济调控能力，稳定民众心态，维护社会稳定。当前，我国的中国特色社会主义建设进入新时代，国家对应急物资保障体系建设进行了全方位的功能定位，明确提出了国家应急物资保障要服务国防建设、应对突发事件、参与宏观调控、维护国家安全的要求。这充分体现了国家对应急物资保障工作的重视，也为强化相关立法指明了方向。当前，考虑到我国应急物资保障体系立法的现状，可以先由国务院制定国家应急物资保障相关条例，待条件成熟，再由全国人大或者全国人大常委会以法律形式对国家应急物资保障体系进行规范，必要时在《宪法》中予以适当体现。

2. 尽快制定一部具有基本法性质的国家应急物资保障法规

从必要性与可行性来说，国家应急物资保障基本法能够起到统领相

关法律、法规和规章的作用，不仅具有宣示性意义，还具有统揽全局的功能。同时，制定国家应急物资保障基本法有理论基础，在实践上也具有较强的可操作性。一方面，国家应急物资保障虽然在具体形态上各有差异，但存在一定的共性，因而制定国家应急物资基本法在理论上是完全可行的。另一方面，我国几十年来的应急物资保障工作已经积累了相当丰富的经验，这些经验为制定一部科学的应急物资保障基本法提供了实践基础。

从国际立法经验来看，美国有《战略物资储备法》和《国防生产法》，芬兰有《国家战略储备法》，瑞士有《国家经济供给联邦法》。这种从基本法层面对国家应急物资保障进行总体规范的立法经验启示我们，我国可以通过制定一部具有基本法性质的国家应急物资保障基本法来规范应急物资保障的基本问题并统领相关单行法。

3. 尽快对若干重要战略应急物资的保障进行专门立法

专门立法之所以必要，从根本上讲是源于一些战略应急物资保障的特殊性。战略应急物资的种类繁多、特性各异、保障环节较为复杂，对于粮食、石油、矿产等若干重要战略物资的保障而言，只有进行专门立法才能加强管理。从立法模式来看，以国家战略应急物资保障基本法为一般法，统领石油保障法、粮食保障法等特别法，形成一个有机的国家战略物资保障立法体系，是完全必要的。我国有特殊战略物资保障的丰富经验，可以通过经验总结，把现实中具有较强可操作性的规则上升到法律层面，这是一条非常有效的立法路径。另外，特殊战略应急物资保障具有较强的行业特色，进行专门立法有利于对该种战略物资保障进行针对性管理，各方面阻力不大，易于实施。

（三）推动机构改革，建立完善国家应急物资保障领导体系

在推进机构改革过程中，加快理顺应急物资保障的管理体制机制，

整合各类应急物资管理职能，确保上下级、部门间联动顺畅；加快完善应急物资保障机制预案，如风险预警机制、部门联动机制、应急处理机制、信息沟通机制等，切实提高突发事件应急处理能力；鼓励社会组织、单位、个人参与应急物资保障体系建设，探索社会化多元参与应急物资保障新机制。

当前，可以考虑从三个方面完善国家应急物资保障领导体系建设。一是成立中央应急管理委员会，研判中长期国家重大风险，统筹领导各方力量，应对各级各类应急事件。二是全国人大研究重大风险情况下授权国务院依法采取临时应急措施的制度性安排，确保包括应急物资调用在内的各类应急措施有法律根据。三是在国务院层面成立领导政府各部门应急物资保障工作的常设机构，如国家应急物资保障委员会，以制定国家应急物资保障方面的总体规划和重要政策，协调应急物资保障有关的重大问题等。

（四）重视动态保障和能力保障，建立健全应急物资保障新机制

应急物资保障新机制包括动态保障机制和能力保障机制两个方面。

1. 动态保障

依托互联网电商等平台，将口罩、医用防护服等因技术性原因“应储未储”和“应储不能储”防疫物资纳入国家应急物资保障体系。建设过程中应注意减少传统仓库式的集中储备保障，着力发挥互联网电商平台掌握的商业库存大数据的技术优势，实现“实时监测，阈值预警，动态储备，分储地方，藏储于民”，创新建立适应该类物资自身特点的新型保障机制。

2. 能力保障

重点是建立保障产品目录和生产企业清单管理机制，做好能力保障

工作。首先，尽快研究当前防疫和疫情预后物资保障的现实需求和潜在需求，梳理制定应急保障物资目录。其次，各级各地发改、工信、财政、市场监管、药监等部门要依据目录，认真细致做好目录内物资生产企业、流通企业和用户侧的摸底工作，建立应急物资保障重点企业清单和重点用户机构清单。第三，要从供需两侧建立动态台账，第一时间掌握相关物资情况，形成应急物资动态保障的应急响应能力。第四，拓宽政府与社会主体的合作方式和领域，在应急物资保障体系建设中注重“小国家大市场，小常备大潜力，小风险大效益，小投资大回报”，进一步完善国家应急物资保障体系的建设模式。

（五）加大科研投入，不断增强国家应急物资保障体系的创新能力

应急物资保障体系的监测预警、指挥调度、应急处置等各环节都迫切需要提升科学化水平。我们必须依托先进的科学技术手段加强应急监测预警和预判研判，实现应急物资保障体系的网络化和信息化，提高应急处置的科学性和救助效率，创新性地整合资源来有效应对突发事件。

1. 加强应急物资保障体系的基础理论研究

围绕重大和新型风险预警、保障物资品类规模和结构、储备仓库等设施区位布局、应急物资最优路径等应急物资保障相关的基础科学问题，应加强国家应急物资保障的基础理论研究，切实提高原始创新能力。

2. 加大应急物资保障相关设备及技术的研发投入

应通过科技攻关，集中力量攻关行业通用技术，开发高效节能的应急物资保障相关设备设施，攻克布局、储存、调配、运输等领域的关键技术瓶颈，争取应急物资保障关键技术、设备设施研发等的重大突破。

3. 建立产学研深度融合的国家应急物资保障技术创新体系

以企业为主体、市场为导向，积极吸纳电商、交通、物流、社交媒体等新兴互联网平台，参与国家应急物资保障体系的共建、共担、共享。提高5G通信、大数据、云计算、人工智能、物联网等新兴信息技术在应急物资保障领域的渗透程度，加快推动应急物资保障体系的数字化转型。

（六）加快智慧物流建设，提高国家应急物资保障体系的协同治理能力

智慧物流在国家应急物资保障体系的协同治理中发挥重要作用，应重点从三个方面着手加强应急物资保障的智慧物流建设。

1. 建立基于智慧物流大数据的应急物资保障预警机制

智慧物流就是以大数据处理技术为基础，利用软件系统把人和设备更好地结合起来，系统不断提升智能化水平，让人和设备能够发挥各自的优势，达到系统最佳的状态，并且不断进化。建立基于智慧物流大数据的应急物资保障预警机制，包括建立实时监测平台，根据重要应急物资供需的动态变化情况，预警预判突发事件的发生概率，以及建立突发事件直报系统，接入国家应急物资保障体系，畅通突发事件上报渠道并及时做出决策反馈。

2. 鼓励现代物流企业建设智慧物流调配平台

在企业、社会、技术等多重因素的推动下，现代物流企业正从劳动密集型向科技密集型行业转变。近几年的物流领域呈现规模大、离散、少人的场景趋势，企业面对日趋复杂的业务需求和激烈的市场竞争，急需对物流进行数字化现代升级，以构建敏捷、柔性的智慧物流生态体系。在发生重大突发事件时，接受国家应急物资保障领导小组指挥，对平台上的物流设施进行统一调度、系统优化。

3. 加强智慧物流技术研发应用和基础设施建设，打造智慧化的物流信息平台

全面提升应急物资保障的网络化、数字化、智能化水平，构建基于政府、军队、社会、企业等多领域融合的国家应急物资大数据平台，使其涵盖应急物资生产、储备、捐赠分配、交通运输、邮政快递、分发配送、应急需求等各方面信息。既有利于政府部门全面掌握情况，进行形势判断，也有利于应急物资保障体系各参与方的协同协作。

4. 创新国家应急物资保障“互联网+”全民监管的新模式

依托智慧物流和互联网平台建设，推进各类应急保障物资征集、捐赠、储备、调拨、分配、物流、配送等全过程信息透明，创新国家应急物资保障“互联网+”全民监管的新模式。

阅读材料

2020年武汉疫情防控的应急医疗物资保障[①]

2020年初，随着新冠肺炎疫情的进一步升级，疫情重灾区武汉以及湖北全省出现不同类别的应急物资短缺现象，给疫情防控工作带来严重不利影响。习近平总书记多次就应急物资保障工作做出重要指示，强调要健全统一的应急物资保障体系，确保关键时刻能调得出、用得上。在中央应对疫情工作领导小组的领导下，国务院应对疫情联防联控机制启动。该机制由国家卫生健康委牵头，各成员单位分工协作，各司其职，共同担负起应急物资的保障工作，形成疫情防控的强大合力。根据

① 参见中共工业和信息化部党组：《疫情防控期间全力以赴确保医疗物资保障有序有力》，《求是》2020年第5期。

党中央、国务院部署，工业和信息化部牵头国务院应对新冠肺炎疫情联防联控机制医疗物资保障组工作。按照党中央统一领导、统一指挥、统一行动的要求，工信部全力以赴确保医疗物资生产供应，为打赢疫情防控阻击战提供了有力支撑。

一、坚持全国一盘棋，把保障武汉和湖北作为重中之重

党中央把武汉和湖北的疫情防控作为重中之重，强调疫情防控不只是医药卫生问题，而是全方位的工作，是总体战，各项工作都要为打赢疫情防控阻击战提供支持。医疗物资供应保障作为当下最紧急、最重要的政治任务，必须坚持全国一盘棋，统筹各方面力量支持疫情防控。在疫情暴发阶段，工信部努力跑在疫情前头，做到医疗物资的统一调配和供应保障的逐步强化，实现了从最初十分紧缺到紧平衡再到基本满足的转变。

疫情暴发初期，来势汹涌、扩散迅猛，各地特别是湖北省和武汉市对医疗物资的需求骤增，医疗物资保障任务急迫而艰巨。2020 年 1 月 23 日湖北省提出第一批需求清单后，工信部紧急安排中央医药储备迅速向武汉调送口罩、防护服等重点物资，以医疗物资保障组名义协调部分省市党委政府集中本地医用物资、全力驰援武汉。很多省市主要负责同志接到调令后，第一时间作出指示，安排得力人手，争分夺秒，连夜组织调运。一些企业积极响应国家号召，果断将用于出口的产品交由医疗物资保障组应急使用。至 1 月 27 日李克强总理到武汉考察时，除医疗防护用品尤其是医用防护服和 N95 医用口罩外，消杀用品、医疗器械等医用物资供应紧张的局面得到初步缓解。

针对最短缺的 N95 医用口罩、医用防护服，在国务院联防联控机制的统筹下，从 2020 年 1 月 28 日起，建立按日供需精准对接机制和重点企业调度机制，实施国家统一管理、统一调度制度，全力保障湖北省特别是武汉市需要。工业和信息化部选派 73 名司局级和处级干部作为

驻企特派员，赴16个省市56家重点生产企业和原材料供应企业，确保生产调运全程可控、经营困难及时解决。经过全力组织复工复产、转产扩能，加上国际采购，到2月5日每日供应湖北的N95医用口罩和医用防护服数量开始略大于中央指导组下达的指令需求，但依然处于紧平衡状态。2月15日以来，随着国内的产量快速提升，供应湖北省国标防护服的数量开始超过需求数量，实现了“当日平衡、来日有望”，同时兼顾北京等其他重点地区的防控需求。

截至2020年2月25日，医疗物资保障组累计向湖北省供应医用防护服283.64万件、N95医用口罩248.2万只、隔离衣92.2万件、医用隔离眼罩（面罩）82.1万个、免洗手消毒液196.25吨、84消毒液（5%）11.79万箱、手持式红外测温仪15.8万个，其他大量进口医疗物资也都优先供应湖北，经分拣、检测后作应急使用；累计供应负压救护车516台，急需医疗器械产品38类、超过5.5万台（套），包括2月19日湖北省提出的10类紧缺医疗设备需求，除人工心肺机正通过国际采购和境内外捐赠落实外，其他设备均在一周多时间里通过调用库存和国内生产得到满足。

二、集中力量办大事，千方百计提升国内生产供应能力

集中力量办大事是我国国家制度和国家治理体系的显著优势之一，是打赢疫情防控阻击战的重要法宝。新中国成立后，在重大战略实施、重大科技攻关、重大工程建设、重大灾害防治的过程中，我国逐步形成了集中力量办大事的制度优势。武汉疫情暴发后，全国上下克服疫情扩散导致的缺员工、缺设备、缺原材料和资金紧张等突出问题，全力推动医疗物资生产企业复工达产、竭力扩能，支持有条件的其他行业企业加快转产、尽早达产，在短短20天时间里，实现了医用防护服和N95医用口罩产能产量双双十数倍增长，并且争分夺秒地供应到抗疫第一线，进一步彰显了“中国制度”的巨大力量。

党的集中统一领导，为集中力量办大事，搞好武汉疫情的医疗物资保障提供制度保证。中国共产党领导是中国特色社会主义最本质的特征，是中国特色社会主义制度的最大优势。这个最本质特征和最大优势，核心就在于坚定维护党中央权威和集中统一领导。上下同欲者胜。党中央坐镇中军帐，多次召开会议、听取汇报，及时作出部署，明确各级党委和政府必须坚决服从党中央统一指挥、统一协调、统一调度，做到令行禁止。各地区各部门各司其职、协调联动、紧急行动、全力奋战，共同推动医疗物资保障工作有力有序开展，为迎来整体战役转折点创造必要条件。实践证明，党的领导越坚强，各方面积极性调动得就越好。在全力提升保障能力的过程中，中央企业充分发挥了主力军、国家队作用，广大民营企业家响应党的号召、不讲条件、宣示了家国情怀和时代担当，一大批外资企业发挥优势、积极出力、奉献了爱心和力量，特别是广大职工不分昼夜、辛勤工作，展现出了工人阶级的政治觉悟和顽强意志。

武汉疫情防控事关全国一盘棋，容不得一丝松懈。而疫情防控的关键之一是医疗物资保障到位。发挥举国优势，集中力量办大事，工信部密集出台一系列“急事急办”“特事特办”的超常规措施。为尽快形成有效产能，采取先生产再走程序、补手续的应急办法，使一批有条件的企业快速获得生产资质。为保证企业满负荷生产，加强全产业链无缝衔接，千方百计增加压条机、口罩机、熔喷布等紧缺生产设备和原料供给。为缩短产品出厂时间，首次探索采取新的消毒灭菌工艺，使产品解析时间从7天压缩到1—2天。为让企业放心大胆地开足马力生产，紧急推出一系列含金量高的财税金融措施，免除企业的后顾之忧。为支撑拓展海外多元化供应渠道，设立快速通关专用窗口，实现疫情物资通关“零延时”。为使一批国外采购产品按时运抵武汉，紧急开辟陆上“绿色通道”，安排两架邮政专机。为确保紧缺物资投入到最急需的地方，紧急出台分区分级使用指南，极大地提高了医疗物资利用水平。

武汉疫情，是对全面从严治党的一次检验，也是对巩固深化“不忘初心、牢记使命”主题教育成果的实践考验。按照党中央要求，实行战时机制，坚持问题导向、目标导向、结果导向，坚决反对和纠正一切形式主义和官僚主义。要求领导干部必须想中央之所想、急中央之所急，靠前指挥、敢于担当、敢于负责，紧急情况下特事特办，决不允许慢慢吞吞、稀里糊涂。坚持开短会、讲真话、出实招，直奔问题和解决方案去。充分发挥基层党组织战斗堡垒作用和共产党员先锋模范作用，加强重点工作督查督办，确保各项措施不折不扣落到实处。注重在物资保障第一线考察、识别、评价和使用干部，对表现突出的进行表扬表彰、大胆使用，对“拖后腿”“当逃兵”的及时提醒诫勉。纪检监察部门深入生产一线开展督导检查，坚决做到党中央决策部署到哪里，监督执纪跟进到哪里，以实际行动践行“两个维护”。

三、加快制造强国建设，夯实应急物资保障的产业基础

制造业是国民经济的主体，是立国之本、强国之基。经过多年发展，我国形成了超大规模制造能力和比较完整的工业体系，不仅制造业规模稳居全球首位，而且是全世界唯一拥有全部工业门类的国家。这一独特优势奠定了医疗物资保障的基础，在抗击疫情中发挥了重要作用。实践证明，只有具备强大的工业综合实力，才能构筑起强大的应急物资保障体系。坚决、彻底地打赢武汉疫情防控阻击战，恢复疫情给经济社会带来的冲击和破坏，都需要坚定不移推动制造业高质量发展、加快建设制造强国。

不仅要打赢武汉疫情防控阻击战，还要加快复工复产，努力完成全年的生产目标和任务。要深入贯彻党中央统筹推进新冠肺炎疫情防控和经济社会发展工作部署会议精神，对还处于紧平衡状态的重要医疗救治设备和物资，推动全产业链复工复产，支持企业增加生产柔性、科学谋

划产能、确保产品质量，尽快满足相关医疗需求。加大救治药品保障供应力度，密切关注研发进展，积极做好生产衔接。与此同时，落实分区分级精准防控策略，强化“六稳”举措，防止工业通信业运行滑出合理区间。从全国来讲，加快化肥、农膜、农机装备等涉农企业复工复产，大力保障生活必需品的供应。优先保障在全球供应链中有重要影响的龙头企业和关键环节恢复生产供应，支持汽车、电子等带动性强的产业尽快复工复产，推动5G网络、集成电路、生物医药、医疗设备、工业互联网等战略性新兴产业加快发展。推进重大项目开工复工，带动工程机械、原材料行业恢复正常运行。促进市场消费提质扩容，加大新业态、大宗消费、大健康产业投入。中小企业是复工复产的难点和重点，当前要聚焦现金流等突出问题，出台实施更大力度扶持政策，加大清理拖欠中小企业账款，切实帮助中小企业解决燃眉之急，提振企业经营信心。

加快高质量发展，全面提高制造业水平。我国正处于转变发展方式、优化经济结构、转换增长动力的攻关期，应对疫情造成的短期冲击，决不能回到粗放式发展的老路上去，而是要坚定信心、保持定力，坚定不移贯彻新发展理念，把注意力集中到解决各种不平衡不充分发展的问题上来，把困难压力转化为升级动力，努力在深化供给侧结构性改革上取得扎实成效。要加快关键核心技术创新，大力实施产业基础再造工程，组织打好产业基础高级化、产业链现代化的攻坚战。围绕打造具有战略性和全局性的产业链，建设一批制造业创新中心等共性技术平台，支持优势地区率先打造一批先进制造业集群。坚持智能制造主攻方向，实施“5G＋工业互联网”512工程，加快制造业数字化网络化智能化转型。聚焦短板弱项，深化开展消费品工业“三品”专项行动，加强食品药品供给保障能力。积极防范化解过剩产能，加快构建绿色制造体系，推广清洁生产、资源高效循环利用等新技术，发展再制造和节能环保产业。发挥企业家精神和工匠精神，支持中小企业“专精特新”发展，培育更多“小巨人”和“单项冠军”企业。

加强重要应急物资保障能力建设，做好战略储备。武汉疫情暴露出我国在应急物资保障中一些长期存在的不足和体系性缺陷，特别是疫情暴发初期，发现重点卫生防疫物资，包括医用口罩、防护服、护目镜、医疗器械等严重不足，加之无序使用紧缺医疗资源，导致一段时间防控物资供应十分紧张。我们要认真总结经验、深刻吸取教训，针对存在的短板死角进行彻底整治，抓紧堵上漏洞、筑强体系。要加快建立工业基础能力调查制度，对包括医疗防控物资在内的重要工业产品和生产能力进行全面细致的调查摸底，分门类编制产业供应链地图，建立工业基础大数据平台和重点企业储备库，做到心中有数、管理有据。加强卫生防疫物资的战略储备，科学调整储备的品类、规模和结构，变制造优势为供给能力，确保关键时刻充分供应，宁可让物资等人，不能让人等物资。优化关键物资生产能力布局，完善部门协同机制，开展常态化统筹管理和动态监控，提升应急生产机动性和调拨分配效率，做到关键时刻拿得出、调得快、用得上。

疫情防控不获全胜，医疗物资保障就决不轻言成功。武汉新冠肺炎疫情的应急医疗物资保障表明，我们必须深入贯彻党中央、国务院决策部署，毫不放松抓紧抓实抓细各项常态化疫情防控工作，积极稳妥推进确立企业复工复产机制，为今后可能出现的突发事件应急物资保障，同时保持我国经济社会的良好发展势头作出更大贡献。

第九章　依托信息化数智赋能的应急科技支撑

科技支撑是推进应急管理现代化的根本动力。党的二十大报告指出："完善科技创新体系。坚持创新在我国现代化建设全局中的核心地位。"随着新一代信息技术的迭代发展，我国应急管理信息化建设取得跨越式发展，数据核灾、数据救援、智能执法等新业务模式应运而生，应急管理逐步迈入智能应用的门槛。新时代应急管理工作，需要以信息化加速推进应急管理现代化，准确把握现代信息技术在传统业务流程和工作模式改革创新的关键作用，以需求为依据，以问题为导向，以数据为关键要素，以应用为核心，促进技术与业务深度融合，最大限度地发挥信息化效能，为形成具有中国特色的应急管理体制、建立高效科学的自然灾害防治体系和生产安全事故预防体系提供基础性、综合性、战略性的技术支撑。

一、信息化是应急管理现代化的应有之义

（一）信息泛在、数智赋能、应急信息化等相关概念

1. 信息泛在的含义

"泛在"意为"无所不在，普遍存在"，其英文为 Ubiquitous，源自拉丁语。1991 年美国施乐公司帕克研究中心的首席技术专家马克·维瑟（Mark Weiser）在 The Computer for the 21st Century 一文中首先提

出了“泛在计算”（Ubiquitous Computing）的概念，认为21世纪的计算将是泛在计算，数字设备应当嵌入人们日常生活环境中，互相连接，延伸到世界的每一个角落。1999年，IBM正式提出泛在计算的概念——无所不在的随时随地可进行的计算，并同样强调计算资源应普存于周围环境，从而提升人们实时获取所需信息和服务的便捷性。① 随后，日本野村综合研究所村上辉康在“泛在计算”的基础上提出了“泛在网络”（Ubiquitous Network）和“泛在网络社会”（Ubiquitous Network Society）的概念。其核心思想是，信息技术以不为人们觉察的方式融入人们的日常生活，帮助人们通过无所不在的网络实现任何时间、任何地点、任何人、任何事物的相互联系和通信。② 2006年10月18日，日立信息通信集团总裁筱本学先生在上海举行的亚太地区城市信息化论坛第六届年会上提出了“泛在信息社会”的新理念，即利用IT“无论在何时何地所有人都能够安全、安心地使用信息”，日立称这为“泛在信息社会”。③ 2007年日本东京国际展览中心举办的“富士通论坛”宣布：世界将迈入泛在信息社会，未来的IT系统将把真实世界的人与物映射到网络世界中。④ 总之，泛在信息社会是建立在“无所不在”的“泛在网络”之上，基于“泛在网络”的信息服务也是“无所不在”，弥漫于社会的方方面面、各个角落。泛在信息环境即无所不在的信息环境，是指社会发展到网络化、数字化、知识化阶段，每个人无论何时何地，在何种条件下，都存在于一个由一定的信息资源、信息设备、信息网络、信息需求、信息行为、信息应用等所构成的环境中。

---

① 参见陈善为：《泛在计算浅谈》，《中国教育技术装备》2011年第8期。

② 参见《无处不在的泛在信息社会》，豆丁网，http：//www.docin.com/p-505238309.html.

③ 参见《日立提出“泛在信息社会”新理念》，日立在中国，http：//www.hitachi.com.cn/about/press/2006/10-12/pdf/%C8%D5%C1%A2%CC%E1%B3%F6%B7%BA%D4%DA%D0%C5%CF%A2%C9%E7%BB%E1%D0%C2%C0%ED%C4%EE.pdf.

④ 参见《2007年富士通论坛宣布世界将迈入泛在信息社会》，《电信科学》2007年第7期。

2. 数智赋能与应急科技

数智赋能是指数智力驱动应急管理场景变革与重塑的过程，强调数字化和智能化对组织能力获得或提升的重要作用。在应急管理现代化数智赋能的进程中，通过构建智慧应急和数字化管理，促进应急管理信息基础建设设施完善、网络畅通、平台互联、数据共享。应急管理数智赋能不仅是推动国家应急管理体系和应急能力现代化的战略支撑，还是保障社会经济高质量发展的强力护城河。

科技是第一生产力。实施科教兴国战略是我国应急管理工作的必由之路，是实现应急保障的重要支撑。就运用现代科技手段做好应急管理特别是突发事件事态研判工作，我国相关法律法规作了规定。例如，《突发事件应对法》第三十六条规定："国家鼓励、扶持具备相应条件的教学科研机构培养应急管理专门人才，鼓励、扶持教学科研机构和有关企业研究开发用于突发事件预防、监测、预警、应急处置与救援的新技术、新设备和新工具。"《国家安全法》第五十三条规定："开展情报信息工作，应当充分运用现代科学技术手段，加强对情报信息的鉴别、筛选、综合和研判分析。"

2019 年 11 月 29 日，习近平总书记在主持十九届中央政治局第十九次集体学习时明确要求：要强化应急管理装备技术支撑，优化整合各类科技资源，推进应急管理科技自主创新，依靠科技提高应急管理的科学化、专业化、智能化、精细化水平。要加大先进适用装备的配备力度，加强关键技术研发，提高突发事件响应和处置能力。要适应科技信息化发展大势，以信息化推进应急管理现代化，提高监测预警能力、监管执法能力、辅助指挥决策能力、救援实战能力和社会动员能力。[①] 科

① 《充分发挥我国应急管理体系特色和优势　积极推进我国应急管理体系和能力现代化》，《人民日报》2019 年 12 月 1 日。

技让突发事件应对特别是事态研判变得更高效、更智能、更精确。我们要积极运用云计算、物联网、大数据、移动互联、人工智能等现代科技手段，加强突发事件的动态监测、实时预警，让事态研判“如虎添翼”，推进突发事件事态研判科学化、精细化、智能化，做到对各种可能的发展态势和后果心中有数。特别是要强化应急基础信息资源汇聚、现场信息获取、综合事态研判等能力，着力提升辅助指挥决策能力。

继蒸汽技术革命、电力技术革命、计算机与信息技术革命后，人类迎来了以智能化和信息化为核心的第四次科技革命。新一轮科技革命的兴起，特别是信息科技向数据科技的发展，为应急管理提供了新途径、新手段。为此，要主动适应科技发展形势和任务的变化，加强监管执法、风险评估、监测预警、指挥决策、救援实战、装备保障、灾害评估等关键技术研发和成套装备研制，加快遥感、地理信息系统、全球定位系统、网络通信技术、云计算、物联网等技术应用和成果集成转化，利用科技手段提高应急管理的专业化、智能化、精细化水平。

日本应用的特大地震“临震预警”系统在应对“3·11”特大地震与其他地震灾害中发挥了重要作用。该系统遵循“时间差原理”，即地震发生时，一般是破坏力较小但速度较快的地震波（简称P波）先活动，接着才是破坏力大但速度慢的地震波（简称S波）活动。两种震波之间存在几秒到几十秒的时间差。日本研究人员正是利用这个时间差，用地震仪测出P波后迅速向外围地区发出预警，获得信息的人们就可利用地震S波来之前的几秒、几十秒时间逃生，并通过一键自动装置暂停煤气、电、水、核电站、化工厂的运行，避免由此引发的次生灾害。

在抗击新冠肺炎疫情过程中，我国充分发挥科技支撑作用，实施科研应急攻关，坚持科研攻关和临床救治、防控实践相结合，运用大数据、人工智能等新技术开展防控，为疫情防控阻击战取得重大战略成果提供了重要保障。对此，《抗击新冠肺炎疫情的中国行动》白皮书指出：

科学技术是人类同疾病较量的锐利武器，人类战胜大灾大疫离不开科学发展和技术创新。面对人类未知的新冠病毒，中国坚持以科学为先导，充分运用近年来科技创新成果，组织协调全国优势科研力量，以武汉市为主战场，统筹全国和疫情重灾区，根据疫情发展不同阶段确定科研攻关重点，坚持科研、临床、防控一线相互协同和产学研各方紧密配合，为疫情防控提供了有力科技支撑。[①]

3. 应急信息化与“智慧应急”

党的二十大报告指出：“完善网格化管理、精细化服务、信息化支撑的基层治理平台，健全城乡社区治理体系，及时把矛盾纠纷化解在基层、化解在萌芽状态。”信息化是国家政治经济发展的主要动力，它能改变政府的执行方式，起着重要的支撑作用。信息化是动态变化发展的过程，它能够为当代社会生产方式的变革供给最为充足的动力。随着信息化的持续演变，对各类信息资源的应用也逐渐增加，人们能够享受信息技术带来的便利。这种技术和“发动机”的作用非常相似，通过改变政府的行政手段，提高运作速度。高科技信息社会是当今社会的发展趋势。我国信息化建设的发展对于推动实现现代化发展具有重要作用和意义。

信息技术的发展为政府应急管理的发展提供了许多技术支持和创新方式。其中，服务流程是计划好的，服务管理是标准化的，服务质量是标准化的。当今，随着信息技术的持续发展，其在全球范畴里的规模化使用已然导致政府管理发生了革命性的改变，其中最大的变化则属于各类信息传播的速度以及范围大幅提升。上述转变使得政府的各项工作更加高效且人性化，公民获得信息的渠道更加广泛，人们的知情权能够最大化的体现。另外政府凭借各类网站公开的信息能够让民众直接参与到

① 国务院新闻办公室：《抗击新冠肺炎疫情的中国行动》，《人民日报》2020年6月8日。

管理过程之中，更加体现了民主化、科学化。

构建国家“智慧应急大脑”，实现从传统治理向现代“智”理的转变。所谓“智慧应急”，是在应急管理信息化建设的基础上，进一步应用5G、工业互联网、人工智能及大数据和云计算等先进技术，向数字化转型、智能化升级，提高应急管理的科学化、专业化、智能化、精细化水平（如图9—1所示）。其核心目的是将“两个至上”“两个根本”作为应急管理信息化工作的出发点和落脚点，让信息化成为应急管理工作的制胜法宝，以信息化推进应急管理现代化。开展“智慧应急”建设是深入贯彻习近平总书记重要指示精神，依靠科技创新推进我国应急管理体系和能力现代化的重大战略举措。2018年至2020年是“智慧应急”建设的准备阶段，经过实践探索，“智慧应急”实现了从“0”到“1”的跨越，为循序渐进推动应急管理工作迈向现代化打下了坚实基础。

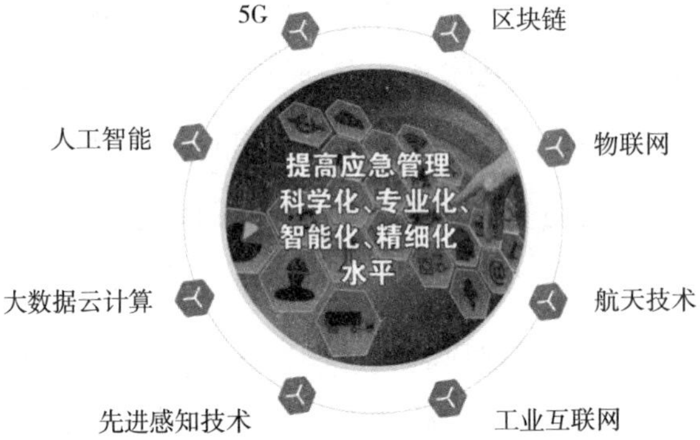

图9—1 “智慧应急”建设示意图[①]

（二）信息化是推进应急管理体系和能力现代化的必由之路

信息化、数字化时代对政府应急管理机构和相关职能部门提出了更

① 参见刘唤宇：《从传统治理到现代“智”理——“智慧应急”试点建设情况综述（上）》，《中国应急管理报》2022年2月22日。

高要求：要同时具备事前精准监测预警，事中快速科学决策、响应及时、处置高效，事后快速恢复、及时发布信息并引导社会舆论等能力。因此，应当把发展智慧安全和智慧应急作为防范化解重大安全隐患、提升国家应急管理能力的重要举措。围绕融合指挥、应急通信、短临预警、全域感知、数据智能等应急管理信息化的“五大主攻方向”，[①] 利用大数据、计算机、物联网、人工智能等现代信息技术，有效融合各个部门并实现数据共享，突破部门间应急管理的“信息孤岛”，服务于突发事件应急管理的实践需要，提高政府应急响应的效率和灵活性，助力民众做出更明智的决策。

新冠肺炎疫情应对中，数据作为基础性战略资源的地位更加凸显，而且在全要素中的位置更加突出，特别是5G、人工智能、工业互联网、物联网和数据中心的应用，丰富了数据资源，为满足疫情防控的数据需求提供了基础性保障。只有加快运用信息化手段，补短板、强弱项、填空白、破难题，才能全面提升应急管理的能力和水平，构建良好应急生态体系，推进应急管理体系和能力现代化。

一是要利用新一代信息技术为全面提升应急管理能力提供重要技术支撑。利用云计算技术针对各类数据资源进行自动汇聚、识别、关联、融合，开展大数据分析和应用，可有效找准监测的重点，加强对重点行业领域的安全风险排查，提高实时监测、动态分析、提升多灾种和灾害链综合监测、风险早期识别和预报预警能力。通过建设覆盖全国的应急管理信息网络，横向可连通地震、消防、森林、卫健等相关应急救援信息渠道，纵向可打通省、市、县各级应急管理机构的信息传递链路实现信息共享共用，提升指挥决策能力，构建“全域覆盖、全面融合、全程

① 参见彭凌、谭彦秋、许文浩、郑睿：《应急管理信息化“五大主攻方向”探索与研究》，《中国应急管理科学》2021年第4期。

贯通”的应急指挥系统。通过建立灾情救援实战平台，可利用大数据、智能辅助决策等技术，根据灾情类型、规模及时自动生成人员装备调配方案及灾情处置方案，实现备战救助人员、储备物资及各类资源的及时派发和调配，加快应急反应及时度，提升应急救援实战能力。

二是要利用新一代信息技术促进应急产业长足发展。随着我国工业化和信息化发展不断深入，我国应急产业已经发展成为门类齐全的产业体系，从手电、帐篷等基础物资发展到陆海空一体的数字化、智能化装备，应急产业规模已达万亿元，为我国公共安全体系建设提供了重要的物质基础与装备支撑。

二、我国应急管理信息化建设的实践与探索

（一）应急管理信息化建设的实践

2018 年 12 月，应急管理部出台《应急管理信息化发展战略规划框架（2018—2022）》（以下简称《战略规划》），确立了构筑应急管理信息化发展的“四纵四横”总体架构，形成了“两网络”（指全域覆盖的感知网络、天地一体的应急通信网络）、“四体系”（指先进强大的大数据支撑体系、智慧协同的业务应用体系、安全可靠的运行保障体系、严谨全面的标准规范体系）、“两机制”（指统一完备的信息化工作机制和创新多元的科技力量汇集机制）的内容与目标。2019 年 4 月，应急管理部下发《应急管理信息化 2019 年第一批地方建设任务书》（以下简称《任务书》），细化了《战略规划》实现方法、关键技术与装备体系。2019 年科技部再次发布了“重大自然灾害监测预警与防范重点专项项目申报指南”，推动地震灾害、地质灾害、极端气象灾害、水旱灾害综合监测预警等信息技术的研究和推广有序进行。2020 年，应急管理部

印发《应急管理部重点实验室管理办法（试行）》，其中明确布局云计算、物联网、大数据、人工智能、卫星遥感、无线通信、虚拟现实等方面重点实验室，有力推动了数字化、智能化技术在应急领域的研发和应用型创新。①

1. 监测预警信息化取得长足进展

《战略规划》发布三年来，各级应急管理部门坚决贯彻落实，不断提高应急管理的科学化、专业化、智能化、精细化水平。经过不懈努力拼搏，实现了《战略规划》确定的第一阶段目标，即初步形成了较为完备的应急管理信息化体系，基本建成覆盖重点风险领域的感知网络、多手段融合的国家应急通信网络和北京主数据中心，计算、存储等基础设施全面云化，应急管理业务应用体系全面覆盖各类业务并在突发事件的事前、事发、事中、事后阶段发挥关键支撑作用，技术创新实力逐步提升，信息化人才队伍不断壮大，工作机制逐渐完善，信息化发展达到国内同行业领先水平，实现了应急管理信息化跨越式发展。

在安全生产领域，按照《战略规划》要求，各地共计接入煤矿、危化品、尾矿库 10874 家，让全国联网监测从不可能变为现实，推动安全生产信息化跨上新台阶，取得了明显成效，积累了宝贵经验。进一步扩充联网范围，安全生产信息网加紧向工贸领域扩展、向数字化智能化升级。信息网将新增一批储存硝酸铵、氯酸钾、氯酸钠、硝化棉等构成危险化学品重大危险源的仓库和涉及重大危险源的危险化学品装卸站台监测监控数据。同时，会同有关部门推进危化品生产、存储、使用、经营、运输和废弃处置等全流程联网监测。湖南、江西等烟花爆竹主产区将完成辖区内全部烟花爆竹生产企业监测联网，年底前与部烟花爆竹监测预警系统实现互联互通。边坡高度超过 200 米的金属非金属露天矿

① 参见宋元涛等：《以信息化加速推进应急管理现代化》，《中国应急管理》2021 年第 6 期。

山、地下矿山和三等以下尾矿库的监测联网工作开始启动。此外，江苏、浙江启动开展粉尘涉爆重点企业监测联网试点工作。

在自然灾害防治领域，按照《战略规划》要求，各地加快汇聚水利、自然资源、林草、气象等部门的水情、水利工程、地质隐患、林草视频监控、部门预警等数据，数据总量达到121T，比2018年增加了500倍。各地自然灾害综合监测预警系统将逐步形成协同联动，全域覆盖的自然灾害监测预警体系将提升多灾种和灾害链综合风险监测、风险早期识别和预报预警能力。河北省依托中国铁塔公司建立了全省森林草原防火视频监控系统，利用先进的烟火识别技术实现全时段、全方位、全自动监测着火点和冒烟点，监控覆盖率达到83%。与此同时，智慧长江与智慧黄河信息化建设工程，为长江与黄河的洪涝灾害与水资源调度等应急工程奠定了扎实的基础。

在城镇安全领域，根据《战略规划》要求，各省级应急管理部门认真研究、统筹谋划，信息化建设方案取得了长足进展。特别是在北京、上海、浙江、广东等发达地区，通过整合安全生产、防灾减灾、消防安全、交通安全、城市生命线、特种设备、"雪亮工程"等监测监控信息，已经初步建立城乡安全风险综合监测预警体系，大大提升了城乡安全风险发现、防范、化解、管控的智能化水平。在国内二三线城市、部分发达县城，也不同程度地启动了上述工程的信息化资源与系统的整合工作，一批多层级、多角度、多方案的示范工程如雨后春笋般应运而生，为应急管理信息化工作开展做好了铺垫。

2. 国家应急信息化枢纽工程全面启动

美国的应急管理平台体系由联邦、州、市级应急平台及相应的移动应急平台组成，建设和使用机构是各级政府的应急运行中心（EOC）;①

① 参见夏保成：《美国应急管理的顶层设计及对我国的启示》，《安全》2021年第8期。

日本构建了以总理府、省政府和地方政府为核心的，由各部、各专业领域和各层次力量组成的多角度、多领域、多层次的协作系统。我国构建了以国务院应急平台为核心，向省级和部级应急平台进行辐射，纵向指令贯通、横向信息共享的国家应急平台体系。

汇聚各方数据资源，建设智能化国家应急指挥平台，加强各级应急指挥部建设，建设上下贯通的应急指挥部体系和应急指挥平台体系。立足“全灾种、大应急”，以国家应急指挥总部为中心，启动建设了国家应急指挥平台，打造应急指挥“三大中枢”。建立全面汇聚各部委、地方政府、军队、社会单位、救援队伍、行业专家以及社会公众的情报信息，构建全域覆盖的“信息中枢”。利用“应急大脑”提供的大数据、人工智能、公共安全决策模型等技术，挖掘历史案例经验，分析处置现场态势，形成综合辅助决策建议，构建智能科学的“决策中枢”。综合利用5G、卫星等多种手段，建立多维度韧性抗毁的通信通道，实现不同制式设备的语音、视频融合通信调度，纵向直达每个参战人员、横向覆盖所有参战机构，构建高效畅达的“指挥中枢”。

3. 应急战术互联网工程形成示范

应急管理部组织专家编制制定联网技术规范，探索建设大型长航时无人机空中骨干节点及区域地面骨干节点，各省级应急管理部门按照“装备利旧、制式兼容、强化融合”原则推进地面通信节点建设，各专业救援队伍负责构建战术子网，共同打造应急战术互联网，形成“单兵数字化、战场网络化、作战可视化”的新型作战模式。同时组织开发灾害事故信息“e键通”、灾害风险隐患信息报送、智能外呼、“网罗天下”等系统。如《贵州省应急管理“十四五”规划》提出，根据国家、省应急管理信息化建设要求，在现有基础上，对硬件、软件设备设施分类分批次升级改造，确保符合上级建设要求和本地区应用需求。系统应用层面，配合省应急管理云平台建设好安全生产风险监测预警系统、自然灾害综合风险监测预警系统等应用系统，在国家和贵州省统一建设框架下，建设好贵州省“应急云”试点项目，利用好六盘水“安全云”平台业务系统。按照全省统一标准，建立完善集中统一高效的应急指挥平台，共享灾害事故情报、态势分析研判、应急力量分布、应急物资储备、应急预案、现场视频图像、网络舆情监测、灾害周边交通、人口分布情况和历史典型案例等信息并汇聚展示，形成上下贯通的应急指挥体系，有力支撑统一指挥、协同研判。探索应急战术互联网新模式，各级灾害事故现场互联网节点相配合，共同构建应急救援现场应急战术互联网，形成“单兵数字化、战场网络化、作战可视化”的新型作战模式。充分发挥应急网格化服务平台作用，对收集的信息进行闭环管理，实现对基层风险、隐患、问题的动态监管、源头治理和前端治理。

4.“智慧应急”机制模式不断创新

开展“智慧应急”试点建设以来，各地各单位加快大数据、区块链、云计算、AI、5G等关键技术与多灾种、灾害链以及安全生产的应急体系融合，建设“横向到边、纵向到底”空天地一体化监测网络，满足“全面感知、动态监测、智能预警、扁平指挥、快速处置、精准监管、人性服务”的需求，全面加强重大事故隐患和灾害风险的监测预警预报能力建设。充分利用本地数据资源开展大数据应用，挖掘自然灾害风险、灾情数据统计、企业风险隐患、安全监管执法、应急力量、应急物资、应急预案、重点监管企业用电等数据价值，为风险防范、预警预报、指挥调度、应急处置等提供智能化、专业化、精细化手段，打造应急管理信息化应用样板省市。逐渐形成了业务部门牵头建设、科信部门统筹支撑的工作局面，持续完善隐患排查治理信息系统，健全省、市、县分级分类监测预警机制，使智慧监测预警、智能监管执法能力不断增强，信息化手段已成为应急管理工作的日常模式。

随着城市人口不断增长、功能不断增加和规模不断扩大，城市运行日益复杂，安全风险不断提高。对此，安徽省以合肥市为试点，建立了全国首个城市生命线工程安全运行监测中心，统筹推进城市生命线安全工程建设，实现了城市安全运行管理工作模式从看不见向看得见、从事后调查处理向事前事中预警、从被动应对向主动防控的根本转变。自系统运行以来，成功预警燃气管网泄漏、沼气浓度超标、供水管网泄漏、路面塌陷等突发险情共6000多起，合肥市地下管网事故发生起数同比下降60%、风险排查效率提高70%。

2020年6月7日至8日，广东省清远市清城区源潭镇遭遇强降雨天气，全镇降雨量高达354毫米。当地根据收到的短时临近强降雨预报预警信息，提前部署落实基层村居防御，转移群众55人，有效避免了一起泥石流灾害造成群死群伤的突发事件。广东省通过加强“短临预警”技术难点攻关，将预警防御信息提前精准发布至乡镇基层和应急责任人，确保转移安置落到实处。

江苏省应急管理厅将前沿AI科技与安责险信息系统无缝对接，凸显出“保险＋科技＋服务”的模式优势，助力企业本质安全水平快速提升。2021年8月15日，江苏省常州市安责险风控中心智能物联网监控系统显示，某企业智慧用电设备触发过压预警。系统立刻自动触发短信提醒至企业安全主管处，企业第一时间响应，对相关设备进行紧急排查并修复，有效避免了营业中断等事故的发生。本次预警为该企业规避潜在损失100余万元，企业反响热烈。

依托“智慧应急”试点建设，覆盖河北省应急管理核心业务需求的应用体系逐步完善，初步形成了全省智慧应急“一张图、八板块、一中心”的业务应用布局。作为矿业大省，河北省采取省级统建、分级使用的原则，将三等以上尾矿库及在用四等、五等尾矿库全部纳入联网范围，实现了全省213座尾矿库监测预警全覆盖。

缺乏自然灾害综合监测预警能力，是黑龙江省应急管理厅长期面临的难题。为改变被动局面，该厅开展自然灾害综合监测预警系统建设，完善全要素综合监测、综合风险评估、灾害分析预警和灾害态势智能分析等功能。2021 年 11 月 8 日，黑龙江多地遭遇大暴雪及冰冻大风极端天气。系统当日发布 157 条预警信息，并结合实时数据形成动态风险评估态势图，关注重灾区电力抢修和道路恢复情况。此外，预警系统能联动安全生产风险监测预警系统，及时掌握企业安全生产运行数据和视频监控，严防极端恶劣天气导致生产安全事故发生。[①]

5. 筑牢智慧社会动员人民防线

作为“智慧应急”试点建设“五大能力”之一，实施智慧社会动员，是筑牢防灾减灾救灾人民防线的重要保障。各试点单位积极完善并推广应用应急管理部统建的灾害事故报送系统、应急资源管理系统，探索建立奖励激励机制，充分调动社会公众快速报送灾害事故、风险隐患等信息的积极性。

为加强举报投诉信息化建设，山东省推出《山东省安全生产举报奖励办法》，开发山东省举报投诉信息系统，实现了全流程线上办理、实时跟踪、精准统计、高效处置。2021 年 3 月，“安全生产举报模块”在“爱山东”App 正式上线运行。该模块具有随手拍摄和上传身边事故隐患、非法违法行为图片等功能，可随时举报相关案件。2021 年，该省各级部门共接办生产安全事故隐患、安全生产非法违法行为、谎报瞒报生产安全事故及其他举报 16750 件，向有功举报人兑现奖励 251.5 万元。

为打通应急管理“最后一公里”，江西省应急管理厅在“江西省基层党建信息化平台”基础上，建设了“党建＋应急管理”子系统。2021

---

① 参见刘唤宇：《五大能力全面提，现代“智”理正当时——“智慧应急”试点建设情况综述（下）》，《中国应急管理报》2022 年 3 月 8 日。

年6月至10月，江西省丰城市应急管理局根据不同的预报预警信息，通过“党建+应急管理”系统靶向发送安全常识信息160条、灾害预警信息36条、转移避险预警信息7次。该系统能够点对点视频连线全省约10万个党组织、220余万名党员，覆盖全省4500万余名群众，极大发挥了党组织的战斗堡垒作用和党员的先锋模范作用。“党建+应急管理”模式重点突出预警预报、紧急避险转移、救灾救助、宣传教育等四大功能，在提升基层应急管理能力的同时，强化了党建对应急管理工作的示范引领作用。

依托“智慧应急”建设，社会力量在应急工作中发挥了重要作用。2021年11月7日，天津市发出暴雪红色预警，遭遇强寒天气，导致多地受灾。该市各街道网格员第一时间通过天津市综合治理平台移动端，将房屋倒塌、人员伤亡、灾害位置等情况通过“灾害助手”上报，该市应急管理局灾情统计人员立刻进行采纳处理。此外，为有效组织动员防火志愿者，天津市应急管理局与天津铁塔公司开展防火志愿工作联动试点，将天津铁塔长年外业员工加入即时通信系统，志愿者可在发现火情后主动上线，报告灾情相关情况。试点工作不仅实现了就近上线、实时查看位置及个人信息和任务发布等功能，还形成了第一时间就近动员、掌握现场情况、指导扑灭的社会动员模式。[①]

（二）应急管理信息化建设存在的短板

1. 应急管理系统存在信息孤岛

部分省市因统筹不到位，应急信息化存在重复建设、各自为政等问题，区县建大平台、大系统的情况时有发生。一是横向方面，应急管理

① 参见刘唤宇：《五大能力全面提，现代“智”理正当时——“智慧应急”试点建设情况综述（下）》，《中国应急管理报》2022年3月8日。

过程中涉及多个部门、多个信息系统，各部门之间的信息系统并不相同，常常出现信息流转渠道少、信息交流不畅等问题。如气象、消防、卫生、环保、交通、公安、市场监管等部门均布设了大量的执法终端、移动终端、摄像头、传感器等，虽然收集信息众多，但由于每个数据收集系统常常只为其主管部门所用，只有在特殊条件下，依据政府领导人指示才能汇集多部门各自收集的数据，不但在日常工作中信息交流稀少，也往往导致突发事件发生时信息共享不足。二是纵向方面，虽然我国在 2018 年组建成立了应急管理部，但是至今纵向的应急管理部门数据整合仍在进行之中。部分原安全生产监督管理的数据联通速度较快，而防汛抗旱、森林防火、抗震救灾等职能因其并入应急管理的时间较晚，且其职责在市区两级政府部门仍需厘清，故而其纵向数据联通速度较慢。

随着信息技术的发展、管理水平的提高，系统需要的数据越来越丰富。满足过去要求的数据维度现在看来可能已经不能满足要求，因此急需从当前应急管理工作需求出发，扩展系统收集的数据维度，从而为应急管理工作提供更智能、更精准的决策支撑。

2. 应急管理信息化技术升级困难

一方面，由于老系统的架构、数据结构、硬件能力、网络带宽等难以满足现有信息技术的要求。基于现有的信息系统基础，将系统升级，使得云计算、物联网、移动互联网、大数据等新技术应用于应急管理工作中存在一定的困难。另一方面，新技术的启用往往需要投入大量资金。在当前政府部门大多需要“勒紧裤腰带过紧日子”的背景下，大额的支出不但需要经过重重审核，而且即使通过审核，其最终落实的资金往往也会“打折”，一定程度上也导致应急管理信息化技术升级困难。

3. 信息化和管理的结合有待加强

在当前的应急管理信息化建设中，一定程度上存在着实施进度慢、流程设计不合理、系统更新不及时等问题，导致建设成果难以满足实战需要，建用“两张皮”现象比较突出。单纯地使用和推广信息化并不能保证应急管理水平的有效提升。比如有些应急管理部门虽然建设了一些应急信息化的设施和系统，但是由于没有充分发挥其功能和作用，对于应急管理水平的提升效果非常有限。

因此，各级应急管理部门在加强信息化建设时，要注重通过信息化手段，把决策分析层、管理支持层、业务运营层、横向的相关部门都联系起来，通过信息系统的建设与运行，打通上下级、同级各部门间的壁垒，进而通过信息化建设提高应急管理工作的效率和规范管理。

4. 跨部门的数据融合、沟通较弱

应急管理工作跨部门沟通仍存在系统支持不足的障碍。各个政府部门的系统设计时主要考虑为本部门服务，跨部门沟通能力较弱。应急管理工作中，不同业务职能部门之间的沟通主要靠邮件、文件等方式，使得沟通的实效性较弱，系统间交互链条过长，不仅需要大量的人力将一个系统的信息输入到另一个系统中，而且容易发生数据被误录、篡改的情况，沟通效果较差。

不同部门间的信息系统大多按单个项目进行建设，缺乏整体规划，使得开发、运维成本高昂，系统间的数据交互困难、核对工作量大，难以从整体上高效运用。而且因为这些系统都有一个独立的数据库，因技术、管理利益等问题，经常存在数据共享困难等问题，导致数据资产价值难以有效发挥。

5. 应急管理信息化人才存在短板

据统计，截止到 2020 年，全国范围内安全监管、安全服务、安全技术应用人才缺口达 43 万人，基层应急管理人才专业技能不足。① 缺

① 参见宋元涛等：《以信息化加速推进应急管理现代化》，《中国应急管理》2021 年第 6 期。

乏从事信息化的专业人才，更缺乏既懂技术又懂应急管理的人才。应急信息化专业人才的匮乏，已经成为当前推进应急管理信息化建设急需解决的一大难题。

三、以信息化助推应急管理体系和能力现代化

（一）完善顶层设计，实现纵向贯通、横向协作

顶层设计是指运用系统论方法，从全局角度，对某项任务或者某个项目的各方面、各层次、各要素统筹规划，以集中有效资源，高效快捷地实现目标。党的十八大以来，党中央高度重视顶层设计，关于全面深化改革若干重大问题的决定、关于全面推进依法治国若干重大问题的决定等，都是运用了顶层设计方法。

应急管理体系非常庞大和复杂，有党政机关、应急管理、公安、交通、医疗、交通运输、人防、民政、工信、科技等众多系统间的分工与协作；有应急指挥平台、消防指挥平台、森林防火应急指挥系统、地震应急系统、危化品监管与应急处置系统等众多信息系统的数据共享与融合；还有受灾群众、专业应急救援队、企业应急救援队、民间应急救援队、志愿者等个人和团体信息的采集与分析。因此，要深入研究信息化建设过程中，应急管理体系层的复杂性、演化性、涌现性、规模性、可变性、网络交互性，以及体系组成系统层（子系统）的自主性、支配性、异构性、分布性、重用性。

面对当下应急管理工作困局，我们一定要通过完善顶层设计和系统思维，来提高应急管理相关系统的高效交互以及数据融合。包括依托现有应急指挥平台和信息化基础，建立一体化作战的应急指挥体系，完成应急指挥数据专线、固定场所指挥中心、机动指挥中心和应急指挥信息

系统建设，打通应急管理各层级之间以及与消防救援、森林消防、地震、应急救援队等部门的联系，实现应急指挥平台纵向贯通、横向协作，切实消除信息孤岛，实现远程可视化、精准化调度指挥。需要进一步运用云计算、大数据、物联网、人工智能、移动物联等新一代信息技术，推进先进信息技术与应急管理业务深度融合，提高风险感知的灵敏度、风险研判的准确度以及应急反应的及时度，构建全流程、标准化、科学化的应急管理模式，实现应急管理信息化跨越式发展。

另外，还要加快“一案三制”改革，解决信息化标准不一问题。从2004年开始建设的“一案三制”是我国应急管理的一大特色。随着应急管理部的建立，“一案三制”又面临新的问题，其中，跨部门沟通、多网融合问题尤为突出。造成这一问题的主要原因是标准不一。因此，要想从根本上解决标准不一这一制约数据处理的难题，就需要加强应急管理的基础性数据规范建设。包括制定涉及应急、消防、卫生、公安、交通等部门系统的视频监控、应急资源、救援物资等数据资源的统一标准，使用统一标准的格式、术语、标志进行规范化管理。通过数据资源标准化管理的推进，可以使系统、数据的兼容性提高、可扩充性变大。

（二）依托国家整体发展，建设应急管理信息化体系

当前，从头开始建设应急管理信息化，其投入的资源、所需的时长是难以想象的。因此，应急管理信息化建设，必须依托国家有关信息化建设的整体规划，融入数字中国、智慧社会等国家规划建设中，不断丰富和完善。

首先，应急管理信息化要依托国家安全体系建设。全面贯彻落实总体国家安全观，要构建政治安全、国土安全、军事安全、经济安全、文化安全、社会安全、科技安全、信息安全、生态安全、资源安全、核安全等于一体的国家安全体系。应急管理是国家安全体系的一部分，因

此，应急管理信息化建设必须依托国家安全体系建设。

其次，应急管理信息化要依托数字中国建设。2018 年 4 月，习近平总书记在首届数字中国建设峰会的贺信中指出："加快数字中国建设，就是要适应我国发展新的历史方位，全面贯彻新发展理念，以信息化培育新动能，用新动能推动新发展，以新发展创造新辉煌。""十四五"规划中也提出"加快数字发展建设数字中国"，并明确了"数字经济核心产业增加值占 GDP 比重到 2025 年提至 10%"。因此，应急管理信息化要充分依托数字中国建设。

第三，应急管理信息化要依托"互联网＋"。"互联网＋"是一种新的经济形态，是指互联网与传统产业的联合，通过优化生产要素、更新业务体系、重构商业模式等途径来完成经济转型和升级。"互联网＋"已经在工业、金融、通讯、交通、旅游、医疗、教育、政务、农业等领域取得了长足的发展。

第四，应急管理信息化要依托智慧城市的建设。《2020 新型智慧城市白皮书》中指出，通过智慧城市的建设，可以夯实信息基础设施建设，实现实时管理、溯源管理和预测式管理等；可以共享和整合各行业、各系统和各部门的信息，提供一体化、全方位的社会管理服务。2019 年，中国数据中心有 7.4 万个，大约占全球数据中心的 23%。未来，5G＋AIoT＋城市底层操作系统将实现协同，建立全面感知系统，实现城市数据的融通，进而提供实时、精准化的服务。

通过以上关于国家安全体系、数字中国、"互联网＋"、智慧城市的论述可知，国家层面的信息化建设规划和成果，已经为应急管理信息化提供了坚实的基础，应急管理信息化在此基础上建设将事半功倍。

（三）以智慧应急为抓手，提高应急管理信息化应用水平

简单来说，智慧应急就是将大数据、云计算、人工智能、区块链、

系统仿真等各项技术有机整合到一起，在应急准备、应急监控、应急救援、灾后重建等环节，实现更科学的应急准备、透彻的感知、更全面的互联互通、更深入的智慧化处理。最终目的是通过提升应急准备、监测预警、应急处置等几方面的智能化水平来解决目前应急管理工作中遇到的问题，进而提高应急管理水平。

其中，应急准备智能化建设的主要任务包括进一步配置、升级智慧应急指挥车；开展应急预案的数字化、智能化；应急资源的准备、应急仓库、避难场所的规划及建设的智能化；通过对各类灾害数值模拟、重大事故模拟和人员行为数值模拟的仿真，在虚拟空间中最大限度模拟真实情况的发生、发展过程，以及人们在灾害环境中可能做出的各种反应。

监测预警智能化建设的主要任务包括各相关部门部署自动化、智能化的监测设备和系统。智慧感知设备是智慧应急的“感觉器官”，通过智慧感知设备，可以使系统收集到实时的数据，包括温度、湿度、振幅、特殊物质浓度、音频、视频等大数据，将各类传感器应用在高危行业的生产、存储、使用等全过程和关键环节、重点区域，可实时监测监控、定位跟踪、阈值预警，形成温度、移位、有害气体、烟雾等数据库，为大数据分析和预警提供基础信息源。

应急处置智能化建设的主要任务包括建设灾害救援智能决策系统、数字孪生系统、应急救援的智慧化等。根据灾害的特征、收集的信息、拟定的方案等信息，进行模拟仿真，并且可以推演不同情景、不同决策的后果，给出最佳的应急决策方案建议。在日常管理中，当传感器采集数据超出阈值、智能识别发现异常时，现场和指挥中心可同时收到报警信息，并通过短信、App 等方式通知处置人员和应急管理员进行紧急处理。还可以跟踪现场数据变化，及时将采集参数变化投放到各级应急指挥中心显示系统，指挥中心参考智能分析迅速形成应急决策和处置方案措施，下达指挥命令。根据异常数据记录、事件处理过程中的重点参数变化，形成事件分析报告，为后期事件查证提供参考。

（四）加强产教融合，提升应急管理信息化人才培养质量

近年来，我国经济发展进入新常态，工业化、信息化深度融合带来新业态、新技术、新模式等新经济蓬勃发展。新兴产业发展对人才的创新性、实践性需求日渐渗透融入人才培养各个环节，迫切需要学校开门办学，创新教育培养模式、组织形态和服务供给，将教育内容向社会延伸，加快校企协同育人。深化产教融合，就是要更好发挥教育对产业转型升级的支撑引领作用，进一步推动教育与经济社会协调发展，通过人才创新创业加快新旧动能转换。如中国科学院大学应急管理学院，在加强产教融合过程中，一方面优化整合各类科技资源，积极推进应急管理科技自主创新，致力于打造国内一流、国际先进的自然灾害防治科研平台；另一方面精准聚焦应急管理人才培养短板，积极探索以“政产学研用”和产教融合为核心的创新培养模式，打造国家应急管理高端人才培养基地。

阅读材料

健康码：重大疫情下的应急管理信息化范本

得益于大数据、物联网、云计算、人工智能等新兴技术的快速发展和广泛普及，新冠肺炎的数字化疫情防控表现抢眼。其中，尤以“健康码”这一自下而上的微创新最为典型。

健康码是一项可以搭载在智能手机客户端（如微信或支付宝）上的

小程序，个人可以实名认证并填报健康状况。平台端通过与手机漫游轨迹、密切接触人员等相关数据比对，可以对个人自主填报的信息进行校验，精准、动态地管理人员信息。健康人员可以凭借健康码作为身份识别系统，在适用地区“亮码通行”。基于健康码还可以开发企业复工管理系统和地区间数据互认，对企业复工复产情况和跨区域人员流动进行动态精准管理。可见，健康码以大数据技术为基础，公众通过移动终端申报个人信息，生成二维码作为个人进出的电子凭证，在疫情防控期间成为推进复工的重要工具，是应急管理创新的典型范本（见表 9—1 所示）。

表 9—1 不同技术创新的治理模式

理论问题	案例	治理理念	支撑条件	组织能力
常态下的传统治理	智慧城市	面向静态管控：已知情况，完备设计	大型企业，前沿技术	强调自上而下的分解、执行
应急时的协同治理	健康码	面向流动治理：新情况，快速响应	大小企业相配合，适宜技术	强调自下而上的反馈、协调

2020 年 2 月 7 日，浙江省杭州市余杭区的“余杭绿码”发布并运行。2 月 11 日，杭州健康码在支付宝平台上线，并迅速推广至其他地区。2 月 19 日，国家政务平台推出“防疫健康信息码”，标志着健康码在全国的推广。[①]

一、健康码的应急创新

公共危机的出现触发了城市政府的危机学习，推动应急创新进入正式议程。2019 年底新冠肺炎疫情暴发以来，各地主要采取了人员管控的措施。在防疫初期，主要通过填写纸质表格的方式向上汇报信息[②]。

① 参见邹伟、李娉：《技术嵌入与危机学习：大数据技术如何推进城市应急管理创新？——基于健康码扩散的实证分析》，《城市发展研究》2021 年第 2 期。

② 参见史晨、马亮：《协同治理、技术创新与智慧防疫——基于“健康码”的案例研究》，《党政研究》2020 年第 4 期。

为降低政府部门对人口流动管理的成本，推进返岗复工，2020年2月4日，余杭区政府提出要利用数字化技术，实现“全人群覆盖+全流程掌办+全领域联防”。

在大数据背景下，城市政府与互联网企业的合作推动了应急创新。余杭区有关政府部门与钉钉、阿里云、码全科技等企业合作，共同开发健康码[①]。余杭区的这一创新被杭州市政府采纳，杭州健康码于2月11日上线支付宝，实行“绿码、黄码、红码”动态管理。2月17日，健康码在浙江全省推广。与此同时，腾讯公司也推出了健康码，2月9日，深圳采取了人员通行认证管理办法，腾讯健康码在微信公众号上线（见图9—2）。

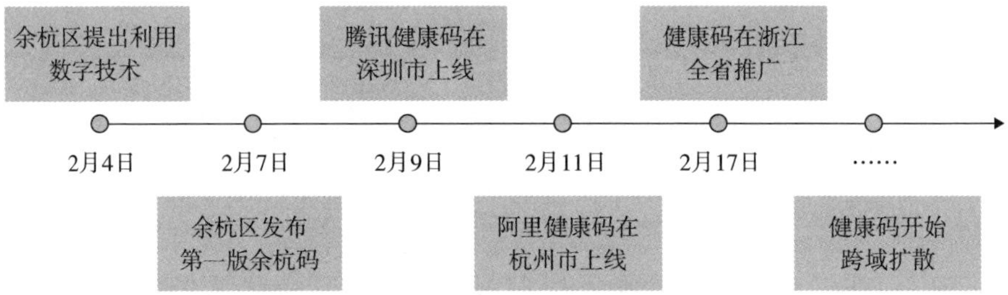

图9—2　健康码创新的关键时间节点（2020年）

二、健康码的借鉴推广

继杭州市和深圳市上线健康码后，其他地方也开始学习这一做法，与技术发源地的企业和政府取得联系，希望尽快上线本地的健康码。由于疫情防控是各地的紧迫议题，健康码的学习速度很快。表9—2展示了不同地区首次上线健康码时的平台选择。阿里巴巴所在地杭州市、腾讯所在地深圳市是两个最典型的学习源，支付宝和微信成为各地健康码申领最主要的两大平台。

---

① 参见张云山：《“健康码”从杭州跑遍全国一人一码，大数据助力精准防疫》，《钱江晚报》2020年2月24日。

表 9—2　健康码的城市间学习网络

技术平台	上线地区
支付宝	浙江、江苏、上海、北京、天津、河北、安徽、河南、山东、广西、四川、重庆、海南、青海、云南、山西
微信	广东、湖南、湖北、江西、西藏、贵州、新疆、辽宁、吉林、黑龙江、陕西、甘肃、北京、上海、广西、云南、青海

在健康码的采纳推广中，以技术发源地为中心、向外辐射的学习网络逐步拓展。首先，政策议题越紧迫的地区，危机学习的效率越高。由于大城市的人口流动性大，人员管理的压力凸显，在危机倒逼下会更快地采纳新技术，上海市与北京市成为第一批学习者。其次，邻近地区之间更容易发生学习。江苏、安徽、山东等靠近浙江省的地方在首次上线健康码时选择了支付宝平台，而与广东省邻近的湖南、贵州、广西等地在微信小程序上线健康码。

三、健康码的跨域互认

健康码在运行初期，仅限于本省内的通行，不能实现跨省互认。由于各省相对独立的健康码系统，外出务工人员需要在不同地方申领多个健康码。各地的健康码生成标准不同，很难实现对接。2020 年 3 月初，由于微信和支付宝两个平台的健康码信息不互通，一些地方在支付宝申领的健康码无法在微信中正常访问，这也使得应急创新受到掣肘。

为解决这一问题，各地开始推进健康码的跨域互认，由此触发了应急政策创新的倍增。首先，人口流出地和人口流入地之间最快明确健康码互认。河南有大量人员在浙江工作，为解决员工返岗问题，浙江与河南最早签订了健康码互认协议。其次，城市群内部更快推进互认。3 月，长三角区域合作办公室提出上海“随申码”、江苏“苏康码”、浙江“健康码”、安徽“安康码”实现了业务互认和数据共享。随后，北京市也提出实行京津冀健康码互认，“未见异常”状态可以在北京、天津、河北三地自由通行[①]。

四、健康码的常态调适

健康码在突发危机的应对中得到了广泛应用，随着防疫进入常态模式，健康码的功能也被进一步拓展。城市治理者在技术借鉴的基础上，反思经验教训，探索如何以大数据技术为基础，将健康码对接本地的治理情境。有学者提出，健康码在解决特定问题中取得的显著成效，并不意味着能够在长期维持有效性。产生于疫情防控中的健康码，如何在常态模式中推动治理模式的创新，成为城市治理者思考的核心问题。

从应用情境来看，健康码的功能逐步从疫情防控转为公共服务。由于健康码使用人数较多，且对接社交平台和支付平台，一些城市提出可以将其作为城市公共卫生医疗体系优化的重要部分，将口罩购买、挂号问诊等接入健康码。也有城市将健康码应用于交通领域，推行健康码与乘车码的对接。在危机模式过渡为常态模式的过程中，健康码衍生出了2.0版本，它不仅作为人口登记、复工复产的技术工具，还发展为日常化的公共服务平台，带动城市治理的新一轮创新。

① 参见范荣：《“健康码”里的协同经》，《北京日报》2020年3月6日。

第十章　建立防范与化解心理危机的心理援助体系

党的二十大报告提出要推进健康中国建设，把人民健康放在优先发展的战略位置，重视心理健康和精神卫生。唯有心安，才有民安，方有国安。心理或精神健康问题是社会风险因素，是社会治理和应急管理应予重视的问题。现阶段突发事件处置大多关注突发事件中的生命安全、财产损失、生理创伤和身体康复等方面，而常常忽视突发事件对人心理或精神层面造成的隐性创伤。突发事件不单影响人的身体健康、生命和财产安全，还会不同程度地影响人的心理健康，严重者可能还会出现精神障碍和心理危机。心理危机是指个体在遭受突发事件或面临重大挫折，既不能回避又不能应对解决时，所出现的心理失衡及相应的思维和行为巨大混乱状态。因此，突发事件的应急管理应包含心理援助①，而且急需建立健全一套有效防范、及时化解心理危机的心理援助体系。

一、突发事件对民众心理的冲击与影响

（一）从整体上看，突发事件对社会心理的冲击巨大

随着我国社会经济和科技的迅猛发展，人们物质生活水平不断提升的同时，精神需求逐渐成为人们的显性需求。心理需求是精神需求的核心，

① 参见李姝：《重视应急救援中的心理救助》，《城市与减灾》2005 年第 5 期。

其重要性日益凸显。心理需求不单包括个体层面的心理健康，还包括自尊自信、理性平和、积极向上的良好社会心态。社会治理必须关注和重视个体和社会的心理问题。个体和社会心理问题若得不到及时妥善的处理和解决，民众的安全得不到有效的保障，经济社会发展势必受到负性影响。

突发事件给民众带来的心理冲击与破坏是巨大的。面对突发事件，社会大众的内心都会充满紧张、焦虑、恐惧和恐慌。当平常的应对方式不足以应对眼前困境时，内心的平衡被打破，会出现暂时的思维和行为紊乱，并伴随出现心理危机。可以说，任何一次突发事件都包含着不同程度的心理危机。突发事件发生后，幸存者、罹难者的家属、救援人员以及相关的社会大众等均会直接或间接受到不同程度的心理创伤。而且，这些群体如果没有得到及时有效的救治，他们的心理创伤容易演化为心理危机，并带来长期的严重负性影响，甚至威胁自身或他人的生命安全。研究发现，1976 年唐山大地震之后的 40 年，很大一部分人仍然在修复着自身的心理创伤。[①] 2008 年汶川地震中，北川县委宣传部副部长冯翔痛失爱子，心理创伤没有得到及时有效的干预，一年后在家自杀身亡。[②] 2019 年底出现的新冠肺炎疫情，已使全球的经济社会发展受到重创，并对全世界许多人造成了巨大的心理创伤。或许疫情带来的物质损失能够通过短期努力得以快速弥补，但疫情灾难对社会心理的负面冲击却会持久留痕，难以抹平。

（二）从具体上看，突发事件容易引发心理疾病和心理障碍

1. 突发事件引发心身疾病

突发事件一般都是心理应激性事件。当人们面临突发事件时，身心

① 参见《唐山大地震 40 年幸存者持续“修复”心理创伤》，中新网，http：//www. chinanews. com. cn/tp/hd2011/2016/07-25/660226. shtml.

② 参见《北川县委宣传部副部长自杀身亡》，《中国青年报》2009 年 4 月 21 日。

会处于高度紧张状态，即应激状态。应激状态是一种心、身的巨大混乱状态，容易造成人的生理、心理以及行为的失调，最终导致心身疾病。应激性的心身疾病可能会使人出现不同程度的认知、情绪、行为、生理、需求以及人际交往和社会适应等异常。

具体异常表现主要有：（1）认知异常，主要包括无法集中注意力、感知觉异常、记忆力下降或混乱、思考与理解困难，或出现非黑即白的绝对化的思维，对生活和工作失去兴趣或自我分离。（2）情绪异常，主要出现焦虑、恐惧、恐慌、悲伤、愤怒和抑郁等负性情绪，甚至丧失快乐和爱的能力，变得情绪情感麻木或身体僵直。情绪问题是最容易被感知到的心理问题，是应急心理干预的切入点。（3）行为异常，主要包括坐立不安、过多下意识动作、举止僵硬、暴饮暴食、攻击、强迫行为、无所谓的放纵行为或过度防御回避行为等。（4）生理异常，主要包括在躯体上出现自主神经系统功能亢进的症状，如心慌气喘、出汗、恶心、胸闷、尿频、头痛头晕或其他躯体疼痛、食欲下降、失眠等。（5）需求异常，主要有出现需求层次降低，物质性需求增强，过分追求或挥霍物质，甚至发生贪婪或恶性争夺。（6）人际交往及社会适应异常，主要有无法信任、无法亲密、觉得被拒绝、被放弃，回避交往，交往行为冲动或失控等。

2. 突发事件引发应激障碍

突发事件还可能引发应激障碍，主要包括急性应激障碍和创伤后应激障碍。而且，这些心理应激障碍极可能伴随心理危机，进而产生自杀或杀人等风险行为。

（1）急性应激障碍，[①] 是指个体在遭受到急剧、严重的精神创伤性事件后数分钟或数小时内所产生的急性的精神障碍。它一般在数天或一

① “急性应激障碍”的英文及缩写为 acute stress disorder，ASD。

周内缓解，最长不超过 1 个月。急性应激障碍在各个年龄阶段均可发生，男女发病率无明显差异，临床上主要表现为三类症状：一是具有强烈恐惧体验的精神运动性兴奋；二是感知能力下降、情绪反应消失、反应缓慢甚至木僵的精神运动性抑制；三是以上两种兼而有之。其中，最核心的症状是创伤性体验重现、回避与麻木以及高度警觉状态。可能还会伴随抑郁、焦虑、愤怒、绝望、活动过度、退缩等症状不同混合的出现。

（2）创伤后应激障碍，① 是指个体遭遇或目睹到创伤性的严重应激事件，如涉及自身或他人的实际死亡威胁或严重的受伤，所导致个体出现的精神障碍。创伤后应激障碍是一种持续性、延迟性的心理障碍，通常是由超常的威胁和灾难性的创伤引起。《精神疾病诊断与统计手册》第 5 版显示，创伤后应激障碍主要包括四组核心症状：创伤性体验的反复重现、持续性回避、认知和心境的消极改变以及持续的警觉性增高，严重者伴随着强烈的焦虑和抑郁等症状。研究表明，在自然灾害发生后的两年中创伤后应激障碍的发生率为 3.7%～60%，其中，重灾区和特殊群体的发病率相对较高，例如，1999 年，土耳其大地震发生 3 年后，受灾人群的 PTSD 的发生率仍高达 11.7%。② 我国灾后心理疾患的发病率普遍较高，“5·12”汶川大地震后调查发现，幸存者中的 PTSD 发病率约 10%～84.8%。③ 唐山大地震发生 20 年后调查发现，仍有约 22.1% 的当年受灾群众患有延迟性应激障碍。④

创伤性再体验症状、回避和麻木类症状、警觉性增高症状仍是创伤

① “创伤后应激障碍”的英文及缩写为 post traumatic stress disorder，PTSD.

② 参见 Neria Y，Nandi A，Galea S. Post-traumatic stress disorder following disasters：A systematic review. Psychological Medicine，2008，38（04）：467—480.

③ 参见 Zhang Y，Ho S M Y. Risk factors of posttraumatic stress disorder among survivors after the 512 wenchuan earthquake in china. PLoS ONE，2011，6（7）：122—371.

④ 参见张本、王学义、孙贺祥：《唐山大地震心理创伤后应激障碍的抽样调查研究》，《中华精神科杂志》1999 年第 2 期。

后应激障碍核心症状，但儿童与成人的临床表现不完全相同，且有些症状是儿童所特有的。儿童的创伤性再体验症状可表现为梦魇，反复再扮演创伤性事件，玩与创伤有关的主题游戏，面临相关的提示时情绪激动或悲伤等；回避症状在儿童身上常表现为分离性焦虑、黏人、不愿意离开父母；高度警觉症状在儿童身上常表现为过度的惊跳反应、高度的警惕、注意障碍、易激惹或暴怒、难以入睡等。而且不同年龄段的儿童的创伤后应激障碍的表现也可能不同。

二、突发事件心理援助的意义及发展历程

（一）实施突发事件心理援助的现实意义

众所周知，突发事件对人心理的负面影响极大。突发事件给人造成的心理伤害是无形的，因而常被人们忽视。突发事件后，相关人群如果没有得到及时有效的救治，他们的心理创伤极可能演变为心理危机，进而引发危及自身或他人生命安全的恶性事件。从群体角度看，突发事件通常会造成社会的群体性应激反应，引发恐慌、焦虑、悲伤、愤怒、抑郁等负性社会情绪或社会心理。这些负性情绪会与网络舆论一起发酵、传播和扩散，极可能引发不安定因素进而诱发次生灾难。因此，突发事件后实施及时有效的心理援助（心理危机干预）、及时防范和有效化解心理危机与生命援救、物质援助一样，已成为应急管理工作的重要组成部分。突发事件心理援助是我国应急管理创新的重要心理学途径。[①]

灾难心理研究发现，在突发事件发生期间或之后，如果相关个体或群体得到及时有效的心理援助，受到的社会支持越多，未来他们得心理疾病、心理障碍的概率就越低，以及由此引发的社会不安定因素也就越

① 参见王俊秀：《社会心理服务体系建设与应急管理创新》，《学术前沿》2019 年第 3 期。

少。研究表明，2010年舟曲特大泥石流灾害后，心理援助在灾区广泛开展。3年后的调查发现，有不同程度心理障碍并接受过心理援助服务的50名妇女，心理障碍恢复正常者占到了90%，而未接受过心理援助服务的50名妇女，恢复心理正常者只占68%，其余32%的人还存在不同程度的心理问题①。当然，心理援助的良好效果需要心理援助行动的专业、科学及有序开展。否则，反倒会加重当事人的心理创伤，导致更严重的后果。

总之，突发事件心理援助或应急心理干预越来越受到人们的重视。心理援助是社会心理服务的一种形式，其满足受突发事件或灾难事件负性影响人群的心理和精神需求。在创伤性的突发事件处置中，为民众提供及时有效的心理援助，既体现党和政府对人民深度的人文关怀，也体现我国社会文明程度之高。

（二）我国突发事件心理援助的发展历程

其实，人们早就知道突发性的创伤性事件会对人的心理产生极大影响，经历此类事件的相关人群需要得到及时有效的安慰与开导。然而真正意义上的心理援助直到20世纪40年代才出现。1942年，在波士顿发生的一场火灾后，美国心理学家总结出危机事件心理干预的相关理论；20世纪50年代，美国国家心理卫生署（NIMH）着手研究和制定灾难受害者心理援助方案；1978年NIMH出台了第一本由政府颁布的心理援助指南——《灾难援助心理辅导手册》。此后，随着人们对灾后的心理问题与心理援助的重视，一些发达国家政府开始研究灾难心理援助服务实施及相关政策制定。例如，英国在1987年翻船事件发生后成立了社会支援组织，对灾难经历者进行了演讲、家访和长期心理辅导或

① 参见马辉兰：《舟曲灾后心理干预三年后的效果观察》，《甘肃医药》2014年第8期。

电话心理咨询等多种形式的心理援助活动。新加坡在 1986 年新世纪酒店倒塌事故发生后，组织专业人员对幸存者进行了心理危机干预；1994 年又建立了国家应急行为管理系统，为经受灾难的人群提供医疗和心理服务。[①]

我国突发事件心理援助的发展大致经历了起步、发展和成熟三个阶段。

1. 起步阶段

我国突发事件的心理援助始于 1994 年的克拉玛依大火。[②] 那次火灾造成了 300 多人死亡。当时，当地医院的医生发现死难者家属和一些重伤人员出现很多心理问题，便报请当时的卫生部，请专业的心理医生到现场救治。尽管这次的灾后心理干预没在灾后 24 小时内进行，以及后续持续的心理援助也没有跟上，但它是全国首例灾后心理干预和心理援助的尝试，并取得了宝贵的经验，为之后的突发事件心理援助发展奠定了基础。

2. 发展阶段

我国心理危机干预与心理援助的研究和实践启动较晚，缺乏充分的事前准备与应急心理干预的经验。[③] 进入 21 世纪后，突发事件心理援助有了较大的发展。2003 年“非典”疫情期间，北京大学精神卫生所专家对“非典”疫情患者、疑似人员、密切接触者、家属朋友以及一线医护人员做了大量的心理干预工作。这是我国首次大面积、全方位介入灾难救助的心理援助工作。尽管 2008 年四川汶川地震后的心理干预行动还有些仓促，心理援助效果还有提升空间，但是突发事件心理援助在汶川地震后受到社会各界的广泛关注，“救人要先救心”的意识已成为

① 参见张侃：《国外开展灾后心理援助工作的一些做法》，《求是杂志》2008 年第 16 期。

② 参见董惠娟：《地震灾害与心理伤害的相关性及其心理救助措施研究》，中国地震局地球物理研究所博士论文，2006 年。

③ 参见王丽莉：《北京市重大突发事件心理援助体系建设》，经济日报出版社 2017 年版，第 1 页。

全面和有效应对突发事件的共识。

3. 成熟阶段

经过十余年的努力，应急管理层面上的应急心理干预行动经验不断得到总结，使心理援助行动的效果明显提升。在 2019 年底暴发的新冠肺炎疫情抗击中，党和政府十分重视相应的心理援助工作，表现出成熟的突发事件应急心理干预经验。

从心理援助的相关文件颁布情况看，新冠肺炎疫情发生后，我国政府及时出台了一系列心理疏导、心理危机干预的指导性文件。2020 年 1 月 27 日，国家卫健委疾控局发布《新型冠状病毒感染的肺炎疫情紧急心理危机干预指导原则》，要求将心理危机干预纳入疫情防控整体部署；同年 3 月 18 日，国务院应对新冠肺炎疫情联防联控机制印发《新冠肺炎疫情心理疏导工作方案》；4 月 7 日，国家卫生健康委、民政部制定了《新冠肺炎患者、隔离人员及家属心理疏导和社会工作服务方案》。8 月 25 日，我国疫情已进入了常态化防控阶段，为了进一步加强对治愈者的心理疏导，国家卫健委和民政部、公安部、司法部、全国妇联、中国残联联合印发《疫情防控常态化下治愈患者心理疏导工作方案》。

从心理援助的实践上看，疫情暴发初期，教育部就成立了“教育部华中师范大学心理援助热线平台”。1700 名咨询师轮流值班，1000 名后备具体实施心理援助实践工作。这是全球历史上规模最大的心理热线援助平台。自 2020 年 2 月 24 日开通至 5 月初，呼入人次超过 20000，接入咨询 17000 人次。各地有条件的相关部门和民间机构，也纷纷成立心理援助热线，为自身的服务群体和广大市民提供心理服务。

三、建立健全防范与化解心理危机的心理援助机制

突发事件心理援助是一项系统工程，需要全社会各组织、各团体以

及每个人共同努力形成合力。为此，我们尝试构建“三体四面”的突发事件心理援助体系。“三体”是指社会治理者、心理专业人员和社会大众等三个心理援助实施主体；“四面”是指宏观层面、微观层面、外在方面和内在方面等四个心理援助实施方面。概言之，该体系主要强调社会治理者在宏观层面搭建完善的心理援助框架，搭好平台，保障和促进运行；心理专业人员在微观层面实施专业化的心理干预；社会大众既要重视民众相互之间的外在心理疏导，又要加强民众自身的内在心理建设。

（一）社会治理者着力在宏观层面建体系、搭平台与促运行

突发事件心理援助的效果有赖于科学、规范、系统的心理援助体系。社会治理者的主要任务是构建完善的心理援助体系，搭建有效的实施平台，然后及时进行监督检查，保障心理援助体系落地生效。根据心理援助的专业性和有效性的要求，结合突发事件所处不同阶段人的心理特点差异，我们尝试构建心理援助的政府主导体系、专业实施体系以及全员参与体系三位一体的整合性心理援助机制，确保心理援助的有效实施。①

1. 构建心理援助的政府主导体系

我国是政府主导型的发展中国家。政府对突发事件后的心理援助重视程度的高低对该体系建设至关重要。由于心理援助与其他应急救援救助不太一样，它的效果往往在后续中逐渐体现。这就需要政府对心理援助保持持续的重视和支持，各级政府及其领导在理念上也需要持续提升，科学客观地看待和评价心理援助的效果，减少或避免对其误解或不

① 参见王丽莉：《北京市重大突发事件心理援助体系建设》，经济日报出版社 2017 年版，第 138 页。

信任。社会心理服务和应急管理中的心理援助在我国发展不到 20 年，很多人对心理问题、心理疏导和心理危机干预等存在不理解或不信任。面对突发事件后的心理创伤问题，很大一部分人认为，这些心理问题、心理创伤会随时间的流逝而自愈。这种看法不可避免地会反映到政府管理理念中。即心理危机干预或心理援助究竟能发挥多大作用，起到什么效果，很多政府管理者心中存在一定的疑惑。因此，需要呼吁各级政府领导能够科学客观地认识心理援助在突发事件应对中的作用与地位。

心理援助是一项周期长、见效慢的工作，各级政府也要克服政策行为的短期化与功利性。由于突发事件后心理障碍或心理危机的出现有一定的延迟性，加之心理援助效果也不一定能在危机事件应急处置后很快地显现出来。因此在政绩考核的驱动下，对心理援助的持续重视与支持受到很大的影响。因此，各级政府与领导需要提升观念，克服政策行为选择短期和功利思想。这样才能真正体现应急救援的人文精神，提升应急管理水平。[①] 总之，在突发事件心理援助中，政府要做好以下三方面的工作。

第一，解决人的问题：政府要完善政府机构及职能，有专门的机构和专门的人员负责指导、组织与协调。尽管突发事件心理援助被社会广泛关注，但在现实中，心理援助的具体实施却常被各部门忽视。为应对突发事件中的心理援助具有多元主体的特点，政府应成立专门负责突发事件心理援助的机构，或者把该项职能赋予某个专门机构，由该机构相关固定的专业人才牵头负责组织协调心理援助工作开展。政府应在主导应急救援框架下，明确心理援助与生命和财产救援同样重要，厘清各部

① 参见宋晓明：《重大突发事件群体心理援助中的政府主导责任》，《公安教育》2017 年第 11 期。

门参与心理援助的职责。首先，应急管理部门提供政策保障以及具体实施的统筹与协调；其次，民政部门提供财、物的保障；第三，卫生部门统筹专业力量，包括卫生系统的精神科、心理科的临床医生、科研和高校系统的心理学专业人员、社会机构的心理咨询师等。

第二，解决财物的问题：政府要明确经费投入，保障专款专用。稳定的经费投入和财政支出是开展突发事件心理援助的重要基础和条件。因此，首先，建议尽快将突发事件心理援助应急准备工作所需要的费用列入财政预算。各级财政部门应拨付适当的经费用以支持必要的培训、宣教、专家队伍建设、物资的储备等工作。其次，由于突发事件善后和恢复重建过程中，要依托各地心理援助专业机构、社会工作服务机构等的支持配合，建议加大政府购买社会服务的力度，完善政府购买社会工作服务成本核算制度与标准规范。

第三，解决制度保障的问题：政府要制定与完善专门法规与预案。突发事件心理援助体系建设十分需要加强法律法规的保障。应尽快出台有关突发事件应急心理干预或心理援助的预案。预案至少要包括以下三方面内容：一是确定应急心理干预行动的级别、启动干预行动的条件、干预对象；二是确定突发事件应急心理干预行动的组织体系及职责；三是明确现场应急心理干预行动的流程及终止和保障措施。还要尽快补充和完善心理援助相关法规。例如，明确各级政府及部门在突发事件心理援助中职责和权力的法律支持；对心理援助的规范性、不同援助主体的衔接、转介等问题做出规定；对心理援助体系所需要的人才培养、经费支持等提供法律保障。

2. 构建心理援助的专业实施体系

心理援助是一项专业要求很高的职业活动，需要由专业的心理援助人员来实施。因此，专业人才队伍成为突发事件心理援助体系建设的重要支撑。然而，目前基本上没有足够应对突发事件心理援助常备的、系统的专业队伍。有一些地方的突发事件处置，责任划分清楚、理赔结束后，该案件就画上了句号，相关人群的心理疏导、心理危机干预无人问津。究其根源，是突发事件心理援助的专业人员缺乏，因而无法找到合适的专业人员给相关人群提供一定周期的心理疏导、心理干预和心理重建的系统服务。因此，要建设常备的层级分明、职责明确的心理援助队伍，以解决此类问题。具体可以从以下四方面着手：第一，明确心理援助专业队伍建设的目的与原则。第二，组建稳定的心理援助专家库、常备专业人员库，整合社工等志愿者力量，形成一批由专家、专业人员和社工组成的多层次心理援助专业人才队伍。第三，制定一套有效的专业队伍管理办法和心理援助专业实施流程。定期对该队伍进行培训、演练及其相应的考核或年审，对合格者颁发证书。当突发事件发生后，就可以从中抽调专业人才及时实施心理援助。

3. 构建心理援助的全员参与体系

突发事件心理援助既要重视事件发生之前的心理预防准备，也要重视事件之后心理援助的持续开展，这些工作都需要社会的广泛参与。因此，发动社会各界的力量，加强各社会组织的全方位合作，实行全员参与多方协作的局面，形成应急心理援助的合力，提升心理援助的实效性。

从参与合作的主体上看，加强专业机构与社区（村镇）、学校、单位的合作。在政府统筹、组织与管理下，由专业机构指导，在社区设立心理援助站，对社区的相关居民，尤其是退休的老年人群体实施心理援助；在学校设立心理咨询中心，对学生群体实施心理援助；在单位建立心理服务中心，为在职员工提供心理援助服务等，形成社会全覆盖的心理援助网络化服务体系。

从参与合作的内容上看，加强突发事件心理援助与生命援救、社会救助及媒体宣传的合作。遵循“救人要先救心”的理念，把心理援助融进生命援救、社会救助和媒体宣传等工作中。[①] 因此，生命救援人员要掌握一些心理援助常识，在抢救过程中适时地给予被援救人员适当的心理急救，增强对方安全感和战胜困难的信心。在医院救治时也可引入身心同步的救援模式，即白天生理医生实施生命援救，晚上心理医生进场实施心理疏导、心理干预等心理援助活动。心理援助人员也要与各种社会工作服务机构合作，通过社工提供的水、食物、住宿等服务传递心理关怀，实施心理疏导。在心理援助的实施中，还需要利用媒体快速传播的影响力，尽快纾解社会各群体因突发事件引发的诸如恐慌、焦虑、抑郁和愤怒等消极情绪，在短期内实现群体心理干预，防止出现群体心理危机对社会稳定的负性影响。同时还要发挥媒体的宣教功能，加大心理危机防范意识和化解策略以及心理健康和心理重建知识的普及宣传。

（二）心理专业人员重点在微观层面实施专业化的心理干预

1. 确定干预对象

突发事件应对中，社会公众与事件之间关系存在远近区别，参与和卷入事件的程度不同，因此受影响的程度也不尽相同。基于此，我们大致地把易受影响的社会公众分成四类：突发事件后的幸存者、幸存者及罹难者家属、援救者以及社会大众。[②] 就此次新冠肺炎疫情的心理干预而言，国家卫健委确定了四级干预对象：第一级为新冠肺炎确诊患者（住院治疗的重症及以上患者）、疫情防控一线的医护、疾控和管理人员；第二级为被隔离的轻症患者（密切接触者、疑似患者）；第三级为与第一、第二级有关的人，如家属、同事、朋友，以及参加疫情应对的

① 参见王丽莉：《北京市重大突发事件心理援助体系建设》，经济日报出版社2017年版，第153—161页。

② 参见惠东坡：《重大突发事件中的公众的心理特点》，《绍兴文理学院学报》2017年第1期。

后方救援者；第四级为受疫情防控措施影响的疫区相关人群、易感人群、普通公众等。

2. 实施心理评估

采用量表、临床访谈和观察等方法，实施对自杀风险、心理正常与异常、严重心理问题与一般心理问题等方面的心理评估，以便采取不同的心理干预措施。如何区分心理的正常与异常？心理正常与异常的常识性区分标准有以下四点：（1）是否有稀奇古怪的言谈举止；（2）是否有过度的情绪体验和表现；（3）是否能正常交往、工作、生活；（4）是否影响周围人的正常生活。专业的区分标准有三点：（1）主客观世界相统一；（2）精神活动内在协调一致；（3）人格相对稳定性。如果是异常心理，就需要及时送到医院进行相关的救治。

如果是异常心理，要区分心理问题的严重程度。严重心理问题与一般心理问题的专业区分标准有以下四点：（1）刺激的性质；（2）反应持续时间；（3）反应强度；（4）反应是否泛化。一般心理问题的诊断标准如下：（1）有现实刺激原因。由于现实生活、工作压力、处事失误等因素而产生内心冲突，并因此体验到不良情绪（如厌烦、后悔、懊丧、自责等）。（2）不良情绪不间断持续一个月，或间断地持续两个月仍不能自行化解。（3）不良情绪反应在一定理智控制下，行为保持不失常态，基本维持正常生活、学习、社会交往，但效率有所下降。（4）自始至终，不良情绪的激发因素仅仅局限于最初事件；即便是与最初事件有联系的其他事件也不引起此类不良情绪。

严重心理问题的诊断标准如下：（1）引起“严重心理问题”的原因，是较为强烈的、对个体威胁较大的现实刺激。不同原因引起的心理障碍，求助者分别体验着不同的痛苦情绪（如悔恨、冤屈、失落、恼怒、悲哀等）。（2）从产生痛苦情绪开始，痛苦情绪间断或不间断地持续时间在 2 个月以上，6 个月以下。（3）遭受的刺激强度越大，反应越强烈，以致自行无法解脱，对生活、工作和社会交往有一定程度的影响。（4）痛苦情绪不但能被最初的刺激引起，而且与最初刺激相类似、相关联的刺激，也可以引起此类痛苦，即反应对象泛化。简单概括，严重心理问题满足以下四点：（1）相对较强烈的现实刺激；（2）情绪反应剧烈；（3）持续时间长；（4）情绪反应充分泛化。

3. 采用心理干预策略

在心理援助过程中，根据心理干预的相关原则，采用共情技术以建立良好的心理咨询关系；运用支持性的会谈技术，进行有效心理疏导；采用各种转化技术，改变当事人的认知、情绪和行为方式，以实现心理重建。具体实施中，可根据当事人的心理评估结果灵活采用各种心理技术，进行分级分层的针对性心理干预。如果心理问题比较严重，建议转介到有资质的心理机构进行相应的专业心理治疗。就此次新冠肺炎疫情的心理干预而言，对第一、第二类人群主要实施心理危机干预，防止出现不安全的恶性事件；对第三类人群主要实施心理疏导，以防出现心理危机；对第四类人群主要普及心理健康知识以预防出现心理问题。下面主要介绍心理危机的干预策略和心理问题的疏导策略。

（1）心理危机的干预策略。心理危机干预对象主要为受突发事件直接影响的人群（严重伤亡或损失者及其家属、轻伤者或损失较轻者）以及一线救援人员。这些群体属于严重心理问题和心理危机高发群体，是高危人群，需要重点关注和及时有效的心理危机干预。例如，新冠肺炎重症患者；参与救援的一线医护人员、公安干警和管理人员；新冠肺炎的隔离患者等。

突发事件后，心理危机反应一般会在3个月内得到缓解并消失，但还有相当一部分人仍然有症状。也有一些人最初没有症状，数月后才出现延迟性创伤反应。世界卫生组织的调查数据显示，突发事件后一年内，可能出现严重心理疾病的人达20%，心理创伤的潜伏期是6个月。

创伤后应激障碍是突发事件后常见的一种心理创伤，创伤后数日至数月后才发病，病期 1 个月以上，是心理危机干预的重点内容。主要的症状是警觉性过高、病理性重现（闪回）、回避。从突发事件所造成心理伤害的持续性和深远性可以看出，长期的心理危机干预是必不可少的。突发事件后个体和社会心理应激反应分为三个阶段，因此心理危机干预也要相应分阶段、有针对地开展。

一是应激阶段。突发事件后 1 周的急性期内，心理干预的重点是救人性命、保障安全，尽可能通过身体安全带来心理安全。

二是冲击阶段。突发事件后 1 周至 3 个月左右，心理干预的重点是情绪疏导和哀伤辅导。

三是复原阶段。突发事件后 3 个月至数年，许多心理障碍将会在事件发生 3 个月后逐渐显现和增加。有的慢性心理创伤状态甚至持续 20 年或伴随终身。情绪疏导、哀伤辅导和心理重建要持续进行。而且，在中秋、春节、清明、周年祭日等特别的日子，会增加自杀风险，这些时间要加强自杀风险防控。例如，在汶川地震后的心理危机干预“退热”期（震后 3 个月，心理干预志愿者们集中撤离），北川县发生多起干部自杀事件。一般认为，灾难危机后 3—5 年是心理疾病的高发期。心理危机发生的阶段性特点说明受助者需要持续的追踪服务。

根据上述的突发事件后个体或群体的心理特点，实施心理援助时，应遵循以下五个原则：（1）快速干预。第一时间到达现场，尽量尽快使受灾群众情绪安定下来；（2）稳定化。最大程度调动各种资源（物质、经费和人员）进行救援，尽快恢复生活秩序和规律，促进稳定与恢复心理功能；（3）有效倾听。倾听受灾人员的各种倾诉，鼓励其表达各种情绪，帮助他们理解灾难，增加对灾难后的控制感；（4）注重问题解决。帮助受灾人员从自己的经验出发，逐步解决灾后出现的问题，重新逐渐恢复信心，重获控制感，恢复各项心理和社会功能；（5）鼓励积极改变。激发受灾人员的主动性，获得对自己的责任感，逐渐与往事和解获得新生。①

在实施心理危机干预中，还可以灵活采用以下技术（具体操作应由专业人员实施，组织管理者只需了解大概的过程）。

第一，沟通技术——听的技术。在沟通过程中，心理危机干预工作人员应该避免应用专业性或技术性难懂的语言，多运用通俗易懂的言语交谈；应该避免给予无法兑现的保证；多倾听和共情，多利用可能的机会改善受害者自我内省和感知。

第二，心理支持技术——说的技术。支持技术包括解释、鼓励、保证、指导、促进环境的改善这五种成分。心理危机干预工作人员应以同情的心态听取并理解受害者的处境；给受害者以适当的支持与鼓励，帮助受害者振作精神、鼓起勇气，提高应付危机的信心；对于某些缺乏知识和观念不正确而带来苦恼的受害者，应提供所需的知识，帮助减少烦恼的程度。心理危机干预人员还应指出受害者的优点、问题的可解决性，让病人有信心和动机去处理自己面对的困难。值得注意的是，干预过程不应带有教育的目的。

第三，心理重建技术——转变的技术。心理危机干预工作人员可根据受害者的实际情况，并结合自身的专长选择合适的心理干预技术。例如，理性情绪疗法以及意义疗法中的 ABCDE 技术，其中 A 代表接纳；B 代表相信；C 代表承诺；D 代表发现；E 代表享受（痛并快乐着）与调整。即在接受不可改变的事实基础上，仍然相信自身有价值和生活有意义；并在此基础上承诺做出积极行为，做该做的事情，尽力做可能做到的事情；那么，就进入了良性循环的轨道，过段时间后当事人将发现

① 参见程奇：《国外灾难心理危机干预研究综述》，《福建医科大学学报（社会科学版）》2009 年第 2 期。

新的自我和新的解决问题的资源或途径；在这个过程中，当事人痛并快乐，并及时进行自我调整以保障自身在积极发展的轨道上。

（2）心理问题的疏导策略。心理问题的疏导对象主要为受突发事件间接影响的人群，如受影响较轻者的亲属、同事和朋友等，以及后方救援人员。这些群体属于心理危机预防的人群，通过有效的心理疏导，防止他们的心理问题转化为心理危机。具体可以采用以下的心理疏导技术。

该简易的心理疏导技术包括以下八个方面。在疏导性会谈中，可以有选择性地灵活运用。第一，倾听：少说多听，多使用“开放式”提问，适度引导。比如：“能跟我说说今天的经历吗？”第二，不评判：不把自己主观价值观强加于对方。例如：“我理解你的想法，你认为……”第三，共情：回应对方的情绪，接纳对方的任何情绪。例如：“你刚才说你很累，能具体说说发生了什么吗？”第四，提供具体支持：在现实层面、情感层面或资源层面等提供具体的支持。例如：“需要我陪你一起去吗？”第五，促进小改变：促进制定能在一定时间内达到的小目标。例如：“明天我们抽半个小时去锻炼一下，可以吗？”第六，后续跟进：持续关心、陪伴，提供后续资源和支持。例如：“昨天你说你很累，今天感觉好些了吗？”第七，转介：发现潜在心理问题严重者，报告上级，转介至相关专业人员。例如：通知上级领导“某人状态不太好”。第八，保密：严格遵循尊重和保密原则。例如：增强谈话保密意识，除非涉及生命危险事件。

（三）社会大众加强民众间外在心理疏导及自身内在的心理建设

在突发事件不可避免的当今社会，突发事件后相关人群应该得到及时有效的心理援助。这种观念需要每个社会成员共同遵守和践行。社会成员需要拥有一定的心理健康知识、素养以及心理调适能力。在社会互动中，多多应用心理健康知识和素养，进行自我心理调适，有效防范和及时化解不必要的人际矛盾，以防产生心理危机和恶性行为。

1. 普及心理调适的一般方法

突发事件后，尽管不同人群可能会出现不同的心理与行为问题，但也有一些共同之处。在此，介绍一些通用的心理调适方法，包括在认知上做到客观，在情绪上做到接纳，在行为上做到积极等方面。

(1) 认知上保持客观与理性。这种心理调节方法在心理治疗中被称为认知疗法。该方法的核心观点是：让人产生心理问题的根源，不是外在的事件，而是我们对事件的看法。因此，改变对事件的看法或想法才是解决心理与行为问题的根本途径。改变我们的对事情的看法，可以尝试求证客观现实的做法。即寻求客观现实的证据，科学区分感受与客观事实。当人过度关注身体某部分时，此部分的感受将会被放大。例如：伸出右手，注视并把注意力集中在掌心上，体验掌心的感觉，感觉掌心细胞加速运动，不一会儿手心就有发热感。因此，需要考虑是否是自己放大了自己的感受？这种感受有无客观现实证据？这种向客观现实求证的批判性思维，可以让自己产生新的理性想法，从而情绪和行为就会相应地改变。

面对突发事件，通过官方网站或媒体了解突发事件的相关信息，例如事件发生的来龙去脉、援救进行情况等，客观与科学地评估风险性或威胁性，这样就可以避免产生不必要的焦虑恐慌心理。就此次新冠肺炎疫情而言，我们应了解权威的疫情信息，正确认识疫情带来的危害，采取科学的防护措施，将风险降到最低；舒缓自己的恐慌情绪和不适当的防护行为。在面对疫情带来的威胁时，大约有15%的人表现出相对严重的心理和行为反应：感到恐慌或出现行为上的过度反应。出现这样的问题往往是不客观、不科学地认识目前疫情所带来的风险，存在夸大这种风险或威胁性的想法，从而导致了过度的心理和行为反应。[①]

适时也可以尝试改变看问题的视角。以下三种认知调整技术能够帮助受助人以新的视角看问题，从而摆脱困境。一是未来视角技术，即拉长时间长度看问题。在更远的时间视域下，困难或许就不再是“困难”。二是宇宙空间技术，即扩大空间距离看问题。在更广袤的空间场域中，感知的问题大小也会发生改变。三是圣人先贤技术，即切换人物视角看问题。基于智者或先贤的视角，问题或许已转变为人生的“滋养”。[②]

（2）情绪上心怀觉察与接纳。识别和接纳自己的情绪。带着这种情绪重建新的生活规律，恢复有序的生活，并尽可能坚持规律的生活节奏，那些不良情绪将逐渐消失。面临威胁时，人会出现担心、紧张、恐惧的情绪，这是正常的反应，对我们的身体是有一定益处的。这些情绪有助于人调动自身内在的生理和心理资源来应对威胁。因此，当出现这种紧张焦虑或恐慌的情绪时，不要试图去排斥它，而是尽量去体验它，体验和觉察它在身体中的表达，例如，胸部闷闷的、胃部还有点灼热和胀痛感，并接纳这种情绪。当我们以这种态度对待它时，这种情绪反而会得到安抚和疏导，从而逐渐消失。

如果条件允许也可以寻求社会支持。当人感觉一定程度的紧张、焦虑、郁闷或恐惧时，会产生倾诉的心理动机。此时若能获得有效的社会支持，以及被足够地有效地倾听和理解，获得情感联结，这些负性情绪将得到缓解。这点对维持和促进心理健康至关重要。大量的医学和心理学研究证实，社会支持在心理疾病的发生中可起到缓冲作用。因此，应寻找合适、有效的人际关系，勇敢地与他人交流，寻找帮助。另外，基于情绪 ABC 理论可知，情绪有其相对于的认知，改变认知是调整情绪

① 参见李占江：《面对新冠肺炎：心理问题的干预策略》，《光明日报》2020 年 2 月 29 日。

② 参见张荣伟：《新时代人民对美好生活向往的心理机制及实现路径》，《教育评论》2021 年第 8 期。

的有效方法。可以根据上述的认知改变技术，获得看问题的新视角新体验。

（3）行为上坚持有序与积极。认知、情绪和行为是相互作用、相互转化的。改变行为，可以从改变认知入手。在准确深度觉察的基础上，矫正自身非理性的想法，进而改变自己的心理与行为。生活中，当一个人出现不好的想法时，就会随之出现负性的情绪以及相应的行为。比如，当人认为自己很可能感染新冠病毒，就会紧张，就会觉得疾病的病毒在自己周围无处不在，进而表现出无所适从、不敢出门、反复清洗消毒等过度反应行为。因此，要改变我们的行为问题，可以从改变我们的想法着手，防止从过分担忧、过分关注到灾难性思维的演变，即心理学中的失调性的自我验证。

当然，改变行为同样可以促进认知改变。而且，直接改变行为比改变认知来得更容易些。因此，改变心理可以从改变行为模式着手。不管身处何种情境以及何种情绪体验，坚持积极有序的行为，久之认知和情绪就会进入良性循环的良好状态。例如，在疫情防控期间，我们整日被疫情信息所包围，生活节奏受到了干扰，陷入一种无序状态。从行为上坚持规律的生活节奏（利用课程表的方式），丰富自己的日常生活，积极行为起来，做些有意义的事情以充实和丰盈内心，原有的想法就会被逐渐动摇和替换，自己的身心状况就将改变。另外，还可以做一些放松训练，如腹式呼吸放松、冥想放松以及一定强度的体育锻炼等。

2. 加强心理健康知识的宣教

对一般的社会大众，特别是易感人群而言，应加强心理健康知识的学习和应用。面对突发事件，与突发事件没有直接相关的社会大众可能出现两种不健康的心态。第一种，心存事不关己的态度，没有引以为鉴，行为大胆出格。第二种，过度担心事件发生在自己身上，因而产生恐惧心理和过度的行为反应。例如，面对新冠病毒，有的人心存侥幸，认为自己身体健康，不会染上，表现得满不在乎，不认真做好防护，到处乱窜不配合管控。也有些人过分敏感，过分关注自己的身体健康，稍稍出现异常感觉就十分恐慌，感觉到处都是新冠病毒，不敢出门以及乱投医和吃药。还有一些人觉得生活不可控，到处都不安全，对社会缺乏信心，感觉无法应对危险，容易轻信谣言，抢购和囤积东西。甚至有人借烟酒消愁，或出现其他过激行为。针对这些群体，可以采用以下心理健康教育方法。

第一，深刻认识心理健康的重要性，树立心理保健意识。心理健康是健康的重要组成部分。身心交互作用，身体不健康，心理肯定会受到影响；心理不健康，身体也会有各种不适感。因此，社会中的每个人均要掌握心理保健的知识和技巧。面临生活逆境时，若是采用不健康的方式，如回避退缩、否认、依赖他人、指责抱怨、非理性宣泄等，只会让问题越来越糟糕，心理则更不健康。如果及时启动有效的心理防护及疏导措施，则能保持心理处于自尊自信、理性平和、积极向上的状态。对社会管理机构而言，要加强心理健康知识的宣传和普及工作，让心理保健意识入心入脑，让心理保健能力在日常的生活点滴中体现。

第二，科学对待和处理情绪，保持理性认知。情绪是个体内心状态的一扇窗。本质上，它没有好坏之分，它只是一种标识或提示。我们应该透过情绪，看到个体内在的认知或观念。因此，首先要觉察自己的情绪状态，不否认不逃避，承认和接纳自己的各种情绪。然后，获知支持这些情绪的观念或想法是什么。接着，站在更高或更广的视角来看问题，原有的观念和想法是否发生变化，是否产生了新的观念和想法。最后，深刻认同新观念和想法，发现情绪发生了改变。例如，拉长时间长度看问题、扩大空间距离看问题、切换人物视角看问题。对社会管理机构而言，应多宣传、普及和践行看待生活事件和人生逆境的各种科学理念和心态，帮助民众在面临生活逆境时，能自主启动科学的生活态度和理念，从而超越困境。

第三，加强社会支持系统，获得心理支持。人有七情六欲，需要倾诉这些丰富的情绪情感。强大的社会支持系统有利于当事人获得情绪安全和情感支撑。人际间的相互支持和鼓励，也有利于当事人切换看问题的视角，有利于全面客观地看待问题。因此，交一群知心朋友，针对不同问题与不同的朋友敞开心扉交谈，可以获得心理支持。

第四，发现生活的意义，增加积极行动的动力。生活的美是维纳斯之美。承认这个事实，使我们更容易发现生活的美。美就在生活的点滴中、美在逆境中的风雨兼程、美在对知识的渴望、美在不求回报式的爱的奉献。承认这个事实，面对生活逆境时更能够接纳负面情绪，从而增强把负面情绪转化为积极行为的动力。

总体而言，心理危机极可能直接引发个体或群体恶性事件。心理危机是心理风险，是各类风险的核心要素。在当今世界百年未有之大变局时期，我们面临巨大的风险挑战。政府、社会组织、各类专业人员以及广大人民群众要高度重视重大风险事件所隐藏的社会心理问题，及时防范、有效化解民众的心理危机，完善社会治理新格局。

阅读材料

法国巴黎恐怖袭击事件中的社会情绪管理①

2015 年 11 月 13 日晚，法国巴黎发生了令世人震惊的恐怖袭击事件，包括 6 起枪击事件、3 场爆炸和 1 起人质劫持事件。在此次事件中至少有 132 人死亡，其中在巴塔克兰剧院被恐怖分子打死的人质就有

① 参见宋劲松：《危机决策》，中国人民大学出版社 2018 年版，第 187—188 页。

87 人。事件发生之后，法国社会并未因为恐怖袭击事件而出现慌乱和集体恐惧，社会秩序和社会情绪并未出现大的波动。究其原因，这与法国政府在重大突发事件处置中的社会情绪管理措施得当紧密相关。

暴力恐怖袭击事件发生后，法国政府采取了以下措施，有效地维护了社会情绪稳定。

一、立即启动应急响应控制局势，安抚社会情绪和稳定民众之心

（1）立即启动应急响应，控制局势。在常规突发事件应对中，法国坚持属地管理原则，国家领导人通常不会干预地方做法。暴力恐怖事件则不同，在立即启动应急响应后，国家领导人要第一时间表明立场、态度和公布已采取或将要采取的应急处置措施。

事发两个小时之后，法国总统奥朗德通过电视直播发表讲话。在电视讲话中，奥朗德通报了政府已经采取的措施。奥朗德说："我们已经尽可能动员了所有的力量，来遏制恐怖分子，并保障所有可能涉及街区的安全。我们还要求要有军事增援。他们目前已部署在巴黎地区，以确保不会有任何新的袭击发生。"同时，奥朗德还宣布了将要采取的应急决定，包括全国进入紧急状态和关闭边境。除此之外，法国政府当晚还宣布了其他应急决定，包括实施宵禁、停止地铁服务、呼吁市民留在家中等。

11 月 14 日中午，奥朗德发表第二次电视讲话，通报迄今准确的遇难人数，有限公开事件最新调查情况，公布"伊斯兰国"是袭击事件的幕后黑手，并宣告了事件是野蛮的"战争行为"。法国将采取应对战争的手段应对恐怖主义。15 日，法国派出了 12 架战机对叙利亚的"伊斯兰国"组织进行轰炸。此外，法国启动了应对巨大伤亡事件紧急医疗服务的"白色计划"；外交部、司法部和卫生部的受害者办公室启动与巴黎警察局的联动。

（2）安抚社会情绪，稳定民众之心。恐怖主义的主要目的是通过暴力制造恐怖社会气氛和博取眼球，以迫使被袭击国政府和社会屈服。恐怖事件发生后必须首先降低社会大众的恐惧感以维护社会的稳定。此时，国家领导人第一时间的行为和立场就显得极其重要。奥朗德第一时间发表了简要而聚焦的电视讲话。他说："面对恐惧，法国一定要坚强，一定要强大，政府部门要坚定，我们会做到。我们还需要呼吁每个人负起责任。恐怖分子想要的是让我们害怕，用恐惧控制我们。我们有理由感到害怕，恐惧也的确存在，但我们国家面对恐惧的时候，知道如何自卫，知道如何调动力量，也知道如何再次击败恐怖分子。在此请你们充分相信我们可以和安保力量一起保护我们的国家免受恐怖行为袭击。"

发表电视讲话之后，总统奥朗德和总理瓦尔斯、内政部长卡泽纳夫等政府要员前往遇难人数最多的事件地点巴塔克兰剧院了解情况并接受媒体采访。国家领导人的表态可以在暴力恐怖事件发生后起到"镇静剂"的作用。

二、制定完善的应急预案和具体有效的措施，最终消除社会恐惧情绪

(1) 公布应对措施，引导公众平稳有序地生活。对社会恐惧心理的长期减缓和最终消除，还需依靠切实有效的事件应对措施。次日，法国又很快公布了政府应对恐怖主义的整体方案、重要措施等，引导公众继续平稳有序地生活。作为国家紧急状态的具体措施，法国部长会议决定，允许某些地方禁止通行，并设立"安全保护区"；允许软禁任何有危险活动的人，收缴武器，并可以展开行政调查。巴黎市长宣布，除车站及机场外，14 日关闭如学校、博物馆、图书馆、体育馆、游泳池及市集等公共设施；埃菲尔铁塔无限期关闭，卢浮宫和巴黎迪斯尼乐园等景点暂停开放，多间著名百货公司暂停营业，多项体育及文娱活动亦取消。1500 名军人被动员起来加强巴黎的防卫。

(2) 实施各种具体有效的措施，保障生活秩序的正常运行。保障生

活秩序的正常运行是降低社会恐惧的基本内容。暴恐事件发生后，巴黎的零售超市均宣布第二天正常营业。在交通方面，巴黎 RATP 公司发布消息称，除了 11 个地铁车站关闭和 8 条公交线路停运之外，其他地铁、公交、快线等均正常运行。法国高铁公司 SNCF 表示，所有铁路工作人员均处于在岗状态，以保证国内交通的正常运行。火车站将加强警力部署，与警察和政府一道保证公众安全。奥利机场和戴高乐机场正常接待旅客，但安检更加严格。银行方面表示，除了 14 日相关袭击地区的办事处关闭之外，其他街区的办事处正常营业，但会加强安保措施，以保证银行顾客、员工的生命、财产和信息等安全。

（3）政府及时或渐进式地有序公布暴恐相关信息。为了满足公众知晓需求，在事件还在处置阶段时，警察通过媒体披露伤亡的估计数据，提高了公众对事件严重程度的心理接受度。在事态稳定后，伤亡人数的披露则是根据进展即时发布。同时，为减少未来信息集中轰炸所造成的心理冲击，在不影响事件处置和调查的前提下，法国对事件过程进行渐进式的披露，包括事件发生的具体时间、地点、参与人数、现场情况、救援过程等；以及为建立社会信心和提倡全社会共同应对事件，法国采取了几乎完全透明的方式公布事件进展信息。包括：暴恐分子的详细信息，如国籍、家庭、如何抵达法国等；逃跑车辆信息，如品牌、颜色、追寻过程等；在逃分子信息，如国籍、姓名、年龄、身高、照片、危险提示等；事件组织信息，如策划地点、过程等。

对应急处置进展信息有序公开，营造了事态稳定可控的感知。经过自我心理调适之后，公众开始逐渐关注事件的起因、经过、进展等信息。对这些信息的认可程度，决定了公众对事态可控的感知程度。法国在事件进展方面采取有序公开的方式，除了政治领导人的宏观、概述信息公开之外，主要由负责事件调查的司法部门统一披露，营造事态基本稳定可控的社会心理感知。

三、采用各种合理的方式，疏导民众的负性情绪

尽管政府采取了诸多措施稳定社会情绪，但公众心理上或多或少仍存在着压抑感，需要进行情感宣泄或表达。为此，法国努力创建多种渠道，促使公众情感在合理范围内表达。

（1）宣布全国国殇三天。在 14 日的电视讲话中，奥朗德宣布将签署法令，为哀悼事件死难者而国殇三天。同时，所有境内外的法国公立机构降半旗致哀。

（2）举行宗教悼念仪式。15 日晚，巴黎圣母院举行 1500 多人参加的弥撒，巴黎市长伊达尔戈、巴黎国民议会主席巴尔托洛内、法国前总理菲永、朱佩和前总统德斯坦等参加。巴黎大主教万特鲁瓦主持弥撒仪式，呼吁信众要保持希望。他说："在野蛮暴行面前我们要保持更多的信心、团结和尊严。"法国通过卫星电视直播了弥撒活动。

（3）举办全国默哀活动。当地时间 16 日中午 12 点整，全国默哀一分钟。就连街上的车都停下来，公交车司机要求所有乘客把手机通讯暂停，以示尊重，乘客一一低头默哀。

（4）开放事发地点祭奠。事发后的第二天，巴黎就有序开放事发地点，容许公众前往祭奠，前往人数随后日益增加。很多人都把鲜花、蜡烛、留言放到了袭击事件发生的几个地点，悼念和缅怀遇难人士。当然，政府加强了对祭奠地点的警力部署和保护。

第十一章　推进旨在提升全民安全素质的应急文化建设

应急文化建设是应急管理体系建设的重要组成部分。它除了关注人的思想意识、知识技能、道德伦理等内在素质外，还重视行为方式、安全装置、设施设备等外在因素和物态条件。加快应急文化建设是现代应急管理的基础性、战略性工程，其目的是提升全民族的安全素质，防控突发事件发生，从源头上保障公众生命财产安全，降低全社会应急成本。目前，我国应急文化建设尚处于起步阶段，滞后于经济社会发展进程和公共安全需求。因此，加快推进应急文化建设，既是一项紧迫任务，又是一项长期任务。

一、应急文化的基本形态和主要功能

（一）应急文化的含义

纵观人类社会发展的历程，文化对人的社会生活乃至各项管理活动都有着重要的推动作用。一般来说，文化是指人在思想意识、道德品质、文化知识等方面，经过长期陶冶、学习和实践所达到的一定水平，并随着时间的推移内化为人的一种较为稳定的属性，从而对人自身的各种行为起到持续的影响甚至决定作用，成为人的一种表征。

"文化是安全之魂"。任何管理方式的背后都有文化在起着关键的引领作用，应急管理也不例外，它直接关乎人的生命安危。应急文化不仅包括意识形态层面，也包括物质、技术、行为等层面。应急文化是公共安全在意识形态领域和人们思想观念上的综合反映，它以安全价值观为核心，包含了安全判断标准和安全能力、安全行为方式等，是人们应急活动的反映和成果，其表现形式具有精神和物质两种形态。精神形态的应急文化包括应急思想、观念、理论、知识、科学、技术、制度、风俗、方法、策略等无形的内容；物质形态的应急文化是指应急设施、设备、装备、器材、工具、网络技术等有形的内容。两者的有效结合，反映出一个时代的应急能力。诸如我国古代的长城、运河、都江堰、郑国渠、江西赣州宋代排水系统，以及浙江省永嘉县楠溪江中游一带许多古村落的水系遗存等，都属于物质形态的应急文化遗产。还有一些地方的灾害博物馆、展览馆也可以归入应急文化的范畴。

毛泽东说过："一定的文化（当作观念形态的文化）是一定社会政治和经济的反映，又给予伟大影响和作用于一定社会的政治和经济。"① 这个观点同样适合于应急文化。应急文化既是人们应急活动的反映和成果，"又给予伟大影响和作用于"人们的应急活动。这种"伟大影响和作用"具体表现在：应急文化是其中的一个种类，其功能除了一般的教化人之外，还有一个特殊的功能，即保障人的安全功能。应急文化对应急管理具有思想指南作用，对各应急队伍有智力支撑作用，对公众应急活动有导向作用，对受灾群众有提供精神动力的作用，对社会行为习惯有移风易俗的作用。没有深厚的应急文化基础，应急管理的能力和水平就难以提高。可以说，应急文化犹如人体的血脉、树木的土壤。土壤贫瘠而求树木茂盛，血脉枯竭而欲身体强健是不可能的，应急文化缺乏而希望应急管理有力、有序、有效，也是不可得的。

实践表明，应急文化是一种全方位、全过程的应急思维，它渗透在

① 《毛泽东著作选读》上册，人民出版社1986年版，第350页。

人类的应急实践活动中，既体现在人们意识形态上，又存在于应急管理制度性结构中。从规范意义上讲，应急文化指的是个人、组织及社会防范与应对突发事件过程中在物质、精神、制度和行为等维度所呈现出的存在样态、思维特征和行为方式。从大众文化的角度看，它是一种通俗易懂的防灾避险、自救互助、博爱和谐的安全文化。总体而言，应急文化是以保障承灾体安全为目标，以主体价值观为核心，以标准、制度和物资储备为载体，以演练培训教育为手段，它在一定程度上决定了处于危机中不同群体的心理与行为，影响着应急系统的功能和应急行动的效率。在这个意义上，应急文化是应急管理体系的一个重要组成部分，也是构建应急救援力量体系的文化基础。①

（二）应急文化的基本形态

从文化的基本形态来看，应急文化包含应急精神文化、应急行为文化、应急制度文化和应急物态文化。其中，应急精神文化是应急文化的内核层面，应急行为文化是应急文化的动态层面，应急制度文化是应急文化的制度层面，应急物态文化是应急文化的物质层面，这四个层面共同构成了应急文化形态的主体框架（见图 11—1）。

1. 应急精神文化

应急精神文化是应急文化体系的灵魂和核心部分，它主要指决策者和公众共同接受的应急理念、应急思维和应急价值标准。如心理抗压、风俗习惯、自我保护、灾害互助、保险意识等，均属于应急精神文化的范畴。应急精神文化主导并支配着应急行为文化、应急管理文化和应急物态文化的走向，体现政府和社会应急文化的价值导向。

① 参见李昊青、刘国熠：《关于我国应急文化建设的理性思考》，《中国公共安全（学术版）》2013 年第 2 期。

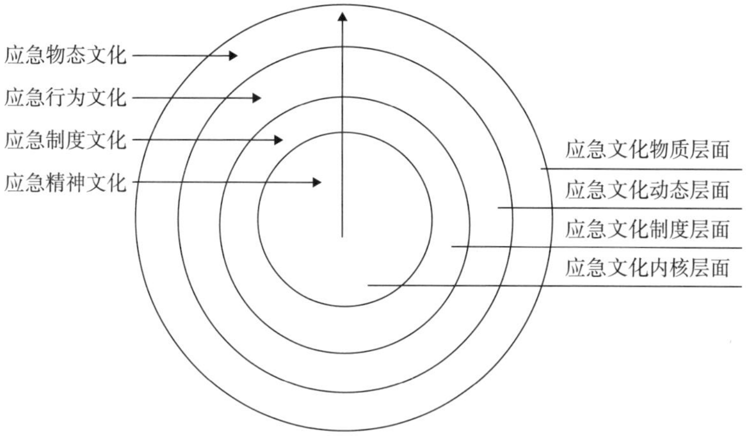

图 11—1　应急文化形态的主体框架

2. 应急制度文化

应急制度文化是人们在应急实践中形成的应急预案、应急体制、应急机制和应急制度。如《突发事件应对法》《地方党政领导干部安全生产责任制度规定》《公安机关处置群体性治安事件规定》《传染病防治法》《安全生产法》等。其主要规定了决策者及其他应对者在突发事件处置中所应遵循的行为准则和所应承担的职能责任，集中体现了应急精神文化、应急行为文化和应急物态文化对决策者的应急规范要求。

3. 应急行为文化

应急行为文化是人们在长期的应急管理实践活动过程中，积淀下来的社会心理、思维和行为方式、习惯等具有外显性文化的总和。[①] 包括日常行为培养、安全操作、应急演练、公众动员、自救公救等。应急行为文化既是应急精神文化的具体反映和表现形式，又作用于应急精神文化，并延伸影响应急制度文化和安全物态文化的发展。

① 参见韩传峰、孔静静、陆俊华：《城市应急文化及培育关键因素分析》，《中国公共安全（学术版）》2010 年第 4 期。

4. 应急物态文化

应急物态文化是指可触知的具有物质实体的人类应急物质生产活动方式和产品的总和。[①] 如应急设施、应急信息、应急物资、应急技术等。应急物态文化是形成应急意识文化和应急行为文化的必要条件，同时也是整个应急文化的外延部分。通过应急物态文化往往能反映出政府和社会的应急管理哲学、应急管理能力和应急管理水平。

（三）应急文化的主要功能

任何文化都是一定的历史环境和人类活动的产物，并反作用于一定的历史环境和人类活动，应急文化也不例外。应急文化建设的最终目的是要秉持人的生命高于一切的理念，提高全民的安全生存水平，实现全社会的“大安全”理想。实现这一理想，需要充分发挥应急文化的导向功能、激励功能、凝聚功能、规范功能和保护功能。

1. 导向功能

应急文化作为应急领域的主观意识范畴，受到人们观念意识的指导和影响，可以为人们的行动提供方向，使行动者分辨何种行为是适宜的、会引起积极回应的，即所谓的应急态度。应急态度是由应急成员的认知、情感、意向三个因素构成的比较持久的个人内在结构。其中，认知是对对象的认识了解，情感是对对象的好恶感情，意向是对对象的反应倾向。三者相互联系，协调一致。应急态度对于应急活动的导向作用，表现为当应急成员在思想上认识到某种应急行为是好的，就会在感情上喜欢这种应急行为，也会在意向上倾向于实施这种应急行为。优秀的应急文化对于应急活动具有正确的导向作用，恶劣的应急文化对应急

---

① 参见李昊青、刘国熠：《关于我国应急文化建设的理性思考》，《中国公共安全（学术版）》2013 年第 2 期。

活动具有错误的导向作用。

2. 激励功能

从心理学的角度来说，激励一般可以分为内激励和外激励。应急文化在实质上是一种内激励，它能综合发挥目标激励、应急行为激励、竞争激励、奖惩激励等多种激励手段的作用，从而激发出应急系统内各单位和个人的积极性，使他们主动投身应急管理活动，并产生荣誉感、自豪感和责任感，通过不断的自我勉励，激发出更大的应急信心和应急热情。

3. 凝聚功能

应急文化特别是作为应急文化核心的应急精神与应急价值观，对一个应急系统的生存与发展关系密切，它是应急活动的凝聚力、向心力所在，它能对应急成员的性格、兴趣起到潜移默化的作用，使他们自觉接受应急管理的共同理念和价值观，从而把个人融入集体中，减少内耗，使应急主体产生对应急组织的归属感，增强凝聚力。实践证明，应急响应的成功离不开决策者的素质水平，离不开应急主体的参与意识，离不开全体成员对应急目标的认同。在中外媒体宣传报道中塑造的救灾“英雄”，实际上是指集中体现了应急价值观的那些人，他们不仅是应急文化的组成部分，同时又是传播应急文化的力量源泉。

4. 规范功能

应急文化产生于应急活动，自然要受到应急活动的制约和影响。但是，应急文化一旦产生，又具有相对的独立性，并对应急活动形成规范功能。由于应急文化是一定体系的应急成员普遍认可的价值观念、共同信守的行为模式和广泛接受的态度作风，其不同于法律制度硬性的、看得见的约束规范，更多是指向一种调整人们关系的行为规范和准则。在现实实践中，无论是正面意义还是负面意义的应急文化都具有规范作用。正面意义的应急文化对应急成员及其活动具有积极的规范作用，负面意义的应急文化对应急成员及其活动具有消极作用。

5. 保护功能

一个社会、一个地方包括一个组织，一旦形成良好的应急文化理念，人们就会在这些应急文化理念和氛围中受到熏陶和教育，自觉遵从“安全第一，预防为主”的行为准则，从而有利于生命价值观念的增强，促进“以人为本”理念的广泛形成和深入人心，而这无疑会对那些忽视安全、漠视生命的行为构成巨大压力，由此便显现出应急文化对人的生命权和健康权的保护功能。

需要指出的是，以上应急文化的五大功能，不是孤立存在的，而是相互联系、相互作用的一个有机整体。

二、我国应急文化建设的主要成效及面临问题

（一）应急文化建设的主要成效

“历史，总是在一些特殊年份给人们以汲取智慧、继续前行的力量。”① 2003 年暴发的“非典”疫情，给我国公共卫生体系造成了强烈震撼，给经济与社会的协调发展发出了警醒信号，因而成为我国应急管理改革史上的一个重要转折点。此后，应急管理工作得到了社会各界前所未有的高度重视，党中央、国务院第一次明确提出：“政府管理除了常态管理以外，还要高度重视非常态管理。”这也预示着我国现代应急文化建设的正式开启并步入正轨，具有中国特色的应急管理制度优势正在逐步转化强大的应急管理效能。

1. 应急文化建设的思想意识得以确立

坚持人民至上，做到以人为本、安全发展，是中国共产党治国理政百年探索的基本经验，是应急管理的首要任务和普遍认可的价值观，也

---

① 习近平：《开放共创繁荣　创新引领未来》，《人民日报》2018 年 4 月 11 日。

是应急文化建设里程碑式的巨大进步。特别是在当今高风险社会的背景下，我国突发事件发生的频度与强度明显加大，给全社会应急管理工作提出了严峻挑战与新的考验。为此，从中央到地方都把应急管理工作摆上重要议事日程，作为各级党委政府和领导干部全面履职的重要任务来抓，相继做出了一系列加强应急管理和应急文化建设的战略部署和重要决策，应急文化自觉和应急文化自信在很大程度上得到了提高。

2. 应急文化建设的实践成果转化成效显著

政府是一个国家应急管理体系的重要中枢机构，应急文化建设是现代政府的必要职责担当。经过近二十年的探索实践，我国综合性的应急管理体制、机制、法制初步建立，政府“减灾行政”的职能和效能日益凸显。以生产安全事故为例，改革开放以来，我国特别重大生产安全事故经历了先升后降的过程，生产安全事故死亡人数从历史最高峰2002年的约14万人，降至2020年的2.71万人，下降80.6%；重特大事故起数从最多时的2001年一年发生140起，下降到2020年的16起，下降88.6%。在自然灾害方面，我国1998年因洪涝灾害死亡失踪人数是4150人，2010年是4079人，2016年是1182人，2020年进一步下降到279人。[①] 这些数据，从一个侧面反映了各级党委政府对国家安全和公共安全的重视、努力以及取得的成效。

3. 应急文化建设的全民参与热情空前高涨

应急文化建设需要每个人的共同参与才能达到预期目的。“在这个公平对待每个人的风险社会中，每个行为者的生存都是和他者紧密联系在一起的，只有风险共担才能共同生存。”[②] 所以，应急文化建设离不

---

① 参见黄明：《深入学习习近平总书记重要论述　积极推进应急管理体系和力量现代化——在中央党校（国家行政学院）中青年干部培训班上的报告》，《中共中央党校报告选》2021年第1期。

② 杨雪冬等：《风险社会与秩序重建》，社会科学文献出版社2006年版，第287页。

开全民的共同参与。这些年来，安全生产月、国家安全教育日、国家防灾减灾日、全国消防日等主题活动持续进行，各地开展的安全科普宣传、志愿服务行动等活动形式日趋多样、内容丰富多彩，全社会的公共意识和参与程度更加高昂并趋向理性。尤其是在经历汶川地震、玉树地震等突发灾害后，志愿者和非政府组织已成为一支不可忽视的救援力量，在应对突发事件中与政府和民间社会组织形成了较为有效的对接，协同应急的效能日益显现。

（二）应急文化建设存在的主要问题

由于我国应急管理还处于快速发展阶段，目前我国应急文化建设还存在着诸多短板和不足，其中最主要的问题就是未能建立起一套在灾难中自我学习、自我积累、自我提高的良性机制，对于应急文化建设还存在着不少误区。

1. 应急思想存在偏差

现阶段我国应急文化建设尚缺乏较为系统和长远的规划，更多的是一种突击式的培养、短时间的热情，没有形成一种终身教育和常态化训练的应急文化氛围。尤其是在一些灾难事件自救互救中，由于缺乏专业的应急辅导，许多民众没能掌握全面而有效的应急知识与自救互救技能，导致悲剧的屡屡发生。譬如，2003 年 11 月 24 日凌晨，俄罗斯莫斯科卢蒙巴各族人民友谊大学一座留学生楼失火，这场火灾造成 40 名学生死亡，200 多人受伤，其中遇难的中国留学生 9 名，而同住一楼的日本留学生却能沉着冷静地逃离火场，这与日本对危机教育的重视程度不无关系。[①]“日本的 6 年小学教育中就有近 40 个课时的教学内容涉及

① 参见金磊：《城市安全之道——城市防灾减灾知识十六讲》，机械工业出版社 2007 年版，第 220—221 页。

到此，它们分别被安排在国文、地理常识、历史启蒙、人与自然等课程中。”[①] 反观国内，据中国科学技术协会2021年初发布的中国第十一次公民科学素质调查显示，2020年我国公民具备科学素质的比例是10.56%。[②] 虽然与过去相比有较大进步，但这意味着每100人中仅有11人具备基本公民科学素养，这也直接影响了公众自救互救意识和能力的提高。另据统计，美国国民有25%接受过急救培训，东京是15%，中国香港是10%，北京在2008年奥运会前是0.6%，2008年通过政府推动达到1.6%，而这一比率在中国各城市中已经是最高的。[③]

2. 应急心理准备不足

统计学有个通用的公式：风险（R）＝伤害的程度（H）×发生的可能性（P），[④] 这个公式采用的是成本—收益的逻辑，虽然带有明显的经济学色彩，但将其放置于人类应急活动中，则同样适用。当前，我国一些地方、有些人错误地认为，突发事件的发生概率（即发生的可能性）是很小的，有的可以忽略不计，因而存在侥幸心理，没有居安思危，缺乏忧患意识。譬如，一些地方和单位对应急管理文化建设的必要性、紧迫性认识不够，没有将应急文化纳入文化建设的范畴，以致应急文化在推动全民族文明素质提高中的作用大打折扣；在有些地方，防灾救灾训练和应急教育基本流于形式，组织单位往往只是选个日子、贴贴通知，参加与否任君选择，既不强制，也不考核。所以在真正遇到突发事件时，很多人往往手足无措，应对不当。这不仅暴露了人们在面对风险时理性的限度，而且说明了在应急文化建设规划

① 徐瑞萍：《论现代化进程中的社会风险与危机教育》，《自然辩证法研究》2006年第6期。

② 参见《第十一次中国公民科学素质抽样调查结果公民具备科学素质的比例达到10.56%》，新华网，http：//www.xinhuanet.com/science/2021-01/27/c_139701108.htm.

③ 参见李绍飞：《“安全文化”课亟需“恶补”》，《瞭望新闻周刊》2012年第32期。

④ 参见《社会学视角下的风险问题》，新浪博客，http：//blog.sina.com.cn/s/blog_5ebaa2080100by5p.html.

中的严重缺陷。

3. 应急行为失当失效

木桶理论认为，木桶是由许多块木板箍成的，盛水量也是由这些木板共同决定的。若其中一块木板很短，则此木桶的盛水量就被短板所限制。这块短板就成了这个木桶盛水量的“限制因素”（或称“短板效应”）。若要使此木桶盛水量增加，只有换掉短板或将短板加长才行。人们把这一规律总结为“木桶原理”或“木桶定律”，又称“短板理论”。可以说，这一理论早已被许多人所熟知。但在应急管理实践中，这一理论却经常被忽略，导致应急行为的无序无效。突发事件发生的概率大小、事件导致的损失多少、应急救援的成功与否，往往取决于应急管理工作中的薄弱部分，也就是木桶中所谓的短板部分。无论其他环节做得如何完美，只要有一个环节出现失误，则极易酿成严重后果。目前，我国很多灾难往往都发生在管理最为薄弱、隐患最多又得不到治理的单位、场所，譬如地下商场、网吧等场所，并且又经常是那些最没有安全准备和安全意识以及自救技能的人群遭受伤害。① 2021 年河南郑州“7·20”特大暴雨灾害造成死亡失踪 380 人的严重后果，再次证明了这一点。可见，我国的“应急文化”课确实到了亟须“恶补”的时候了。

三、应急文化建设的基本原则

毫无疑问，我国应急文化建设应当在深刻总结历史经验教训、科学分析安全发展形势的基础上，从国情和各地经济社会发展的实际出发，遵循理论先进性与实践可行性兼容的原则展开。

① 参见李绍飞：《“安全文化”课亟需“恶补”》，《瞭望新闻周刊》2012 年第 32 期。

（一）以人为本原则

人是整个应急管理活动中最基本、最活跃的因素，是应急管理活动的实践者。所以，人的安全意识强弱，应急文化素质高低，将直接决定整个应急管理活动的结果和走向。搞好应急文化建设，首先必须要坚持以人为本原则。一是在应急管理工作中必须坚持以人为本。譬如，汶川地震后，我国应急管理科技和装备水平不断提高，在灾害机理研究、预警预报技术、重特大突发事件应对与防范等方面实施了一批重大科技创新项目。二是在应急信息传递上必须坚持以人为本。一旦发生重特大突发事件，都必须快速反应，利用各种媒体持续发布权威信息，主动回应社会关切。2020 年初暴发新冠肺炎疫情以来，从中央到发生疫情的地方，已经召开了数量不菲的新闻发布会，及时向社会公布确诊病例数量、行动轨迹和涉及场所、已采取的处置措施等，目的就是让公众对疫情有清楚的判断和认识，避免出现小道消息和社会恐慌。三是在应急综合保障上必须坚持以人为本。目前，中央和地方应急物资储备库体系进一步完善，基本实现重大自然灾害发生 24 小时内受灾群众得到基本生活救助，救助标准明显提高。四是在应急基础设施上必须坚持以人为本。这些年来，我国实施了防汛抗旱、危房改造、饮用水安全等重大工程，大江大河重点防洪保护区基本达到规定的防洪标准，防洪能力进一步提高，创建了一系列综合减灾示范社区，中小学校舍安全工程全面实施，农村危房改造工程逐步推进，县级以上行政区划单位建设应急避难场所不断增加，以上这些都是“以人为本”的核心价值理念的具体彰显。

（二）全面覆盖原则

在市场经济中，投机和冒风险是一种文化性选择，国家有责任和义务对其进行引导，既能提供必要的激励来满足这种选择，也能通过意识形态的构建来限制这种文化性选择的范围，用公共的理性来规范个人的非理性。① 对于大多数重大突发事件而言，其往往是某一个个体或是某一个孤立的因素、环节所致，所以应急管理工作不可以百密一疏，应急文化建设更不可以点到为止。要深入开展应急管理知识“六进”（进机关、进社区、进企业、进学校、进农村、进家庭）活动，加大力度普及预防、避险、自救、互救、减灾等应急防护知识，提高公众应对突发事件的综合素质，积极开展基层应急管理示范点建设，真正形成政府统筹协调、群众广泛参与、防范严密到位、处置快捷高效的基层应急管理和社会参与工作机制，使基层应急保障能力全面加强，全社会公共安全意识和自救互救能力普遍提升。在当今数字时代，应急文化建设应重视新技术、新方法的运用，在力求全面覆盖的前提下，重点提升公众理性参与应急救援的意识和能力。

（三）科学有序原则

大量的事实表明，70％的应急管理失败，其原因不是缺乏好的战略，而是缺乏有效的执行。所以谈论应急文化建设，就不能绕开应急执行文化。从某种角度来看，应急执行文化恰恰反映的是一个政府的品质和价值观。近年来，我国在应对突发事件中不乏成功案例。譬如，2013年的利比亚撤侨行动，我国不仅通过希腊、埃及、突尼斯等国协助撤侨，而且派出正在护航的军舰参与保护，并提前3天抵达，保证了我国在利比亚3万余公民的全部撤回。又如，全国疫情防控是一盘大棋，针对2020年初湖北和武汉是疫情防控重中之重的特殊情况，党中央紧急部署，在充分考虑疫情现状、人力资源储备及受援地市医疗资源缺口的基础上，统筹安排19个省份对口支援湖北省除武汉市外的16个市州及

---

① 参见杨雪冬等：《风险社会与秩序重建》，社会科学文献出版社2006年版，第94页。

县级市。通过强有力的组织动员和贯彻执行，全国上下齐心协力，很快打赢了武汉保卫战和湖北保卫战，取得了疫情防控的重大战略成果。可见，有序有力的应急执行能力，可以充分展示负责任政府的形象，更可以有效减少突发事件造成的生命财产损失。

（四）因地制宜原则

我国是一个幅员辽阔而又民族众多的巨型社会，各地的经济、地理、文化、习俗千差万别，各地应急文化建设必须发挥自身优势，凸显自己的特色。对于各地应当如何做，如何做好、做出特色，都应当上顺天时、下循地利、中察人情，实事求是，敢于创新。无论是官方推动还是民间自发，只要是切合自身实际而又行之有效的做法就是可行的。“特别是在政府不擅长、不到位或需要放松规制的领域，志愿者、志愿服务组织、慈善机构等社会力量，能够发挥形式灵活、针对性强、更具亲和力等优势。”① 譬如，北京有奥运精神，上海有世博会精神，四川有抗震救灾精神，福建有谷文昌精神、晋江经验，浙江有在“7·23”动车事故救援中表现出来的大爱精神、枫桥经验等。这些精神、经验应用于应急管理实践，就可以形成各具特色、富有感染力的应急文化，对应急管理事业发展起到很好的引领和激励作用。

四、加快推进具有中国特色的应急文化建设

我国五千多年的文明史，从某种意义上就是一部应对各类风险挑战、战胜种种危机困局的历史，在应急管理实践中创造了丰富的物质财富和精神财富。改革开放以来特别是 2003 年“非典”疫情以来，我国

① 杨琳、陈泽伟：《救灾当前，社会力量如何有序参与》，《瞭望新闻周刊》2013 年第 17 期。

应急管理事业进入快速发展阶段。要善于把握机遇，全面总结应急文化建设的实践成效和面临挑战，采取治标与治本相结合、长期与短期相结合的措施，加快形成具有中国特色的应急管理文化。

（一）以总体国家安全观为统领，塑造科学的应急精神文化和良好的精神道德

党的十八大以来，习近平总书记以马克思主义政治家的卓越政治智慧、强烈使命担当，高瞻远瞩提出总体国家安全观，成为习近平新时代中国特色社会主义思想的重要组成部分。习近平总书记强调，要自觉把维护公共安全放在贯彻落实总体国家安全观中来思考，放在推进国家治理体系和治理能力现代化中来把握。在新形势下，我国公共安全面临的风险和挑战严峻复杂，传统安全和非传统安全风险高度聚集、相互交织，应急处置不当可能催生政治安全风险，影响国家安全。所以，总体国家安全观是开创应急管理全新局面的思想引领，是促进应急管理体系建设的行动指南和根本遵循。

公共安全是国家安全的重要组成部分，与其密切相关又相互作用。应当认识到，同一风险在不同的时空和人物条件下，可能实现公共安全风险与国家安全风险的演化。国家安全体系的各构成部分之间互相关联，其中政治、经济、社会具有较强的关联度。国家安全体系可分解为国权、国土、国格、国力、国民等子体系。没有国家主权、独立、生存和发展，人民的生命财产安全无从谈起。公共安全是最基本的民生。民生连着民心，民心关系国运。以人民安全为宗旨实质上是以公共安全为宗旨。老百姓有安全感，社会才有安定感，国家才能长治久安。[①] 因

① 参见闪淳昌：《总体国家安全观引领下的应急体系建设》，《行政管理改革》2018 年第 3 期。

此，要以总体国家安全观为指针，引领应急文化建设全过程，切实加强总体国家安全观的宣传教育、政策研究和实践推动，真正形成国家安全人人有责、国家安全人人可为的公民意识和社会氛围。

注重发挥社会主义核心价值观的凝聚力和激励作用。广泛开展以爱国主义为核心的民族精神教育，使广大群众相信党和政府妥善处理复杂问题的能力，不受境外势力干涉和媒体干扰，珍惜来之不易的安定团结局面。广泛开展以改革创新为核心的时代精神教育，以思想不断解放来认识应急管理面临的任务和问题，与时俱进地推进应急管理事业持续发展，提高社会应急管理心理成熟度，使应急管理文化进步成为全民族文明素质提高的一个重要推手。发挥应急管理理论的科学指导作用，创新应急管理学科体系建设，从理论探索和经验总结两方面加快研究解决应急管理各环节的一些关键问题，对各类突发事件的机理进行专业性、针对性的探析，特别加强对非传统安全领域研究，提出应对新时代突发事件的政治法律思想、哲学和科学技术方法。培养公民正确的应急价值观和伦理价值观，培育守望相助、理性平和、积极向上的社会心态，坚决纠正一些公民见危不救、以怨报德和伤风败俗等现象。[①]

（二）根据突发事件机理及事件责任主体特征，系统构建应急行为文化

加强对各类突发事件机理的研究，提高全体公民应急行为的科学性，有针对性地提升专门人群的应急行为能力，不断提高本质安全水平。对于各级领导干部，要将政策学习和落实任务相结合、理论探讨与案例分析相结合、自学和培训相结合、应急演练和处置突发事件相结合，发挥行政问责的警醒教育功能，确保其履行应急管理职责。要完善

---

① 参见孙宇昊：《刍议中国特色应急管理文化发展》，《中国应急救援》2013 年第 5 期。

应急管理专家制度，创建应急管理专业研究与咨询平台，为应急管理科学决策提供智力支撑。对基层单位和一般群众，要根据工作性质和生活环境，采取多种形式广泛开展公共安全和应急知识普及宣传活动，使应急意识形态逐步深入群众心中，并内化为自觉行为。注重对弱势群体的救助和关心照顾，继续全面加强全国中小学公共安全教育，提高社会动员能力，消除公共安全隐患。要扶持应急管理类媒体发展，鼓励创作形式多样的应急文化作品。新闻媒体要常态化无偿对公众开展突发事件预防与应急、自救与互救知识的公益宣传，自信自觉地向外宣传报道我国应急文化，营造良好的国际舆论氛围。

应急管理法律制度是应急文化的重要载体，要增强履行应急管理法律规定责任和义务的自觉性，在运用行政手段进行应急管理的同时，更多地运用法律规范、经济调节、道德约束、心理疏导、舆论引导等手段，把应急管理的理念、价值观及其相应的法律政策，变为真正的实践行动。各级干部要严格履行法定职责，成为践行应急精神文化及其制度文化的表率，采取完善工作机制、分解重点任务、明确领导责任、加大要素投入、加强督查督办、严格干部问责等措施，发扬知难而进、求真务实的精神和作风，切实把应急管理各个环节的各项工作抓出成效。企业要落实主体责任，企业负责人为第一责任人，加强安全培训教育，保障职工安全健康及其他合法权益，保障食品药品等产品合格，全面履行企业社会责任和法律责任。各类企事业单位、人民团体、群众组织甚至公民，都要及时调节处理可能引发社会安全事件的矛盾纠纷，及时报送重大安全隐患、各类突发事件及其苗头的信息，形成群防群控的良好局面。加强和改进网络建设和舆情管理，规范和利用好各种新型传播方式，发挥弘扬社会正气、通达社情民意、疏导公众情绪的功能，推动解决党和政府高度重视群众反映强烈的实际问题，避免网络虚拟事件落地或扩大化。广大群众特别是新闻工作者要自觉抵制错误观点，坚决杜绝虚假新闻，增强对突发事件的敏感性和分辨力。①

（三）深化应急管理体系改革和发展，与时俱进创新应急制度文化

围绕建成统一领导、权责一致、权威高效的国家应急能力体系，系统推进应急管理体制机制改革。按照常态应急与非常态应急相结合，建立国家应急指挥总部指挥机制，省、市、县建设本级应急指挥部，形成上下联动的应急指挥部体系。按照综合协调、分类管理、分级负责、属地为主的原则，健全中央与地方分级响应机制，明确各级各类灾害事故响应程序，进一步理顺防汛抗旱、抗震救灾、森林草原防灭火等指挥机制。充分发挥相关议事协调机构的统筹作用，发挥好应急管理部门的综合优势和各相关部门的专业优势，明确各部门在事故预防、灾害防治、信息发布、抢险救援、环境监测、物资保障、恢复重建、维护稳定等方面的工作职责，优化应急协同机制。严格落实管行业必须管安全、管业务必须管安全、管生产经营必须管安全的要求，压实地方属地责任、部门监管责任、生产经营单位主体责任，严格责任追究。

建立健全应急法律法规、应急预案及标准体系，培育良法善治的全新生态。

加快推进制修订应急管理、自然灾害防治、应急救援组织、国家消防救援人员、矿山安全、危险化学品安全等方面法律法规，推动构建具有中国特色的应急管理法律法规体系。严格安全生产执法，加大危险化学品、矿山、工贸、交通运输、建筑施工等重点行业领域安全生产执法力度，严厉打击非法生产经营行为。建立依法应急决策制度，将应急管理行政决策全过程纳入法治化轨道，对一般和重大行政决策实行分类管

---

① 参见孙宇昊：《刍议中国特色应急管理文化发展》，《中国应急救援》2013 年第 5 期。

理，健全并实施应急管理重大行政决策责任倒查和追究机制。

继续完善应急预案体系，加强应急预案管理，规范预案编制、修订、审定、评估和执行工作，增强预案的针对性、实用性和可操作性。实施应急管理标准提升行动计划，建立结构完整、层次清晰、分类科学的应急管理标准体系，加快制修订一批支撑法律有效实施的国家标准和行业标准，持续推进应急标准建设。①

（四）协调发挥政府主导作用和民间资本辅助作用，不断夯实应急物态文化基础

统筹应急物态文化发展规划，加大推动实施力度。各级政府及其有关部门要加大投入力度引导，运用行政、法规、经济等手段调动各方面的积极性，更大力度推进各类防灾减灾工程、生态建设和环境治理工程、应急救援基地、应急平台体系、监测预警预报体系、应急物资和装备储备体系、应急信息指示系统、应急避险场所、交通和矿山等重点行业隐患整治工程、应急管理文艺作品等的规划、维护、建设和创造，更大力度地加快应急产业规划和发展，更大力度地发挥这些物态文化的作用，切实提高防护疏散能力、安顿保障能力、信息共享能力、科学决策能力、应急救援能力、应急生产能力、物资流通能力、恢复重建能力，提高我国应急管理体系的综合化、信息化、专业化和现代化水平。

应急管理领域宽、投入大，社会效益放在首位，需要依靠政府投资的领域，政府必须保证投入到位。安全生产也是生产力，是看得见的社会效益和经济效益，有关企业要落实本企业应急管理投入，使用安全可

① 参见《国务院关于印发“十四五”国家应急体系规划的通知（国发〔2021〕36号）》，政府信息公开专栏，http：//www.gov.cn/zhengce/content/2022-02/14/content_5673424.htm？trs=1.

靠的生产、环保工艺和设备，建设危险源监控系统，配备劳动防护用品和应急器材、设置明显的安全警示标志等。应急物态文化建设任务繁重，在基础设施、公共服务、扶贫开发等领域以及信息、能源、文艺作品等领域，要鼓励和引导民间资本参与投资。要充分发挥民间资本作用发展好应急产业，尽快明确应急产业定位，积极培育应急产品市场，制定应急产业发展的引导扶持政策，推动这一新兴产业健康发展。[①]

阅读材料

应急管理干部教育培训工作的观察与思考[②]

教育培训是干部队伍建设的先导性、基础性、战略性工程，在进行伟大斗争、建设伟大工程、推进伟大事业、实现伟大梦想中具有不可替代的重要地位和作用。党和国家历来高度重视应急管理工作，把提高各级领导干部应急处突能力作为干部教育培训的重要内容。中共中央印发的《2018—2022 年全国干部教育培训规划》中明确要求“抓好总体国家安全观、统战、民族、宗教、金融、保密、统计、城市规划管理、质量发展、安全生产、应急管理、知识产权、心理健康等方面学习培训”。筹建于 2008 年的中央党校（国家行政学院）应急管理培训中心是我国应急管理干部教育培训的主阵地。多年来，该中心探索教学出题目，科研做文章，以交流促发展，让成果进课堂，使应急管理干部教育培训事业取得了长足发展。

---

① 参见孙宇昊：《刍议中国特色应急管理文化发展》，《中国应急救援》2013 年第 5 期。

② 摘录于孙棣：《教学出题目　科研做文章　交流促发展　成果进课堂——中央党校（国家行政学院）应急管理干部培训工作的观察与思考》，《中国应急管理》2022 年第 1 期。

一、应急管理干部教育培训工作的回顾与发展历程

我国的应急管理干部教育培训伴随着2003年“非典”疫情后应急管理工作的全面开启而起步，可以大致分为四个重要阶段：

（一）2003年至2008年的“初起步”探索发展阶段

2003年抗击“非典”疫情的斗争是我国全面推进应急管理体系建设的起点。同年10月，中共十六届三中全会审议通过了《中共中央关于完善社会主义市场经济体制若干问题的决定》，明确要求建立健全各种预警和应急机制，提高政府应对突发事件和风险的能力。2005年7月，国务院在京召开首次全国应急管理工作会议，时任国务委员、国务院秘书长兼国家行政学院院长华建敏同志把做好应急管理培训和预案演练作为了当时需要加强的八项重点工作之一，并明确要求制定培训规划和对领导干部开展针对性培训。从2005年12月到2006年4月，国家行政学院与民政部联合举办了四次地市级领导干部灾害应急管理的专题培训班，贯彻落实国务院应急管理工作会议的精神，推动《国家突发公共事件总体应急预案》及《国家自然灾害救助应急预案》等文件落实，各省、自治区、直辖市、新疆生产建设兵团、副省级城市有关地、市、州、区、盟分管救灾工作的地市级领导和国家救灾委员会成员单位的司局级干部共355人参加了培训。通过探索开展应急管理专题培训，党中央国务院关于应急管理工作的重要指示精神在全国范围快速贯彻落实，一定程度上提升了各级领导干部应对突发事件的能力，但由于缺乏专门机构承担培训任务，且没有稳定成熟的工作机制，这个阶段的应急管理教育培训还并不成熟。

（二）2008—2012年的“成建制”稳步发展阶段

2008年是中国应急管理的大考之年，我们成功应对了南方低温雨雪冰冻灾害和四川汶川特大地震，完成“平安奥运”的承诺。党中央、国务院明确要进一步加强应急管理的能力建设，并将核心放在“一案三

制”建设上。中组部印发《关于2008—2010年大规模培训工作的实施意见》要求切实提高新任“一把手”危机管理等方面的能力。这一年，时任国家行政学院常务副院长魏礼群和时任国务院应急办主任陆俊华就筹建国家应急管理人才培训基地工作交换意见，商谈基地建设项目有关事宜，正式启动应急管理培训中心的筹建工作。2010年，国家行政学院设立应急管理培训中心，承担国家应急管理教育培训、科研咨询、交流合作等任务。同年12月，时任中央政治局常委、书记处书记、国家副主席、中央军委副主席的习近平同志到原国家行政学院视察调研，观摩了来自14个发展中国家的31名公务员举行的“自然灾害应急处置”模拟新闻发布会。2012年6月，中心加挂中欧应急管理学院牌子，作为应急管理人才培养重要基地、对外合作平台和科研咨询新型智库。同年9月，投资2.4亿元、建筑面积2.2万平方米的应急管理教学楼和学员公寓楼投入使用。应急管理教育培训从此有了“成建制”的正规军和主阵地。

（三）2012—2018年“主阵地”持续发力阶段

党的十八大以来，在习近平总书记一系列关于国家安全以及应急管理工作的重要论述和批示精神的指示下，全国上下不断推进中国特色应急管理体系建设。2014年3月，习近平主席访欧，中国政府发表《深化互利共赢的中欧全面战略伙伴关系——中国对欧盟政策文件》，明确指出加强中欧在防灾减灾和应急管理领域的合作，推进中欧应急管理项目的实施和中欧应急管理学院建设。2017年1月，中欧应急管理学院建设被纳入《国家突发事件应急体系建设“十三五”规划》重点建设项目。国家行政学院应急管理培训中心（中欧应急管理学院）作为应急管理教育培训的主阵地持续发力，围绕“应急管理体系建设、防范化解重大风险、突发事件应急处置、突发事件舆论引导和‘一带一路’安全合作”等主题，共举办省部级、厅局级领导干部、新闻发言人和应急师资等各类班次近100期，其中省部级培训班8期，累计培训近万人次。

（四）2018年至今"新起点"快速发展阶段

2018年，党和国家机构改革，应急管理部挂牌成立，国内外高度重视。中央党校和国家行政学院合并重组，应急管理培训中心（中欧应急管理学院）继续承担应急管理教育培训、科研咨询、国际交流合作等职责。经过多年的发展完善，目前我国应急管理干部教育培训已经形成了党校（行政学院）为综合应急管理培训主阵地、各部委培训中为本系统应急管理培训主渠道、有关高等院校和社团、企业培训机构为应急管理培训重要补充的多位一体发展格局。以中央党校（国家行政学院）应急管理培训中心为例，围绕应急管理重大战略需求，设立培训班次、制定培训方案、创新培训内容与方法，形成了特色鲜明的以案例教学和模拟演练为特色的应急管理教育培训模式。

一是系统化、多层次、全覆盖的教育培训格局。从培训内容来说，开发完成了36门专业课程，涵盖自然灾害、事故灾难、公共卫生、社会安全和生态环境等"大应急"涉及的各领域；从培训对象来说，涵盖中央国家机关、各级地方政府和国有企业的领导干部及党校（行政学院）骨干师资；从培训层次上来说，涵盖中组部调训班次和专题合作班次。2018年机构改革以来，应急管理培训中心共参与114期调训班次授课，授课638次。举办应急管理合作班次30期，合作班授课308次，培训学员1500余人次。

二是理论讲授、案例教学、模拟演练相结合的教育培训课程体系。理论讲授课程注重用理论武装头脑、指导实践，把习近平总书记重要讲话和指示批示精神融入到推进应急管理体系和能力现代化、提高领导干部突发事件应对能力的教学实践。根据新形势新任务的要求，应急管理培训中心每年都开发多门案例课程和演练课程。经过多年打磨，案例教学和模拟演练成为该中心特色教学方式，为全校80%以上班次授课，案例教学占全校案例教学近70%。

三是教学培训、科研咨询、交流合作相促进的良性发展模式。应急管理培训中心累计承担各类科研课题170余项，结合地方试点项目、挂职锻炼、参与应急管理重大立法修法和突发事件现场调研等形式，不断开发和优化理论讲授、案例教学和演练课程；目前，中心共出版应急管理系列丛书100余部，其中学术专著40余部、应急管理专业教材20余部、《应急管理案例研究报告》《中国应急管理报告》20余部、中德应急管理项目系列丛书7部、中欧应急管理项目系列丛书6部，防范化解重大风险丛书9部，在国内外重要学术期刊发表学术论文1000余篇。依托开展的中英（2008—2010）、中德（2009—2016）、中美（2010—2013）、中欧（2012—2017）等政府间应急管理国际合作项目，持续推进人才队伍建设，并积累了丰富的国际交流合作经验。2021年，中心探索开展应急管理国际交流培训，举办“南非国家政府学院应急管理研修班”，共开设3次专题讲授和1次桌面推演，内容包括中国应急管理的实践与探索、应急决策、中国新冠疫情防控的经验与思考、社会组织参与救灾经验与挑战。多年来，应急管理培训中心已经探索形成“教学出题目、科研做文章、交流促发展、成果进课堂”的良性循环发展局面。

二、应急管理干部教育培训工作的展望与建议

经过前期探索与发展，我国应急管理体系建设取得了巨大进步，干部教育培训也取得了长足发展。当前，社会主要矛盾的转化带来人民对公共安全的关切和需求增加，安全已经成为人民美好生活的重要方面，这对我国应急管理体系和能力现代化建设提出了更高要求。立足新起点，应急管理干部教育培训被寄予更多使命。

一是坚持系统规划与需求导向相结合。党的十九届五中全会明确将“坚持系统观念”确定为“十四五”时期经济社会发展必须遵循的原则

之一，并对风险管控问题作出了重大战略安排，要求将“防范化解重大风险体制机制不断健全”作为发展目标，把安全发展贯穿国家发展各领域和过程。推进新时期应急管理干部培训工作，必须以总体国家安全观为战略统领，加强宏观规划与顶层设计，既要回应现实需求，又要科学布局。

二是坚持综合培训与专业培训相结合。应急管理涉及多灾种、多领域，干部教育培训需要分级分类分层次开展。我国已经初步形成了党校（行政学院）为综合培训主阵地、各部委培训中心为本系统主渠道、有关高等院校和社团、企业培训机构为重要补充的应急管理干部教育培训发展格局。但三方合力还没有形成，相互之间的培训责任关系不明，综合培训与专业培训还需有效结合，以回应干部培训多层次需求。

三是坚持理论学习与实践操作相结合。应急管理是一项实操性很强的工作，领导干部的理论学习和实践操作缺一不可。因此，要在应急管理干部教育培训的制度体系、组织体系、机构体系、师资体系、教材体系、保障体系等方面多下功夫，完善理论讲授、案例教学、模拟演练相结合的教育培训课程体系。

四是坚持科研咨询与交流合作相结合。领导干部的教育培训不同于高校的学历教育培训，不能停留在书本层面。应依托科研咨询和交流合作，建立干部教育培训机构与各级政府之间的良性沟通合作关系，在讲透、讲全中国特色大国应急经验与启示的同时，立足全球视野，探索开展应急管理援外培训，传播中国声音，讲好中国的应急故事。

第三篇
重在提升干部的应急领导力

“贤良之士众，则国家之治厚。”干部是我们党最宝贵的财富之一。落实党的路线、方针、政策，关键要靠干部。干部本领高不高、能力强不强，直接关系到国家制度优势能否转化为国家治理效能。党的十八大以来，习近平总书记将“干部能力建设”提升到全局高度和战略视角，视之为治国理政的关键要素，做出了一系列战略部署和具体安排。在党的十九大报告中，习近平总书记明确提出干部需要增强学习本领、政治领导本领、改革创新本领、科学发展本领、依法执政本领、群众工作本领、狠抓落实本领、驾驭风险本领等。在 2020 年秋季学期中央党校（国家行政学院）中青年干部培训班的开班式上，习近平总书记强调指出：面对复杂形势和艰巨任务，我们要在危机中育先机、于变局中开新局，干部特别是年轻干部要提高政治能力、调查研究能力、科学决策能力、改革攻坚能力、应急处突能力、群众工作能力、抓落实能力，勇于直面问题，想干事、能干事、干成事，不断解决问题、破解难题。

习近平总书记提到的增强“驾驭风险本领”、提高“应急处突能力”，实际上就是当今风险社会各级干部需要着力提升的应对风险和危机的应急领导力。这种专门能力贯穿于突发事件应急管理的全周期过程，具体层面主要包括事前的风险防控能力、事中的应急处置能力、事后的评估学习能力，以及“线上”的舆论引导能力。

第十二章　事前的风险防控能力

党的二十大报告指出："提高防范化解重大风险能力，严密防范系统性安全风险，严厉打击敌对势力渗透、破坏、颠覆、分裂活动。"中国特色社会主义进入新时代，是当今世界正经历百年未有之大变局、我国正处于实现中华民族伟大复兴关键时期的新时代，是统筹国内国际两个大局的新时代。站在新的历史起点上，既要看到"两个大局"的交汇给我国发展带来的历史机遇，更要看到和预见已经带来和可能面临的重大风险挑战。国内外各种风险挑战的交织并存、交互震荡，已使各种利益诉求增多、热点问题和突发事件易发多发，给人民群众的生命财产安全带来了严重影响，给社会和谐稳定构成一系列冲击。应急管理本质上是预防管理，核心就是坚持源头预防，防患于未然，避免灾难事件的真正发生。这就要求我们必须增强忧患意识，做到居安思危，下好先手棋，打好主动仗，做到守土有责、守土尽责，主动防范风险、发现风险、消除风险，提高风险监测防控能力。

一、现代风险社会的特征

（一）风险社会的内涵与特征

风险（Risk）这一概念最初源于人类早期的航海活动，意指航海过程中可能遭遇的危险或冒险，[①] 后来逐渐在更广泛的社会领域中使用。

① 参见〔德〕乌尔里希·贝克：《自由与资本主义》，路国林译，浙江人民出版社 2001 年版，第 119 页。

而今，人们通常将风险与人类的决策和行动后果相关联，并将其视作影响某一事件的特定方式。[①] 在人们关于风险内涵阐释的交集中，有两个共同要素：损害（失）和不确定性。前者是指事件发生对人们所造成的一种不利状态，而后者则是指风险在很大程度上源自某些不确定性因素的作用。

贝克对于风险的定义揭示了风险的现代性本质。他认为风险是“一种应对现代化本身诱发并带来的灾难与不安全的系统方法。与以前的危险不同的是，风险是具有威胁性的现代化力量以及现代化造成的怀疑全球化所引发的结果。风险及其结果在政治上具有反思性”[②]。贝克对风险的定义是一种辩证的统一，他既认为风险是一种认知，又承认风险客观存在。可见，风险是与未来相关的危害的可能性，也是对这种可能性的主观认知和判断。贝克认为，与当初现代化消解封建社会产生工业社会一样，今天的现代化正在使得工业社会慢慢走向衰弱，形成另一种现代性，而风险社会就是现代性内部断裂所形成的这种新的现代性的形式。也就是说，风险社会的首要基本特征应当是社会风险的现代性，我们眼前的风险社会是由多个具有明显现代风险特征的因素结合而成；其次，风险社会是在社会转型过程中形成的，它将是一种全新的并将逐渐取代工业社会的社会形式。因此，贝克才将风险社会定义为一个社会、经济、政治和个人风险都渐渐避开工业社会的监督制度的社会阶段。

贝克对社会风险和风险社会的概念进行明确界定之后，将现代风险与传统风险进行了类比，进一步指明了现代社会的风险的特征：第一，现代社会的风险大多是人造的，不同于传统工业社会的自然风险。工业

---

① 参见 Piet Strydom：*Risk：Environment and Society*，Buckingham：Open University Press，2002，p. 75.

② Ulrich Beck：*Risk Society：Towards a new modernity*，London：Sage Publications，1992，p. 21.

社会飞速发展的同时人类发明了很多高科技，并借此来为自己营造更舒适安全的生活环境，然而新技术的运用也会产生一些负面影响，于是出现了新的风险类型。除去高科技为人类带来的新型风险，现代风险社会中的风险还有很大一部分来自人类的各种行为决策，这些风险具有人为制造的特征，很大程度上都是因为社会决策群体衡量不同群体利益之后做出的社会决策所造成的，也就是吉登斯所谓的“人造风险”。第二，现代社会风险较传统工业社会的自然灾害风险来说，不仅难以预测与分析，而且更加难以控制。结合现代风险特征我们发现，定义风险的影响因素逐渐由原来的灾难产生地转向社会中那些做出决策的机构，另外，风险本身的不确定性加上高科技为人类带来的不可预测的风险逐渐增加。第三，现代风险社会中的科学技术往往扮演着双重角色。在工业社会的发展过程中，人类为了应对社会风险，发明了各种科学技术，也通过这些技术的运用成功的预测、识别、规避了一些风险，但是从工业社会发展过程中所暴露出来的各种问题来看，科学技术在帮助人类解决各种自然灾害风险的同时也产生了很多人类预测范围之外的新的风险。第四，现代社会风险是一把双刃剑。风险的不确定性在给人类带来危险的同时也为社会的创新发展提供了动力源泉。风险社会相比较传统工业社会来说，是一个自由度更高的社会，也必然会是一个快速发展、高度创新的社会。

现代意义上的社会风险的出现既有经济社会发展过程中社会结构、社会矛盾和利益格局变迁等方面的背景，亦有与现代科技发展对人类活动带来的诸多变化以及与之相伴的一些负面影响相关。其主要特征表现之一是风险生成领域的多样性。在人类试图征服自然和改造社会的同时，各种风险亦随之源源不断地产生，这些风险涉及人类生产生活的诸多领域，并呈现出多元、混合、共生的样态。表现之二是风险的扩散性。以往社会中风险范围及其危害程度往往具有局部性，但现代工业社会中的风险已经扩散到社会生活的诸多方面。就像乌尔里希·贝克所言："工业社会的社会机制导致了历史上从未有的一种可能性，其中一项决策就可能会摧毁我们这颗行星上的一切生命。"① 表现之三是"人工被制造出来的风险"占主导地位。虽然自然风险依然存在，但单纯的自然由于人类活动的扩张已经不复存在。或者说"自然的结束并不是说物质世界已经消失，而是说在我们周围，物理环境没有任何方面不受到人类的干扰"②。表现之四是风险发生的关联性。即各种社会风险并非孤立存在，而是相互关联甚至彼此叠加的。局部地区某种风险的"蝴蝶效应"可能在很大范围内引发巨大的连锁反应，并触发其他领域的风险。

（二）我国风险社会的特征

改革开放以来，我国"用几十年时间走完了发达国家几百年走过的工业化进程，跃升为世界第二大经济体"③。这种被贝克称为"压缩饼干型"的现代化模式，"以历史浓缩的形式，将社会转型中的各种社会问题呈现出来，带来了前所未有的文明冲突和文化碰撞，历史与现实、传统与现代、本土文化与西方文明多重因素交织在一起"④。这意味着西方国家用几百年释放能量化解矛盾的缓释的过程，在"时空压缩"的中国，必定是急剧释放，其产生的冲击力是可想而知的，从而使得"风险社会"的特征更加明显、烈度更强。因此，面对世界百年未有之大变局和中华民族伟大复兴战略全局，在即将开启全面建设社会主义现代化

---

① 〔德〕乌尔里希·贝克、王武龙：《从工业社会到风险社会（上篇）——关于人类生存、社会结构和生态启蒙等问题的思考》，《马克思主义与现实》2003 年第 3 期。

② 〔英〕安东尼·吉登斯：《失控的世界》，周红云译，江西人民出版社 2001 年版，第 21 页。

③ 习近平：《坚持和完善中国特色社会主义制度推进国家治理体系和治理能力现代化》，《求是》2020 年第 1 期。

④ 薛晓源、刘国良：《全球风险世界：现在与未来——德国著名社会学家、风险社会理论创始人乌尔里希·贝克教授访谈录》，《马克思主义与现实》2005 年第 1 期。

国家、实现第二个百年奋斗目标的伟大新征程中，必然面临着许多可以预料和难以预料的风险和危机。不同于西方的“串联式”发展，中国的“并联式”发展形态。①

1. 风险驱动因素的多元性

我国作为世界上最大的发展中国家，在社会结构变动和社会形态变迁中必然经历转型阵痛期，其中不可避免地要承受更多自然灾害、社会危机和群体性事件所带来的风险挑战。在发展过程中，我国既面临着来自内部转型发展所带来的风险，又面临着外部交往所引发的风险。我国社会在这个转型过程中，既取得了巨大的成果，同时又给社会带来了一定的压力和潜在的风险。

2. 风险表现的复合性

当前，我国社会发展正以“尺缩钟慢式的时空高度压缩的”② 速度进行着社会转型。在这种环境下，通过风险治理所要解决的风险问题是多点交织引发、呈现复杂的网络关系和高度价值冲突的特征。大变局下由于经济、社会、科技和地缘政治等因素的交织作用，一系列的“黑天鹅”和“灰犀牛”事件不断涌现，使风险治理环境变革更加复杂。正因为我国所处的特殊社会环境和发展阶段，在我国社会上呈现出来的风险体现出了复合性的特征，具体表现为现代风险与传统风险共存、制度风险与结构风险并存。从风险的产生来看，风险既有可能来自国内也有可能来自国外，既有可能来自自然也有可能来自人为，或者是这些因素共同作用的结果；从风险的存在形态来看，在现代化的发展进程中现代风险不断涌现，但传统风险并未消失；从风险的类型来看，我国面临的风险类型包括政治、经济、文化、生态以及社会等方面的风险。

① 《习近平关于社会主义经济建设论述摘编》，中央文献出版社 2017 年版，第 159 页。

② 张云昊：《转型风险社会的特点及风险控制》，《武汉理工大学学报》2009 年第 3 期。

3. 风险潜在性和被放大的可能性

贝克所谓的风险概念与可能性和不确定性两个关键词有着天然的联系，风险社会的到来是由于“被制造出来的风险”[①] 代替自然风险而成为社会风险的主要来源。因此，在社会转型期，我国社会风险在产生和运行以及结果中都表现出潜在性和被放大的可能性的特点，“它们的不可见并不证明它们不存在；相反，因为他们事实上发生在不可见的领域，这就给了可疑的危害以无限的空间。”[②] 风险的潜在性表现在社会转型期由于人们社会价值理性的缺失以及社会制度的不完善，使得道德风险和制度风险潜藏在社会结构中，影响着社会秩序的稳定。而在全球化时代以及全球风险社会的背景下，任何一个微小的、潜藏着的风险都有可能被放大为整个人类社会的风险。

二、高风险社会提出的风险挑战

（一）自然灾害风险

“天有不测风云”。在传统的社会风险分类中，通常将自然灾害风险包括地震等列入实质风险、静态风险或是群体风险中。自西方启蒙时代以来，理性主义兴起，日益要求将风险的成因、损失的结果和预防控制方式皆借助科学知识加以计算、规划，这种传统的风险管理模式过于强调科技知识对自然灾害风险应急管理的有效性，而忽略了此等风险在不同社会文化背景下特别是高度工业化之后所产生的可变性、复杂性与危害性，这正是 20 世纪 80 年代以来 Beck，Giddens，Luhmann 等人所主张的在风险社会中的现代自然灾害风险应急管理的概念。人类从 1861

① 〔英〕安东尼·吉登斯：《失控的世界》，周红云译，江西人民出版社 2001 年版，第 25 页。
② 〔德〕乌尔里希·贝克：《风险社会》，何博闻译，译林出版社 2004 年版，第 88 页。

年就开始对气象进行跟踪记录，但直到20世纪六七十年代才逐渐意识到，人类对自然过度索求造成的结果，必须由人类自行承担；以破坏环境为代价的经济发展，是不可为之的。温室效应与地震灾害就是最显著的实例，类似因人类过度开发所造成的地质变化、物种灭绝更是比比皆是。纵使自然灾害并不全然肇因于人类的破坏，但是当灾难发生的瞬间，人类必将遭受到严重的伤害。自然灾害对人类的社会系统造成严重破坏后，灾后重建可以弥补人类心中的阴霾，也可以重新塑造人类系统。

我国由于幅员辽阔、地形多样等特点，造成灾害的种类繁多，发生的频率也高，分布面积和区域广大，因此成为世界上自然灾害发生最为严重的国家之一。特别是地震灾害、热带气旋（台风）灾害、风暴灾、暴雨洪涝灾害、滑坡泥石流灾害等突发性自然灾害经常发生，给人民群众带来各种难以想象的灾难性后果，从而酿成社会、经济和环境的巨大损失，以致直接威胁到人们的生存和发展。近年来，我国自然灾害发生次数不断增多、灾害强度不断增大、灾害造成的损失不断增加，使自然灾害风险进一步加大，防灾减灾工作形势更加严峻。特别是随着我国城镇化进程加快，城镇人口特别是大中型城市人口大量增加，各类设施的负荷不断加大，自然灾害对城市的影响日趋严重；而广大农村，经济社会发展滞后，抵御灾害的能力较弱。

自然灾害风险的基本特征：

1. 自然灾害风险是普遍存在的

地球是在不断地运动着、变化着的，加之太阳、月球和其他天体的影响，使地球的岩石圈、水圈、大气圈、生物圈的物质在运动变化中的变异也不断产生，从而涌现了大量的岩石的、水的、大气的和生物的极端地球物理事件等。只要地球在变动，各种自然灾害就会相伴而生。因此，只要地球上有人类存在，不同社会系统的人群，在不同地利用和改造自然中，就必然遭遇不同的自然灾害风险。可以说有多少种自然变异，有多少种人类活动，就可能出现多少种风险。无论自然变异或人类活动都可能导致自然灾害或人为自然灾害发生，因此，自然灾害风险是普遍存在的。

2. 自然灾害风险是动态变化的

自然灾害风险不是一成不变的。从概念上讲，风险是以下两个因素的函数：一是一个事件或一系列不同强度的事件发生的概率；二是事件的社会后果。所以，随着影响灾害事件自然原因的变化或人为作用的影响，也随着社会易损性的变化，灾害风险的程度大小，甚至性质都是可以变化的。因此，由于灾害及其影响因素的多变性和社会易损性的可变性，自然灾害风险是动态变化的。

3. 自然灾害风险是复杂多样的

同种灾害在不同结构的社会系统中，风险性质和大小可以是不同的，一个社会系统在面临不同自然灾害时，风险性质和大小也是不同的。加之一个社会系统的社会易损性有较大的可变性，使得自然灾害风险更加复杂多样。泛滥平原上的城市化、易受台风袭击海岸城镇人口的迅速膨胀、不稳定边坡上贫民窟的蔓延等，这些都会增加自然灾害风险；而加强减灾防灾的社会系统组织、培训和投资，增加技术资本等，则会减少和降低自然灾害风险。

（二）事故灾难风险

事故灾难风险通常指由人类生活、生产活动直接诱发，对生态环境、基础设施和公民生命财产安全等造成巨大损害，或造成严重经济损失和政治动荡的风险。具体包括：工矿企业和建筑工地等生产安全风险、重大交通与运输风险、环境污染和生态破坏风险、城市生命线系统风险、通信类安全风险、核辐射风险。其本质特点是皆因人类漠视规则的行为导致。由于人类主观能动的大幅提升、科学技术的突飞猛进，新时期下的事故灾难风险（如核泄漏、飞机坠落、生物危险等）已成为威胁人类安全的主要因素。新时期下，事故灾难风险由自然、人为和技术因素等共同诱发，一旦爆发常常带有影响面广、破坏性强、后果惨重、常态化等特点，并且往往伴随着环境恶化、公共秩序失衡、社会和政治不稳定、经济衰退等现象的发生。这不但导致普通民众的惶恐不安，而且也危及正常的社会运行，产生极大的不良影响。在风险社会背景下，社会现存风险与事故灾难突发事件的联系不断加深，标志着我国已进入事故灾难的频发期，加强事故灾难突发事件的风险管理已刻不容缓。

事故灾难风险的基本特征：

1. 突发性和紧迫性

事故灾难类突发事件的发生一般情况下是没有征兆的，人们很难在事故发生前做出预测和准备。如天津港大爆炸的发生仅在30秒内就产生重大人员伤亡，并对附近建筑造成巨大损害。因此，此类突发事件的发生人们大多没有准备，也不能迅速制定出行之有效的应急方案；突发事件爆发后可能会对公众及社会在精神和物质方面带来极大的负面影响，具有一定程度的紧迫性。突发事件毫无征兆地突然发生，扰乱了社会的正常秩序，也打断了原有的发展步伐，其突发性和紧迫性可见一斑。

2. 严重的破坏性

事故灾难类突发事件的发生往往是各种不利因素、不确定性、潜在威胁质变的结果，在给公众带来心理恐慌的同时，也严重影响国家与社会正常运转，使公众的生命财产安全遭受着巨大的威胁和损失。事故灾难类突发事件在经历产生、发展、升级这一系列过程中，必将对社会基本价值和行为准则造成严重破坏，也给政府信誉及形象带来了极大考验。

3. 高度的不确定性

我们所处的世界是变幻莫测的，而人类理性认知的有限性和信息不及时、失真现象的时有发生，使事故灾难类突发事件无法被正确估量，不确定性因此产生。不确定性体现在状态、反应和影响三个方面。事故灾难类突发事件发生前和发生时的诱因是未知的，加之难以确定其是否会带来连锁效应，因此突发事件具有高度的不确定性。

4. 责任主体的非单一性

我国事故灾难类突发事件虽然种类多样，但主要是以生产安全、交通运输、环境污染事故为主。事故灾难类突发事件通常由企业管理不善和政府监管不到位共同导致，企业和政府对此类突发事件的发生共同负有责任，因此责任主体具有非单一性的特征。

（三）公共卫生风险

根据维基流行病手册解释，公共卫生是指："通过社会、组织、公共和私人、社区和个人有组织的努力和知情的选择，预防疾病、延长生命和促进健康的科学和艺术。"① 公共卫生是一个多学科和多专业部门合作的领域，涉及的相关学科有：流行病学（epidemiology）、微生物学（microbiology）、生物统计学（biostatistics）、卫生服务（health services）、环境卫生（environmental health）、社区卫生（community health）、行为健康（behavioural health）、信息学（informatics）、公共卫生干预（public health interventions）、公共政策（public policy）等。根据我国颁布的《突发公共卫生事件应急条例》第二条规定，"本条例所称突发公共卫生事件（以下简称突发事件），是指突然发生，造成或者可能造成社会公众健康严重损害的重大流行病疫情、群体性不明原因

① 参见中国疾控中心网站，http：//www.chinacdc.cn/zxdt/.

疾病、重大食物和职业中毒以及其他严重影响公众健康的事件”。

从 2003 年的“非典”到 2013 年的 H7N9 禽流感再到 2020 年的新冠肺炎疫情，人类与传染病相伴越来越成为一种常态，传染病疫情的泛滥对公众健康造成了严重威胁，极大地制约了社会发展，已经成为人类发展无法回避的问题。2020 年初暴发的新冠肺炎疫情给我国公共卫生治理敲响了警钟，此次新冠肺炎疫情的暴发属于一起较为严重的突发公共卫生事件，它在对我国经济社会造成巨大冲击的同时也严重暴露出我国公共卫生治理体系的短板与不足。

不同于一般的公共安全风险，公共卫生风险有其特殊性：

1. 跨域波及性

全球传播的流行病学动态已被证明主要以人类的全球流动模式为特征。[①] 不同于地震、洪灾、台风等重大自然灾害的发生具有明显的地域特征，公共卫生风险由于以人群为风险载体，在全球化加速的今天，导致其具有强大的跨域波及性。一旦一个区域发生疫情，处置不当可迅速波及一个国家乃至引发全球性的危机。流感病毒每年都会地方性暴发，偶尔会暴发全球性的流行病，其特点是在世界多个地区持续的社区传播。

2. 危害的严重性

公共卫生风险本身具有强大的破坏力，尤其是大型流行性流感可能是灾难性的。据估计，1918 年至 1919 年的大型流行性流感在全世界已感染 5 亿人，并已造成 5000 万至 1 亿人死亡。1889 年、1918 年、1957 年和 1968 年发生了有明确记录的甲型流感大流行。每一次流感大流行的特点是肺炎和流感引起的疾病和死亡大幅度增加。[②]

---

① 参见 Brockmann, D., Helbing, D: The hidden geometry of complex, network-driven contagion phenomena, *Science*, 2013 (342).

② 参见 Couch, R. B.: Pandemic influenza and the avian influenza A (H5N1) threat, *Seminars in Pediatric Infections Diseases*, 1998 (3).

3. 风险的不确定性

在全球范围内，登革热、寨卡病毒和基孔肯雅病是重要的病毒性蚊子传播疾病，每年感染数百万人。[①] 尤其在面对新发的、病理尚不清晰的非常规流行病时更是棘手。目前，我们对绝大多数流行病的全球分布知之甚少。

4. 防控复杂性高

所有疫情都有扩大的可能，即使局部暴发似乎已经结束。每一种流行病事件都有可能成为一种区域性流行病，即使以前的疫情在当地得到控制，必须从一开始就同时注意地方和区域两个尺度。[②] 媒介传播疾病的出现和传播的一个关键驱动力是人类的活动性。[③] 大规模人群中的流行病传播动态非常复杂。人类行为的变化可能会影响疫情的动态，并扭曲其相关的数字足迹，使疾病预报可能更加复杂。[④] 此外，随着流行病的蔓延，人类行为、社会接触网络和流行病紧密地交织在一起并不断演变。

5. 经济发展冲击强

公共卫生疾病防控与其他重大风险的一个明显不同在于，强力有效的隔离措施受到社会经济发展的严重影响，这导致决策者常常需要在疾病防控和经济发展之间做出取舍和权衡。表面上看，重大流行病考验着各国政府如何应对与化解疫情，同时，对各国政府如何兼顾经济发展，

---

① 参见 Liu, Y, Lillepold, K., Semenza, J. C, et al.: Reviewing estimates of the basic reproduction number for dengue, Zika and chikungunya across global climate zones, *Environmental Research*, 2020 (182).

② 参见 Koch, T.: Ebola in west africa: lessons we may have learned, *International Journal of Epidemiology*, 2016 (45).

③ 参见 Semenza, J. C, Lindgren, E., Balkanyi, L, et al.: Determinants and drivers of infectious disease threat events in Europe, *Emerging Infectious Diseases*, 2016 (22).

④ 参见 Bansal, S., Chowell, G., Simonsen, L, et al.: Big data for infectious disease surveillance and modeling, *The Journal of Infectious Diseases*, 2016 (214).

在疫情控制之后尽快振兴经济更是一个巨大考验。另外，公共卫生风险将沉重打击劳动要素的流动，进而容易引发并造成一系列经济金融政治问题。受疫情冲击，社会失业问题最为明显，疫情对消费服务餐饮娱乐行业的打击造成失业人员增加。

6. 政府防控复杂性

对于非常规突发性公共卫生事件，政府一方面要及时响应以快速化解危机，另一方面还需要与社会主体保持密切的沟通与互动关系，以防止出现政府公信力危机。疫情防控过程中及时透明的信息发布格外重要，然而现实中风险预测与信息发布的不确定性带来了风险沟通的困难。预测不确定性的沟通是一个挑战，通常在气象学方面比疾病预测更为出色——每个人都知道 20%的降雨机会，但不知道 20%的暴发机会。[①]

（四）社会安全风险

目前国内很少有学者对社会安全风险进行明确界定，大多都将其视为“社会风险”的同义词。根据社会安全与社会稳定之间的关系，只有保证了社会安全才能最终实现社会稳定，社会安全是社会稳定的前提和基础。社会安全是国家安全和社会稳定的基础，而社会稳定是社会生活的前提，只有保证了社会安全才能最终实现社会稳定。一旦发生社会安全类突发事件，将对整个国家和社会的安全和稳定带来巨大的伤害，严重到一定程度甚至会破坏原有的社会生态，导致社会失稳。群体性突发事件首先是一种社会安全突发事件，属于社会安全风险，只有社会安全风险演变到一定程度才会形成社会稳定风险，存在危及社会秩序和社会稳定的可能性。社会安全风险和社会稳定风险都属于风险社会语义中的

---

① 参见 Moran，K. R.，Fairchild，G.，Generous，N.，et al.：Epidemic forecasting is messier than weather forecasting：the role of human behavior and Internet data streams in epidemic forecast，*The Journal of Infectious Diseases*，2016（4）.

“社会风险”，都受到众多因素的影响，都是由社会矛盾引发的，如果处理不当，社会安全风险演化到一定程度就会成为社会危机，并对社会稳定和社会秩序造成灾难性影响。

社会安全风险的基本特征：

1. 社会安全风险具有客观性和主观感知性

由于风险是客观存在和主观感知的统一体，具有明显的“主观建构性”，所以，社会安全风险也具有客观性和主观感知性。一方面，它是一种客观存在的社会事实，与现代社会相生相伴，不以人们的意志为转移。另一方面，它又具有明显的主观感知性，公众风险感知受到多方面因素的影响，而风险感知的差异正是现实中许多群体性事件爆发的心理根源。

2. 社会安全风险具有时间维度和空间维度

在时间维度上，社会安全风险是一种导致社会不稳定的突发事件发生的可能性和不确定性，指向的是未来，尚未发生。在空间维度上，社会安全风险是不断扩展和蔓延的，涉及的地域越来越广，数量上越来越多，涉及的人群也会越来越广。

3. 社会安全风险具有可预见性和可控性

一方面，社会安全风险是各种社会矛盾长期集聚的结果，它的出现肯定会有预兆，通过建立社会安全风险评价和预警机制，可以捕捉到社会安全风险产生的苗头。另一方面，任何事物的发展和演化都有其内在的机理和规律，都是一个循序渐进的过程，社会安全风险也不例外，通过社会安全风险演化机理的探究可以发现其演化的规律，实现社会安全风险的预防预控。①

① 参见郝豫：《环境敏感性重大工程社会安全风险机理分析及量化模型研究》，中国地质大学（北京）博士学位论文，2021年。

三、做好风险防控的重点任务

为了实现对社会风险的有效治理，相关机构和学者提出了风险治理的各种体系性主张。其中，由国际风险管理理事会（IRGC）基于包容性治理模型所提出的“风险治理框架”① 具有较大影响力。这一框架纳入了物理、社会、文化以及利益相关者等多个领域的知识，以风险沟通为核心，包括预评估、风险评估和风险管理等构成模块（见图 12—1）。该框架的主要优势在于设计了预评估和风险承受力判断，并将风险评估置于和风险管理同等重要的水平，这是以往其他风险治理模型所没有的。

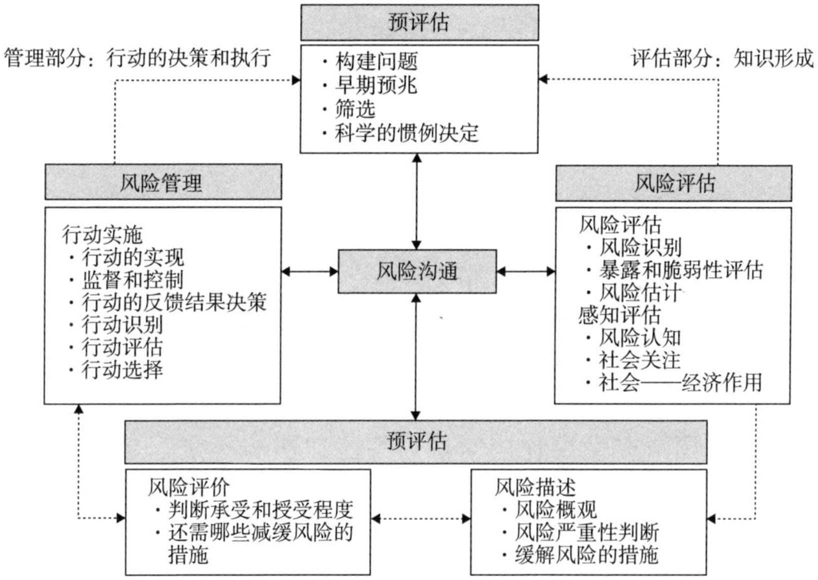

图 12—1　国际风险管理理事会提出的风险治理框架模型②

---

① IRGC White Paper：Risk Governance-Towards anIntegrative Approach，*Geneva*，2005（1）.

② 参见 OrtwinRenn，O.，Klinke，A：Coping with Complexity，Uncertaintyand Ambiguity in Risk Governance：A Synthesis，*AMBIO*，2011（40）.

但这一框架也存在将风险信息获取与决策相互分离的缺陷，针对这一问题，奥温·雷恩等人于2011年对其进行修订。修订后的框架主要包括风险预估、跨学科评估、风险描述、风险评价和风险管理等相互继起的过程模块，并强调这些过程彼此之间的相互影响（见图12—2）。虽然修订后的风险治理框架依然受到有关学者的某些质疑，但在世界各地举办的相关会议上被多次讨论并引发高度关注，尤其是在涉及食品安全和基因工程等领域的风险治理研究方面，这一框架已经产生了相当的影响。

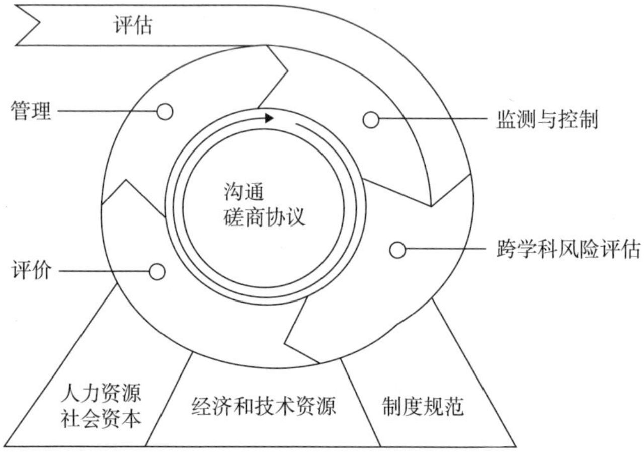

图12—2　修订的风险治理框架模型[①]

根据我国《突发事件应对法》等法律法规规定，参照《风险管理——原则与实施指南》（ISO 31000）、《风险管理原则与实施指南》（GB/T 24353—2009）、《风险管理术语》（GB/T 23694—2009），以及澳大利亚/新西兰、英国、德国以及国际风险治理理事会（IRGC）等制定的风险管理标准，可把风险管控的重点任务分为识别、评估、处置、沟

① 参见OrtwinRenn，O.，Klinke，A：Coping with Complexity，Uncertaintyand Ambiguity in Risk Governance：A Synthesis，*AMBIO*，2011（40）.

通、监测五个环节。其中，风险识别、风险评估、风险处置是按照时间先后依次进行的三项阶段性任务，风险沟通、风险监测则是贯穿风险管控工作始终的两项全程性任务（见图 12—3）。

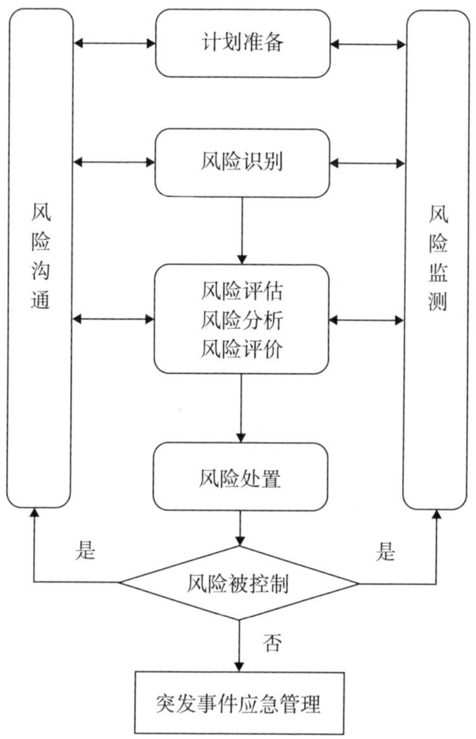

图 12—3 风险管控的基本流程[①]

（一）风险识别

风险识别就是识别出所面临风险的类型、形成原因及其影响。风险识别是风险管理的基础，是一项系统性的持续工作，是风险管理成功的关键。越复杂的环境，风险识别的难度越大。

与突发事件一样，也可以对风险进行分类、分级、分期。根据不同

① 参见钟开斌：《应急管理十二讲》，人民出版社 2020 年版，第 71 页。

的标准，风险可以分为不同的类型。例如，根据风险出现的时间先后，分为传统风险与新兴风险；根据风险的演化周期，分为短期风险与长期风险；依照承担主体，分为个人风险、家庭风险、企业风险、国家风险等；按照是否有获利机会，分为纯粹风险和投机风险。最常见的分类，是基于风险来源的不同，分为自然风险、社会风险、经济风险、技术风险、健康风险、政治风险等。

风险的可能性和不利后果两个要素经组合，形成一个 5×5 的风险矩阵（见图 12—4）。通常，风险的可能性分为五级：1＝极少发生，2＝不太可能发生，3＝可能发生，4＝很可能发生，5＝几乎确定发生。风险的后果也分为五级：1＝几乎无影响，2＝一般，3＝较大，4＝重大，5＝特别重大。可能性与不利后果组合形成 25 种风险情形，分为特大、重大、较大、一般四个等级。

严重性 ＼ 可能性	很低（1）	低（2）	中（3）	高（4）	很高（5）
很高（5）	较大	重大	特大	特大	特大
高（4）	较大	较大	较大	较大	较大
中（3）	较大	重大	特大	特大	特大
低（2）	一般	较大	较大	较大	较大
很低（1）	一般	一般	一般	一般	一般

图 12—4　风险矩阵①

风险分为前、中、后三个阶段。其中，风险前为不受威胁的绝对安

① 参见钟开斌：《应急管理十二讲》，人民出版社 2020 年版，第 60 页。

全状态，风险的可能性为0，危险情况肯定不会发生；风险中为潜在的突发事件状态，风险的可能性为0～1，危险情况存在发生并造成不利后果的可能，风险可能在不断聚集、发展、演化；风险后为现实的突发事件状态，风险的可能性已经变为1，此时，危险情况已经发展成为实际的突发事件并造成了不利后果。

根据我国学者卓志、许晖等人的观点，风险识别涉及四个相互联系又彼此不同的概念：风险主体、风险客体、风险识别主体和风险识别客体。风险主体是指在风险事件中承担不利结果的组织或个人；风险客体是指在风险事件中造成不利结果从而使风险主体蒙受损失的人和事；[①] 风险识别主体是实施风险识别行为的机构、单位或个人；风险识别客体则是识别行为所指涉的对象亦即被识别的事物，包括风险来源、风险危害、风险发生的概率以及损失破坏程度及可能影响范围。风险识别的目的就是确认风险主体和风险客体及其状况，辨识与评估风险因素，为后面消除风险对风险主体的威胁服务。通常来说，风险识别的前提是弄清楚风险主体和风险客体。

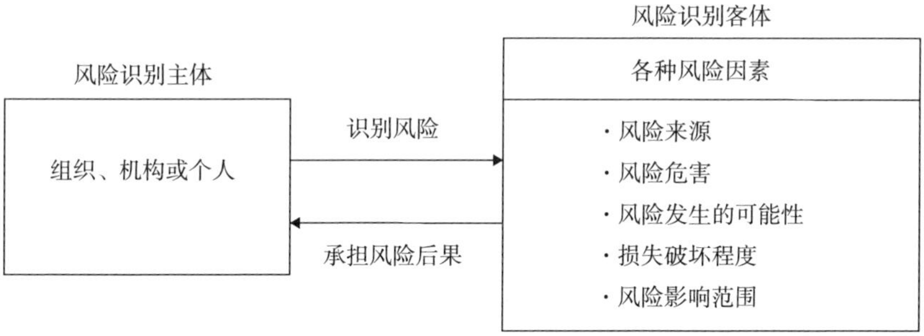

图12—5　风险识别主客体关系概念图[②]

风险识别的流程包含了风险识别的基本步骤和主要注意事项，一般

① 参见卓志：《风险管理理论研究》，中国金融出版社2006年版，第13页。

② 参见许晖：《中国企业国际化风险识别与控制研究》，科学出版社2010年版，第33页。

要求对全部可能的风险源和风险危害进行调查，但是具体情况视不同学科领域或风险性质而有所不同。比如，项目管理往往周期较长、因素繁多而且不确定性大，其风险识别通常呈现出全方位特征，从确认风险的存在、建立初步风险清单，到确定风险事件、推测风险后果、进行风险分类、制定风险预测图表、建立风险目录摘要，往往都有体现。

（二）风险评估

风险识别后要对风险进行评估，风险评估就是根据掌握的信息资料运用科学的方法对风险的性质和特征进行系统性的研究和分析，确定风险的种类、强度和紧急程度，为风险处置选择适当的方法提供科学依据。在地方政府债务风险评估中，要对地方政府债务的历史数据进行汇总和分析，运用数学和计量的方法进行风险大小的测算并可以对未来的风险进行预测，其难点一是在于风险评估计量方法的选择，关系计算结果的精度，二是在于历史数据的获取，需要有较长的历史数据积累，从而保证风险评估结果的真实性和有效性。

社会转型期的风险涉及的领域多、传导机制复杂。以往的研究主要关注定性描述和分析，为提高风险评估的科学性，一般采用德尔菲法，由各领域专家独立对当前和今后一个时期的风险给出评估分值。在专家打分基础上，判断各领域风险间的交互影响程度和各领域风险发生概率。一是采用矩阵分析评估各领域风险间的交互影响。纵轴为每个风险领域受其他领域的影响度。影响度赋予 1～5 的整数值，5 代表影响度最大，1 代表影响度最小，得分值为问卷调查的平均值。二是采用专家打分评估各领域风险发生概率。将各领域风险发生的概率进行排序，发生概率最高的为 5 分，最低的为 1 分，对各领域得分取平均值。

根据全面风险治理模型对风险治理过程的阶段划分，可以把风险治理的过程性能力分为想象力、敏感力、责任力、引导力、察觉力五个方面——这五项能力为全过程风险治理的核心能力，分别对应着风险识别、风险评估、风险处置、风险沟通、风险监测等风险治理的五个环节以及系统性、难测性、难控性、缩放性、动态性等重大风险的五个基本特点，共同构成了一个完整的重大风险防范化解能力框架（见表 12—1）[①]。

表 12—1　重大风险防范化解过程性能力框架的基本内容

治理阶段	治理任务	能力要求	风险特征
风险识别	风险分类	想象力	系统性
风险评估	风险分级	敏感力	难测性
风险处置	风险管控	责任力	难控性
风险沟通	风险交流	引导力	缩放性
风险监测	风险更新	察觉力	动态性

（三）风险处置

根据风险评估的测算结果采取防范和补救措施的过程就是风险处置。风险处置的方法通常有承受风险、减缓风险、避免风险和转移风险等。所谓承受风险，是指自行承担风险。这类风险一般为相对较小的风险，可能造成的损失微不足道，受灾体能够承受。所谓减缓风险，是指通过采取预防措施，尽可能降低风险的可能性和/或后果的严重性。所谓避免风险，是指人们采取避免卷入某种风险状况的行动，设法回避损失发生的可能性。风险避免策略是一种基础的风险应对策略，是有效应对潜在风险的技术手段，该策略的实施需要一定的资源配置。一般情况下，风险规避策略是具有一定针对性的，是在一定的内外部环境条件下采取的应对策略，并非在所有情形下使用该策略均会取得非常理想的应

① 参见钟开斌：《重大风险防范化解能力：一个过程性框架》，《中国行政管理》2019 年第 12 期。

对效果。该策略一般是针对风险的出现概率较高、产生的经济损失额度较大、并无较好的防范和控制手段情况下的一种策略。风险避免策略主要通过规避未来可能发生事件的影响而消除风险。所谓转移风险，是指通过法律、协议、保险或其他途径，向他人转移责任或损失。购买保险是其中最常见的办法。风险转移策略是一种较为常见的且是一种应用较为广泛的风险应对策略，它的主要意图在于将潜在风险或已经发生风险的损失转移出去，转移对象一般为合作伙伴、风险分担机构、保险公司和银行等。风险转移策略是不会改变风险的固有属性的，即不会采取措施调整风险的发生概率和风险发生后的损失额度等。

在现实生活中，风险处置要因地制宜，精准施策。换言之，要根据风险的不同特性并结合行为主体所处的环境，来选择具体的风险处置策略：对可能性较低、不利后果轻微的风险，宜采用承受的方式；对可能性高但不利后果严重的风险宜采用规避的方式，对可能性较高但不利后果较低的风险，宜采用减缓的方式；对可能性较低但不利后果非常严重的风险，宜采用转移的方式。

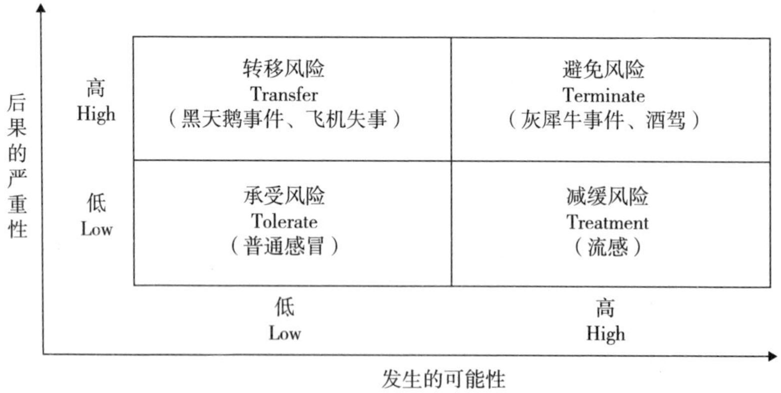

图 12—6　风险处置的“4T”策略[①]

① 参见钟开斌：《应急管理十二讲》，人民出版社 2020 年版，第 78 页。

习近平总书记反复强调增强忧患意识、防范风险挑战要一以贯之，要求“宁可十防九空，不可失防万一”“宁听骂声，不听哭声”，切实把保护人民生命安全放在第一位，落到实处。习近平总书记指出：“面对新情况新问题，由于不懂规律、不懂门道、缺乏知识、缺乏本领，还是习惯于用老思路老套路来应对，蛮干盲干，结果是虽然做了工作，有时做得还很辛苦，但不是不对路子，就是事与愿违，甚至搞出一些南辕北辙的事情来。这就叫新办法不会用，老办法不管用，硬办法不敢用，软办法不顶用。”① 习近平总书记强调：“对可能发生的各种风险，各级党委和政府要增强责任感和自觉性，把自己职责范围内的风险防控好，不能把防风险的责任都推给上面，也不能把防风险的责任都留给后面，更不能在工作中不负责任地制造风险。”② 在风险处置过程中，不同部门、不同地区、不同行业要基于合理的权责分工，形成齐心协力、齐抓共管的工作格局，对重大风险进行联防联控、协同应对。

河南郑州“7·20”特大暴雨强度和范围突破历史纪录，远超出城乡防洪排涝能力。全市城乡大面积受淹，城镇街道洼地积涝严重、河流水库洪水短时猛涨、山丘区溪流沟道大量壅水，形成特别重大自然灾害。事故的发生，暴露出安全监管职责交叉重叠、责任链条脱节、没有压紧压实防汛责任等问题。郑州市 5 月 15 日就进入防汛期，而市防指 7 月 14 日才印发《2021 年市委市政府领导防汛抗旱责任分工及工作职责的通知》，其中明确市委市政府领导同志包保各区县（市），并要求各区县（市）也要明确包保责任，到 7 月 20 日灾害发生，两级包保责任基本没有落实。市委市政府及有关区县（市）党委政府未能有效发挥统一领导作用。中央明确要求各级党委政府要全面

① 习近平：《在中央党校建校 80 周年庆祝大会暨 2013 年春季学期开学典礼上的讲话》，人民出版社 2013 年版，第 5 页。

② 《习近平谈治国理政》第 2 卷，外文出版社 2017 年版，第 82 页。

落实防汛救灾主体责任，加强领导，守土尽责，加强统筹协调，形成省市间、部门间、军地间、上下游、左右岸通力协作的防汛救灾格局。灾害来临前，郑州市委市政府负责人特别是主要负责人主观上认为北方的雨不会大、风险主要在黄河和水库，对郑州遭遇特大暴雨造成严重内涝和山洪“没想到”。这种麻痹思想和经验主义在北方城市不少领导干部身上也同样存在，一些领导干部在北方常年干旱的环境下失去了对重大洪涝灾害的警惕性，对全球气候变暖背景下极端气象灾害的多发性、危害性认识不足，严重缺乏风险意识和底线思维。在这场特大暴雨灾害应对过程中，郑州市委市政府对整个防汛救灾工作统一领导不力，没有组织深入会商研判，没有果断采取有力措施并督查落实，责任没有真正上肩。①

（四）风险沟通

风险沟通是指不同利益相关者之间就风险信息进行双向互动交流。风险沟通的目标，是协助利益相关者更好地了解风险评估的结果和风险处置的基本原理。风险沟通的过程，也就是进行风险交流的过程。在突发事件应对中，风险沟通发生在不同主体之间，包括政府和公众之间、政府和企业之间、决策者与专家之间以及专家与公众之间。

1988年，以卡斯帕森为代表的学者在贝克的基础之上提出了“风险的社会放大”理论。该理论认为，风险会在与社会和制度文化的互动过程中发生放大，主要发生在信息传播和社会反应阶段。风险和风险事件会通过信号刻画出来，这些信号包括信息、形象和符号，这些信号又

---

① 参见《河南郑州“7·20”特大暴雨灾害调查报告》，政府信息公开专栏，https://www.mem.gov.cn/gk/sgcc/tbzdsgdcbg/202201/P020220121639049697767.pdf.

会影响公众对风险的认知，可能是强化风险或者弱化风险。

在对风险信息进行传播的过程包括多个环节，这些环节包括风险信息源、信息渠道、社会放大站和个人放大站。社会放大站包括媒介、信件、电话等，个人放大站包括技术评估专家、社会团体中的意见领袖、风险管理机构等，每一节都参与了强化风险或弱化风险的过程。

对于风险管理机构来说，在全球性的风险已经日益剧烈的今天，民众对它的不信任是开展风险沟通的一大困境。在风险社会中，政府在风险沟通中难以突破的困境，恰恰就容易成为社会风险的滋生地。公众对于风险的认知不仅取决于风险事件本身的信息，还取决于社会环境的政治、经济、文化等影响，只有从更复杂、全面、综合的层面进行风险沟通，才能让风险沟通的效率更大化。

如在风险沟通中，政府新闻发言人的具体职责与功能可以囊括为：一是提供资讯，满足受众信息需求。2008 年 5 月出台《政府信息公开条例》提出，对信息进行公开是政府的原则。这就要求政府的新闻发言人必须满足公众的知情权，也就是说要满足社会公众获取公共信息的权利和自由。二是监测社会，发布风险预警信息。在风险事件爆发时，各部门将自身收集监测到的重要信息通过新闻发言人发布给媒体和社会公众。三是协调关系，提出解决方案。记者的提问在某种程度上可以反映公众的矛盾和诉求，通过与记者的接触，新闻发言人可以及时把问题反馈给相关的决策部门，协调社会不同阶层的矛盾，还可以向公众解读政府的相关政策，给公众提供建议。四是传播主流价值观。新闻发言人发表相关言论，传播主流价值观，也可以通过回应舆情，平息社会矛盾。

在新闻发布会中，新闻发言人是传达政府的声音，解读政府的政策，因此政府的新闻发言人最基本的功能在于政治信息传播。人类学家 R. 林顿指出，在社会结构中，每一个角色都有一定的功能和相关的行为规范及模式[①]。在国务院联防联控机制新闻会中，相关部门单位的功能不仅仅是信息的发布者，同时也是一种政府的代表和政治符号，他们主要的职责之一就是进行政治传播。

新闻发言人除了进行政治信息传播之外，还是政府形象的代表。在风险事件爆发时，社会负面情绪蔓延，公众不仅需要相关的信息获取，同时也需要一剂情绪的“强心剂”，他们需要通过对政府的新闻发言人进行全方位的考量，以便透视政府在处理风险时的态度。在国务院联防联控机制的新闻发布会中，具有权威的规范化的机构话语也是新闻发言人使用最频繁的话语沟通策略。在面对海外疫情不断变化，我国的抗疫行动受到世界瞩目的背景下，新闻发言人以规范化的语言有礼、有力地回应了记者的提问，不卑不亢地展示了我国政府的立场和态度。

（五）风险监测

风险监测是风险评估常态化机制的一个重要体现，具有不可替代的位置。其设计目的：一是监测风险评估的执行计划是否准确；二是监测风险措施的应对计划是否有效；三是监测变化中的风险识别对象的发展情况；四是监测可用于风险控制的资源是否保障。在现实的社会治理实践中，风险往往不是孤立或静止存在的，它具有演化性、系统性和运动性，我们遇到的风险往往是多种风险相互交织而成的风险综合体。在风险表征的影响下，小风险可能会演化为大风险（重大风险），个别风险可能会演化为综合风险，局部风险可能会演化为区域风险，经济风险可能会演化为社会政治风险，国际风险可能会演化为国内风险，旧的风险刚刚消失，新的风险可能已经产生。防控化解风险的要义是在源头施

① 参见马亚宁：《美国新闻从业者专业角色观念考察》，《新闻大学》2004 年第 4 期。

策，不断提高动态监测和实时预警的治理能力。[①]

风险监测贯穿于整个社会风险评估流程中，为各风险评估流程提供实时动态性的监测和更新，把握业已存在或潜在社会风险发展状况，是推动社会风险评估体系向前发展的重要步骤。其目的在于：第一，监测变化中的风险识别和风险分析对象；第二，对已划分风险等级进行监测，更新风险等级状况；第三，监测风险预案是否能够发挥效用，是否需要进行相关调整。风险监测可采用计算机网络人工建模的方式对风险点清单进行监测，并着重对外部环境、舆情、利好因素、派生性风险和民众心理状况等新风险产生重要领域进行监测。通过对风险监测可以保证识别新风险、确定风险等级状况、避免预案制定的失当和整个风险评估流程的固化及停滞不前。

2014 年 12 月 31 日 23 时 35 分，上海市黄浦区外滩陈毅广场东南角通往黄浦江观景平台的人行通道阶梯处发生拥挤踩踏，造成 36 人死亡，49 人受伤。调查组的调查结果指出：对监测人员流量变化情况未及时研判、预警，未发布提示信息和应对处置不当是本次事故的主要原因。12 月 31 日 20 时至事件发生时，外滩风景区人员流量呈上升趋势。黄浦公安分局指挥中心未严格落实上海市公安局指挥中心每半小时上报人员流量监测情况的工作要求，也未及时向黄浦区委区政府总值班室报告。黄浦公安分局对各时段人员流量快速递增的变动情况未及时采取有效措施，未报请黄浦区政府发布预警，控制事态发展；对上海市公安局多次提醒的形势研判要求，未作响应。针对事发当晚持续增加的人员流量，在现场现有警力配备明显不足的情况下，黄浦公安分局只对警力部署作了部分调整，没有采取其他有效措施，一直未向黄浦区政府和上海市公安局报告，未向上海市公安局提出增援需求，也未落

① 参见《十八大以来重要文献选编》(中)，中央文献出版社 2016 年版，第 833 页。

实上海市公安局相关指令，处置措施不当。上海市公安局对黄浦公安分局处置措施不当指导监督不到位。黄浦区政府未及时向市政府报送事件信息。[①]

阅读材料

叠加型风险因素及特征：以深圳特大滑坡事故为例[②]

2015 年 12 月 20 日 11 时 40 分，广东省深圳市光明新区凤凰社区恒泰裕工业园发生渣土滑坡。截至 2016 年 1 月 12 日晚，滑坡事故已造成 69 人遇难，另有 8 人失联。国务院调查组经调查认定，此次滑坡灾害是一起受纳场渣土堆填体的滑动，不是山体滑坡，不属于自然地质灾害，是一起特大生产安全事故，也是一起较为典型的叠加型风险灾难事故。

（一）基于灾害成因理论的叠加型风险因素

灾害成因理论认为，灾难的形成主要由三个因素所组成，一是诱发因子，即诱发事件灾难的因素。二是承灾体，即灾难发生时受到损失的群体或个体，包括事件的当事人、政府机关以及其他利益相关者。三是孕灾环境，即形成灾难的自然环境和社会环境。通过对“12·20”深圳滑坡事故已有资料的梳理，可以发现，在诱发因子、承灾体以及孕灾环境方面，都存在诸多风险要素，从而造成事故灾难的发生（如图 12—7 所示）。

---

① 参见《上海外滩拥挤踩踏事件调查报告全文》，中国新闻网，https：//www.chinanews.com.cn/gn/2015/01-21/6990536.shtml.

② 转引自李伟权、聂喻薇：《叠加型风险下整合型应急预警联动机制缺失问题研究——12·20 深圳特别重大滑坡事故的教训》，《中国行政管理》2016 年第 9 期。

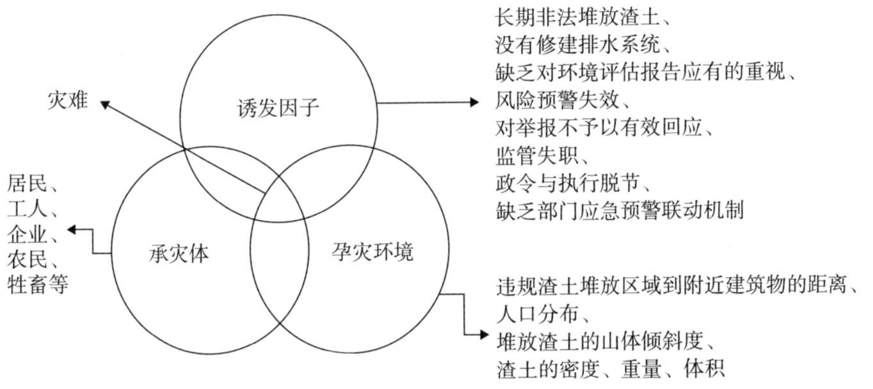

图 12—7　基于灾害成因理论的深圳滑坡事故叠加型风险示意图

从预警来看，根据灾害成因理论，诱发因子、承灾体和孕灾环境必须三者交叉融合并共同发生作用并联系在一起才会引发突发事件或灾难。深圳滑坡事故是一起诱发因子、承灾体、孕灾环境各自内部均包含多个风险要素相互影响作用、三者之间又相互交织叠加而形成的灾难事故，是叠加型风险管控失效而引发灾难的典型案例。

（二）“12 • 20”深圳渣土滑坡事故的叠加型风险特征分析

从叠加型风险管控的角度可以重点梳理此次事故的风险特征（如图12—8 所示）。

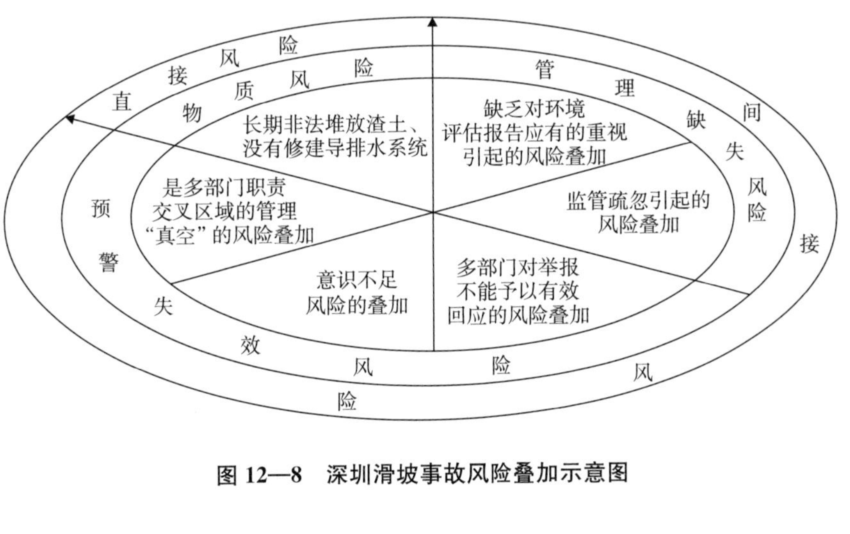

图 12—8　深圳滑坡事故风险叠加示意图

1. 直接风险的叠加。物质风险经累积造成的风险质变是这起事故产生的直接源头。物质风险的叠加主要体现在两处，一是渣土长期的非法堆放和渣土受纳场没有修建到排水系统上；二是受纳场曾是合法审批建设的项目，但其使用期限至 2015 年 2 月 21 日。也就是说，直至 12 月 20 日事发时止，该受纳场已经被超期使用超过 10 个月，其间一直存在长期非法堆放渣土的情况；三是该受纳场原是采石场的矿坑有积水，在没有排水之前加入垃圾和泥土，加上天气降水形成的积水，含水量饱和。而堆放的渣土本身的含水量大，为流塑型土质，具有一定的黏性，由于堆积量大、堆积坡度过陡、堆积高度过高，导致堆放渣土的数量超过了受纳场负荷能力，在重力的作用下，失稳垮塌，滑坡的渣土覆盖面积达 38 万平方米，物质风险的叠加已经超过了环境的承载力，从而引发事故。

2. 间接风险的叠加。此次事故的间接风险可分为两类：管理缺失风险的叠加和预警失效风险的叠加。

(1) 管理缺失风险的叠加：环评与监管疏忽叠加。

第一，缺乏对环境评估报告应有的重视引起的风险叠加。光明新区红坳余泥渣土临时受纳场运营服务商深圳市绿威物业管理有限公司，曾在 2015 年 1 月 12 日提交《建设项目环境影响报告表》，报告中曾明确表示，项目选址存在崩塌、滑坡危险，并多次提出余泥渣土受纳场的水土保持问题，就坝体溃坝这一主要风险列出多项应急措施。近一年前提交的《建设项目环境影响报告表》没能引起深圳市政府及有关部门应有的重视，没有部门进行实地考察调研，也没有进行风险评估，也没有针对这些潜在问题提出有效的风险防控措施，进一步加重了安全隐患。

第二，监管疏忽引起的风险叠加。监管的疏忽而引起的风险在本案例里反映尤为明显，按照时间的顺序可以梳理出三重监管疏忽的风险叠加。第一重风险，渣土受纳场严重超期使用和非法堆放渣土的现象并没有得到有效的制止和管理；第二重风险，监督公司向光明新区城管局递交日报、月报均提出安全问题要求立即整改。在得知存在诸多隐患的情况下，有关部门没有及时展开新一轮的风险勘测，进行新的风险评估，展开相对应的紧急风险防控措施，安排人员进行实时监测观察等，而是在发现问题后的3个月后，才下达了文件要求停工，其间违规堆放渣土的行为一直未曾停止。第三重风险，由城管局下达的停工令并未起到约束性作用，停工令下达后的17号、18号，红坳受纳场仍有大量车辆进场倾倒垃圾，此后19号20号恰逢周末，不幸事故发生，损失惨重，面对政令与执行脱节的情况，可监管单位却没有针对继续堆积的违规行为做出及时的行动制止和违规惩处，而是放任违规堆放行为继续进行数天，成为“压死骆驼的最后一根稻草”，使得停工令成为一纸空文。

(2) 预警失效风险的叠加：事前预警不足与管理“真空”。

第一，是多部门对举报不能予以有效回应的风险叠加。据新闻报道显示，连续两年来，临近企业负责人和村民曾多次举报或报警，新闻调查也曾多次反映过此类问题，街道办、环保、城管、公安等部门也给出初步理由和意见，但是就这些举报，各个部门仅仅是碎片化地对违规行为进行暂时性处罚，治标难治本，没有形成真正有效的回应。

第二，是多部门职责交叉区域存在管理“真空”的风险。引发这起事故的叠加型风险本应该是由安监、城管、公安、环保、执法、渣土办等多个部门联合应对、克服，但是却出现了多部门职责交叉区域的管理“真空”现象，对于职责的交叉区域，“我们不用管、有人会来管”的消极心态，导致部门之间没有形成联动机制，就违规现象展开联合行动，相互配合，对违规堆渣土问题进行严肃处理。

第三，意识不足风险的叠加。意识不足风险的危害，集中表现在：面对多重风险叠加的状态，监管方侥幸心理的风险。由于对叠加型风险缺乏正确、清楚认识，且在时长两年多的渣土堆放过程中，并没有发生意外，这会在一定程度上助长了监管方的侥幸心理，认为不会真的有事故发生。由于意识不足而引发的侥幸心理，会致使风险防控工作没有在第一时间得到快速、有效的开展，意识不到位伴随而来的是责任推诿、慢执行、不执行等行为，这本身又会作为一种新的风险存在，叠加到已有的风险当中，进一步深化了已有的风险危机，导致最终的惨剧（如表12—2所示）。

表12—2 "12·20"深圳滑坡事故风险及监管、责任方及其表现

风险类型	风险内容	风险影响	监管、责任方	知情与否	表现
物质风险	长期非法堆放渣土未修建导排水系统	渣土滑坡	安监	*	无响应
			城管	知情	一直无响应，直至末期缓慢响应
			查违办	知情	无响应
			建设	知情	失察失管
			渣土办	知情	无响应
管理风险	缺乏对环境评估报告应有的重视	水土流失环境破坏	城管	知情	忽视
			水务	知情	忽视
			规划国土	知情	忽视
			环境	知情	无响应
	监管疏忽	安全隐患	城管	知情	监管失职
			查违办	知情	疏于监管
			水务	知情	忽视
			安监	*	无响应

续　表

风险类型	风险内容	风险影响	监管、责任方	知情与否	表现
预警风险	多部门对举报不能予以有效回应	深化风险加重危机	公安	知情	仅回应道路交通问题
			城管	知情	弄虚作假
			街道办	知情	称受纳场合法，无行为响应
			建设	知情	无响应
			环保	知情	缺乏监管
			执法	知情	表示加强巡逻
	多部门职责交叉区域的管理“真空”		城管、安监、执法、公安、环保、渣土办、查违办、水务与规划国土等多个部门	知情	不主动响应，甚至存在失察失管、违法违规现象
	意识不足、监管方侥幸心理			知情	忽视风险

* 表示信息缺失

第十三章　事中的应急处置能力

应急管理是一个覆盖突发事件事前、事中、事后的全周期管理过程。在突发事件发生之后的应急处置，是应急管理的实战阶段，也是考验领导干部应急处突能力的关键所在。要把突发事件发生后造成的后果和损害降到最低，就必须正确把握应急处置的基本准则，保持应有的精神状态、政治勇气和责任担当，着力做好事态研判、决策部署、组织指挥和有效沟通等应急处置主要工作。面对当今波谲云诡、异常复杂的国际局势，我国发展进入各种风险挑战不断积累甚至集中突现的重要时期，只有胸怀两个大局，正确把握形势，不断提高应急处突能力，才能在风险挑战来临之时从容面对、有效应对。

一、应急处置的基本准则

（一）以人为本

坚持以人为本是我们党治国理政的根本理念，也是应急处置的最基本准则。中国共产党根基在人民、血脉在人民。党团结带领人民进行革命、建设、改革，根本目的就是让人民过上好日子，无论面临多大挑战和压力，无论付出多大牺牲和代价，这一点都始终不渝、毫不动摇。在应急处置中坚持以人为本可以从两个维度去思考。一是把人民生命安全和身体健康放在第一位。重大突发事件往往伴随着相关群体的生命、财产安全问题，在应急处置的环节也是最能体现生命至上的时刻。所以，保护人民生命安全和身体健康可以不惜一切代价。需要指出的是，以人为本不仅包括相关群众的生命安全，同时也包括救援人员的生命安全和身体健康。以人为本不仅体现在对人的生命安全的重视，同时也强调对相关群体的心理危机干预。二是在应急管理中充分依靠人民，充分发挥公民、企业及社会群团组织的力量积极参与应急处置工作。在新冠肺炎疫情的防控中之所以能够取得重大战略成果，就是因为广大人民群众识大体、顾大局，自觉配合疫情防控斗争大局，形成了疫情防控的基础性力量。

（二）协调联动

协调联动是政府应对突发事件最常用的手段，即针对不同部门之间相互配合、互通有无、信息分享、功能互补、资源整合、共同行动，形成应对的合力，从而化解突发事件带来的危害。坚持协调联动建设，应做好纵向和横向的协同配合，推进不同区域、不同部门甚至国家之间在应急管理实践工作中的合作和交流，切实形成条块结合、上下联动的组织体系和跨地区、跨部门的协调合作框架，提高合成应急和协调应急能力。协同联动主要包括三个方向，一是建立应急救援联动机制，充分整合各种应急资源，综合协调、分工协作，实现预案联动、信息联动、队伍联动、物资联动，切实提高应对突发事件的能力。二是政府负责、社会参与。积极发挥政府的组织领导作用、专业部门的技术指导作用和人民群众的主体力量作用，形成上下联动的工作机制。三是军地联动、有序协调。通过军地应急联席会议、军地灾情信息共享、军地联合指挥、军地联合应急值守、军地灾害联合会商、军地联合行动、军地综合保障、军地应急演练等各方面的制度和配套措施，逐步提高部队与地方政府之间在应对突发事件方面的联合指挥、科学行动、快速反应、兵力投送、专业保障等各种非战争军事行动能力建设。[①]

（三）社会协同

突发事件应急管理是一种社会各界共同参与的，通过分权、分层次、分目标而实现多元化系统管理的一个过程。应急处置不仅仅是政府的事情，企业、非政府组织和个人都要有意识地参与应急管理的各个环节，与政府形成良性互动，形成应急管理中的公私合作伙伴关系（PPP）。[②] 在认知层面，增强全社会全党全民的公共安全意识。加强制度设计和应急文化宣传，提高全社会的公共安全意识，推动全社会形成维护公共安全的合力，构筑起维护公共安全的钢铁长城。在管理方式上，从过去的行政管理手段为主，转为形成以行政手段、法律手段、市场机制以及社会自助等多种手段齐抓共管的局面，政府以提供社会性公共服务为主，强制性秩序与自治自律所形成的自发性秩序并重，创新向社会放权和为公民增权的制度设计，提高公众的参与度，最终达到社会协同、全员参与的效果。

（四）依法处置

法治是实现国家治理体系和治理能力现代化的重要依托，更是应对和解决重大突发事件的强有力法宝。虽然应急管理是非常态管理，应急决策是非常规决策，但不能突破已有法律设定的底线，它也有法治边界。新冠肺炎疫情的防控就是按照“依法治国、依法执政、依法行政”的清晰模式开展的重大实践，具有十分重要的现实意义。所以，“要坚

---

① 参见闪淳昌、薛澜主编：《应急管理概论：理论与实践（第二版）》，高等教育出版社 2020 年版，第 275 页。

② 参见闪淳昌、薛澜主编：《应急管理概论：理论与实践（第二版）》，高等教育出版社 2020 年版，第 135 页。

持依法管理，运用法治思维和法治方式提高应急管理的法治化、规范化水平。”[①] 突发事件的处置过程必须恪守底线，在法律允许的范围内行使自由裁量的权力，坚持运用法治思维和法治方式应对突发事件，着力实现越是工作重要、事情紧急越要坚持依法行政，严格依法实施应急举措，在处置重大突发事件中推进法治政府建设。

二、应急处置的主要任务

（一）事态研判

科学进行事态研判是应急处置的前提。在突发事件刚发生的时候，面对复杂多变的环境，在极为有限的时间里，在信息极其不对称的情况下，如何做出全面、科学、有效的事态研判是影响应急处置的重要因素。

1. 加强调查研究

突发事件发生后进行调查研究的过程，也就是研判事态的过程。研判是整个应急处置与救援工作的起点，研判正确与否直接关系到突发事件的发展态势。科学研判是应急处置与救援的前提，研判力是一项重要的能力。在我国应急指挥实践以及相关法律法规、政策文件的规定中，事态研判也是应急指挥部的重要组成部分。科学研判的基础是进行深入实际的调查研究，可以说研判的过程就是调查研究、发现问题、理清问题的过程。要科学决策首先要找出真正的问题是什么。习近平总书记指出：“调查研究是做好领导工作的一项基本功，调查研究能力是领导干

---

① 习近平：《全面提高依法防控依法治理能力，健全国家公共卫生应急管理体系》，《求是》2020 年第 5 期。

部整体素质和能力的一个组成部分。”① 他强调：“调查研究是从实际出发的中心一环，是谋事之基、成事之道。没有调查就没有发言权，没有调查也没有决策权。”② 突发事件发生后进行调查研究的过程，也就是研判事态的过程。研判是整个应急处置与救援工作的起点，研判正确与否直接关系到突发事件的发展态势。科学研判是应急处置与救援的前提，研判力是一项重要的能力。在我国应急指挥实践以及相关法律法规、政策文件的规定中，事态研判也是应急指挥部的重要组成部分。

2. 充分发挥智库的力量

听取不同的声音，有利于作出更加科学的决策。不少突发事件应对的技术性、专业性比较强，需要发挥好专业咨询机构、专业人员的参谋作用。我国各级党委、政府设有应急管理专家组，为应急管理重大政策研究、应急预案审查评审、应急处置与救援、突发事件调查评估等提供决策咨询服务。我国相关法律法规也对决策咨询机制作了规定。例如，《国家安全法》第五十条规定：“国家建立国家安全决策咨询机制，组织专家和有关方面开展对国家安全形势的分析研判，推进国家安全的科学决策。”中共中央办公厅、国务院办公厅2015年印发的《关于加强中国特色新型智库建设的意见》指出，重点建设一批具有较大影响力和国际知名度的高端智库，充分发挥中国特色新型智库咨政建言、理论创新、舆论引导、社会服务、公共外交等重要功能。

3. 善于依靠科技手段

在应急处置中，应善于借助科技的力量，提高事态研判的精准度。特别是在大数据时代积极运用互联网、大数据、人工智能等现代科技手段，加强对突发事件的监测预警，不断提升在基础数据的收集、现场信

---

① 习近平：《谈谈调查研究》，《学习时报》2011年11月21日。

② 习近平：《坚持实事求是的思想路线》，《学习时报》2012年5月28日。

息的获取和事态研判等方面的能力建设，为及时有效地做出科学决策提供参考。

2019 年 11 月 29 日，习近平总书记在主持中共十九届中央政治局第十九次集体学习时，也对此提出了明确的要求：要强化应急管理装备技术支撑，优化整合各类科技资源，推进应急管理科技自主创新，依靠科技提高应急管理的科学化、专业化、智能化和精细化水平。要加大先进适用装备的配备力度，加强关键技术研发，提高突发事件响应和处置能力。要适应科技信息化发展大势，以信息化推进应急管理现代化，提高监测预警能力、监管执法能力、辅助指挥决策能力、救援实战能力和社会动员能力。[①]

（二）决策部署

突发事件中的决策部署是一种非结构化的决策问题，要求决策者在时间压力和信息极不对称的情况下做出一种决策，而且决策的结果往往不可逆。以色列政策学家德罗尔（Yehezkel Dror）指出："危机决策是逆境中政策制定的一种特殊方式，它对许多国家具有极大的现实重要性，对所有国家则具有潜在的至关重要性。危机越是普遍或致命，有效的危机决策就越显得关键。危机中作出的决策非常重要而且大多不可逆转。"[②]

突发事件的处置没有固定的模式和标准答案，需要决策者根据事件的特点和现场的具体情况，研究确定有针对性的应急处置措施。突发事件发生后，相关地方人民政府应及时启动应急预案，严格落实应急处置

① 参见《充分发挥我国应急管理体系特色和优势　积极推进我国应急管理体系和能力现代化》，《人民日报》2019 年 12 月 1 日。

② 〔以〕叶海尔·德罗尔：《逆境中的政策制定》，王满船、尹宝虎、张萍译，国家行政学院出版社 2009 年版，第 215 页。

工作责任制，上级有关部门应当及时给予配合和支持。地方人民政府与上级有关单位要相互协作、相互配合，并确保信息收集、情况报告和指挥处置等各个环节的紧密衔接，在最短的时间内控制事态；应切实加强沟通和交流，实现信息资源共享，为科学决策提供可靠依据。

应急处置措施是多种多样的，从类型来看，主要包括救助性、保护性、保障性、控制限制禁止性四大类。应急救助是指为避免或减少损失而提供各种救助救济，包括直接提供和间接提供两种方式——前者如对面临生命威胁的人员提供医疗救助，对流离失所的受灾人员提供食宿、衣物等基本需要；后者如帮助灾区和灾民进行自救。应急保护是指对国家机关、公共机构、公共设施和私人财产提供比平时更严格的保护，对冲击、破坏等行为实施比平时更严厉的制裁。应急保障是指为克服政府财力、物力、人力不足而增加公民负担和限制公民权利，如紧急征用财产、征调人员，强制提供生产和服务，配给供应、价格管制和进出口限制等。应急控制限制禁止主要涉及对人的处理，如强制隔离使用器械相互对抗或者以暴力行为参与冲突的当事人，封锁有关场所、道路，查验现场人员的身份证件，限制有关公共场所内的活动等。①

应急处置措施的采取和实施，应当坚持比例原则，控制权力滥用。即决策者在行使自由裁量权的时候，应注重全面衡量公益和私益的平衡。我国《突发事件应对法》第十一条规定："有关人民政府及其部门采取的应对突发事件的措施，应当与突发事件可能造成的社会危害的性质、程度和范围相适应；有多种措施可供选择的，应当选择有利于最大程度地保护公民、法人和其他组织权益的措施。"在采取和实施应急处置措施的过程中，坚持以尽可能低的行政成本和对行政相对人利益尽可能小的损害，来达到有效控制事态的目的。

---

① 参见钟开斌：《中外政府应急管理比较》，国家行政学院出版社 2012 年版，第 289 页。

1. 注重上下级之间的配合

在突发事件应急决策过程中，会有来自不同层级、不同部门、不同地域、不同行业的各个主体。应急决策应该由谁来作出？战略、战术、战役三个不同的层次，必须分工协作、相互衔接。特别是上级要对下级做出必要的授权。在自下而上由各层级构成的政府体系中，决策权的科学配置非常重要。管理学中的权责一致、权责对等原则强调，一个组织中的管理者所拥有的权力，应当与其所承担的责任相对应，有多大的权力就要承担多大的责任。在传统的倒金字塔型组织结构中，应急决策权力与责任之间呈现倒挂的状态：距离事件发生点远、对情况不了解的中高层拥有更大的权力、更多的资源，而距离最近、情况最熟悉的基层一线却拥有更小的权力、更少的资源。突发事件发生后，在逐级上报和分级指挥决策的过程中，常见的情形是按照级级负责、从下至上、层层汇报的原则，一级一级分别往上请示汇报，但就是谁也不拍板。让最了解情况的人作出决策，让专业的人做专业的事，应当成为应急决策的一项基本原则。为此，领导干部要善于给下级授权，激励一线人员根据实际情况灵活作出决策。

2. 科学进行目标取舍

突发事件发生后，决策者面临一系列约束条件，必须在有限时间之内，利用有限的资源，快刀斩乱麻，尽快完成决策活动。可以说，突发事件发生后的应急决策活动，是一个在多目标之间进行平衡和取舍的过程。

不同目标之间往往难以同时兼顾甚至有时相互冲突，让决策者顾此失彼、左右为难。例如，在时间有限、情况紧急时，是优先抢救人员，还是优先保护财产？是优先抢救重伤员，还是优先抢救轻伤员？能否通过牺牲个别人、少数人的生命，来拯救多数人的生命？决策既要考虑可能性，也要考虑可行性。所谓可能性，就是研究提出各种备选方案，方案越多越好。所谓可行性，就是所提出的方案必须符合当时当地的主观客观条件，能够得到顺利实施。如果缺乏可行性，方案再多，看上去再好，也起不了实际作用。应急决策往往是次优选择，目标是“治标不治本”：不是追求最好的结果，而是避免最坏的结局；不是从根本上解决问题，而是暂时性控制事态。突发事件发生后，影响和损失已经发生，决策者此时最重要的任务是迅速控制局面，防止事态进一步恶化。而目标取舍的过程，也是应急处置的价值理念的体现过程。生命至上是我们党在应急处置中的根本遵循。新冠肺炎疫情暴发后，以习近平同志为核心的党中央始终坚持把保障人民群众的生命财产安全放在首位，这也是我们国家人民至上的治国理念在应急处置中的写照。

（三）组织指挥

一旦出现突发事件，主要领导要立即赶赴现场，快速掌握情况。及时制定措施，果断应对处置。要区分不同情况，抓住主要矛盾，因情施策，因人制宜，及时疏导化解矛盾，及时平息事态。现场的掌控和事态的平息是第一位的，必要时还需动用政法机关维护现场秩序，使事态不朝难以收拾的地步发展，以防止社会闲杂不法分子借机滋事、闹事；尽量减少社会波及面，防止造成社会动荡。但果断及时不意味着逞匹夫之勇，而是需要依靠科学，专业处置。在危机处置过程中，必须科学有序进行。[①]

领导者作为突发事件现场处置靠前指挥的关键角色，应着重做好以下几项工作。

1. 多谋善断

通过科学的、全面的分析比较，从各种备选方案中果断地选择最佳

① 参见张爱军：《公共安全应急管理教程》，中国矿业大学出版社 2016 年版，第 4 页。

方案，并迅速做出决策，积极应对，才能使突发事件得到及时有效和正确妥善的处置。

一是立足实际，正视矛盾，善于抓住事件的关键点。快速、准确、合理地判断情况是对领导干部的基本要求。事件发生后，情报信息不断增多，各方信息真伪难辨，战场情势变化急剧，指挥员只有抓住关键点，把握住时机，同时借助计算机辅助决策系统，通过人机结合，才能做到快速判断，及时果断地下决心和订计划，并提高做出决策的准确率。

二是拨开迷雾，分析矛盾，善于找准事件的重难点。绝不能眉毛胡子一把抓，分不清主次，造成兵力分散，效率低下。如在反恐怖行动中应遵循“整体重点防护”的指导思想，领导干部按照全局需要，根据重点目标的分布情况，进行统一的人力、物力分配，构成点、线、面结合，在可能遭恐怖袭击的主要方向上，形成全面而有重点的反恐怖布局，对兵力、时间、救援物资等进行合理分配。

三是抽丝剥茧，解决矛盾，善于发现事件的入手点。领导干部面对混乱无序的突发事件现场，只有敏锐地把握规律，找准入手点，才能做出高质量的临机决策。这就要求领导干部要不断培养和提高自身的调查研究能力、信息捕捉能力、洞察问题能力、分析判断能力以及科学预测能力，提高做出决策的速率。①

2. 反应灵敏

领导干部必须把增强创新意识、培养创新思维摆在突出位置，不断提高应变能力，实现由经验型决策向创新型决策的转变。在处置突发事件时，领导干部只有准确把握突发事件的形势变化，综合运用学过的知

---

① 参见闫焱、汪琳：《运用“五种思维”提升部队指挥员应急处置能力》，《国防科技》2017年第6期。

识和实践经验，利用创新思维，克服惯性思维，灵活运用战略战术，才能快速做出准确的判断和决策，使事件得到创造性的妥善处置。

一是因时制宜，具体问题具体分析。突发事件由于发生的时间、地点、诱因等不同而不同。应急处置中情况多变，不可预测。领导干部应依据现场实际情况做到具体问题具体分析，进而找到正确的、合适的解决方法，做出正确的决策，果断下达指令，妥善处置意外情况。二是“知难而退”，改变思路绕道而行。处置突发事件过程中，一定会遇到这样或那样的困难，这时如果领导干部带领官兵迎难而上，可能也会取得成功，但是伤亡损失会很大，往往是事倍功半。如反恐怖行动中遇兵力不足时、地理位置不利时、人质生命受到威胁时，切不可鲁莽行事，造成无谓的牺牲。此时，需要领导干部“知难而退”。“知难而退”不是面对困难就退缩不前，而是变换思路、变换方法，绕道而行，进而达到事半功倍的效果。三是超越陈规，随机应变开拓创新。一定要克服教条主义和本本主义，避免拿着应急预案生搬硬套的现象发生。要注重实际，把握事件变化发展的规律，做到随机应变，根据不同的地形布兵、不同的目标用兵、不同的时机出兵，灵活运用、大胆创新，只有这样才能妥善处置。

3. 控制全局

当突发事件发生时，多数人因缺少心理准备，会表现出情绪失控，惊慌失措，以致引起秩序混乱，甚至会出现谣言四起、骚动暴乱等现象。此时，需要领导干部具有战略思维，从事件的全局谋划、从事件的长远考虑、从事件的整体调控，达到对所辖范围内的人力、物力、财力等要素实施统一管理、有效调节、及时引导、快速疏通，使这种混乱的局面稳定下来，让慌乱的人们镇定下来，让组织工作正常开展起来。一是从行动的全局通盘谋划。应急处置中需要调动多种资源，如何对这些资源进行通盘谋划，合理控制，确保它们发挥最大的效能，就需要领导干部认真学习理解上级决策指示，确实增强政治敏感性，提高从政治上、全局上思考谋划工作的责任感和自觉性，牢固树立全局观念和“一盘棋”的思想，时刻以全局的利益为重，从全局的视角谋划。二是从事件的趋势准确预判。领导干部要对整个突发事件的发展趋势有准确的预判能力。如处置骚乱行动时要对人群的规模、前进方向和路线判断准确，集中兵力，适时进入预定阻截位置；抗洪抢险中对可能出现决口或存在隐患的地段，采取打桩、加沙包和石料等预防措施。三是从行动的整体综合调控。处置突发事件时通常是军队、武警、公安、预备役和民兵等多元力量组成的整体行动。在行动中，领导干部都应有大局观念、全局意识，综合运用各种力量，根据时机、地点、方式、手段的不同，合理使用各种力量，发挥整体合力。

（四）有效沟通

“信息是突发事件应对的核心要素，信息管理是突发事件应对的基础性工作，突发事件应对的过程是一个信息管理的过程。”[①] 信息管理的过程也是有效沟通的过程。这是突发事件处置当中贯穿全程的环节。可以说，能否实现信息的畅通无阻、达到有效沟通的目的，直接关系到突发事件处置的成败。任何一个类型、任何级别的突发事件的沟通一般可以从以下三个维度去思考。

1. 向组织沟通

向组织沟通，包含在应急处置工作中上下级之间、同级之间以及跨区域的单位之间的沟通。上下级之间的沟通主要有两个方面：一是自下而上的信息报送，即向上一级政府、有关机构和人员报告信息；二是自

① 钟开斌：《突发事件应对中的信息管理：一个基本分析框架》，《东南学术》2020 年第 2 期。

上而下传达，即向下一级政府、有关机构和人员报送信息。在我国目前的行政体制下，自下而上的垂直信息，是政府最重要的信息来源。在以自上而下的指令传递和执行为基本特征的官僚制结构中，及时准确地收集、加工并且报送信息是上下级之间沟通的重要方式。而突发事件往往发生在基层，基层单位作为突发事件的“第一响应者”，能否实现快速有效地报送信息是关系到事件后期处置效率以及处置结果的重要因素。我国的相关法律法规、应急预案，对突发事件信息报告的主体、内容、程序、时限等作了明确规定。《突发事件应对法》第七条规定：“突发事件发生后，发生地县级人民政府应当立即采取措施控制事态发展，组织开展应急救援和处置工作，并立即向上一级人民政府报告，必要时可以越级上报。突发事件发生地县级人民政府不能消除或者不能有效控制突发事件引起的严重社会危害的，应当及时向上级人民政府报告。”值得注意的是，信息的报送是一个贯穿突发事件处置全过程的工作。报送不仅要达到及时、准确，同时也要求有连续性，力求做到首报要快、续报要准、终报要全。

2. 向相关利益群体沟通

向可能受到突发事件影响的人员、社会组织等政府体系外的相关机构和人员进行信息传递也是突发事件处置当中有效沟通的重要内容。对突发事件可能造成的影响，应及时告知相关利益群体并且在物资储备、设备保护和人员安置等方面做出清晰明确的部署。向相关利益群体沟通的过程应注意时效性、整体性和针对性的统一。时效性指的是信息沟通的过程必须快，第一时间将事件的情况以及可能造成的危害传递到相关群体当中。整体性指的是信息沟通的过程要有持续，随着事件的进展不断地更新信息，确保组织与相关利益群体之间的沟通畅通。针对性是指针对在该次突发事件中影响较为明显的群体进行有针对性的沟通。同时，沟通的过程应特别注意方式、方法。比如在受灾地人员转移的过程中应注意对象的具体需求做好心理疏导工作；在与事故遇难者家属的沟通过程中应注意体现人文关怀、表达感同身受的心情。

3. 向社会大众沟通

突发事件发生后，要及早做好危机事件的沟通、协调、疏导工作，争取新闻界的理解与合作，正确引导舆论，掌握事件报道的主动权。要遵循公开、坦诚、负责的原则，统一信息发布的口径，及时、透明地披露信息，诚恳表明当下和未来的应对措施，以低姿态、富有同情心和亲和力的态度来表达歉意、表明立场。统一口径尤为重要，不随意发表个人意见，绝不传播未经证实的消息。在自媒体时代，突发事件的关注度在不断上升。在人人都是自媒体、个个都有麦克风的互联网和微博、微信时代，心存侥幸，以为通过拖延或瞒报的方式可以将大事化小、小事化了，悄无声息地将事态平息，只会使公众对政府丧失信任，使政府形象受损。必须尽早进行媒体沟通，有效防范情绪化和碎片化的网络言论误导大众。①

值得注意的是，“突发公共卫生事件风险沟通是一个复杂的多利益群体的沟通过程，包括政府沟通、媒体沟通、公众沟通。三者形成一个相互作用的系统，任何一方出现问题，都可能产生系统紊乱和功能失调，导致政府形象受损、媒体公信力下降以及公众恐慌情绪和异常行为的出现。”② 真正的有效沟通，应当达到三者的协调、统一。

三、提高应急处置能力的基本思路

突发事件的应急处置关键在人，领导干部作为应急处置当中的决策

① 参见宋劲松：《全国党校行政学院系统应急管理系列教材　危机决策》，中国人民大学出版社 2018 年版，第 163 页。

② 王晓菲、郝艳华、吴群红：《卫生机构突发公共卫生事件风险沟通现状分析》，《中国卫生事业管理》2018 年第 11 期。

者和重要参与者，其化解危机的水平直接决定了应急处置的效果。习近平总书记在2020年秋季学期中央党校（国家行政学院）中青年干部培训班开班式上指出，干部特别是年轻干部要不断提高应急处突的能力。面对当前社会发展的复杂形势和严峻任务，各级干部要不断加强专业训练、积累专业素养，在实践中加强思想淬炼和政治历练，努力成为所在工作领域的行家里手，以过硬的本领有效应对各种突发事件。

（一）提高应急处置的见识胆识

应急处突的见识和胆识，直接关系到年轻干部应急处突能力水平，是领导干部应急管理能力的重要体现，是推进应急管理体系和能力现代化的核心内容。年轻干部应急处突的见识，与自身的专业知识、眼界视野、经历阅历、思维方式等密切相关，是应急处突能力的基础。年轻干部应急处突的胆识则与自身的精神状态、决断能力、政治勇气、责任担当直接相关，是应急处突能力的关键。应急处突的见识和胆识，在很大程度上决定着年轻干部应急处突的能力水平，必须紧密结合防范化解各种风险、突发事件应急处置的形势要求，在提高年轻干部应急处突的见识和胆识上狠下功夫，不断提高年轻干部应急处突能力，有效处置各类突发事件、防范化解各种风险。[①]

（二）增强应急处置的知识储备

丰富的应急处置知识储备是干部科学有效应对突发事件的重要保证。干部要通过平时不断学习，丰富理论涵养，加强知识储备。学深悟透马克思主义经典理论，坚持用辩证唯物主义和历史唯物主义的观点、

① 参见马宝成：《年轻干部要不断提高应急处突的见识和胆识》，《学习时报》2020年11月7日。

方法分析问题，在突发事件应急处置中对大是大非等原则性的问题能精准定位、准确把握。学懂弄通应急管理理论知识，对突发事件的应急处置相关知识进行系统学习和梳理，紧跟时代步伐，不断更新应急管理理念，做到知识储备与时俱进。虚心向有丰富实战经验的老同志学习处理矛盾困难和棘手问题的手段和方法，可以积累有效的应对措施。对重大特突发事件的处置进行系统的学习梳理，并加以认真的思考感悟，也有利于做到心中有数、心中有底。

（三）强化应急处置的能力培训

强化应急处置的能力培训是提升领导干部应急处突能力的重要途径。把应急能力培训放在更加突出的位置，以训促能，以练促战，提升领导干部在应急处突方面的实战技能。在培训对象的范围上，重点突出对基层干部、年轻干部的培训。加大基层干部作为突发事件的“第一响应人”的能力培训力度。在培训内容上，突出抓好防范化解重大风险背景下的公共秩序管理、协同作战指挥等急需的专题培训。在培训形式上，从过去的专题讲授方式扩展为“讲授＋推演”相结合的模式，依托应急处置专业培训力量开展实战化应急演练，让干部在练中思、练中悟，不断反思总结提升认识。在培训的氛围营造上，注重应急救援知识的宣传，提高全民公共安全意识和自救互救能力。

（四）积累应急处置的实践经验

应急处置考验的是领导干部在突发事件情境下面对复杂局面和不确定性因素时的统筹协调、临机决策能力，这一能力的提升最终要在实践中加以检验，所以，需要不断积累应急处突的实战经验。要把年轻干部派往基层一线，直面各种疑难杂症，培养临机应变、协调各方的本领，强化在应急处突、群众工作中的能力，成为解决基层问题的“内行人”。

要用一线工作重点、难点、痛点开拓年轻干部的见识面、阅历面，使他们在工作中更接地气，积累务实可用的好办法。年轻干部在一线提升应急工作的实操性、适用性，在历练中要磨砺匠心，在面对突发情况时能“精准拆弹”，做到心中有数，有条不紊，环环入扣，沉着应对，增强处理纷繁复杂事件的能力。[①]

阅读材料

福建省泉州市欣佳酒店“3·7”坍塌事故应急救援[②]

2020 年 3 月 7 日 19 时 14 分，位于福建省泉州市鲤城区的欣佳酒店所在建筑物发生坍塌事故，造成 29 人死亡、42 人受伤，直接经济损失 5794 万元。事发时，该酒店为泉州市鲤城区新冠肺炎疫情防控外来人员集中隔离健康观察点。

事故发生后，党中央、国务院高度重视。习近平总书记第一时间作出重要指示，要求全力抢救失联者，积极救治伤员；强调当前全国正在复工复产，务必确保安全生产，确保不发生次生灾害。李克强总理立即作出重要批示，要求全力搜救被困人员，及时救治伤员，并做好救援人员自身防护，尽快查明事故原因并依法问责。丁薛祥、孙春兰、刘鹤、王勇、赵克志等领导同志也作出批示，提出明确要求。应急管理部、住房和城乡建设部等有关部门及时派出工作组连夜赶赴现场，指导抢险救援、事故调查和善后处置等工作。国家卫生健康委调派医疗卫生应急专

① 王静：《从五个方面提高年轻干部应急处突能力》，人民网，http：//theory. people. com. cn/n1/2020/c40531-31901196. html.

② 转引自《福建省泉州市欣佳酒店“3·7”坍塌事故调查报告》，新华网，http：//www. xinhuanet. com/2020-07/14/c _ 1126236993. htm.

家组，支援当地开展伤员救治等卫生应急处置工作。

这起事故死亡人数虽然不够特别重大事故等级，但性质严重、影响恶劣，依据有关法律法规，经国务院批准，成立了由应急管理部牵头，公安部、自然资源部、住房和城乡建设部、国家卫生健康委、全国总工会和福建省人民政府有关负责同志参加的国务院福建省泉州市欣佳酒店“3·7”坍塌事故调查组（以下简称事故调查组），并分设技术组、管理组、综合组。同时，设立专家组，聘请工程勘察设计、工程建设管理、建设工程质量安全管理、公共安全等方面的专家参与事故调查工作。按照中央纪委国家监委的要求，福建省纪委监委成立责任追究审查调查组，对有关地方党委政府、相关部门和公职人员涉嫌违法违纪及失职渎职问题开展审查调查。事故调查组认真贯彻落实中央领导同志重要指示批示精神，坚持“科学严谨、依法依规、实事求是、注重实效”的原则，通过现场勘查、取样检测、调查取证、调阅资料、人员问询、专家论证等，查明了事故经过、发生原因、人员伤亡情况和直接经济损失，认定了事故性质以及事故企业、中介机构和相关人员的责任，查明了有关地方党委政府和相关部门在监管方面存在的问题，总结分析了事故主要教训，提出了防范整改的措施建议。事故调查组认定，福建省泉州市欣佳酒店“3·7”坍塌事故是一起主要因违法违规建设、改建和加固施工导致建筑物坍塌的重大生产安全责任事故。

一、事故现场的相关情况

1. 事故单位概况：泉州市鲤城区欣佳快捷酒店距辖区消防救援大队 6.4 千米，建设于 2013 年，占地约 5 亩，建筑高度为 22.15 米，标准层面积为 1035.7 平方米的钢结构建筑物（原为 4 层钢结构建筑物，后期通过每层中部和顶层加盖钢筋混凝土楼板，形成 7 层建筑结构，1 层为汽车维修、销售店铺、酒店大堂、超市，2 层为车行办公区、超市，3 层为足浴店和酒店餐厅，4～6 层为客房，7 层为员工宿舍和酒店用房)，2018年改造为欣佳快捷酒店，并于当年6月开业，酒店有各类客房共计66间。新冠肺炎疫情发生后，欣佳酒店被作为集中医学观察点，用以对来自重点疫区或有相关旅居史的人员进行集中医学观察。事发当时，欣佳酒店集中医学观察点共入住重点疫区或有相关旅居史的人员58人（经过核酸检测均为阴性），管理、服务等人员16人，另有车行人员6人，共计80人。

2. 事故现场情况：2020年1月30日以来，欣佳酒店被指定为区级集中医学观察点，用于来自湖北、浙江温州等新冠肺炎疫情重点地区或有相关旅居史人员集中医学观察。事故建筑因装修导致北侧承重结构力不平衡，整栋建筑向南侧道路倾倒，继而造成“人”字形坍塌，被困人员71名（不含倒塌前自救逃生9人)，男性51人，女性20人。其中湖北籍42人（其中2人为1月22日从武汉来泉州后滞留)，福建籍14人，其他省籍15人，主要是务工、随行人员、散客，酒店及医务工作人员。其中4层25人、5层27人、6层18人、1层1人。建筑东面毗邻美孚新兴加油站，西面毗邻中骏四季康城小区，南面毗邻308省道（鲤城区南环路)，北面为两层钢结构（车辆维修间北侧毗邻山坡)，一层为车辆维修间，二层为停车场。

3. 周边毗邻情况：坍塌建筑位于鲤城区与南安市交界处，人口较为密集，交通车流量大；东面为加油站，西面为居民住宅小区，北面毗邻山坡，南面为南环路。

二、事故救援的主要特点

1. 被困人数众多，信息掌握困难。坍塌建筑作为区级集中医学隔离观察点，住有多名隔离观察人员，另外还有部分散客、酒店工作人员、疾控工作人员及其他来访人员等，人员成分复杂。事发后，大量人员被困，有部分人员自行逃离，场面混乱，给前期排查核实人员信息造成极大困难。同时，该坍塌建筑各层用途多样，又经过多次改造，建筑结构复杂，获取被困人员位置信息难度大。

2. 坍塌情况复杂，现场施救困难。事发时，建筑南侧底部承重柱失稳弯折，建筑自北向南、自上而下倾斜坍塌。钢结构与钢筋混凝土建筑的坍塌废墟特点不同，结构变形扭曲、位移偏差大，楼板墙体滑落叠加、打开通道难，构件相互牵拉、破拆风险高。坍塌建筑体量大，废墟占地面积约 2140 平方米；除顶层及北侧部分空间较完整外，其余楼层完全坍塌，大量被破坏的建筑构件与家具交织密集，给现场搜索和救援带来极大困难。

3. 风险隐患叠加，安全保障困难。此次救援行动发生在新冠肺炎疫情防控期间，被困人员大多为隔离观察人员，加之现场参与救援的部门、队伍众多，人员混杂，防疫压力巨大。废墟跨度大，且存在二次坍塌风险。多辆车辆被埋压，部分车辆汽油泄漏，建筑东侧毗邻加油站，存在燃烧、爆炸风险。事故现场周边道路人员车辆往来频繁，现场有限的作业面内密集分布各类大型工程机械以及氧炔焰切割机、风镐等设备，大量使用油、火、电、气。消防救援人员紧靠工程机械作业，现场环境嘈杂。以上因素对救援行动提出了更高的安全要求。

4. 社会高度关注，舆情引导困难。事故发生时间、地点特殊，被困人员众多，引发了社会广泛关注。微博、微信等网络平台相关舆情呈爆发式增长。新京报、福建电视台等媒体全程直播救援行动，网上自媒体大量转发现场视频图片，一度有 7000 多万网友在线围观，各路媒体记者也蜂拥前往现场，给救援人员造成较大的精神压力。关于疫情防控、建筑合规性、建筑质量和企业经营行为的各类消息、传闻纷纷，处置引导稍有不当则极易酿成重大舆情事件。

三、事故处置过程

第一阶段：初战初捷，快速展开现场救援。该阶段的主要技战术措施是首先“肉眼观察、简易破拆、徒手救人”；其次“呼喊敲击、听声辨位、轻型破拆、快速施救”。人工搜救出大部分浅表层被困者。初战力量到场后，首先通过肉眼观察发现，使用撬棍、铁锹等实施简易破拆，徒手救出被困人员；其次通过呼喊、敲击等方式听声辨位，使用破碎锤、无齿锯、液压剪扩器等轻型工具实施破拆，在22时14分首支增援力量莆田支队到场前，快速抢救23名被困人员且全部生还。

第二阶段：迅速定位，确保救援精准高效。该阶段的主要技战术措施是“绘图比对、逐一核准，综合搜索、重型破拆，集思会诊、协同施救”。

一是挂图作战，加快搜寻“速度”。3月7日22时12分，总队前沿指挥部到场后迅速将现场划分为“核心作业、器材装备、作战指挥、备勤待命、车辆停靠、人装洗消”等功能区域，各作战模块密切配合、高效运转。面对大量人员被困实际，前沿指挥部将定位工作作为救援的“重中之重”。立足人员处于隔离观察状态及晚饭后走动较少的特点，综合酒店房间号，生还人员、知情群众提供的现场情况，疾控部门提供的被困人员间亲友关系，以及建筑布局等信息，并比照公安部门人员资料，第一时间绘制现场平面图、埋压人员预判分布图、作战力量部署图、救援进度示意图，分析研判被困者可能位置，指导救援作业。

二是多措并举，提升搜救“精度”。前沿指挥部将核心作业区分为6个作业面，到场各支队搜救队分片负责，通过现场手机信号定位、搜救犬搜索、生命探测仪器探测等多种方式反复侦察、相互印证，实现搜索全覆盖，初步判定被困人员方位；在初步定位的基础上，采取“大洞套小洞层层破拆、多点位打开观察窗口、音视频探测仪确定位置”的方式，精准定位、掌握被困人员情况。同时建立失联人员清单，对前期已搜救出人员的位置、身份逐一核查比对，通过“以房找人、以人找人、以物找人”等方法，相互印证补充，核准一个、关联一个、标记一个，逐步缩小范围，确定重点区域，避免重复和遗漏。通过以上措施，迅速定位出26名被困者位置。

三是因情施策，提高搜救“准度”。各搜救组根据被困者具体位置，在确保不造成二次伤害的前提下，综合使用“凿岩机破拆、气垫顶撑、液压剪扩”等方式破拆厚重构件，采取“无齿锯及氧炔焰枪切割、破拆锤凿击、撬棍扩张”等手段清理轻薄构件，合理实施垂直、斜向破拆，多点作业、逐步推进、有序轮换；同时由8名经验丰富的战训干部、高级消防员组成专家团队，指导指挥各个作业区、作业点作业，重点对结构复杂、破拆难度大的作业点，从救援工具选用、破拆角度选择、现场安全管理等环节着手“会诊”，集思广益解决复杂情况下人员救援问题。至8日19时许，在24小时“白金救援时间”内累计打开20余处救援观察窗口、打通6条救援通道；该阶段共搜救出26名被困人员，其中16人生还，生还率61.5%。

第三阶段：攻坚克难，持续创造生命奇迹。该阶段的主要技战术措施是“静默侦察、生命确认、人机配合、沿梁搜寻”。

一是多措并举，持续搜索。8日16时36分救出第49名被困人员后，由于剩余被困人员大多深埋于四至五层，其上紧密叠压钢制梁柱、钢筋砼楼板、波纹钢隔板、实心砖墙体及床柜等大量物体，破拆极为困难；前沿指挥部组织15个仪器搜索组和2支搜救犬队多轮次、全覆盖交叉搜索侦测，均未发现新的生命迹象和手机信号；现场继续在预判区域破拆孔洞，伸入蛇眼生命探测仪开展搜寻，搜救速度有所放缓。

二是科学决策，加速推进。8日21时，前沿指挥部经过分析研判救援形势及废墟安全状况后，认为若继续采用人工破拆搜救方式过于耗时费力，被困者生还机会将更为渺茫；遂决定调派3台配有抓斗、剪切头的特种工程机械及6部钩机、2部渣土车入场协同作业；按照“生命探测逐点确认、机械沿梁逐层剥离、转运清理废墟构件、清场静默全面寻迹、人工破拆实施救援”的顺序，循序轮番实施现场作业。特别是工程机械的使用方面，在尽量不影响倒塌建筑受力的情况下，通过“破拆抓取表层构件，提拉转移作业区外，挖机渣土车跟进转运”的方式，与人工搜救破拆分队轮流作业，提高搜救效率；按照“1 机 4 人”模式，即 1 名工程机械操作手配 1 名随车领导干部和地面 2 名安全员，全程实施精确破拆。

三是提高效率，创造奇迹。9 日 7 时 40 分，前沿指挥部调整现场力量部署，每个作业区由 2 至 3 个支队“结对”救援，采取重型队班组与轻型队班组相搭配的方式，轮流执行重型构件破拆和救援通道清理任务，形成强弱结合、优势互补，信息共享、装备共用的良性循环，进一步提升救援效能。各作业区域每 3 小时轮换队伍，各作业点每 20 至 30 分钟轮换人员，确保救援不断、战斗力不降；每发现一名人员，综合使用气割、液压破拆等手段，从侧方、正面打开多个点位，多路并进同步开辟救援通道。通过持续施救，抢抓“72 小时黄金时间”，该阶段共搜救出 13 名被困人员，其中，在事发后 52 小时（9 日 23 时 05 分、23 时 08 分）和 66 小时（10 日 16 时 38 分），分别搜救出深埋于四层 403 室的母子（即第 54、55 名被困人员）和 405 室男子（即第 62 名被困人员），且全部生还，一次又一次创造生命奇迹。

第四阶段：决战决胜，不放过一丝生的希望。自 10 日 16 时 38 分救出第 62 名被困人员后，现场人员士气高涨。消防救援力量不抛弃、不放弃一丝生的希望，继续在工程机械破拆剥离配合下，采取“纵横结合、两侧并进”掘进方法，有序、有效、不遗余力开展救援。11 日 12 时 27 分搜救出第 70 名被困遇难人员后，又经过近 23 小时不懈努力，终于在 12 日 11 时 04 分搜救出位于一层的最后一名（即第 71 名）被困遇难人员。该阶段共搜救出 9 名被困人员均无生命迹象。为排除意外，现场继续开展地毯式搜寻，确保不留死角、不落一人。除辖区消防救援站部分力量继续留守现场看护外，其他增援力量有序归建。

第十四章　事后的评估学习能力

调查评估工作尤其是重特大突发事件的调查评估，对于改进和完善应急管理体系、提高应急管理能力具有无可替代的重要作用。我国从应急管理体系建设之初，调查评估就被列为应急管理体系建设的重要一环。但是，调查评估对于我国公共领域和政策过程而言还是一个较为初级的领域，体制、机制等各个方面还都处于初创成长的阶段。[①] 确实，我国应急管理评估工作尚处于初步发展阶段，还有很大的提升空间。随着应急管理全周期管理意识的增强和国家对于应急管理评估工作的日益刚性要求，这项工作今后将会更加受到各方重视，各个领域的应急管理评估制度将不断建立健全，应急管理评估工作也将得到更快发展。应急管理评估是应急管理学习的基础，应急管理评估能力与应急管理学习能力二者统一于应急管理评估学习能力之中，应急管理评估学习能力是新时代各级领导干部应该主动提升的一项事关应急处突工作成效的重要能力。

一、加强评估学习能力建设的现实紧迫性

评估学习能力是应急管理全周期综合能力的重要组成部分。提高领导干部的应急管理评估学习能力对于总结经验和反思教训、推进“转危为机”的改革、学习借鉴“他山之石”等都有重要意义。

---

① 参见张欢：《应急管理评估》，中国劳动社会保障出版社 2010 年版，第 30—32 页。

（一）总结反思、自我提高的需要

应急管理评估学习能力有助于对亲自经历的突发事件及其应急处置过程进行总结和反思，是自我提高应急管理综合能力的内在需要。评估学习能力最重要体现为调查学习能力。调查学习是指对突发事件的发生原因、应对过程等进行客观公正的评估，针对暴露出来的短板和不足，总结经验教训，提出整改措施，避免类似事件再次发生的过程。[①] 当然，调查学习能力首先强调的是调查能力，其次才是学习能力，二者有机统一于应急管理评估学习能力之中。一般来说，突发事件发生后，相关方面大都要设立一个独立于利益相关方的权威调查组，开展客观公正、全面系统、细致深入的调查，及时将调查结论向社会公开，在接受社会监督的同时也将事件事故教训和改进措施建议提供给全社会学习。“前事不忘，后事之师”，突发事件调查评估的目的是发现问题、解决问题、改进工作，从而避免类似事件的再次发生。2015 年 12 月 24 日，习近平总书记在中共中央政治局常委会会议上发表重要讲话强调，“重特大突发事件，不论是自然灾害还是责任事故，其中都不同程度存在主体责任不落实、隐患排查治理不彻底、法规标准不健全、安全监管执法不严格、监管体制机制不完善、安全基础薄弱、应急救援能力不强等问题。”[②] 每一起重特大突发事件都有其带来的血的教训，相关领导干部应主动组织开展突发事件的调查评估工作，或积极参与突发事件的调查评估工作，认真开展总结反思和学习借鉴，不断补齐短板和不足，方可有效避免重复发生类似的灾难事故。

---

① 参见钟开斌：《应急管理十二讲》，人民出版社 2020 年版，第 312 页。

② 习近平：《坚定不移保障安全发展，坚决遏制重特大事故频发势头》，《人民日报》2016 年 1 月 7 日。

（二）推进改革、自我完善的需要

"危机"由"危"和"机"辩证构成，意味着危险有可能转化为机会，这就要求领导干部不仅能应对好危险事件，而且要想办法转危为机。恩格斯曾说过，"没有哪一次巨大的历史灾难，不是以历史的进步为补偿的"，"一个聪明的民族，从灾难和错误中学到的东西会比平时多得多"[①]。危机是全民学习的最好课堂，危机后进行调查学习的过程，是提高全民安全意识和应对风险能力的最好机会；我们要比平时学得更多、更快、更好。只有这样，才能真正把个别人、少数人的经历，变为大多数人、全社会共同的财富。[②] 英国前首相丘吉尔曾说："永远不要浪费一场危机。"每一次危机，都隐藏着机会，危机越大，机会也就越大。从某种意义上说，危机是一定时期内潜在的社会制度问题的外化表现形式，危机可能成为推进公共政策重大变革的外部动力，也可能成为推动重大改革和社会进步的重要契机。2020 年 4 月 1 日，习近平总书记在浙江考察调研时指出，危和机总是同生并存的，克服了危即是机。也就是说，危机出现后处理得当，还有可能取得"化危为机"的积极效果。另外，应急管理实践中还存在着"6 个月改革原理"：突发事件发生后，通常有 6 个月的时间，可供人们开展适合应对危机或灾难需要的改革，这些改革在危机或灾难没有发生时往往很难推动；而在危机或灾难事件结束 6 个月之后，再想推动这些改革就会变得非常困难。[③] 为此，突发事件发生后，相关方面要尽快开展调查评估形成报告并尽可能向社会公众开放，全社会也应该趁热打铁，抓好突发事件应急处置经验和教训的学习、总结。同时，有关方面应该努力抓住突发事件发生后 6

---

① 《马克思恩格斯全集》第 39 卷，人民出版社 1976 年版，第 49 页。

② 参见钟开斌：《应急管理十二讲》，人民出版社 2020 年版，第 317 页。

③ 参见钟开斌：《应急管理十二讲》，人民出版社 2020 年版，第 319 页。

个月宝贵的“机会之窗”推动相关领域的重大改革，及时采取有效措施补短板、堵漏洞、强弱项，不断完善所在组织的应急管理体系，提升自身的应急管理综合能力。

（三）学习借鉴、自我启迪的需要

习近平总书记曾多次强调，重特大突发事件发生后，一定要认真吸取教训，注重举一反三，坚决堵塞漏洞。这就内在要求加强评估学习能力建设，帮助全社会吸取前车之鉴。前车之鉴，最早出自于战国荀况的《荀子·成相》：“阪为先，圣知不用愚者谋。前车已覆，后未知更，何觉时？不觉悟，不知苦，迷惑失指易上下。”之后，东汉班固《汉书·贾谊传》也提到：“鄙谚曰：‘前车覆，后车戒。’秦氏所以亟绝者，其辙迹可见。然而不避，是后车又将覆也。”后世据此引申出成语“前车之鉴”，字面意思是：前车之鉴指前边的车子翻了，后面的车子可以引以为鉴；引申比喻为：先前的失败，可做其后的教训。2013 年 5—6 月，全国接连发生数起重特大生产安全事故（尤其是吉林省德惠市“6·3”特别重大火灾爆炸事故造成 121 人死亡），习近平总书记于 2013 年 6 月 6 日就做好安全生产工作作出重要指示：“接连发生的重特大安全生产事故，造成重大人员伤亡和财产损失，必须引起高度重视。人命关天，发展决不能以牺牲人的生命为代价。这必须作为一条不可逾越的红线。”① 习近平总书记要求，国务院有关部门开展一次彻底的安全生产大检查，坚决堵塞漏洞、排除隐患。2013 年 11 月 24 日，习近平总书记来到山东青岛考察黄岛经济开发区黄潍输油管线泄漏引发爆燃事故抢险工作时指出，用生命和鲜血换取的事故教训，不能再用生命和鲜血来验证；要做到“一厂出事故、万厂受教育，一地有隐患、全国受

① 《习近平就做好安全生产工作作出重要指示》，《人民日报》2013 年 6 月 8 日。

警示”。[①] 2016 年 1 月，习近平总书记在重庆考察时再次强调，“面对公共安全事故，不能止于追责，还必须梳理背后的共性问题，做到一方出事故、多方受教育，一地有隐患、全国受警示。”[②] 每一次导致人员重大伤亡或财产重大损失的灾难事故都应该及时开展全面、深入、系统的调查评估，形成完整、客观、规范的调查评估报告并尽可能向全社会开放，把灾难事故发生的原因和教训公之于众，有助于全社会通过学习借鉴实现自我启迪，主动补齐短板和不足，避免再犯同样的错误、再发生类似的事故。

二、应急管理评估学习的主要方面

应急管理评估学习能力是评估能力和学习能力的综合体，其中，评估能力是基于评估实践而形成的专门能力，而学习能力包括亲身参与评估实践的总结学习能力和非亲身参与评估实践的借鉴学习能力。应急管理评估学习能力的核心或基础是评估能力，学习能力是基于评估能力而延展提升的衍生能力。领导干部可以通过学习应急管理评估的相关知识，并通过评估学习实践做到知行合一，这样就可以有效地提高自身的应急管理评估学习能力，不断总结经验、汲取教训、补齐短板，进而有效提升应急处突的综合能力。

（一）应急管理评估的基本内涵

应急管理评估是对应急管理体系的全方位、系统性评价和检测，是

① 习近平：《认真吸取教训注重举一反三全面加强安全生产工作》，新华网，http：//www.xinhuanet. com/politics/2013-11/24/c _ 118270861. htm.

② 《习近平在重庆调研时强调　落实创新协调绿色开放共享发展理念　确保如期实现全面建成小康社会目标》，《人民日报》2016 年 1 月 7 日。

实现系统自我改进、组织机构完善、法律法规修订的一个不可或缺的重要途径。应急管理评估是指为了增强应急管理能力、了解突发事件发生原因和损失情况、借鉴突发事件应急处置和救援中的经验教训以及其他目的，而按照一定的流程、依据一定的指标体系以及遵循相关法律法规进行数据收集、信息获取及情况调查等活动，进而根据相关要求对应急能力高低、突发事件性质和责任认定、突发事件处置的经验教训以及其他需要评估的问题给出明确结论。[①] 从总体上看，应急管理评估可分为三种不同的类型：应急管理能力和应急管理工作相关的调查评估、突发事件相关的调查评估和其他应急管理工作相关的调查评估。[②] 其中，突发事件相关的调查评估（以下简称“突发事件评估”）是应急管理评估的核心内容和关键任务。突发事件评估是指对已发生的突发事件及其应急管理全过程的调查评估，既包括事件发生的经过、原因、人员伤亡情况、直接经济损失等，也包括突发事件事前、事中、事后全过程的应对和处置工作。这类评估又分为两个子类：一是针对突发事件本身的调查评估，以事件定性、责任认定、损失补偿等为目的；二是针对突发事件应急处置中的调查评估，目的在于改进应急处置的各个环节，包括预案设计、组织体制、程序流程、预测预警、善后措施、保障准备以及其他相关工作。[③] 通常情况下，突发事件评估都包括这两个方面的内容，但不同的突发事件可能存在侧重点的不同。突发事件评估是应急管理评估的关键任务，是对事件发生单位或部门应急管理体系与能力的一次全面体检。

---

① 参见闪淳昌、薛澜主编：《应急管理概论：理论与实践（第二版）》，高等教育出版社 2020 年版，第 397 页。

② 参见闪淳昌、薛澜主编：《应急管理概论：理论与实践（第二版）》，高等教育出版社 2020 年版，第 399 页。

③ 参见闪淳昌、薛澜主编：《应急管理概论：理论与实践（第二版）》，高等教育出版社 2020 年版，第 515 页。

（二）应急管理评估的法律依据

应急管理评估工作的开展具有坚实的法律依据和明确的文件要求。2006年1月8日发布实施的《国家突发公共事件总体应急预案》规定："要对特别重大突发公共事件的起因、性质、影响、责任、经验教训和恢复重建等问题进行调查评估。"2007年11月1日实施《中华人民共和国突发事件应对法》第五十九条规定："突发事件应急处置工作结束后，履行统一领导职责的人民政府应当立即组织对突发事件造成的损失进行评估，组织受影响地区尽快恢复生产、生活、工作和社会秩序，制定恢复重建计划，并向上一级人民政府报告。"2016年12月发布的《中共中央　国务院关于推进安全生产领域改革发展的意见》明确提出："完善事故调查处理机制。坚持问责与整改并重，充分发挥事故查处对加强和改进安全生产工作的促进作用。完善生产安全事故调查组组长负责制。健全典型事故提级调查、跨地区协同调查和工作督导机制。建立事故调查分析技术支撑体系，所有事故调查报告要设立技术和管理问题专篇，详细分析原因并全文发布，做好解读，回应公众关切。对事故调查发现有漏洞、缺陷的有关法律法规和标准制度，及时启动制定修订工作。建立事故暴露问题整改督办制度，事故结案后一年内，负责事故调查的地方政府和国务院有关部门要组织开展评估，及时向社会公开，对履职不力、整改措施不落实的，依法依规严肃追究有关单位和人员责任。"2019年4月1日起施行的《生产安全事故应急条例》规定："按照国家有关规定成立的生产安全事故调查组应当对应急救援工作进行评估，并在事故调查报告中作出评估结论。"2021年新修订的《安全生产法》第八十六条明确规定："事故调查处理应当按照科学严谨、依法依规、实事求是、注重实效的原则，及时、准确地查清事故原因，查明事故性质和责任，评估应急处置工作，总结事故教训，提出整改措施，并对事故责任单位和人员提出处理建议。”

（三）应急管理评估的一般原则

应急管理评估作为一种特殊类型的调查评估同样遵循调查评估的一般性原则。具体主要包括如下几个方面：一是政治性原则，调查评估活动必须做到政治清醒，积极地从政治的角度呼应应急管理过程和体系所提出的内在要求。二是独立性原则，体现在不应受到决策层政治倾向的影响、执行部门态度的影响、利益群体的影响、社会公众或媒体压力的影响、物质和经济利益的影响等。三是客观性原则，要求调查评估主体基于既有知识、信息、技术和方法等客观条件，尽量维持调查评估活动和结果的客观性。四是科学性原则，调查评估过程采用科学的工具和方法调查获取应急管理和突发事件相关信息，杜绝主观臆测，避免缺乏证据而做出武断判断。五是规范性原则，调查评估活动需要对评估主体、评估程序、评估原则、评估经费的使用、评估责任的追究以及评估结果的使用和公开等内容，都做出明确、详细的规定。六是经济性原则，调查评估活动需要考虑发现信息与付出成本之间的平衡，把调查评估的范围、深度和精度控制在一个有效的、可接受的程度。七是发展性原则，调查评估通过一般性知识和规律发现的过程，实现对调查评估对象更深层次的认知，从而为调查评估对象的改进和发展提供更大的可能性。八是公众参与原则，调查评估必须最大可能地采取多种主动措施推动公众参与到调查评估活动中，更加全面反映真实情况。[①]

（四）应急管理评估的主要流程

应急管理评估作为法定的一项应急管理工作，需要遵循相对规范、

① 参见闪淳昌、薛澜主编：《应急管理概论：理论与实践（第二版）》，高等教育出版社 2020 年版，第 401—402 页。

科学的流程。通常情况下，应急管理评估工作往往在突发事件处置结束后才组织开展，理想情况是调查评估工作组在突发事件发生后即迅速成立并全过程参与事件应急处置过程，这也是今后推进突发事件评估的重要努力方向。突发事件评估工作流程主要有两大类：内部评估流程和外部评估流程（见图 14—1）。其中，内部评估流程是：（1）应急指挥机构明确评估实施部门、参与部门；（2）实施部门组织建立评估组、编制评估方案，并提交应急指挥机构审核；（3）应急指挥机构审批评估方案；（4）评估组按照评估方案开展评估；（5）评估组形成评估报告，并提交应急指挥机构审核；（6）应急指挥机构审批报告，并组织整改及跟

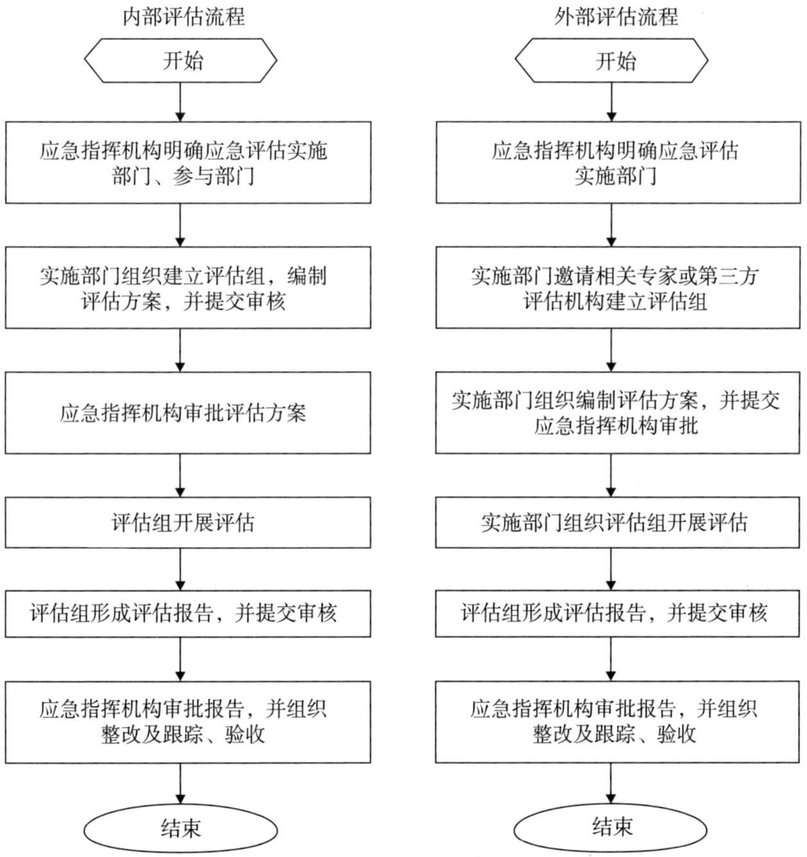

图 14—1　内部评估流程和外部评估流程图

踪、验收；（7）结束评估工作。

外部评估流程与内部评估流程大同小异，关键区别在于评估组引入外部专家或机构，外部评估流程具体如下：（1）应急指挥机构明确评估实施部门、参与部门；（2）实施部门邀请相关专家或第三方评估机构建立评估组；（3）实施部门组织编制评估方案并提交应急指挥机构审批；（4）实施部门组织评估组按照评估方案开展评估；（5）评估组形成评估报告，并提交应急指挥机构审核；（6）应急指挥机构审批报告，并组织整改及跟踪、验收；（7）结束评估工作。相比较而言，外部评估流程比内部评估流程能够产生更高的公信度，一些社会关注度较高的突发事件评估应更多采用外部评估流程。

突发事件因级别不同，其调查评估工作的时长要求也有所不同。一般来说，特别重大突发事件的评估工作周期在 4—6 个月；重大突发事件的评估周期在 2—4 个月；较大突发事件的评估工作周期在 1—2 个月；一般突发事件的评估工作周期在 1 个月以内。调查评估报告完成后，应提交给突发事件评估的组织者，以作为相关决策和问责的重要依据。同级应急管理领导机构和办事机构应当把评估报告纳入奖惩考评等绩效考核体系中，同时应采取适当措施对评估报告提出的各项改进措施和工作建议给予回应，并对其中有参考价值的部分适时开展后续的可行性研究和政策制定（修订）工作。突发事件评估组织者应当将评估报告递交给上级人民政府，并应当以适当的形式向同级人民代表大会（或其常委会）进行报告。如果突发事件具有较高级别且受到社会公众广泛关注，应在适当时机以适当方式将评估报告向公众公布。①

我国应急管理评估工作率先在安全生产领域推进，近年来生产安全

① 参见闪淳昌、薛澜主编：《应急管理概论：理论与实践（第二版）》，高等教育出版社 2020 年版，第 405 页。

事故调查评估工作取得了明显进展。2007 年 6 月 1 日起施行的《生产安全事故报告和调查处理条例》明确规定了生产安全事故的等级及其调查权限，规范了生产安全事故的报告和调查处理流程，对于推进我国安全生产领域的突发事件调查评估工作起到了重要作用。为进一步规范生产安全事故应急处置和调查评估工作，总结和汲取应急处置经验、教训，不断提高生产安全事故应急处置能力，持续改进应急准备工作和提升应急处置能力，《国务院安委会关于进一步加强生产安全事故应急处置工作的通知》（安委〔2013〕8 号）、2021 年新修订的《安全生产法》等文件或法律法规，以更明确的条款规定进一步推进安全生产领域的突发事件调查评估工作落到实处。相比较而言，其他非安全生产领域的突发事件调查评估工作因制度供给相对不足而进展不大，存在不少的短板与不足，需要引起全社会的更多关注和相关部门的更大重视。

（五）应急管理评估学习的能力要求

评估是为了更好地学习，评估和学习统一于突发事件评估学习能力提升之中。突发事件评估工作不是为了评估而评估，也不是为了问责而评估，而是为了总结经验提升应急处突能力、汲取教训避免犯同样错误而评估。近年来，应急管理部在官方网站上公开事故调查信息，不定期发布一些社会公众广泛关注的重特大事故调查报告，如河南郑州“7・20”特大暴雨灾害调查报告、天津港“8・12”瑞海公司危险品仓库特别重大火灾爆炸事故调查报告、广东深圳光明新区渣土受纳场“12・20”特别重大滑坡事故调查报告、江苏响水天嘉宜化工有限公司“3・21”特别重大爆炸事故调查报告、福建省泉州市欣佳酒店“3・7”坍塌事故调查报告等。[①]

---

① 参见应急管理部：《重特大事故调查报告》，https：//www.mem.gov.cn/gk/sgcc/tbzdsg-dcbg.

一般来说，国务院事故调查组最后提交的重特大事故调查评估报告都有相对稳定的内容框架，主要包括：事故有关情况、事故直接原因、企业主要问题、有关部门主要问题、地方党委政府主要问题、对事故有关单位及责任人的处理建议、事故主要教训、事故防范措施建议、附件等部分。可以说，近年来安全生产领域的调查评估工作力度前所未有，公开透明程度也前所未有，尤其是重特大安全生产事故调查评估报告及时向全社会开放共享，便于全社会从中学习总结、汲取教训、补齐短板，以避免再犯同样的错误、再发生类似的事故，有助于提高全社会的安全生产能力。

事实上，应急管理评估学习能力不仅包括基于亲身参与突发事件基础上的评估与学习的综合能力，而且包括基于非亲身参与突发事件评估报告基础之上的学习借鉴能力。一般来说，应急管理评估实践活动是提升实践参与者应急管理评估学习能力的基础，亲身参与突发事件的评估实践是提升参与者总结学习能力的有效路径，而通过非亲身参与的相关突发事件调查评估报告的学习借鉴同样也是提高应急管理评估学习能力的重要途径。当前，在高风险社会环境下，各级领导干部在履职过程中都有可能遭遇不同类型不同程度的突发事件，一方面，对于亲身参与应急处置的突发事件应该主动及时推动调查评估工作，自觉从相关突发事件调查评估报告中总结反思、汲取教训，进而主动补课、补齐短板，进一步有针对性地通过强化知识学习和技能培训提高自身及所在组织的应急处突能力；另一方面，对于非亲身参与应急处置的、与自身工作密切相关的突发事件应该保持高度敏感性，动态跟踪此类突发事件的发生和处置过程，密切关注调查评估报告公布时间，及时从网络等渠道获取调查评估报告，认真深入学习相关调查评估报告内容，特别注意从“事故主要教训”内容中汲取他人教训，借鉴“事故防范措施建议”内容以更好改进所在组织或自身所负责的应急管理工作，切实做到统筹发展和安全，推动更为安全的高质量发展。

三、不断加强评估学习能力建设

习近平总书记在2020年秋季学期中央党校（国家行政学院）中青年干部培训班开班式上发表重要讲话时指出："要紧密结合应对风险实践，查找工作和体制机制上的漏洞，及时予以完善。"[①] 这实际上就是对应急管理工作提出了总结经验、汲取教训、避免再犯的工作要求，即要大力开展应急管理评估和学习活动，从而查找问题和漏洞，进而及时补齐短板和不足，不断提高应急管理体系和能力现代化水平。当前，评估学习作为应急管理的专门环节还没有受到应有的重视。一是各级政府都有意或无意地忽视调查评估，特别是一些敏感的重特大突发事件，往往以内部总结代替正式调查评估，不愿意自我"揭丑"，也不公开调查报告。二是突发事件应急处置评估中有"评功摆好"的错误倾向，甚至出现一些地方领导干部在突发事件发生后由于应急处置成效显著而得到快速提拔的"怪现象"。[②] 三是不少突发事件只注重调查评估，而不重视反思和学习，不主动公开调查评估报告，不利于突发事件及其应急处置教训在全社会的扩散和学习。为此，今后各级领导干部要自觉针对存在的问题与短板，主动通过增强评估学习意识、健全评估学习机制和拓展评估学习实践，不断提升自身及所在组织的应急管理评估学习能力。

（一）增强评估学习意识

理念是行动的先导、意识是行为的前提。应急管理评估学习工作之

① 《习近平在中央党校（国家行政学院）中青年干部培训班开班式上发表重要讲话》，中国政府网，http：//www.gov.cn/xinwen/2019-09/03/content_5426920.htm.

② 参见闪淳昌、薛澜主编：《应急管理概论：理论与实践（第二版）》，高等教育出版社2020年版，第406页。

所以存在不少的短板与不足，最首要的原因就是思想理念不重视，没有树立应有的评估学习意识，自然就不会产生相应的评估学习行动。为此，一要增强各级领导干部的评估学习意识。领导干部是影响经济社会发展状况的“关键少数”，也是影响应急管理事业发展的关键因素，更是推动应急管理评估学习的动力源泉。领导干部不仅要关注或参与突发事件的事中应急处置工作，而且也应该重视突发事件的事后评估学习工作。特别是直接分管应急管理部门的领导一定要增强评估学习意识，在突发事件应急处置工作开展中及时安排调查评估工作，并在突发事件应急处置工作完成后及时开展总结反思和学习活动。二要增强应急管理部门的评估学习意识。近年来，随着风险社会理念的传播，各级领导干部日益重视所在组织的应急管理工作，以应急管理部成立为标志，各地应急管理工作进入到一个全新的更高发展阶段，应急管理各项工作有序推进并取得良好成效。但是应急管理各项工作仍然存在较大的不平衡性，特别是应急管理评估学习工作开展力度不够，没有形成自觉的评估学习意识。今后应加强培训，增强应急管理部门各级领导干部的评估学习意识。三要增强全社会的评估学习意识尤其是学习借鉴意识。“血的教训决不能再用鲜血去验证”，每一场突发事件尤其是重特大突发事件带来的血的教训不能轻易忘记，各级领导干部要自觉推动全社会从灾难事故中学习，主动推进突发事件调查评估工作并形成公开报告，加大灾难事故教训的警示宣传力度，建立必要的灾难事故记忆馆所，大力开展危机学习活动，增强全社会的评估学习意识，不断提高全民应对风险挑战的韧性水平。

（二）健全评估学习制度

理念转化为行动的关键在于制度体系，制度体系的重要作用就在于能够为推动工作提供人财物保障和动力支撑。加强和创新应急管理评估学习工作需要不断建立健全相关法律法规、制度体系和运行机制。一是完善相关立法规定。我国《宪法》（2018 年修正）、《全国人民代表大会组织法》（1982 年公布实施）《地方各级人民代表大会和地方各级人民政府组织法》（2015 年修正），都赋予人大和人大常委会组织关于特定问题调查委员会的权力。[①] 其中，《地方各级人民代表大会和地方各级人民政府组织法》第三十一条规定："县级以上的地方各级人民代表大会可以组织关于特定问题的调查委员会。"但是现有的立法规定过于原则，缺乏具体的可操作的支撑性规定文件，今后还需要在相关立法中强化应急管理评估和学习的专门规定，形成更具刚性约束力的法律法规规定。二是建立健全评估体系。应急管理评估是一项严肃的专门性工作，规范的应急管理评估工作需要建立一整套公开、公正、合理的评估流程，针对不同类型的评估对象设计出科学有效的评估指标体系。领导干部在推进应急管理评估工作中要重视评估流程的合理塑造、评估指标体系的科学设定，从而确保应急管理评估工作的权威性和客观性。三是建立学习培训机制。"从灾难事故中学习"不能仅仅止于口号，全社会必须建立应急管理的学习培训机制，推动包括领导干部在内的全体社会成员不仅从自身经历的突发事件中反思和学习，而且要从非亲身经历的各种突发事件的惨痛教训中反思学习，从非亲身经历的各种突发事件应急处置的经验中借鉴学习。

（三）拓展评估学习实践

本章节重点关注的是应急管理评估中事后阶段的突发事件调查评估及学习，前文所述内容实际上没有覆盖应急管理评估的全部任务，因此，各级领导干部还应该进一步拓展应急管理评估学习的实践活动，全

① 参见钟开斌：《应急管理十二讲》，人民出版社 2020 年版，第 312 页。

面提升自身及所在组织的应急管理评估学习能力。从广义上看，应急管理评估学习能力渗透在应急管理全周期流程之中，主要体现在应急管理预防准备阶段的风险评估、应急预案评估、应急演练评估，预警监测阶段的快速评估，救援处置阶段的损失评估，以及恢复与重建阶段的整个突发事件评估。风险评估、应急演练评估主要体现在事前应急准备之中，快速评估和损失评估主要体现在事中应急处置和救援之中，突发事件评估主要体现在事后阶段的调查评估之中。可以说，应急管理评估实际上包括了事前评估、事中评估和事后评估，虽然事后阶段关于突发事件及其应急处置的调查评估是应急管理工作中的重中之重，但是，包括风险评估、应急预案评估、应急演练评估在内的事前评估能够对应急管理体系和能力进行预先评估，从中提前发现存在的问题和短板，有助于提高风险防范能力和应急处置能力；包括快速评估、损失评估在内的事中评估能够对突发事件的发生演化趋势作出科学判断，有助于应急管理指挥人员借此作出科学、合理、有效的危机决策。因此，各级领导干部不仅要注重事后的突发事件评估及其学习，而且也要重视推动事前、事中的应急管理评估和学习工作，全过程提升自身及所在组织的风险防范能力、应急准备能力和应急处置能力，推进所在组织实现全周期的安全发展。

阅读材料

河南郑州“7·20”特大暴雨灾害调查报告（摘录）

2021 年 7 月 17 日至 23 日，河南省遭遇历史罕见特大暴雨，发生严重洪涝灾害，特别是 7 月 20 日郑州市遭受重大人员伤亡和财产损失。

全省因灾死亡失踪398人，其中郑州市380人，新乡市10人，平顶山市、驻马店市、洛阳市各2人，鹤壁市、漯河市各1人。郑州市因灾死亡失踪人数占全省的95.5%。

党中央、国务院对此高度重视。习近平总书记在防汛关键时刻作出重要指示，要求始终把保障人民群众生命财产安全放在第一位，抓细抓实各项防汛救灾措施，并派出解放军和武警部队迅速投入抢险救灾，为做好防汛救灾工作注入了强大动力、提供了坚强保障。李克强总理多次作出重要批示，主持国务院常务会议、专题会议部署，深入河南灾区考察，要求抓实防汛救灾措施，加快恢复重建，严肃认真开展灾害调查工作。王沪宁、赵乐际、韩正、丁薛祥、刘鹤、许其亮、孙春兰、杨晓渡、张又侠、陈希、胡春华、郭声琨、黄坤明、王勇、肖捷、赵克志等领导同志也分别作出批示提出明确要求。受党中央、国务院委派，国务委员、国家防总总指挥王勇到河南检查指导防汛救灾和受灾群众安置等工作。国家防总、国家减灾委立即启动应急响应，派出工作组指导开展防汛救灾工作。国家有关部委、解放军和武警部队、消防救援队伍、民兵、预备役部队、中央企业以及社会救援力量、志愿者和广大干部群众全力以赴投入抗洪抢险救灾。河南省委、省政府和地方各级党委政府认真贯彻落实党中央、国务院决策部署，深入开展防汛救灾工作，灾区群众得到妥善安置。

目前，灾后重建工作正在全面开展。这次灾害虽为极端天气引发，但集中暴露出许多问题和不足。为查明问题、总结经验、汲取教训，经党中央批准，国务院成立河南郑州“7·20”特大暴雨灾害调查组（以下简称“调查组”），由应急管理部牵头为组长单位，水利部、交通运输部、住房城乡建设部、自然资源部、公安部、中国气象局和河南省政府为副组长单位，发展改革委、工业和信息化部、卫生健康委、能源局等部门参加。调查组分设综合协调、监测预报、应急处置、交通运输、城市内涝、山洪地质灾害等专项工作组。同时设立专家组，由气象、水利、市政、交通、地质、应急、法律等领域的院士和权威专家组成，开展灾害评估，为调查工作提供专业支撑。中央纪委国家监委相关部门指导开展相关工作。

调查组认真贯彻落实中央领导同志重要指示批示精神，坚持依法依规、实事求是、科学严谨、全面客观的原则，依照突发事件应对法、防洪法、安全生产法、防汛条例等法律法规，通过现场勘查、调阅资料、走访座谈、受理信访举报、问询谈话、调查取证、分析计算、专家论证等方式，复盘灾害发生和应对过程，调查有关地方党委政府和相关部门单位履职情况及存在的问题，认定了灾害涉及有关事件性质，总结分析经验教训，提出了改进工作的措施建议。

调查认定，河南郑州“7·20”特大暴雨灾害是一场因极端暴雨导致严重城市内涝、河流洪水、山洪滑坡等多灾并发，造成重大人员伤亡和财产损失的特别重大自然灾害；郑州市委、市政府及有关区县（市）、部门和单位风险意识不强，对这场特大灾害认识准备不足、防范组织不力、应急处置不当，存在失职渎职行为。总体是“天灾”，具体有“人祸”，特别是发生了地铁、隧道等本不应该发生的伤亡事件。郑州市及有关区县（市）党委、政府主要负责人对此负有领导责任，其他有关负责人和相关部门、单位有关负责人负有领导责任或直接责任。

一、灾害情况及主要特点

7月17日至23日，河南省遭遇历史罕见特大暴雨。降雨过程17日至18日主要发生在豫北（焦作、新乡、鹤壁、安阳）；19日至20日暴雨中心南移至郑州，发生长历时特大暴雨；21日至22日暴雨中心再次北移，23日逐渐减弱结束。过程累计面雨量鹤壁最大589毫米、郑州次之534毫米、新乡第三512毫米；过程点雨量鹤壁科创中心气象站最大 1122.6 毫米、郑州新密市白寨气象站次之 993.1 毫米；小时最强点雨量郑州最大，发生在 20 日 16 时至 17 时（郑州国家气象站 201.9 毫米），鹤壁、新乡晚一天左右，分别发生在 21 日 14 时至 15 时（120.5 毫米）和 20 时至 21 时（114.7 毫米）。特大暴雨引发河南省中北部地区严重汛情，12 条主要河流发生超警戒水位以上洪水。全省启用 8 处蓄滞洪区，共产主义渠和卫河新乡、鹤壁段多处发生决口。新乡卫辉市城区受淹长达 7 天。灾害发生后，应急管理部及时组织专家组开展灾害损失综合评估和灾害范围评估，形成评估报告，并会同发展改革委、财政部、水利部上报国务院同意，作为指导河南省编制灾后恢复重建规划的重要依据。据核查评估，河南省共有 150 个县（市、区）1478.6 万人受灾，直接经济损失 1200.6 亿元，其中郑州 409 亿元，占全省 34.1%。这次特大暴雨是在西太平洋副热带高压异常偏北、夏季风偏强等气候背景下，同期形成的 2 个台风汇聚输送海上水汽，与河南上空对流系统叠加，遇伏牛山、太行山地形抬升形成的一次极为罕见特大暴雨过程，对河南全省造成严重冲击。强降雨在郑州市自西向东移动加强，河流洪水汇集叠加，加之郑州地形西南高、东北低，属丘陵山区向平原过渡地带，造成外洪内涝并发，灾情极为严重。郑州市的雨情汛情灾情主要有以下特点：

一是暴雨过程长范围广总量大，短历时降雨极强（略）。

二是主要河流洪水大幅超历史，堤防水库险情多发重发（略）。

三是城区降雨远超排涝能力，居民小区公共设施受淹严重（略）。

四是山丘区洪水峰高流急涨势迅猛，造成大量人员伤亡（略）。

总的看，河南郑州“7·20”特大暴雨强度和范围突破历史纪录，远超出城乡防洪排涝能力，全市城乡大面积受淹，城镇街道洼地积涝严重、河流水库洪水短时猛涨、山丘区溪流沟道大量壅水，形成特别重大自然灾害。

二、灾害应对处置

这场特大暴雨发生后，郑州市委、市政府做了大量工作，及时组织处置常庄水库、郭家咀水库等重大险情，积极开展灾后救助和恢复重建，但灾害仍然造成了重大人员伤亡和财产损失。这有极端暴雨防御难度大的原因，有城市发展快、历史欠账多的原因，也集中暴露出郑州市委、市政府、有关区县（市）和部门单位领导干部认识准备不足、防范组织不力、应急处置不当等问题。主要有以下几个方面。

（一）应对部署不紧不实（略）。

（二）应急响应严重滞后（略）。

（三）应对措施不精准不得力（略）。

（四）关键时刻统一指挥缺失（略）。

（五）缺少有效的组织动员（略）。

（六）迟报瞒报因灾死亡失踪人数（略）。

调查组还对造成重大人员伤亡和社会关注的事件进行了深入调查，复盘了发生过程，查明了主要原因和问题，认定了事件性质。

（一）郑州地铁5号线亡人事件（略）。

（二）郑州京广快速路北隧道亡人事件（略）。

（三）郑州郭家咀水库漫坝事件（略）。

（四）荥阳市崔庙镇王宗店村山洪灾害（略）。

三、相关地方党委政府及其部门单位责任问题

（略）

四、主要教训

（一）一些领导干部特别是主要负责人缺乏风险意识和底线思维。习近平总书记几乎逢会必讲防范风险，连续两年在中央党校省部级主要领导干部研讨班上专题讲防范化解重大风险，反复强调增强忧患意识、防范风险挑战要一以贯之，要求“宁可十防九空，不可失防万一”“宁

听骂声，不听哭声”，切实把保护人民生命安全放在第一位落到实处。这次灾害来临前，郑州市委、市政府负责人特别是主要负责人主观上认为北方的雨不会大、风险主要在黄河和水库，对郑州遭遇特大暴雨造成严重内涝和山洪“没想到”。这种麻痹思想和经验主义在北方城市不少领导干部身上也同样存在，一些领导干部在北方常年干旱的环境下失去了对重大洪涝灾害的警惕性，对全球气候变暖背景下极端气象灾害的多发性、危害性认识不足，严重缺乏风险意识和底线思维；没有把历史和他人的教训当作自己的教训，对北京“7・21”、邢台“7・19”等北方城市暴雨导致严重伤亡的教训没有深刻汲取；对城镇化发展进程中的安全风险缺乏调查研究，不知道风险在哪里、底线是什么，应急准备严重不足，以致灾难来临时江心补漏、为时已晚。说到底还是学习贯彻习近平总书记关于防范风险挑战重要论述没有入脑入心，政治判断力、政治领悟力、政治执行力不强，对人民生命、政治责任缺乏敬畏。这是主观上造成这场不可挽回损失的根本原因，也是全国各地和各级领导干部首先要从中汲取的深刻教训。

（二）市委、市政府及有关区县（市）党委政府未能有效发挥统一领导作用。中央明确要求各级党委政府要全面落实防汛救灾主体责任，加强领导，守土尽责，加强统筹协调，形成省市间、部门间、军地间、上下游、左右岸通力协作的防汛救灾格局。在这场特大暴雨灾害应对过程中，郑州市委、市政府对整个防汛救灾工作统一领导不力，没有组织深入会商研判，没有果断采取有力措施并督查落实，责任没有真正上肩。市委主要负责人没有把党委对防汛救灾工作的政治领导、思想领导、组织领导落到实处，没有充分体现党的领导政治优势和总揽全局、协调各方的作用。这些问题在部分区县（市）也不同程度存在，一些领导干部领导能力不足、全局意识不强，对工作往往满足于批示了、开会了、到场了，满足于一般化部署、原则性要求，形式主义、官僚主义问题严重；名义上有指挥部，但没有领导坐镇指挥，制度和预案上也没有明确领导之间的具体分工，领导干部不知道关键时刻自己的职责是什么、岗位在哪里、如何发挥领导作用，认为到了一线就是尽职了、就没有责任了，出了事都往点上跑、打乱仗，结果抓了点丢掉面，有的到了现场也不能发挥作用，解决不了问题，还失去了对全局工作的统一领导。以这场灾害为警示，就要着力解决一些领导干部在灾害面前不会为、不善为的问题，真正把党的集中统一领导贯穿灾害防范应对各方面全过程，使党的领导更加坚强有力。

（三）贯彻中央关于应急管理体制改革部署不坚决不到位。中央明确要建立“统一指挥、专常兼备、反应灵敏、上下联动”的中国特色应急管理体制，但一些地方对中央改革部署理解不准、贯彻不坚决，甚至改后扭曲变形更加不顺。郑州市设置了防汛抗旱指挥部、城市防汛指挥部、气象灾害防御指挥部、突发地质灾害应急指挥部等 4 个指挥机构，办公室分别设在应急局、城管局、气象局、资源规划局；防汛抗旱指挥部下又设了防办、河湖水利防办、城防办、黄河防办 4 个办公室，分别设在应急局、水利局、城管局、黄河河务局，机构重叠、职能重复、工作重合，大家都管都没有管到位，不符合“一类事项原则上由一个部门统筹，一件事情原则上由一个部门负责”的机构改革要求。郑州市机构改革还人为设置两年过渡期，转隶到市和各县区（市）防办（应急管理局）的 36 人中只有 1 人有水利中专专业背景。这种扭曲的体制设计和薄弱的专业力量，导致防汛抗旱指挥部没有实际的指挥系统、指挥机制、指挥能力，失去统一指挥，关键时刻不能发挥应有作用。各地要从这次灾害中深刻汲取教训，对中央深化应急管理体制改革的决策部署，不能合意就执行、不合意就不执行。要坚持改革方向不动摇，深化改革部署落实，并加强改革后体制运行磨合和评估，及时完善政策措施，加快形成统筹协调、统分结合的“全灾种、大应急”工作格局。

（四）发展理念存在偏差，城市建设“重面子、轻里子”。习近平总书记多次强调，城市无论规划、建设还是管理，都要把安全放在第一位。郑州市作为新兴特大城市，近年来发展速度很快，但考虑防灾减灾不足，防范治理措施不到位。雨水管道2400余公里，与建成区面积相当的城市相比相差超过一半；计划投资534.8亿元的海绵城市建设项目，已投资的196.3亿元中，实际与海绵城市相关的仅占32%，用于景观、绿化等占近56%，甚至在全国调集力量支援郑州抢险救灾的关键时刻还在“修花坛”；排水明沟等设施“十三五”期间改造达标率仅20%，有的排水泵站位于低处极易受淹失效，地铁、隧道、立交桥等防涝排涝能力不足，地铁区间疏散平台主要考虑防火防烟未考虑防涝，水库溢洪道堵塞、城区积水点等安全隐患长期没有排除，医院、供水、通信等公共设施的备用电源多位于地下，一进水就失去了备灾作用。城市规划建设落实防灾减灾要求不到位，这也是不少地方长期存在的共性问题，每年雨季“城中看海”屡屡上演，反映了一些领导干部政绩观有偏差，在完整准确全面贯彻新发展理念、统筹发展和安全上存在很大差距，没有把安全工作落实到城市工作和城市发展各个环节各个领域。

（五）应急管理体系和能力薄弱，预警与响应联动机制不健全等问题突出。这次暴雨灾害集中暴露出郑州市预警发布能力、应急指挥能力、抢险救援能力、社会动员能力、科技支撑能力不足等诸多短板。特别是灾害性天气预报与灾害预警混淆，预警发布部门分割，防灾避灾措施针对性、有效性、强制性不足，缺乏统一权威高效的预警发布机制；预警与响应联动机制不健全，谁响应、如何响应不明确，郑州在连发5次红色预警的情况下才启动Ⅰ级响应，实际灾难已经发生；应急预案实用性不强，多以出现严重后果为启动条件，往往启动偏晚，不符合“两个坚持、三个转变”的要求，实际效果大大减弱，且应对措施不具体，“上下一般粗”甚至“上细下粗”。这些问题一定程度上反映了我国应急管理工作系统治理不强，尚未建立起一整套系统化的制度和能力体系，基层基础尤为薄弱，还难以做到科学高效响应、分层分级处置、有力有序应对，应急管理体系和能力现代化建设任务仍然艰巨繁重。

（六）干部群众应急能力和防灾避险自救知识严重不足。这次灾害也反映出一些新上任的干部对防灾减灾救灾和应急管理情况不熟悉，未经历过洪涝、地震等大灾考验，实战经验严重不足。在这次特大暴雨应对过程中，媒体的宣传警示作用发挥不到位，有的顾虑引起社会恐慌，灾害预警信息传播不及时不充分，警示效果不强；有的甚至淡化和误导群众对灾害的警觉。因灾死亡失踪人员遇难前多数仍正常活动未采取避险措施，甚至有部分是转移后擅自返回而遇难，反映出社会公众对这场特大暴雨的危害缺乏基本认知，安全意识和防灾避灾能力不强的问题突出。在全社会培育应急文化，加强各级领导干部防灾减灾救灾、应急管理能力培训和群众科普教育十分必要和迫切。

五、改进措施建议

（一）大力提高领导干部风险意识和应急处突能力。党的十八大以来，习近平总书记围绕防范风险挑战、应对突发事件发表的一系列重要论述，立意高远，内涵丰富，思想深刻，是我们做好防范化解风险挑战各项工作、战胜前进道路上各种艰难险阻的科学引领和根本遵循。建议把《习近平关于防范风险挑战、应对突发事件论述摘编》列为各级党委（党组）理论学习中心组学习专题，中组部、中宣部、应急管理部等相关部门组织专班开展干部轮训，各级党校作为必修课内容，推动各级领导干部树牢人民至上、生命至上理念，统筹好发展和安全两件大事，增强风险意识和底线思维，提高防灾减灾救灾和防范化解风险挑战的能力和水平，有力应对好各类灾害风险挑战，切实把确保人民生命安全放在第一位落到实处，以实际行动和实际效果做到“两个维护”。同时，把郑州“7·20”特大暴雨灾害作为案例纳入干部培训内容，开展实战化教学。对新调整上任的各级领导干部，要及时组织上岗前后专题培训，了解应对各类灾害的自身职责和要求，具备防灾减灾救灾和应急处置基本能力。

（二）建立健全党政同责的地方防汛工作责任制。落实地方党委政府防汛救灾主体责任，实行防汛救灾党政同责、一岗双责，细化各级党委政府主要负责人、分管负责人和其他班子成员的防汛救灾职责，压紧压实日常防范和事前、事中、事后全过程领导责任。完善防汛抗旱指挥部的响应预案和运行制度，关键时刻必须坚持指挥部的统一领导指挥，明确班子成员之间具体分工，特别是明确防汛关键时段的具体岗位和具体职责，一旦出现重大险情第一时间进入岗位、高效运转。地方党政主要负责人首先要在指挥部靠前指挥、坐镇指挥、掌控全局，注重发挥各职能部门的作用，充分听取专业团队的意见建议，防止经验主义；赴灾害现场时必须明确其他负责人坐镇指挥，并与指挥部保持信息畅通，始终了解全局、正确决策。推动把履行防汛救灾职责、处置突发事件情况纳入党委政治巡视和干部考核内容，注重实际效果考核。建立重大灾害调查评估制度，对造成重大人员伤亡的都要认真调查，及时总结经验教训、补齐短板，对表现突出的干部予以表彰，对存在失职渎职行为的严肃追责问责。

（三）深入开展应急管理体制改革及运行情况评估。各地应急管理体制改革进展还不平衡，既有地区之间的横向不平衡，也有省市县乡之间的纵向不平衡。建议各地全面组织评估，并把评估工作与深化改革统一起来，系统查找指挥机构设置、部门职责界定、专业人员和机构支撑、运行机制等方面与实现机构职能优化协同高效的差距，以坚持和加强党的全面领导为统领，建立健全统一权威高效的应急指挥机构，发挥好应急部门的综合优势和各相关部门的专业优势，建强指挥班子，完善制度机制，强化专业机构支撑，实现“化学反应”。

（四）全面开展应急预案评估修订工作，强化预警和响应一体化管理。预案评估修订要与健全制度相结合，实化细化指挥长和各有关部门及相关单位的具体责任、应答机制、行动措施，强化演练磨合和日常检查，发布预警信息后依据预案和制度启动响应、落实措施，并及时向指挥部反馈行动进展情况，确保关键时刻管用顶用。建立健全极端天气和重大风险研判机制，量化预警和应急响应启动标准，规范预报预警信息发布，建立健全预警与应急响应联动机制，按规定及时采取“三停”（停止集会、停课、停业）强制措施。加强预案内容审核和预案衔接把关，增强预案体系整体性、协调性、实效性。加快自然灾害防治相关法律法规制修订。

（五）整体提升城市防灾减灾水平。把极端天气应对、自然灾害防治融入城市发展有关重大规划、重大工程、重大战略，完善防洪排涝标准和医院、地铁等公共服务设施的抗灾设防标准，实现城市防灾减灾能力同经济社会发展相适应。各城市特别是超大城市、特大城市要深入开展自然灾害综合风险普查，将重大风险隐患整治列入“十四五”规划，舍得花钱，舍得下功夫，下决心补齐城市特别是北方城市防洪排涝设施欠账，强化重大生命线工程安全保障，对位于地下空间的备用供电、排水泵站、高价值设备等关键设施实施分类改造，并修订相关标准，强化封闭、抗淹、迁移等安全保护措施，确保运行安全。严格管控违法侵占河道行为，提升城市气象和水文监测预报能力，实行洪涝“联排联调”，防范系统性风险。普遍建立城市安全综合风险监测预警中心和基层应急管理站所，建强基层消防站。加强国家综合性消防救援队伍和各专业抢险工程力量建设，优化抗洪抢险、排水排涝、水域搜救等装备配备，特别是在重点区域、重点部位配备海事卫星电话、长航时通信无人机、应急发电车等特殊装备，提高断路、断电、断网等极端情况下的应急保障能力。

（六）广泛增强全社会风险意识和自救互救能力。在全社会广泛开展防灾减灾救灾宣传教育，宣传教育等部门要充分发挥各类媒介作用，深入浅出解读典型案例和血的教训，切实增强群众防范风险的警觉性。借鉴日本、德国等国经验，把防灾和安全教育从基础教育抓起，在国民教育体系中突出相关内容，推动防灾减灾救灾知识进教材、进校园、进社区、进职业培训。拓展形式丰富的实践演练活动，建设各级防灾减灾救灾教育培训基地、科普体验场馆，激发公众兴趣，增强培训效果。

国务院灾害调查组

2022 年 1 月

第十五章　线上的舆论引导能力

随着移动互联网的迅猛发展和社交媒体的不断推陈出新，舆论的传播模式发生了巨大变革，网络舆论场已经成为突发事件应急管理的重要阵地之一。大量的突发事件应急管理实践表明，舆论引导是现代应急管理不可或缺的重要环节——有效的舆论引导有助于尽快控制事态并防范危机扩大，而不当的舆论引导则可能引发次生灾害甚至衍生其他严重后果。所以，当今时代的突发事件应急管理应该包含线下的“事件处置”与线上的“舆论引导”两条战线。对于各级干部而言，线上的舆论引导能力已然成为应急处突能力的重要组成部分。

一、舆论引导是现代应急管理的重要环节

（一）突发事件舆论引导的重要性

“舆论引导”的概念是有中国特色的政治术语，是现代政府应急管理的有机组成和重要组成部分。就这个概念的发展历史来看，其指导思想经历了四个发展阶段：即改革开放前的“制造舆论”、20 世纪 80 年代的“舆论宣传”、90 年代的“舆论导向”和新世纪以来的“舆论引导”。[①]

近年来，随着网络技术的发展，舆论生态、媒体格局、传播方式都

① 参见刘笑盈：《当前突发公共事件的新特点与舆论引导应对》，《对外传播》2017 年第 5 期。

发生了翻天覆地的变化，舆论引导工作面临新的挑战。2016 年 2 月 19 日，习近平总书记在党的新闻舆论工作座谈会上，将舆论引导定位为“治国理政、定国安邦”的大事，要求“抓住先机、把握节奏、讲究策略，从时度效着力，体现时度效要求”[①]。党的十九大报告指出：“坚持正确舆论导向，高度重视传播手段建设和创新，提高新闻舆论传播力、引导力、影响力、公信力。”[②] 与日常或热点问题、重大政策的舆论引导相比，突发事件舆论引导难度最大，要求的能力更强。

党的十九届四中全会审议通过的《中共中央关于坚持和完善中国特色社会主义制度、推进国家治理体系和治理能力现代化若干重大问题的决定》强调，要“改进和创新正面宣传，完善舆论监督制度，健全重大舆情和突发事件舆论引导机制”。完善的突发事件舆论引导机制是有效引导舆论的基础，符合舆情传播规律的舆论引导机制，可以降低工作成本，提高引导效率。党的二十大报告指出：“加强全媒体传播体系建设，塑造主流舆论新格局。健全网络综合治理体系，推动形成良好网络生态。”

2019 年底新冠肺炎疫情暴发后，习近平总书记强调，“要深入宣传党中央决策部署，营造万众一心阻击疫情的舆论氛围，凝聚起众志成城、共克时艰的强大正能量。”“宣传思想文化战线特别是新闻媒体要再接再厉打好主动仗，不断提升舆论引导水平，进一步宣传群众、组织群众、凝聚群众，强信心、暖人心、聚民心，凝聚起打赢疫情防控人民战争、总体战、阻击战的磅礴力量。”[③] 这些重要论述，为此次疫情防控中的舆论引导工作提出了目标，更为重大突发事件舆论引导工作指明了方向。

---

① 《习近平谈治国理政》第 3 卷，外文出版社 2020 年版，第 308 页。

② 习近平：《决胜全面建成小康社会　夺取新时代中国特色社会主义伟大胜利——在中国共产党第十九次全国代表大会上的报告》，人民出版社 2017 年版，第 42 页。

③ 习近平：《在统筹推进新冠肺炎疫情防控和经济社会发展工作部署会议上的讲话》，人民出版社 2020 年版，第 15 页。

（二）突发事件舆论引导的相关政策规定

针对突发事件的舆论引导工作，我国相关法律法规有着明确规定。2007年颁布的《突发事件应对法》第五十三条规定："履行统一领导职责或者组织处置突发事件的人民政府，应当按照有关规定统一、准确、及时发布有关突发事件事态发展和应急处置工作的信息。"第五十四条规定："任何单位和个人不得编造、传播有关突发事件事态发展或者应急处置工作的虚假信息。"

中共中央办公厅、国务院办公厅2016年2月印发实施的《关于全面推进政务公开工作的意见》强调："对涉及本地区本部门的重要政务舆情、媒体关切、突发事件等热点问题，要按程序及时发布权威信息，讲清事实真相、政策措施以及处置结果等，认真回应关切。依法依规明确回应主体，落实责任，确保在应对重大突发事件及社会热点事件时不失声、不缺位。"文件对各级领导干部提出了"第一责任人"和"第一发言人"的要求，指出"突发事件、公共安全、重大疫情等信息发布负责处置的地方和部门是信息发布第一责任人，要快速反应、及时发声，根据处置进展动态发布信息"；"领导干部要带头宣讲政策，特别是遇有重大突发事件、重要社会关切等，主要负责人要带头接受媒体采访，表明立场态度，发出权威声音，当好'第一新闻发言人'"。国务院办公厅2016年7月发布的《国务院办公厅关于在政务公开工作中进一步做好政务舆情回应的通知》明确提出，"按照属地管理、分级负责、谁主管谁负责的原则"确定政务舆情回应的责任主体，特别强调了政务舆情回应的时效，要求"对涉及特别重大、重大突发事件的政务舆情，要快速反应、及时发声，最迟应在24小时内举行新闻发布会，对其他政务舆情应在48小时内予以回应，并根据工作进展情况，持续发布权威信息"。文件还特别明确了需要重点回应的五类舆情："对政府及其部门重大政策措施存在误解误读的、涉及公众切身利益且产生较大影响的、涉及民生领域严重冲击社会道德底线的、涉及突发事件处置和自然灾害应对的、上级政府要求下级政府主动回应的。”

国务院办公厅 2016 年 11 月发布的《〈关于全面推进政务公开工作的意见〉实施细则》进一步强调：“对涉及特别重大、重大突发事件的政务舆情，要快速反应，最迟要在 5 小时内发布权威信息，在 24 小时内举行新闻发布会，并根据工作进展情况，持续发布权威信息。有关地方和部门主要负责人要带头主动发声。”2019 年修订的《政府信息公开条例》第六条规定：“行政机关应当及时、准确地公开政府信息”，并把“突发公共事件的应急预案、预警信息及应对情况”列为需重点公开的政府信息之一。

这些法规、文件都把突发事件舆论引导工作列为重要工作并提出了具体的制度建设安排，特别是就如何理解、做好、落实舆论引导做了相当详实的规定。在给基层政府提出要求的同时，也明确了舆论引导工作“谁来做”“怎么做”“什么时间做”等细节问题。

二、突发事件舆论引导应当遵循的基本原则

（一）公开透明

公开透明的信息发布是舆论引导的前提与基础。除了涉及国家安全和国家秘密外，对突发事件要按照公开透明的原则，及时准确发布信息，满足公众知情权。近年来，尽管中央一再强调信息公开的问题，但不少领导干部思维仍停留在传统媒体年代，把“封堵”“管控”当作至宝。在以往一些突发事件中，正是由于有关部门不敢担责、相互推诿、利益切割、迟报瞒报虚报而引发舆论啸叫。

2021年7月17日至23日，河南省遭遇历史罕见特大暴雨并引发严重洪涝灾害，受灾最严重的郑州市遭受重大人员伤亡和财产损失。网下群死群伤的巨大灾难严重刺激了网上舆情，据知微事见平台数据分析，#河南遭遇特大暴雨#事件影响力指数入选2021灾难影响力榜单第一名；从传播轨迹看，整个舆情事件热点层出不穷，热度绵延近一个月；从热点聚焦来看，舆论场反复质疑的热点集中在“伤亡人数”与“成灾原因”两个问题上。

关于“因灾死亡人数”，2021年7月21日召开的河南防汛新闻发布会发布的数据称：据不完全统计，16日以来，此轮强降雨造成全省89个县（市、区）560个乡镇120多万人受灾，25人死亡7人失联。8月2日下午，河南省政府新闻办召开的第十场“河南省防汛救灾”新闻发布会上，郑州市市长侯红通报，至8月1日18时，特大暴雨已致郑州全市292人遇难，失踪47人。两次发布伤亡人数差异过大，引发网友质疑；而国务院调查组最后调查报告指出，即使是8月2日公布的伤亡数据，仍存在瞒报问题。报告显示，截至9月30日，郑州市因灾死亡失踪380人，其中在不同阶段瞒报139人：郑州市本级瞒报75人、县级瞒报49人、乡镇（街道）瞒报15人。调查报告指出当地政府“存在灾情信息报送存在迟报瞒报问题，对下级党委政府和有关部门迟报瞒报问题失察失责。一是未按规定统计上报。二是刻意阻碍上报因灾死亡失踪人员信息。三是对已经掌握的信息隐瞒不报”。①

其实，大凡发生群死群伤，不论是自然灾害还是事故灾难，舆情聚焦与质疑的问题总是伤亡人数与成灾（事故）原因。对于伤亡与原因的瞒报不但会刺激网络舆情的走高，更会严重损害政府的公信力。所以，在突发事件的舆论引导工作中，各级政府部门首先要坚持公开透明的原

① 国务院灾害调查组：《河南郑州“7·20”特大暴雨灾害调查报告》，第13页。

则，以信息的主动公开来强化政府部门坦诚沟通的态度——当然树立这一理念需要各级领导干部有对人民负责对历史负责的担当与勇气。

（二）以人为本

舆论引导是通过对社会舆论的评价或者设置议题引发讨论来制造或引导舆论，其目标是引导人们的意向，影响人们的行为。因此，舆论引导终究是对人的引导，应坚持以人为本的原则。从目标上看，坚持以人为本的原则是要通过突发事件的舆论引导达到“团结人民、鼓舞士气，成风化人、凝心聚力”的效果；从方法上看，坚持以人为本的原则就是要以人民为中心，及时回应公众关切的焦点、热点和关键问题。2016 年 8 月国务院办公厅发布的《关于在政务公开工作中进一步做好政务舆情回应的通知》明确指出，政务舆情“回应内容应围绕舆论关注的焦点、热点和关键问题，实事求是、言之有据、有的放矢，避免自说自话，力求表达准确、亲切、自然”。此外，以人为本的原则还体现在舆论引导工作中要保障公众的话语权。舆论引导强调正面宣传为主并不是否定负面舆论监督。突发事件应急处置中，公众对存在的问题的讨论、批评与审视，也可以对社会主体产生向善向上的引导作用。因此，政府部门的舆论引导工作要充分保障公众的话语权，避免陷入“封堵”或“管控”的泥淖。

（三）态度优先

突发事件舆论引导贯穿突发事件事前、事中、事后全过程，其本质是对突发信息进行管理、及时开展公众沟通、主动塑造良好形象的过程，是争取人心、赢得信任、凝聚力量的过程。[①] 在这一过程中，信息

① 参见钟开斌：《防范化解重大风险——响水“3·21”事故案例研究》，社会科学文献出版社 2021 年版，第 143 页。

发布是基础，态度传导是关键。大哲学家亚里士多德提出成功沟通取决于三要素：道德制高点、逻辑严密性、情感共鸣处。突如其来的事故或灾难事件往往给周边群众、伤亡人员家属、相关人员带来恐慌、悲伤、痛苦等情绪，他们急于了解“发生了什么事”，更想知道政府部门“会怎么办”，也就是政府的态度。所以，在突发事件舆论引导工作中，及时透明有序地公开“事实”的同时要优先亮明“态度”，让公众感受到政府部门真诚沟通、从容自信的态度，最终达到弥合撕裂、凝聚人心、情感共鸣的效果。

态度优先的原则要求各级领导干部提升作为“新闻发言人”的媒介素养。2016 年中共中央办公厅、国务院办公厅发布的《关于全面推进政务公开工作的意见》，对各级领导干部提出了突发事件、公共安全、重大疫情等信息发布中“第一责任人”和“第一新闻发言人”的要求。当年 11 月国务院办公厅发布的《〈关于全面推进政务公开工作的意见〉实施细则的通知》也强调：“遇有重大突发事件和重要社会关切，相关部门主要负责人要及时主动参加吹风会，表明立场态度，发出权威声音。”曾担任全国人大会议新闻发言人的傅莹女士，在谈及担任新闻发言人的体会时曾说：“在全国人大会议的新闻发布会上，我常会遇到针对各种社会热点和国际热点问题的提问。有的我了解情况、有了准备，可以从容回答；有的是突发的状况，需要临场依靠积累的政策知识回应。发言人也是普通人，不是万能和全知的，总会有不懂或不知的情况，此时，诚恳的态度很重要。哪怕简单表一个态，‘我不掌握情况，可以进一步了解一下’，也是可以的。”[①] 态度诚恳是有效引导的前提。

① 傅莹：《我的对面是你：新闻发布会背后的故事》，中信出版集团 2018 年版，第 293 页。

（四）联动处置

突发事件发生后，决策者要同时在两个“场”，应对两个“情”：一个是“现场”，另一个是“舆论场”；一个是处置“事情”，另一个是引导“舆情”。“事情”是指突发事件本身造成的各种影响和损失，“舆情”指突发事件对社会舆论、公众情绪和人们的行为方式产生的影响。[①] 在突发事件应急处置中，承担指挥者、决策者角色的政府部门要双线作战、双场联动、双情并重。为此，要求一方面处置好突发事件“事情”，包括应急指挥、抢险救援、物资配送、善后处理等；另一方面要引导好突发事件“舆情”，包括舆情研判、对焦回应、信息发布、媒体沟通、适度引导等。为做好线上线下联动处置，应在突发事件应急指挥架构中、在重点任务部署中，把舆论引导作为不可或缺的一项重要工作，做到“边做边说”。[②] 2013 年 5 月 1 日，北京市公安局 110 报警服务中心集“警情、网情、社情”于一体的“现实社会与网络社会一体化指挥调度平台”正式运行，实现现实社会与网络社会的“同时监测、同台指挥、同步行动”，是线上线下联动指挥调度的很好尝试。实践证明，只有建立并完善线上线下联动处置机制，做到信息共通、资源共享，负责引导舆论的新闻中心人员才能深度参与应急指挥中心的处置事情活动，了解实际情况，掌握一手材料，才能在对外发布信息时“手中有粮、心中不慌”。同时，负责线下处置事情的指挥中心人员，也必须主动参与新闻中心的舆情引导活动，及时主动向新闻中心提供信息，积极参与筹办新闻发布会、记者采访等活动，为应急处置与救援活动创造良好的舆论氛围。

---

① 参见钟开斌：《应急管理十二讲》，人民出版社 2020 年版，第 267 页。

② 参见钟开斌：《应急管理十二讲》，人民出版社 2020 年版，第 268 页。

三、突发事件舆论引导工作面临的挑战

随着互联网技术的普及，我国网民规模不断扩大。根据 2022 年 8 月 31 日发布的中国互联网络信息中心第 50 次《中国互联网络发展状况统计报告》数据，截至 2021 年 12 月，我国网民规模达 10.51 亿，2021 年 12 月新增网民 1919 万，互联网普及率达 74.4%。多年来高速发展的网络传播技术打破了原先传统媒体时代舆论生态相对的封闭与稳定，促使网络舆论场呈现更加丰富多元、复杂多变的样态——多场域共振频率将会增多，互联网作为社会舆论“直通车”和“集散地”的功能将不断强化，而突发事件舆论引导面临的挑战也将不断加大。

（一）突发事件舆情上网零时差快发酵

2019 年 6 月，工信部正式发放 5G 商用牌照，这标志着我国正式进入 5G 商用时代。相比 4G 技术，5G 网络提供的移动宽带服务速率更快、延迟更低，传输的数据容量更大，而且稳定性更好、安全性更高。譬如 4G 网络从终端到基站的时延一般为 5 毫秒，而 5G 网络从终端到基站的时延可降低到 1 毫秒，终端到服务器的时延从 50 至 100 毫秒降至 10 毫秒，网络能效提升百倍以上。[①] 网络传播能效的提升加之网络传播广泛的参与性、互动性以及极强的叠加、分化效应，一个触及社会热点、敏感点的突发公共事件发生后，其关联的舆情可能在瞬间随即爆发，并迅速上网、传播、发酵与扩散。

线下各方利益的相互博弈，线上多元舆论场的相互激荡，或者多平台接力化传播之下的信息失真畸变、网络谣言的散布而引发的衍生效

① 参见《5G 不只是快》，《中国青年报》2018 年 7 月 10 日。

应——网络舆论在传播过程中极易发生聚合、反转或者裂变，并在极短的时间内演变成为舆论热点、焦点、爆点、沸点。由于舆论传播主体的多元化、传播渠道的复杂化，舆论表达方式的碎片化和情绪化，在大多数情况下突发事件舆情的发展演变难以预估把控，舆论引导难度增加。

（二）政府信息发布机制制约舆论引导效率

目前，政府部门大多以政务微博或是微信公众号等方式建立专属的政务新媒体信息发布渠道，承担日常信息公开、政策发布、业绩宣传和规章制度公示等角色，发挥了正向引导舆论的作用。但是，这样的信息发布大多是单向传播，与受众互动较少，信息发布时效性要求通常不强。而当一个突发事件发生并迅速形成舆论热点时，政府部门的科层制结构为保证信息的准确性，需要各部门层层把关审查信息的准确与否，在审查过程中可能还牵扯部门责任的区分与利益纠缠，这些往往导致政务新媒体信息发布的严重滞后。

处于信息空窗期的公众在无法等到政府权威发布后往往转而关注其他社交平台的声音。互联网时代的网民有着多元化的信息接收平台。根据人大研究团队的研究成果展示：如今网民阅读新闻使用最多的终端是智能手机，占 99.82%。受访者每天获取新闻信息，75.25%来源于微信群，39.02%来源于抖音，26.61%来源于今日头条，20.03%来源于微博，纸媒、电视和其他只分别占到 0.68%、6.56%和 4.24%。[①] 当政府深思熟虑、字斟句酌地考虑如何回应某一突发事件或社会热点问题时，公众很可能已通过更为快捷的微博、微信、抖音、快手等社交媒体

① 参见匡文波：《5G 时代中国网民新闻阅读习惯的量化研究》，《新闻与写作》2019 年第 12 期。

形成了对事件或问题的印象和认知。由于首声效应，政府后发的信息难以超越或是覆盖公众业已形成的印象或是认知，往往需要连续多条信息反复发布才能纠正社交平台一条错误信息或是网络谣言所造成的影响，这使得政府的舆论引导效率大打折扣。

（三）不同圈层利益观点冲突共识难以实现

随着社交平台的进一步发展，原先基于网络论坛、BBS社区的“广场呐喊式”舆论传播模式逐步向基于用户关系链接为核心的社交平台的“圈层化扩散”模式转变。各类平台用户由于兴趣、价值、文化、导向等不同而形成圈层化连接。不同圈层对舆论中心事件的关注与扩散过程是舆论主体对议题进行阐释的过程，也是各个圈层力量交互对抗、交流交锋的过程。

由于技术属性的影响，微博、微信、抖音、今日头条等平台的信息分发和热点聚焦方式会让网民更多地接触到跟自己观点、意见、态度接近的信息。比如今日头条，基于网民、用户已有的阅读兴趣和价值倾向进行的算法推荐，会导致用户越来越难以接触不同的内容或接受不同的观点，形成信息“茧房效应”。兴趣、价值的圈层导致传播的圈层化，而传播的圈层化又往往导致网民的舆论分化。固然，不同利益群体、不同圈层都可以随时发声，极其丰富的平台和渠道为交流讨论甚至观点交锋提供了便捷的途径；但过度的“众声喧哗”恰恰难以有效地达成对某一热点事件意见和观点的相对一致甚至整个社会共识的凝聚。

（四）谣言刺激群体恐慌情绪与非理性行为

全媒体时代突发事件舆论引导工作面临的又一挑战是谣言传播与恐慌情绪蔓延。谣言是最古老的传播媒介。按照美籍日裔社会学家涩谷保的看法，谣言并非反常之举，而是一种日常的、试图定义那些模糊然而关键的情境的社会行为。[①] 按照传播学者克罗斯著名的谣言公式：谣言=（事件的）重要性×（事件的）模糊性÷公众的批判能力。这个公式说明，事件的重要性和不确定性程度越高，公众判断水平、理性水平越低，谣言的传播就越广，影响力就越大。这似乎可以解释为何大凡灾难性事件发生时，谣言总是随之出现。面对突发事件时，公众容易产生焦虑、不安、恐慌、激动等情绪，情绪上升的同时理性水平下降，往往会更容易听信谣言，并产生退缩、逃避、盲从、聚集、抢购甚至打砸抢烧等非理性行为。法国社会心理学家勒庞在《乌合之众》一书中指出，群体往往呈现出盲目、冲动、狂热、轻信的特点：当个人是一个孤立的个体时，他有着自己鲜明的个性化特征；一旦融入群体，个体有意识的行为将很快被群体的无意识行为所取代。2008 年 6 月 28 日，瓮安事件中，参与围观聚集的大多是不明真相的群众；2009 年 7 月 17 日，“辐照厂的辐射源下午可能发生爆炸”的谣言让河南开封杞县的几十万群众争先恐后地“大逃亡”；2011 年 2 月 10 日，网上传出“盐城市响水县陈家港化工园区大和化工企业要发生爆炸”谣言，导致陈家港、双港等镇区部分不明真相的居民陆续产生恐慌情绪，近万名居民连夜外出逃命；2003 年“非典”疫情发生，曾发生板蓝根、白醋等抢购潮；2008 年汶川地震后，各地多发的“蟾蜍迁徙是地震前兆”谣言引发恐慌；2009 年甲型 H1N1 流感暴发，再次掀起板蓝根、口罩、温度计等抢购潮；2011 年日本福岛核电站泄漏事件发生后，掀起食盐、酱油、咸菜等抢购潮；2020 年初新冠肺炎疫情暴发后，掀起口罩、消毒液、双黄连口服液等抢购潮，并发生发烧人员闯卡逃离等各种不理智行为。

全媒体时代，互联网在给每个社会成员提供了发表言论、表达意见

---

① 参见胡泳：《谣言是最古老的传播媒介》，《羊城晚报》2020 年 2 月 9 日。

的“公共空间”的同时，也提供了谣言暗生滋长的“公共空间”；而网络技术促成信息快速传播的同时，也给谣言插上了翅膀。在突发情境的刺激下，“灾难—谣言—恐慌—非理性行为”还会形成一个过程链甚至循环圈，导致事态愈演愈烈。灾难发生后，各类真假难辨的谣言通过各式各样的社交平台不胫而走，瞬间传播，让受众应接不暇、惶恐不安、四处求证，社会恐慌情绪加剧泛滥。如果在一定时间内谣言没得到澄清，或传播链条未被截断，公众恐慌情绪没得到及时纾解、继续扩散，还可能导致非常时期的非理性行为。更重要的是，各种广为传播的谣言、未经纾解的恐慌情绪、上规模的非理性行为还可能成为“标签”留在社会公众的记忆里，在下次事故灾难或是同类突发事情发生时再次诱发新一轮的谣言肆虐、又一波的群体恐慌。

四、突发事件舆论引导能力的提升路径

（一）建设舆情监测研判系统

网上舆情是网下公众心理的映射。互联网给每个社会成员提供了发表言论、表达意见的“公共空间”。超过 10 亿的网民通过各式各样的平台发帖、直播、围观、转发、评论，网络生态呈现复杂多元、众声喧哗、众说纷纭的样态。此外，网络技术或资本力量的介入或操控、网民群体媒介素养偏低、非理性情绪化的言论表达、虚假信息的泛滥，以及标题党、“后真相”等现象又可能给突发事件网络舆情增加“失真”“失控”的风险要素。不可否认的是，单凭人力或是经验很难在浩如烟海的舆论场中快速发现舆情、果断介入引导舆情，为此，亟须建设舆情监测研判系统，以科学系统的“发现”来作为舆论引导的前提与基础。

突发事件舆情监测研判系统的主要职能由两个部分构成：一是对舆情信息的监测和收集，二是对舆情事件的定性与研判。

在舆情信息的监测与收集上，首先要基于数据挖掘和计算机技术构建突发事件舆情监测智能平台，最大限度收集并了解公众对突发事件的观点、意见、主张、诉求；其次是重点了解不同群体，特别是利益相关群体对事件的看法与诉求——要按照统计学和概率论的原理，按照不同群体、不同议题、不同社交平台、不同传播渠道对相关观点或看法进行精准统计、分层分析，这样在一定程度上可以了解并把握相对具有代表性的舆论和导向；再次是相关资料或是同类事件舆情案例的收集与准备。利用系统收集、加工突发事件相关历史资料、案例资料、参考文献，以及应对本次突发事件的各种素材文件，为舆情的定性研判与快速回应做好准备。

在舆情事件的定性与研判上，主要包括两个方面。一是定性，具体包括对突发事件的分类定性、程度定性、责任定性。这其中最影响舆论引导后期效果的往往是对事件的责任定性的问题。从现实来看，在很多舆论引导效果不佳的突发事件中，涉事主体单位往往过于“慎讲原因”，急于将本单位本部门与危机起因做切割、草率脱责，给媒体和公众留下不负责任的印象，甚至引发进一步的危机。二是研判。研判的重点在于根据突发事件舆情传播规律判断舆情现状、走势以及舆论引导的重点与方式。

按照舆情发展传播规律，一个突发事件舆情传播大抵可以分成六个阶段：

一是潜伏期。突发事件已然发生但还未在网上曝光，从事件发生到上网这期间被称为潜伏期。要注意的是，随着直播年代的到来，突发事件上网可能是零时差，也就是潜伏期可能接近于零。

二是爆发期。突发事件上网并迅速引起网民关注，呈急速爆发趋势。

三是蔓延期。由于突发事件在网络上引起的网络意见的啸聚往往来得迅速凶猛，蔓延期和爆发期的界限和分野不像传统媒体环境下那么明晰，这一阶段更像是“火上浇油”阶段，和爆发期之间像“接力棒”模式一样将整个舆情事件推向高潮。

四是反复期。涉事单位或是政府部门开始介入回应、处置或是引导。回应处置得好的话，舆情会慢慢消解；回应处置不当，舆情还会继续走高。另外，全媒体时代信息渠道的多元和不完全可控性，使得事件相关的新议题不断以“爆料”等形式出现，舆情很可能出现多重反转反复，一波三折高潮迭起，也不断吸引着网民一次次“围观”和“惊呼”。

五是缓解期。随着政府力量或其他社会力量介入，事件开始得到解决，不满情绪开始消退；或是其他热点事件出现，网民的关注度与兴趣点开始转移。

六是长尾期。随着事件的解决、话题的兴趣衰减和新的兴趣点的出现，网民的关注度会下降。但一般来说，大凡有过一定传播热度的舆情或是被“娱乐化”“标签化”传播过的舆情，它往往还会作为“社会集体记忆”被网民所不断提起，存在一个很长的长尾期。①

从舆情传播规律来看，“民意”早期受到冷落，才演变成中期的“民议”、后期的“民怨”；民意在每一道环节上的被冷落与搁置，都会导致舆情能量的聚集。② 因此，早发现早研判，以常态化的舆情监测机制前置舆情风险，争取在舆情事件的潜伏期或是舆情刚刚开始蔓延时介

① 参见喻国明、李彪：《社交网络时代的舆情管理》，江苏人民出版社 2015 年版，第 118—120 页。

② 参见杨进亮：《新媒体时代舆论格局及引导机制浅析》，《贵州政协报》2020 年 12 月 26 日。

入处置化解，往往可以起到事半功倍的效果。

（二）优化政务舆情回应机制

我们观察突发事件舆情传播规律可以发现：从爆发期到蔓延期的舆情走高的关键是热点事件加情绪化传播，同时政府“第一时间”的回应缺位往往助长舆情质疑加大；从高峰期到反复期的关键是舆论焦点变动，或是政府继续失声或者错误回应的刺激；而线上舆情刺激线下行动的关键是协同效应产生和行为互动，同时政府缺乏有效的应急处置和舆论引导。总之，在舆情事件发生发展的每一个阶段，政府快速有效的信息公开、及时回应公众热点关切都有助于避免谣言扩散和舆论风险放大，同时保持公众对政府的信心与信任。

优化政务舆情回应机制首先要解决的是信息发布与热点回应的速度问题，也就是“什么时间说”。2016 年 11 月，国务院办公厅发布的《〈关于全面推进政务公开工作的意见〉实施细则的通知》（国办发〔2016〕80 号）针对重特大突发事件明确提出“首发”（首次对外信息发布）5 小时，“首会”（首次召开新闻发布会）24 小时的要求。“首因效应”和“先声夺人”是网络舆论传播的一般规律。一个突发事件发生后，最早出现的观点和意见往往具有很强的导向性，会给舆论场中后来的讨论定下基调和方向。因此，遭遇突发事件后，相关部门应尽量争取在第一时间主动发声，阐述立场、表明态度，赢得话语权、掌握主导权。固然，就文本表述而言，突发事件事实到底如何，在第一时间的回应中政府不太可能绝对忠实地还原真相；突发事件原因到底为何，事件初期一时也难以明了，但是，尽力地还原与发布有利于政府部门权威信源的打造，而持续地滚动发布与接收之间、质疑与回应之后，公共空间的理性讨论与有效引导才有可能生成。

当然，“第一时间”的回应要求需要各级政府部门提前构建并优化突发事件舆情快速回应机制，具体包括明确联动处置的部门、压缩审批的层级、制订科学合理的预案、夯实相关部门和人员的责任等。

优化政务舆情回应机制除了解决“什么时间说”与“谁来说”的问题之外，更重要的是要解决“说什么”的问题。突发事件舆情回应的话语表达上的理想建构应该是以平等宽容的沟通来实现回应关切、弥合撕裂、凝聚共识的目标。这要求我们高度重视舆情回应中的口径撰写。有专家在研究中指出，5G时代舆情发酵的速度将更快，临时抱佛脚写出的回应口径可能无法满足需求。各级政府部门应提前研判日常工作中可能出现的舆情风险，提前做好口径库建设。所谓口径库，就是对本单位可能发生的各类突发事件进行预测和评估，把公众质疑的每个焦点问题都提前做好回应或是答案。口径撰写要求部门协作、集思广益地贯彻“四步工作法”：业务部门起草、法务专家修改、传播专家润色、主要领导放行。业务部门起草内容，表述事实一定要精准；法务专家则负责把关和修改，消除因不严谨而可能导致的法律风险；传播专家润色，则是给内容增添“人味儿”，让口径变得更有温度、更接地气。①

（三）融合全媒体立体化传播渠道

《国家突发公共事件总体应急预案》规定，信息发布形式主要包括授权发布、散发新闻稿、组织报道、接受记者采访、举行新闻发布会等。突发事件发生后，政府部门有必要也有责任依照法定程序采取多种发布形式全方位、立体式、及时主动地将其在应急管理过程中获知的信息向公众公开；在全媒体时代，政府部门更要适应分众化、差异化传播

---

① 参见董关鹏：《5G技术革命，远不止表面看到的10倍到50倍的速度这么简单》，《公关世界》2020年第3期。

趋势，传播渠道上以“传统媒体”＋“新媒体”进行融合发布；传播内容上以“信息”＋“态度”的不同议题建构策略来实现舆论引导的最佳功效。

议程建构强调将媒体议程（media agenda）、公众议程（public agenda）、政策议程（policy agenda）的三方互动视为一个完整的建构过程。[①] 作为突发事件舆论引导主体的政府部门来说，“遵从新闻媒体的标准是非常重要的，同样重要的是他们在向新闻媒体提供观点时，也必须遵从公众最基本的理解和判断。”[②] 换而言之，政府借力媒体进行突发事件舆论引导时，不应简单地一个“通稿”行天下，而应该细化考虑不同媒体平台、不同传播特征、不同的沟通策略与不同的内容呈现形式，继而形成“一次引导、多次生成、多向分发”的媒体传播方案。

在各种传播渠道中，最不容忽视的是主流媒体。全媒体时代，大多主流媒体已拥有自己的新媒体平台，其传播力、引导力、影响力、公信力都是其他一般网络媒体无法比拟的，这是突发事件立体化全媒体传播矩阵中最重要的模块。突发事件发生后，政府部门要借力主流媒体传播官方权威信息，破除谣言缓解公众恐慌，增强公众信心。

同时不能忽视的是地方融媒体平台的发布功能。议程建构理论强调政府、媒体、公众的三方互动。地方融媒体平台如政府部门的网站、微博、微信的公众号等在对本地民众的舆论引导上有着得天独厚的优势。政府部门应利用融媒体平台社交功能促成政府部门与公众的交互沟通，包括留言互动、直播互动、短视频互动等，这不仅可以增强融媒体平台信息发布与舆论引导的亲和力，也能降低突发事件信息发布中被误读的风险，促进更高程度的公众认同。

---

① 参见胡百精：《危机传播管理》，中国人民大学出版社 2014 年版，第 133 页。

② 〔美〕爱德华·L. 伯内斯：《舆论的结晶》，胡百精、董晨宇等译，中国传媒大学出版社 2014 年版，第 110—111 页。

（四）共建多元协同引导格局

网络技术的进步带来翻天覆地的传播变革。过去由专业媒体人士主导的大众传播，已然变成全民参与的传播——每个人都有可能成为内容提供者与传播者。在这样的网络环境中，特别是危机传播的情境下，单一的舆论引导主体（政府）面对滔滔舆情可能势孤力单、力不从心。为此，整合多方力量，共建由政府、媒体、意见领袖、公众等多元主体共同参与协同引导的舆论引导新格局，构建各类协同主体之间快速反应和协调联动机制，可以在突发事件网络舆情发生时及时发挥舆论引导的最大功效。

政府是突发事件舆论引导工作的主导力量。开放透明的态度、及时的信息公开、平等的互动交流，可以提高公众对政府的信任度。媒体是政府与公众沟通的重要纽带，也是政府舆论引导的重要渠道。媒体基于“挑战者”与“瞭望者”的视角，对突发事件的各个相关议题的设置重组与框架解释，有助于提高公众对事件复杂性的认识水平。意见领袖，特别是学者型网红专家也是舆论引导中的中坚力量。随着越来越多的专家学者进驻新媒体平台并凭借专业知识成为网络舆论场的意见领袖，其在舆论引导中的作用不容小觑。在新冠肺炎疫情暴发初期，网络舆论场中真真假假、鱼龙混杂的信息让公众真伪难辨，公众恐慌情绪蔓延。当时钟南山、张文宏等医学专家通过各种渠道进行科普宣传，传播实时信息，及时破除谣言，在引导公众舆论和稳定社会情绪等方面发挥了重要作用。从某种意义上说，突发事件舆论引导各类协同主体中最应该团结与重视的力量是10亿多的网民群体——广大网民对突发事件应急处置总表现出天然的“围观”与讨论的热情。如何在保障网民话语权知情权、发挥网民对热点舆情的理性讨论、对社会问题的舆论监督等方面积极作用的同时，尽量减少网络舆论的混乱无序、网络谣言的传播以及网络暴力等带来的负面影响，已成为突发事件舆论引导中的重大课题。

阅读材料

深圳“12·20”滑坡事故的新闻舆论应对[①]

深圳“12·20”滑坡事故新闻舆论应对，是新媒体环境下遵循传播规律，创新理念、创新内容、创新方法，主动发声、敢于发声、善于发声，把握好时度效的成功案例、创新案例、经典案例，做到了新闻发布与舆论引导及时高效、舆情应对与事故处置密切配合、决策指挥与执行落实相得益彰，未出现舆情次生灾害和媒体集中炒作，为顺利处置事故提供了最大程度的舆论支持，得到全国上下、社会各界的充分肯定和高度赞扬。一些境外媒体也以此为例，不吝评价“中国政府舆情应对能力日显娴熟”。

一、新闻发布密度力度最大，效果好

2015年12月20日11时40分许，深圳市光明新区红坳渣土受纳场发生特别重大滑坡事故，造成73人死亡、17人受伤、4人下落不明，33栋建筑物（厂房24栋、宿舍楼3栋，私宅6栋）被损毁、掩埋，90家企业生产受影响，涉及员工4630人。消息瞬间在网上裂变传播，将深圳推向全球舆论的风口浪尖。

与救援处置行动同步，新闻舆论战迅速打响：13时3分，事发仅一个半小时，深圳微博发布厅就发出首条消息，随后每天24小时滚动播报最新情况，自始至终牵引网民关注的目光；事发当天下午至25日

---

① 摘录自曾胜泉：《深圳“12·20”滑坡事故新闻舆论应对的实践与启示》，《中国记者》2016年第9期。

晚6天内，救援指挥部召开了10场新闻发布会（事发当天2场，到23日事故72小时黄金救援期内开了7场，几乎每半天1场），28日又举行了综合情况通报会，主动及时、公开透明地持续发布失联遇难人数、救援救治情况、事故发生原因、受灾群众安置、失联人员家属安抚等社会关注的重要信息，有力主导了媒体报道议程，充分满足了公众知情权，最大限度地挤压了谣传空间，牢牢掌握了新闻舆论主动权、主导权。如，对失联人数毫不回避，多次按照最新统计予以变更，虽有增有减，但由于做出理据充分的解释说明，并没有引起媒体和公众质疑炒作。

如此高密度、大力度的新闻发布和理想的传播效果，在我国突发事件新闻发布工作中史无前例。此前新闻发布密度最大的突发事件，是2015年长江"6·1"东方之星号客轮翻沉事故，事发13天内召开了15场新闻发布会，日均1场多。因事发夜间，翌日才发消息。而备受诟病的2015年天津港"8·12"火灾爆炸事故舆情处置，失控根本原因就在于没有第一时间利用新媒体发布准确权威信息，以及政府首次新闻发布会拖到事发13小时后才举行，且前8次发布会均不尽如人意：要么回避问题、答非所问，要么语焉不详、漏洞百出，要么早该亮相表态的领导迟不露脸……严重违背了突发事件新闻发布黄金两小时法则和公开透明原则。

这就证明，快速充分、首发定调的权威新闻发布，是压缩负面信息传播空间、引领正确舆论导向的关键前提。

二、宣传引导理念手法最新，效果好

深圳滑坡事故的宣传引导和平台选择，以舆论效果最大化或者说以有利于事故处置作为首要考虑标准，实现了具有引领示范意义的四个创新——

一是正面报道突破突出宣传领导的惯例。对一些不合时宜，特别是与悲伤气氛不协调、容易引发质疑炒作的正面题材不作报道。如，对消防队员救援现场火线入党、省市领导驻扎一线指挥救援等均不安排媒体宣传，首名幸存者田泽明获救、深圳各界捐款捐物献爱心等也只作适度报道，从而在信息源头上排除了可能引发舆情次生灾害的隐患。可以设想，在失联人员只救出一个的情况下，如果官方媒体还大张旗鼓地宣传省市领导废寝忘食靠前指挥，浓墨重彩地报道消防战士面对艰险火线入党，社会舆论很可能是一片质疑、嘲讽、责骂之声，甚至会认为政府把丧事当喜事办，激起更加猛烈的舆论风暴，无谓地干扰事故处置大局。

特别是12月24日新华网对唯一幸存者田泽明与其父亲会面的报道，堪称是理念和内容创新的成功典范。该文标题和导语开头均引用田泽明父亲田祖龙发自内心的一句大实话："真的是命大，真的是感谢大家!"正文以这句话为引子，描述田泽明命悬一线、奋力求生的坚强意志，赞扬救援队伍迎难而上、通力合作的拼搏精神。这种敢于打破常规——不突出领导看望获救者、不见获救者面对领导感激涕零的创新性报道，更加质朴自然、真实感人，取得了最佳传播效果。

对于救援力量、救援难度（地质环境复杂，现场软土覆盖面积约38万平方米、相当于50多个足球场大小）和充满温情温度的感人故事，则组织新华社、人民日报、中央电视台、人民网、新华网、南方网、腾讯网等著名媒体和网站各展所长地集中报道。这样做，既有力营造了"怀着'生命第一'的态度将救援进行到底"的浓厚氛围，又理性释放出"救灾很不易，深圳在尽力"的心理预期，为最终宣布救援结束、转入善后工作做了充分的舆论铺垫。如，新华社播发通讯《灾害降临，记录一座城市的表情》，客观平实地反映党和政府全力以赴组织救援、做好受灾群众安置和失联人员家属安抚等情况，被400多家网站和新媒体平台以及近百家传统媒体转载，获得网民大量点赞和转发。

不少到场采访的媒体记者表示：从业这么久，第一次听到宣传部门领导一直在提醒媒体不要煽情、不要拔高、不要片面求快，要温情、要平和、要就事说事、要体现人文关怀、要多为失联人员家属想想，这是灾难报道理念的一大进步。

二是议题设置突破首选机关报网的做法。事发之初，当网上骤起质疑攻击、追责反思声浪，严重干扰救援处置工作时，我们迅速组织撰写了重头评论《倾力救援是最深沉的悼念和担当》，目的是要把网民关注焦点引向救援这一首要任务上来。让哪家媒体首发这篇评论？按惯例，配合重大突发事件处置的政府敏感议题，通常都交给省级以上或事发地党委机关报或官方网站来做，以求稳妥可控。其实，这样做往往会被受众认为是替政府说话，不但起不到引导效果，反而会适得其反，引发舆情次生灾害。为此，我们先在新华网广东频道首发，再商请中央网信办推荐全网转载，产生了良好的社会反响。配合这次事故处置的不少报道和评论，我们都是先请中央和省外著名网媒如新华网、人民网、澎湃新闻、今日头条等首发，再在全国或省内网站和移动平台广泛推送，取得了理想舆论效果。

一些不宜在官方媒体发表的，我们则通过有影响力的第三方在个人账号发，以增强中立性和信服力。如，邀请骨干网评员撰写《深圳事故，坚持公开和坚持救援同样重要》一文，利用其个人账号在奥一论坛和新浪微博发布，并组织网评员广泛转发和适度跟帖，收到了很好的引导效果。正如习近平总书记指出："高明的议题设置，往往都是时机、技巧、方法的最佳运用。"

三是评论跟帖突破一味唱赞歌的套路。组织网评文章或在有关微博和新闻后面跟帖时，我们注意平衡网上舆论，针对质疑、追责、猜测、造谣、谩骂、诋毁等不良信息，巧妙采取"先抑后扬"的发声策略和技巧，首先指出事故不该发生，查明原因、追究责任是国务院调查组的工作职责，继而笔锋一转，肯定深圳信息发布及时透明，强调要以人为本、尊重生命，冷静思考、理性看待，不瞎猜、不妄议，讲科学、信专业，当务之急就是全力救人，引导网民为救援队伍鼓劲、为失联者祈祷。而对一些批评、追责、反思的帖文，只要不涉及造谣生事、恶意攻击的内容，我们也容许其存在，并艺术地用积极正面的跟帖去平衡和对冲。这样，既维护了网民意见表达乃至情绪宣泄的权利，有助于全面真实地呈现事故舆情，又能使我们的网评文章和跟帖评论更显客观、理性，更有感染力、说服力。事实证明，人民群众的眼睛是雪亮的，权威的网络评论和新闻跟帖不能也不应回避矛盾问题，而应实事求是、还原真相，以理服人、以情动人。

四是表达方式突破千篇一律的模式。鉴于移动传播在影响覆盖、呈现方式等方面的明显优势，我们充分运用"两微一端"等新媒体平台，积极创新内容表达方式和传播手段，实现传播效应最大化。如，组织南方网对新华社通讯《灾害降临，记录一座城市的表情》及多家媒体的有关报道进行二度创作，制作了以"这座城、这些人"为总题、适合手机端传播的 H5 系列动画纪实作品，在救援处置和舆情发展不同阶段适时推出。其中，《黄金 72 小时救援记》H5 动画，配以激昂斗志的背景音乐，展示了党和政府以及社会各界倾力救援的动人情景；《救援第一线光明的温度》H5 动画，配以舒缓、温情的背景音乐，再现了救援现场的温馨场面；《此刻，我们都是你的亲人》H5 动画，描述了安抚失联者家属、安置受灾群众的举措和成效，彰显了深圳人同舟共济、守望相助的大爱精神。该系列作品融音乐、图片、文字为一体，具有强烈的视觉冲击力和情绪感染力，经全网推送后，阅读量突破 80 万，参与互动的网友近 6 万，深圳微信朋友圈被多次刷屏，堪称"有温度、有品质，传得开、叫得响"的精品佳作。

这就证明，在分众化、差异化传播趋势日益明显的当下，一套话语满足不了所有人、一个腔调难以唱遍天下，只有精准定位传播对象、准确把握受众心理、大胆创新内容形式，才能增强舆论引导的针对性、实效性，巩固壮大党的网络舆论主阵地。

三、事故处置与舆情应对配合最佳，效果好

滑坡事故处置过程中，宣传部门与处置部门密切配合、协同作战，在信息沟通、新闻发布、舆情应对等方面加强统筹协调，从全局上把握基调，从整体上考量效果，确保事故处置与舆论引导同步部署、协调推进、良性互动。如，2015 年 12 月 25 日晚，中央电视台《新闻联播》公布国务院成立事故调查组，将滑坡定性为“生产安全事故”后半小时内，广东省委副书记、深圳市委书记马兴瑞同志即率领深圳市、光明新区党政负责人，通过新闻发布会向社会鞠躬道歉，表示“坚决拥护上级对这次事故的定性”“根据事故调查结论和处理意见，将依法依规依纪，该负什么责任就负什么责任，该接受什么处理就接受什么处理，该处理什么人就处理什么人”，彰显了深圳市委、市政府对生命的尊重、对责任的担当。这是迄今为止我国最高级别的地方主官首次对安全事故公开道歉，并且在央视报道仅半小时内就作出回应，实属难能可贵。在滑坡事故舆情很可能因定性结论而升级转向的关键节点，这样的快速反应、诚恳表态和责任担当，收到了“一鞠躬解万般怨”的理想效果。

又如，针对舆论一度聚焦失联人员家属、煽情悲情报道很可能蔓延的情况，宣传部门建议省市领导分头看望慰问家属，并组织各类媒体适度报道，既疏导了家属情绪，又缓和了舆论压力。

这就证明，实情决定舆情、网下决定网上，事故处置是第一位的、舆情引导是第二位的，只有公开公正处置事故，才能最终平息负面舆情。

四、靠前指挥的宣传主官级别最高，效果好

在深圳滑坡事故重大舆情危机突发的紧急关头，广东省委常委、宣

传部部长慎海雄同志，深圳市委常委、宣传部部长李小甘同志作为省委和事发地党委的最高宣传主官，奔赴前线、坐镇指挥，勇于担当、敢于负责，准确研判、果断决策，迅速掌控了该事故新闻舆论应对的主动权、主导权，及时将重大舆情危机扼杀在萌芽状态或初起之际，为顺利处置事故提供了最佳舆论支持。

与此前国内重大敏感舆情屡屡失控、造成恶劣社会影响的反面教材相比，深圳案例的成功经验愈显来之不易、弥足珍贵。特别是省委常委、宣传部部长挺身舆论风暴中心，完满履行了新闻舆论应对总指挥和操盘手的重要职责。

这场危急重大的舆论遭遇战，检验了省市宣传干部的素质和能力，凸显了全省宣传战线的地位和作用。正如慎海雄同志经常强调并率先垂范的：宣传干部要“能说、会写、有办法”，舆情应对要“信息灵、反应快、处置得当”，关键时刻要“勇当战士、不当绅士，敢于亮剑、善于发声”。

由此可见，在移动互联网普及应用、网络舆情事件易发高发的当下，承担网络管理职责的党委宣传部长显得极其重要。如越来越多的突发涉稳事件，重要催化剂就是网络舆论，主要表现也是网上舆论与网下行动相结合。假如宣传部长熟悉网络传播规律，善于处置紧急重大舆情，很可能就会大事化小；否则，事态就很容易恶化甚至不可收拾。以当前形势与挑战来看，一个地方的党委宣传部长至少应具备三个条件：知识面广、视野开阔，对新媒体环境下的政治、经济和社会现实有深刻理解；具有互联网思维，熟练使用新媒体，熟悉网络舆论管控和引导技能；敢于担当、勇于创新、勤奋工作、富有激情，愿把宣传工作当成最有价值的事情去做好。

这就证明，在突发重大敏感事件面前，地方宣传主官的责任担当、娴熟业务和正确指挥，是成功化解负面舆情危机的重要支撑。

综上所述，深圳滑坡事故新闻舆论应对达到了目前新闻理念和媒体技术所能达到的新高度，是报道内容、引导方式、传播手段革命性的创新成果，是“从时度效着力、体现时度效要求”的经典案例，是“信息灵、反应快、处置得当”的优秀教材。

参考文献

习近平：《积极推进我国应急管理体系和能力现代化》，《人民日报（海外版）》2019 年 12 月 2 日。

《习近平谈治国理政》第 3 卷，外文出版社 2020 年版。

习近平：《论党的宣传思想工作》，中央文献出版社 2020 年版。

习近平：《在庆祝中国共产党成立 100 周年大会上的讲话》，人民出版社 2021 年版。

习近平：《决胜全面建成小康社会　夺取新时代中国特色社会主义伟大胜利——在中国共产党第十九次全国代表大会上的报告》，人民出版社 2017 年版。

中共中央党史和文献研究院编：《习近平关于总体国家安全观论述摘编》，中央文献出版社 2018 年版。

中共中央党史和文献研究院编：《习近平关于防范风险挑战、应对突发事件论述摘编》，中央文献出版社 2020 年版。

《中共中央关于党的百年奋斗重大成就和历史经验的决议》，人民出版社 2021 年版。

《中国共产党第十八届中央委员会第五次全体会议公报》，人民出版社 2015 年版。

《中共中央关于制定国民经济和社会发展第十四个五年规划和二〇三五年远景目标的建议》，人民出版社 2020 年版。

《中华人民共和国国民经济和社会发展第十四个五年规划和 2035 年

远景目标纲要》，人民出版社 2021 年版。

全国干部培训教材编审指导委员会办公室：《应急管理体系和能力建设干部读本》，党建读物出版社 2021 年版。

全国干部培训教材编审指导委员会办公室：《学习贯彻习近平新时代中国特色社会主义思想，打赢新冠肺炎疫情防控人民战争总体战阻击战案例》，党建读物出版社 2021 年版。

闪淳昌、薛澜主编：《应急管理概论：理论与实践（第二版）》，高等教育出版社 2020 年版。

钟开斌：《应急管理十二讲》，人民出版社 2020 年版。

钟开斌：《新时代防范化解重大风险基本问题研究》，中共中央党校出版社 2021 年版。

李雪峰等：《应急管理通论》，中国人民大学出版社 2018 年版。

张小明主编：《突发事件风险管理》，中国人民大学出版社 2018 年版。

非常规突发事件应急管理研究项目组编：《非常规突发事件应急管理研究》，浙江大学出版社 2019 年版。

沈荣华编著：《国外防灾救灾应急管理体制》，中国社会出版社 2008 年版。

张学栋编：《政府应急管理体制与机制创新》，社会科学文献出版社 2012 年版。

张磊：《德国应急管理体制建设研究》，国家行政学院出版社 2013 年版。

洪凯编：《应急管理体制跨国比较》，暨南大学出版社 2012 年版。

钟开斌：《风险治理与政府应急管理流程优化》，北京大学出版社 2011 年版。

钟开斌：《中外政府应急管理比较》，国家行政学院出版社 2012 年版。

张建、张溢洋、张乐：《应急管理新常态的多维度建构》，四川大学出版社 2021 年版。

陈月、蔡文强编著：《应急管理概论》，中国法制出版社 2018 年版。

冯俏彬、贾康：《应急管理与公共财政》，立信会计出版社 2015 年版。

陈安、陈樱花：《公共危机与应急管理（领导干部读本）》，中共中央党校出版社 2020 年版。

肖文涛主编：《突发事件与应急管理体系建设》，中共中央党校出版社 2015 年版。

宋劲松：《危机决策》，中国人民大学出版社 2018 年版。

张振学：《领导者应对和处置突发事件的 9 种能力》，中国致公出版社 2009 年版。

张欢：《应急管理评估》，中国劳动社会保障出版社 2010 年版。

彭兰：《网络传播概论》，中国人民大学出版社 2017 年版。

刘笑盈：《突发事件处置与舆论引导》，五洲传播出版社 2013 年版。

胡百精：《危机传播管理》，中国人民大学出版社 2014 年版。

钟开斌：《统筹发展和安全：理论框架与核心思想》，《行政管理改革》2021 年第 7 期。

中共工业和信息化部党组：《疫情防控期间全力以赴确保医疗物资保障有序有力》，《求是》2020 年第 5 期。

朱志萍：《法治型应急管理：法治思维下的突发事件应对——兼论运用法治思维推进新冠肺炎疫情防控》，《理论建设》2020 年第 3 期。

郭晖：《公共卫生应急管理法治体系的优化》，《河北法学》2022 年第2期。

丛梅：《加强中国应急管理体系的法制建设》，《理论与现代化》2009年第5期。

龙海波：《健全公共卫生应急管理体系的几点思考》，《重庆理工大学学报（社会科学版）》2020年第6期。

滕亚为、赵传方：《应急管理法治体系的完善路径》，《重庆行政》2021年第1期。

孙翊、吴静、刘昌新、朱永彬：《加快推进我国应急物资储备治理体系现代化建设》，《中国科学院院刊》2020年第6期。

彭凌、谭彦秋、许文浩、郑睿：《应急管理信息化“五大主攻方向”探索与研究》，《中国应急管理科学》2021年第4期。

宋元涛等：《以信息化加速推进应急管理现代化》，《中国应急管理》2021年第6期。

王俊秀：《社会心理服务体系建设与应急管理创新》，《学术前沿》2019年第3期。

董惠娟：《论重大突发事件的心理影响及本体应对——以印度洋地震海啸为例》，《自然灾害学报》2006年第4期。

刘正奎：《研究灾害与心理创伤促进心理康复与健康》，《中国科学院院刊》2012年第27卷增刊。

张滨熠：《突发事件心理危机干预的进展与思考——以我国新冠肺炎疫情应对为例》，《中国应急管理科学》2022年第1期。

赵玉芳、毕重曾：《突发公共事件的心理健康服务体系的建构》，《心理科学》2008年第5期。

林大熙、江琴、卢春丽：《心理危机干预在重大突发事件中的应用》，《福建医科大学学报（社会科学版）》2009年第2期。

赵鹏飞：《生产安全突发事件下个体与群体心理交互作用及对策研究》，中国矿业大学博士学位论文，2014年。

王琳琳、李国正：《以良法善治推动应急管理现代化》，《中国社会科学报》2022年1月5日。

〔德〕乌尔里希·贝克：《风险社会》，何博闻译，译林出版社2004年版。

后　记

统筹发展和安全，是党的十八大以来以习近平同志为核心的党中央作出的重大战略部署，是新时代十年我国取得一系列伟大成就的基本经验，而能否有效防范化解重大风险也将是新时代新征程顺利推进中国式现代化的重要保障。党的二十大报告专章论述“推进国家安全体系和能力现代化，坚决维护国家安全和社会稳定”，体现出党中央对未来五年乃至更长时期发展局势的战略判断以及解决复杂安全问题的战略考量，进一步深化了统筹发展和安全的理论阐述，为新时代新征程办好发展和安全两件大事提供了根本遵循。

推进国家安全体系和能力现代化，是完善中国特色社会主义制度，推进国家治理体系和治理能力现代化的必然要求。国家治理体系和治理能力现代化是常态治理和非常态治理的统一体，二者相辅相成、相得益彰。作为非常态的管理活动，应急管理是国家治理体系和治理能力的重要组成部分，也是国家安全体系和能力现代化不可或缺的重要组成部分。在新时代新征程，着力推进应急管理体系和能力现代化，以新安全格局保障新发展格局，直接关系到人民群众切身利益、经济社会发展和中华民族伟大复兴奋斗目标的实现。

为了适应当前国家安全和应急管理的新形势，更好地满足各级党委政府和各级领导干部、公务人员的学习需求，助推应急管理体系和能力现代化，不断提升全社会预防和处置突发事件能力，确保国家安全和社会稳定，中共福建省委党校（福建行政学院）、福建省应急管理培训基地从事国家安全与应急管理教学培训和科研咨询的专家学者组成课题组，研究和编写了本书。本书基于我国新时代国家安全和应急管理的形势要求，围绕安全发展与应急管理的核心问题，阐明应急管理体系和能力建设的基本理路，力求提供一本集理论性与实践性于一体的、通俗而有深度的干部读本。

本书是集体协作的成果。由肖文涛担任主编，负责全书的设计、总纂和统稿。本书分三个部分，共十五章，各章分别由理论阐述＋阅读材料构成。各章的写作分工如下：第一章肖文涛；第二章张义祯；第三章耿薇；第四章王鹭；第五章朱露露；第六章黄兴生；第七章耿薇；第八章谢国财；第九章程宇；第十章张荣伟；第十一章肖文涛；第十二章程宇；第十三章黄虹；第十四章张义祯；第十五章班玉冰。

本书在写作过程中，参考、引用和吸收了国内外专家学者的相关研究成果以及有关政府部门、新闻媒体的报道内容和资料，在此一并表示诚挚的谢意。由于国家安全和应急管理在我国还是一个方兴未艾的学科领域，加上我们自身能力限制，书中肯定存在诸多疏漏和不足之处，敬请学界同行、政府官员和广大读者批评指正，以进一步推动我国国家安全和应急管理事业的不断发展。

本书编写组

2022 年 11 月 3 日